汪堂家文集

译作卷

八

Selected Writings of Amoy Ku

乱世奇文

辜鸿铭化外文录

辜鸿铭 著

汪堂家 编译

上海三联书店

图书在版编目(CIP)数据

乱世奇文：辜鸿铭化外文录/辜鸿铭著，汪堂家编译.—上海：上海三联书店，2019.11 重印

ISBN 978-7-5426-6613-0

Ⅰ.①乱…　Ⅱ.①辜…②汪…　Ⅲ.①辜鸿铭(1856—1928)-文集　Ⅳ.①C53

中国版本图书馆 CIP 数据核字(2019)第 024926 号

乱世奇文：辜鸿铭化外文录

著　　者／辜鸿铭

编　　译／汪堂家

责任编辑／黄　韬

装帧设计／黄胜锦

监　　制／姚　军

责任校对／张大伟

出版发行／上海三联书店

(200030)中国上海市漕溪北路 331 号 A 座 6 楼

邮购电话／021-22895540

印　　刷／上海展强印刷有限公司

版　　次／2019 年 5 月第 1 版

印　　次／2019 年 11 月第 2 次印刷

开　　本／640×960　1/16

字　　数／350 千字

印　　张／27.25

书　　号／ISBN 978-7-5426-6613-0/C·582

定　　价／98.00 元

《汪堂家文集》编纂组

郝春鹏	黄　韬	李之喆
孙　宁	石永泽	吴　猛
王卓娅	叶　子	张奇峰
曾誉铭		

《汪堂家文集》编者前言

汪堂家先生是我国当代著名哲学学者，在近现代欧陆哲学、美国实用主义哲学、生命-医学伦理学等领域卓有建树。同时，先生还是一位卓越的学术翻译家，迻译了包括德里达的《论文字学》、利科的《活的隐喻》在内的大量学术作品。此外，先生还是一位优秀的哲学教育家，通过在大学的授课和言传身教影响了众多青年学子的思想和人生道路。

1962年5月21日，先生出生于安徽省太湖县。先生早年毕业于安徽大学，后就读于复旦大学并获得哲学博士学位，生前担任复旦大学哲学学院教授、西方哲学史教研室主任，并兼任复旦大学杜威研究中心副主任和《杜威全集》中文版编辑委员会常务副主编。先生因病于2014年4月23日去世，享年52岁。

先生一生笔耕不辍，虽天不假年，却在身后为世人留下总计约400万字的著述和译作，这些作品记录着一位当代中国学者苦心孤诣的思考历程。为缅怀先生对当代学术与思想所作的贡献，全面呈现先生一生的工作和成就，我们谨编纂《汪堂家文集》，作为对先生的纪念。

从内容上说，《汪堂家文集》（以下简称《文集》）包括两部分，一部分是先生的著述，另一部分是先生的译作。无论是著述部分还是译作部分，都既包括先生生前发表过的作品，也包括先生的遗著中相对完整者。

先生生前发表的著述包括著作和文章。著作中有独著和合著，文章也有一部分已汇成文集出版。先生的独著有《死与思》（完成于20世纪80年代的遗著）、《自我的觉悟——论笛卡尔与胡塞尔的自我学说》(1995年)和《汪堂家讲德里达》(2008年),合著有《心灵的秩序》(1997年)、《人生哲学》(2005年)、《17世纪形而上学》(2006年);先生的文集有两部:论文集《哲学的追问——哲学概念清淤录之一》(2012年)和散文集《思路心语——生活世界的哲思》(2011年)。我们将尽可能完整地收录先生的这些著述和文章,不过一些作品的呈现方式会有所变化,读者会见到一些在先生生前未曾出现过的书名,原因在于:其一,有不少著述需要从不同地方(合著或期刊)汇集到一起;其二,先生的著述中有不少是未曾发表过的遗稿;其三,先生临终前有过比较明确的系统整理自己著述的想法,并设计好了相应的书名。我们根据先生的遗愿确定了相应作品的书名。具体说来:《文集》将全文发表《死与思》;我们还将《自我的觉悟——论笛卡尔与胡塞尔的自我学说》与先生的多篇"应用现象学"研究论文合为一册,名为《现象学的展开——〈自我的觉悟〉及其他》;同时,《文集》将先生关于伦理学的著述汇作《生命的关怀——汪堂家伦理学文集》;另外,《文集》将先生的学术随笔和其他散文、时评等收入《心造的世界——汪堂家散论集》。除此之外,《文集》将没有收入上述各书的文章以及比较完整的遗稿一起收入《哲学思问录》一书。

先生留下的翻译作品共约180万字。除了他最有影响力的译作《论文字学》(1999年)和《活的隐喻》(2004年)之外,先生还翻译了《乱世奇文——辜鸿铭化外文录》(2002年)、《无赖》(合译,2010年)、《承认的过程》(合译,2011年)、《杜威全集》中期15卷(合译,2012年)等。《文集》将以最大努力呈现先生的这些工作。除此之外,我们将先生的译文遗作汇为《汪堂家遗译集》,其中特别收入先生早年译的福柯《知识考古学》(残篇)。

《文集》的主要编纂工作是汪堂家先生的学生们戮力同心完成的。这部《文集》寄托了我们的期盼:愿先生的生命在他留下的文字中延续。尽管我们在整理先生的文稿过程中尽了最大努力,然囿于识见,相信仍会有不少错讹之处,敬祈诸位师友斧正。

《文集》的出版,若非得到众多师长、同仁和朋友的鼎力襄助,是不可能实现的。在此我们要特别感谢上海三联书店总编辑黄韬先生，正是他的倾力帮助，使本《文集》得以顺利出版。同时我们还要感谢孙向晨先生、袁新先生、邵强进先生、林晖先生、孙晶女士、陈军先生、金光耀先生、汪行福先生、张双利女士、丁耘先生、赵荔红女士、杨书澜女士、杨宗元女士和师母廖英女士的热情支持。本文集的出版，得到了复旦大学哲学学院和复旦大学亚洲研究中心的支持，特此鸣谢。最后，特别要说明的是，由于所涉作品版权等原因，本《文集》的出版采取了多家出版社联合出版的形式，在此我们谨向参与《文集》出版的各家出版社致谢！感谢上海三联书店牵头组织了本《文集》的出版，并感谢复旦大学出版社、上海译文出版社、中国人民大学出版社、上海人民出版社和北京大学出版社在《文集》的整个出版过程中给予的大力支持和帮助。还有其他帮助过我们的朋友和机构，恕不一一，谨致谢忱。

《汪堂家文集》编纂组

2018 年 4 月

译者序言

汪堂家

辜鸿铭，福建厦门人，1857 年生于马来西亚的槟榔屿，年幼时被英国种植园主（亦说传教士）布朗（F. S. Brown）收养并被带往英国接受教育，中学毕业后，分别在英国伯明翰大学、爱丁堡大学和德国的莱比锡大学学习土木工程学，兼修文学。后到法国学习法国语言文学和历史。游学欧洲十多年后，辜鸿铭先受聘在英属新加坡任职，不久在马建忠的建议下回到故土，经杨玉书介绍和赵凤昌举荐，辜鸿铭被张之洞罗致门下，办理邦交事务。张之洞任两广、两湖和两江总督期间，辜鸿铭相随在广州、武昌和南京总督府度过了十六年。张之洞属吏、电报生出身的梁敦彦出任外务部尚书时，辜鸿铭任外务部员外郎，后升至左丞。1909 年张之洞逝世后，辜鸿铭渐渐淡出政界，潜心学术研究。1917 年，蔡元培出任北京大学校长，辜鸿铭应聘到北大讲授英国文学，其间曾被任命为山东大学校长，未履任。1924 至 1927 年，辜鸿铭赴日本讲学，1928 年，在清贫中与世长辞。

辜鸿铭生于南洋，学于西洋，娶于东洋（他的姨太太是日本人），官于北洋，常被人戏称为"东西南北之人"。就气质而言，他可谓集诗人的狂放与哲人的孤傲于一身，并有强烈的理想主义精神。他博闻强记，满腹诗书，嬉笑怒骂间亦不忘引经据典。由于生性耿直，蔑视权贵，他难免给人以恃才傲物的印象。当武昌各衙署为给皇太后祝寿而铺张扬厉之时，辜鸿铭公开讥讽说："天子万年，百姓花钱；万寿无疆，百姓遭殃。"其愤世忧民之心可见一斑。长达十六年的幕府生涯，使辜鸿铭不仅亲历了晚清政坛的风风雨雨，而且目睹了官场内外的人生百态。从权重一时的达官显贵到饥寒交迫的市井小民，从富甲一方的巨商大贾到朝不保夕的人力车夫，他都有广泛的接触，并将所见所闻形于笔端，有些记载不免琐屑，但最能体现辜鸿铭的机智和观察问题的细致。加之，他善用讽喻，并以学人意态对待权贵，复以平民之心对待平民，许多文章虽只有短短两页甚至只有短短几行，但理趣兼具，其中仿佛能跳出一个个鲜活的人物来。

由于长期办理邦变事务，他得以结交各国军政要员，深谙中外交讧的原委。每有不平之事，他总是使出浑身解数据理力争，并直言不讳地将自己的所思所感历陈报端，旨在以西方人所能理解的方式申大义于天下。在义和团运动前后，中国可谓内乱频仍，外患孔亟，接连不断的教案，接二连三的不平等条约，没完没了的战争赔款，层出不穷的民众暴动，已将大清王朝拖得摇摇欲坠。此时，欧洲大陆亦是乱相丛生，"黄祸"之论在西方世界甚嚣尘上。目击时艰，以光大名教为己任的辜鸿铭对中国的局势和人类的前途深感忧虑。他先后在《日本邮报》(Japan Mail)、《北华捷报》(North China Herald，又译《北华先驱周报》，1864 年 7 月 1 日后改为《字林西报》周日附刊)、《字林西报》(North China Dlaily)、《中国评论》(China Review)、《中国公论》(National Review)、《泰晤士报》、《华盛顿邮报》等外文报纸发表文章，历数西方文明的弊端，抨击西方列强在中国采取的行动和政策，阐发中国文化的精神，弘扬中国文明的价值。他所表达的见解，正如朱维铮先生在评论《中国札记》时所说，"虽难免被指责为情绪化的产物，其实可被视作同时代中国知识界自尊自爱的真情表露。因此，他强调清帝国与西方列强的冲突，实际上是远东文明与西欧'中世纪'文明不能相容的体现，并宣称只有远东文明才具有自由、平等、博爱的真精神，语虽愤激，识也偏颇，却对我们从事东西方文明的历史比较很有参照价值。"(见朱维铮：《〈中国札记〉小引》，载《学术集林》卷一，王元化主编，上海远东出版社 1994 年版，第 331—334 页)。

实质上，辜鸿铭乃是中西比较研究的先驱。他在比较哲学、比较文学、比较史学、比较宗教学等领域都留下了自己的足迹。他是最早向国内介绍康德(他译为坎特)的作品并从事中西哲学比较的学者之一,也是将唐诗西译并将中国古诗与华兹华斯、丁尼生等西方诗人的作品进行比较研究的学者。马克·布洛赫在20世纪30年代提出的比较历史研究法常被视为比较史学的开端,但早在19世纪90年代辜鸿铭就采用了后来由布洛赫提出的“五步法”中的绝大部分程序来研究中英两国的历史。他的某些比较研究当然有牵强附会之处,但他在比较史学方面所做的探索性工作,他的卓然独立的学术品格和自成一路的文风仍值得我们尊重。

作为清末民初的著名学者,辜鸿铭在西方世界的影响远远大于他在中国的影响。他通英文、法文、德文、拉丁文、希腊文、意大利文等六门外语(这是他自己说的,而不像外界传说的那样懂十余门外语),这在欧洲学界当然不是什么了不起的事情,但在当时的中国恐怕独一无二,在今天的中国亦不多见。辜鸿铭见知于许多中国人并不是因为他用外文撰写了一些在西方颇有影响的论著,也不是因为他是将《中庸》、《论语》等中国典籍译成外文的中国人,更不是因为他揭示了西方文明的病根,褒扬了中国文明的价值,而是因为“他不仅是皇权论的典型代表和复辟论的重要表征,而且是一个言行乖张的怪人”(见前引书)。譬如,不少人津津乐道于辜鸿铭如何嗅着妻子的小脚而文思奔涌,辜鸿铭如何用几个杯子配一个茶壶的比喻为男子纳妾作辩护,辜鸿铭如何在“五四”之后复留辫子,等等。

然而,辜鸿铭的各种奇闻轶事并不能冲淡他在中西文化交流史上占有的重要地位。他在中国学者中开辟了汉学西译的先河。他不仅翻译过中国的一些古诗,而且翻译了《中庸》、《论语》等经典。众所周知,中国作品的西译过去大多是由外国传教士和少数汉学家完成的。有些所谓的汉学家对汉语一知半解,有的“汉学家”只能讲满话而不识汉字!由于语言障碍和文化心理上的隔膜,当时的外国人对中国学术的了解不但支离破碎,而且严重扭曲。直到辜鸿铭的时代,还找不到令人满意的比较可信的中国经典的西文译本。虽然辜鸿铭三十岁左右才开始学习中国文化,并且没有受过严格的国学训练,但他凭借自己非凡的记忆力和理解力以及持之以恒的精神,日夜浸淫于六经子史，积以数年，学问日益精进（由于他像他同时代的不少学者一样凭自己的记忆力做学问并且过分相信自己的记忆力，他的引文常有张冠李戴之处）。他运用英语和德语驾轻就熟，对中国文化具有比较深切的理解，加之长期把自己融入中国人的生活，怀有普通中国人的思想与感情，因此他对中国经典的翻译比一些外国传教士和汉学家的翻译自然要高明许多。直到今天他的《中庸》英译仍然是最好的译本之一。与他同时代的王国维甚至认为，有些东西大概只有辜鸿铭这样的人才能翻译出来。辜鸿铭对《论语》的翻译也可谓别具一格。他的译文和注释比原文多出数倍，他还引述《圣经》的人物和典故为《论语》作注，以便让西方人更好地理解原文的思想与精神。用当今英美翻译理论界的流行术语说，这种过于"归化"（或"求同性"）的翻译自然有过分比附之处，某些译文也难免有"过度诠释"之嫌，但只要我们不过于苛求我们的前辈，我们仍应承认，辜鸿铭的做法仍不失为具有开创意义的尝试。他所做的工作标志着对中国经典的翻译由"浅译"时代向"深译"时代的转折。正是通过辜鸿铭陈季同等人的翻译与诠释，许多西方学者才真正开始认识到中国也有精深玄奥的哲学，也有堪与柏拉图和歌德比肩的伟大思想家。中华民族并不是西方人心目中的贱种，而是崇尚正义与礼让的伟大民族；中国人并非拖着"猪尾巴"的野蛮人，而是创造了灿烂文化的文明人。

除了从事中文作品的翻译，辜鸿铭还用被西方学者广泛称道的语言技巧撰写过大量的外文著作，如《尊王篇》、《清流传》、《春秋大义》、《哀诉之音》、《国家与中国的行政机构》等等。这些著作曾风靡西方，并对一些西方学者产生过重要影响。20世纪30年代，德国学者还组织过"辜鸿铭俱乐部"、"辜鸿铭研究会"，专门探讨他的思想与学说。著名奥地利诗人霍夫曼希塔尔（Hugo von Hofmannsthal，1874—1929）就曾如饥似渴地阅读辜鸿铭的著作并深受其影响。从他在《归来者信札》中塑造的中国人的形象可以明显看到辜鸿铭的影响。印度诗圣泰戈尔、英国作家毛姆、俄国文豪托尔斯泰、瑞典文论家勃兰兑斯以及印度政治家甘地对辜鸿铭的推崇不就很能说明问题吗？这些人之所以推崇辜鸿铭不仅是因为他用典雅古奥的西方语言对中国文化进行了比较深入的学术阐释，而且是因为他不遗余力地开展对西方文化的道德批评，这些批评虽然不时带有个人的情绪，但在许多方面讲到了欧洲人的痛处并且表达了一些西方学者同样具有的对欧洲文明弊端的忧虑与识见。在19世纪至20世纪初，荷尔德林的《许珀里翁》(Hyperion)、海涅的《冬天童话》和霍夫曼希塔尔的《归来者信札》是激起欧洲文化批评浪潮的三个里程碑。与这三位诗人相比，辜鸿铭对欧洲文化的批评更重理据。他始终不忘人类的理想和文明的价值，并以"尊德性、道学问"的姿态出现在世人的面前。在辜鸿铭的眼里，当时的欧洲已经病入膏肓，卡莱尔所说的"无政府状态加上警察"是对欧洲文明的真实写照。重势轻理、重利轻义、重货贱德则被看作造成这种局面的根本原因。

辜鸿铭并非心胸狭隘的民族主义者。从他的著作中可以看出，他实际上是一个具有全球眼光和人类关怀的哲人。他引证的许多材料表明，他对当时的世界政治、经济、军事、文化、科技的最新发展都有相当的了解。此外，他还把开放精神作为文明发展的基本条件。但他所说的开放"不是指贸易和铁路的开放，而是指思想和精神的开放。没有思想和精神的开放，真正的发展是不可能的"(见《清流传》序言)。他借用圣·保罗的话说，开放意味着"兼收并蓄，汲取精华"，其最终目的是实现灵魂的"扩展"，只有实现这种"扩展"，"我们才有望在中国实行彻底的改革，才有望建立一个新中国，建立一个不只是为中国人而存在而且为文明和全人类而存在的新中国"(同上)。读到这里，还有多少人认为辜鸿铭是一个极端的保守主义者呢?

但是，辜鸿铭在晚年表现出的保守倾向毕竟是不言而喻的事实。比如，他经常以清朝遗老自居，固执地反对改良运动，在张勋复辟时还被列入内阁名单(我们当然没有足够的理由说这就是他本人的意愿)。我们该如何解释这一看似矛盾的现象呢?我想，这一方面是因为辜鸿铭本身就是一个充满矛盾的人物，他的偏执型性格使他不仅不愿去调和两种文化在他身上表现出来的冲突，而且常以出人意表的行为表明他对现状的不满并以此转移他内心的孤寂与苦闷；另一方面是因为他错误地断定，只有大清政权才能确保中华民族过上高尚的国家生活，也只有满族贵族才是真正讲道义、尚气节、尊重美的阶层，而这个阶层的消失意味着精神的开放和灵魂的扩展在中国丧失了崇高的引导。他常常引述歌德的话说，没有对美的尊重，就没有崇高的品质；没有崇高的品质，人民的勤劳力量就被用于铺张浪费。而一国人民的勤劳力量被用于铺张浪费时，他们所注重的就不是生活的质量而是生活的数量；他们所关心的就不再是生活的情趣和环境的温馨，而是感官的刺激和欲望的满足，是获得舒适、奢华和炫耀的手段；他们可能有健康的身体，但是缺乏美好的灵魂；他们可能过上奢华的生活，但这种生活"就像死亡之地的苹果一样表面好看，里面则充满苦涩与腐烂的气味"。

与此相关，辜鸿铭特别强调思想的重要性。他认为，没有思想就不能解释新的事实，就不能看出事实背后的内在品质和精神价值，因而更谈不上应付新的事实。没有思想，人们就不能以开放的精神对祖宗的文化遗产进行创造性的解释，也不能有效地对付现代欧洲物质文明的毁灭性力量。相反，他们就会在这种力量面前显得惊慌失措和软弱无力。正是基于这种立场，辜鸿铭对当时的洋务派大加挞伐。他觉得洋务派的一个致命弱点是思想浅薄，因为他们只知引进"铁舰轮船，而不过问彼邦的学术文物"，他们徒慕西方物质文明，而不注重自身精神的培养和灵魂的塑造。甲午海战的失败就是片面引进西方物质主义文明的直接后果。也正是基于上述立场，辜鸿铭严厉批评一些思想浅薄的西方人看不到黄皮肤的中国人的道德品质和精神价值，看不到他们丰富的内心世界，看不到那胜过希腊诸神的绘满神仙妖怪的道教画面，听不出那洋溢着无限哀婉和怜悯之情的佛教音乐就像但丁的莫测高深的《神曲》一样温馨、哀怨和深沉，想不到那显示出君子风度的儒家学说总有一天会改变欧洲的社会秩序，打破欧洲的文明。

辜鸿铭始终是中国文明的坚定捍卫者，而他所说的显示君子风度的儒家学说被视为中国文明的精神支柱。按照辜鸿铭的理解，要评估一种文明的价值,并不是看这种文明创造出了多少物质财富,也不是看它创造了什么样的制度、艺术与科学,而是看它塑造了什么的人,塑造了什么样的男女。在他看来,一个人要理解真正的中国人和中国文明就必须做到沉潜、豁达和纯朴,因为沉潜、豁达和纯朴是中国人和中国文明的三种特点。令人遗憾的是,当时的西方人,不管是美国人、英国人还是德国人,通常都不理解真正的中国人和中国文明。美国人之所以不理解真正的中国人和中国文明,是因为美国人通常豁达、纯朴而不沉潜;英国人之所以不理解真正的中国人和中国文明,是因为英国人通常沉潜、纯朴而不豁达;德国人,特别是受过高等教育的德国人,之所以不理解真正的中国人和中国文明,是因为他们通常沉潜、豁达而不纯朴。在西方人中只有法国人能理解真正的中国人和中国文明,因为法国人虽不像美国人那样豁达,不像英国人那样纯朴,不像德国人那样沉潜,但法国人具有美国人、英国人和德国人所不具备的品质,即优雅,而优雅恰恰是真正的中国人和中国文明的另一个特点。因此,辜鸿铭在《春秋大义》中号召西方人好好学习中国文化,并声称,美国人如果学习中国文化就可以变得沉潜,英国人如果学习中国文化就可以变得豁达,德国人如果学习中国文化就可以变得纯朴。美国人、英国人和德国人都可以通过学习中国文化而获得一种精神品质,即优雅。法国人则可以通过学习中国文化而变得沉潜、豁达和纯朴并会比现在更加优雅。

读到这里,一些中国读者也许暗自高兴,但他们会很快发现辜鸿铭是如何对中国人和中国文明进行理想化的。而且,我们也不要忘记辜鸿铭在"中国人"一词之前加上了"真正的"这一限定语。因此,他眼里的中国人实质上只是理想的中国人或作为典范的中国人,是具备沉潜、豁达、纯朴和优雅品质的中国人。这种中国人在现实生活中也许并不多见,但他们代表了中国文明的真正成就。其实,其他国家又何尝没有这样的人呢?笼统地、抽象地谈论中国人就像笼统地、抽象地谈论美国人、英国人、德国人和法国人一样,只能使我们得到他们的朦胧印象,而不能使我们获得对他们的真切认识。

辜鸿铭似乎意识到了这一点。因此,他紧接着提出了这样的问题:何为真正的中国人?这问题本身就是一个需要以理想化的方式才能回答的问题。在辜鸿铭看来,孔子是中国人的杰出代表,是人类的最完美典型,是中国文明塑造的真正的中国人,就像歌德是人类的最完美典型,是欧洲文明塑造的真正欧洲人一样。真正的中国人除了具备沉潜、豁达、纯朴和优雅的品质,还必须具备正义感,具备同情心,具备对美的热爱与尊重。"真正的中国人也许粗鲁,但不至于下流;真正的中国人也许难看,但不至于丑陋;真正的中国人也许庸俗,但不至于放肆和趾高气扬;真正的中国人也许迟钝,但不至于怪诞;真正的中国人也许狡猾,但不至于恶毒。"真正的中国人会给人温文尔雅的印象,他过着成人的理性生活而又童心不泯,他实现了情感与理智的完美婚姻。然而辜鸿铭对中国人的这种理想化最终被归结为他的忠君理想:"一个中国人,特别是受过教育的中国人,如果有意忘却、背弃或抛弃这种荣誉法典,即中国儒家国教中的'名分大义'(这种名分大义宣扬绝对神圣的忠君义务,即对他效忠过的皇帝或统治者忠心耿耿),那么,这个中国人就是一个丧失中国人的精神,丧失他的民族精神,丧失他的种族精神的中国人——他就不再是一个真正的中国人。"

在这一点上,辜鸿铭先生可谓陋矣!我们且不说他所宣扬的不分是非的忠君思想如何容忍了历史上一个个文字狱,也不说这种不讲是非的忠君思想如何泯灭了中国人的个性和创造性,更不要说那种举国上下以皇帝的思想为思想,以皇帝的意志为意志的"名分大义"本身就是对真理与正义的贬损,单是这种宣扬绝对神圣的忠君义务的思想在历史上制造了一个又一个暴政,就足以让我们相信辜鸿铭的结论与他崇尚的中国人的精神之间存在着多么强烈的反差。

辜鸿铭的思想就像他的性格一样充满矛盾。他本身就是一个逝去了的时代的挽歌,他对现实的中国人的不满与他对理想的中国人的赞美形成了鲜明对照并且主宰着他的一生。他的论著中既有切中时弊的高论,又有为后世所验证的假设,也有机智过人的论辩,还有不合逻辑的比附,甚至有对纳妾之类的陋习的强词夺理的诡辩。他试图在中国人备感耻辱的时代恢复中国人的自尊自信，在中国人面对强大的西方文明普遍无所适从的时代恢复中国人的理想，在中国人全面转向注重物质文明的时代倡导中国人注重自己的精神价值、道德修养和文化遗产。他的苦心孤诣，他的赤子情怀，如皎皎皓月，引人慨叹，让人凄怆。

辜鸿铭先生离开我们七十多年了。我带着深深的敬意把他的《尊王篇》（他自定的中文书名，原文为 Papers from a Viceroy's Yamen，即《写自总督衙门的论文》，1901 年刊行。显然由于出版方面的原因，该书拼写错误达四十三处）、《清流传》（他自定的中文书名，原文为 The Story of a Chinese Oxford Movement，即《中国牛津运动述略》，1912 年增订本）和《春秋大义》（他自定的中文名，原文为 The Spirit of Chinese People，即《中国人的精神》，1915 年初版，1922 年再版时梁敦彦题写的书名是《原华》）译成中文，连同他的中文著作《张文襄幕府纪闻》（此处据庚戌年原刊本点校，读者可参见巴蜀书社编《中国野史集成》第四十八册）和《读易草堂文集》（此处据壬戌年刊本点校，参见《近代中国史料丛刊正编》第七百五十四辑，其中有辜鸿铭的一篇译文未收入，译者将罗振玉为此书写的序置于书末）合编成《乱世奇文——辜鸿铭化外文录》（辜鸿铭的其他著作，如《哀诉之音》、《国家和中国的行政机构》将另行出版）。辜鸿铭总是旁征博引，常在同一篇文章中使用四五种语言，文字大多古朴典雅并且一气呵成（当然也有写得繁复拖沓的地方），充分显示了他的语言功力。由于译者才疏学浅，资质愚钝，译文和点校中恐有错误之处。我将随时以谦卑的心情倾听各方的批评与建议并期待更好的译本问世。

本书原拟收入钱钟书先生和朱维铮先生主编的“近代中国学术名著精选”丛书，在两岸三地同时推出，后因出版方面的原因，这套丛书未能作为整体面世，实为学界憾事。承蒙朱先生好意，我遵命于 1990 年开始翻译辜鸿铭的著作，1991 年底译毕，其间多得朱先生关心与赐教，受益良多，借此机会，我谨向他表示衷心的感谢。我的朋友李天纲博士不仅为我从海内外搜罗了许多辜鸿铭的著作，而且为我解决了一些涉及京沪两地的旧路名和旧建筑名称等方面的疑难，高情厚谊，难以尽述。此外，姚介厚先生、陈村富先生、汤恩加先生就辜鸿铭引用的一些古希腊文的出典提供了这样或那样的帮助。美国已故学者马爱德(Edward Malatesta)博士曾就几句古拉丁文的理解提出了很有价值的建议，虽为几字之师，亦令人终身难忘。德国的 Erika Fraiss 小姐为我校对了一些辜鸿铭的引文，订正了辜鸿铭的几处错误。在此我向他们一并致谢。我的妻子廖英女士不仅打印了大部译稿，而且初译了《中国札记》的第三、四部分，在此我深表谢意。同时，我郑重声明，译文和点校中出现的任何可能的错误均与帮助过我的师友无关。

译　者

2001 年 6 月于复旦大学哲学系

目录

《汪堂家文集》编者前言 1

译者序言 1

第一部 尊王篇

——一个中国人对义和团运动的兴起和欧洲文明的看法

前言 3

一、**Moriamur Pro Rege，Regina!**

（为皇上，为太后，万死不辞）

——关于中国人民对太后陛下的人格和权威的真挚感情的声明 10

二、**Defensio Populi Ad Populos**

（人民为人民辩护）

——现代传教士与近来的动乱 25

三、为了中国的国泰民安

——实际结论 34

四、中国札记之一 49

五、中国札记之二 57

六、中国札记之三 66

七、中国札记之四 80

八、中国札记之五 94

九、文明与无政府状态或远东问题的道德困境 111
附录　暴民崇拜的宗教或战争与出路 124

第二部　清流传

第二版简介 139
序言 140
雅各宾派的中国
——一个中国官员致德国牧师的信 145
导言 152
第一章　满族政权 155
第二章　中产阶层的兴起 161
第三章　满族的复兴 175
第四章　政权空白期:中国的三寡头政治 204
结语 216
附录 221
一、皇太后赏评
——辜鸿铭对德龄公主的《清宫二年记》的评论 221
二、已故太后
——致《北华捷报》编辑的信 229

第三部　春秋大义

序 237
导言　良民宗教 249
中国人的精神
——在北京东方学会宣读的论文 255
中国妇女 295

汉语 310
约翰·史密斯在中国 317
一个大汉学家 323
中国学术之一 329
中国学术之二 335

第四部　张文襄幕府纪闻

弁言 343
卷上 344
南京衙门 344
不排满 344
虎门轶事 345
曹参代萧何 345
大臣远略 345
上流人物 346
书生大言 347
五霸罪人 347
清流党 347
孔子教 348
新算学 348
孟子改良 349
践迹 349
务外 350
生子 351
为人 351
公利私利 351
权 352
廉吏不可为 353

爱国歌 353
半部《论语》 354
理财 354
王顾左右而言他 354
官官商商 355
爱官 355
亡八蛋 355
禁嫖赌 356
倒马桶 356
贱种 357
贵族 357
翩翩佳公子 358
庸言庸行 358
不吹牛屄 359
颂词 359
马路 360
大人有三待 360
不问民 361

卷下 362
真御史 362
国会请愿书 362
马拉马夫 363
夷狄之有君 363
烂报纸 364
读书人 364
督抚学堂 365
女子改良 365
高等人 366

费解 366
不解 366
狗屁不通 367
看画 367
华侨 368
照像 368
发财票 368
卖穷 369
不枉受穷 369
叶君传 369
赠日本国海军少佐松枝新一氏序 371
士说 371
在德不在辫 372
自大 373
依样葫芦 374
学术 374
风俗 375
政体 375
看招牌 376
爱才 377
不自贵重 377
不拜客 378
自强不息 378
犹龙 379

第五部　读易草堂文集

内篇 383
上德宗景皇帝条陈时事书 383

上湖广总督张书 388
《尊王篇》释疑解祸论 389
义利辨 393
广学解 395
《蒙养弦歌》序 397
《正气集》序 398

外篇 399
西洋礼教考略 399
西洋官制考略 400
西洋议院考略 400
英将戈登事略 401

附录 405
一、宰鸿铭小传 赵凤昌 405
二、《读易草堂文集》序 罗振玉 406

第一部

尊　王　篇

——一个中国人对义和团运动的兴起和欧洲文明的看法

前　言

以下论文原来发表在横滨的《日本邮报》(Japan Mail)上,只有一篇除外,这篇题为“Defensio Populi ad Populos”(人民为人民辩护)的文章于 1891 年长江匪乱[1]期间首次在上海发表。现在重印这些论文旨在扩大它们的读者面。笔者本想一如既往将它们匿名发表,但这本文集中有一篇文章非常重要,该文的性质和写作背景均不允许作者这么做。另一个原因是,我愿意公开我的身份。英国人热爱勋爵,旅居中国的外国人也自然热爱总督啰。子曰:“贤者视其大者,不贤者视其小者。”因此,一旦人们知道这些文章并不出自一位总督之手,而是出自一位总督的翻译之手,他们就会将这些文章看得一文不值。

尽管如此,我现在仍要以真名将它们公之于世。戈登对埃及的评论也适用于中国:“只要外族人统治埃及,只要埃及人的声音遭到压制,埃及就会处于王国的最底层。”

我想在这些论文中表述的观点可以概括如下:

首先,中国现在的和平完全是假象。经过去年的历次事变,中国的局势恶化到了极点。这当然不能全怪外国人,而像太后陛下[2]在诏书中所言,是由于“彼引办理不善”。这就是太后陛下的政府要求文明的欧美列强澄清事实的基础。但列强却要把一些人置于死地!被夸大的恐怖气氛一开始把人搞得惶惶不安,此时要求处罚乃至报复是十

① 系指 1891 年 4 月长江各省的哥老会起义。作者站在清统治者立场上称此为“匪乱”。——编者按

② 作者对慈禧太后的尊称,下同。——编者按

分自然和可以理解的。但我必须指出，联军是在列强实际上已经控制局面时仍然占领北京的，随后又不断冷酷无情地要求对一些人开刀问斩。这是那些当政者的失道寡助和玩世不恭的表现。就目前的文明程度而论，这种行为甚至比外国军队在华北的血腥暴行还要卑鄙。那些导致中国亲王和内阁大臣自杀的人实在可怜而又可鄙。据说太后陛下曾像但丁一样指出“non han speranza de morte”（人死不能复生）。她遵循这样的原则“Tout est perdu fors l'honneur!”（“不成功便成仁!”或“除了荣誉一切都可以抛弃!”——译者）

牛津大学外交关系教授伯纳德·米歇尔（Montaque Bermard Michael）先生指出：“和平条约必须包括为排除战争根源所必需的条款，必须消除各方面的不满并防止它们再次出现。这是谈判双方必须做的一件重要事情。如果他们不能明确而有效地做到这点，媾和就是一句空话。”在京的外国公使们根本就不愿去了解导致目前的中国局势的根源，更不要说排除这些根源，相反，他们千方百计要撤掉吴淞法庭！我冒昧呼吁世人注意中国的另一个更加危险的法庭——传教士法庭。我敢预言，如果不适当注意中国的传教士法庭，要不了多久，住在中国的外国人甚至连饭碗都保不住，除非他们去抢劫！

我想借这些论文表达的第二点想法是，要使中国的贸易繁荣起来，首先得靠国家的良好管理。假如北京的清政府没有充分的自由去做它认为正确的并有助于治国安邦的事情，中国的良好管理就无从谈起。我可以说，列强在中国的现行政策，即，支持一些省份的崇尚进步的总督去反对所谓的反动政府——反对太后陛下和她选择的内阁——也许是蓄意分裂大清帝国的政策，至少是要使中国处于混乱不堪的状态，其结果只能使欧美（肯定会使欧洲国家）都无法恢复其秩序。

由于外国人对中国的真实情况的了解十分片面和错误，列强在中国应该采取的政策不是“门户开放”政策，而是“不干涉中国人”的政策。由一国带头并在道义上和其他方面迫使别的国家在中国采取更为有效的、更为务实的政策。此外，只要治外法权无法取消，列强或者上述起带头作用的国家就应该采取适当措施对旅居中国的外国侨民进行很好的管理，并敦促其他国家采取同样的措施。出于对大英帝国的尊敬，我要指出，上海的英国最高法院是对外国侨民进行良好管理的仅有的一点尝试。平心而论，现在被派到各通商口岸负责领事工作的英国年轻人虽然缺乏经验，但能尽英国人的本分——恪尽职守。但英国人并不鼓励这些可怜的年轻人去发挥他们的自主性。一个英国领事在办理一起明显违法的案件时跟总督的一位办事人员说："很遗憾，上司不允许秉公办理。我的手脚被捆绑起来了。"另一位住在中国的英国人写信跟我说："当我受到极大伤害时，我却必须靠你的友谊来防止自己陷入困境，因为我逢人便说我曾以这种口气写信给你（与你讨论传教士问题）。"那些海盗的可怜子孙现在竟然也担心陷入困境！

让我们回过头来讨论列强应在中国采取的正确政策。为执行上述政策，列强首先有必要派一些精明强干的代表到中国来。爱默生说："各国政府往往很晚才认识到，任用不正直的代表是祸国殃民之举。"为人正直而又精明能干的驻京外国公使用不着我来告诉他，他在中国的任务并非指导或帮助他的侨民进行贸易，或为维持生计而兜售自己的信条、假药、铁路股票和后膛装弹的新式枪支。驻京外国公使的任务是让他的侨民在中国规规矩矩，并在开展业务时表现出一个井然有序的文明国家的那种秩序、礼仪和良好管理。已故窦纳乐（Richard MacDonald，现译麦克唐纳）先生曾经担任过旅居新加坡的英国侨民的总督，他的同乡派了个代表团来，夸奖他改善了种植园的中国劳工的工作条件，他跟代表们说："你们这些农夫别忘了，我是女王派来管你们的。"现在的国家要员，上自公使和司令，下到贫穷的船长和警督，却只图有人宴请或向别人夸夸其谈——而对中国义和团运动的兴起和欧美的无政府状态，人们竟感到不可思议！

总之，列强必须在中国采取的唯一正确的政策是，"不干涉中国人并管好外国侨民"。"门户开放"怎么样呢？当然可以，但你得有一位严明的法官或至少得有一位窦纳乐先生让那些进入中国大门的人都规规矩矩。"我的天！"清正廉明的人跟我说："哪个外国人在中国不规规矩矩呢?"这个问题颇像爱开玩笑的彼拉多(Pontius Pilate)提出的问题:"真理算什么呢?"你们听着。去年夏天,外国平民、传教士甚至还有官员竟在京津两地进行卑鄙无耻的公开抢劫。就连《字林西报》这份在上海出版的一向不太顾忌的报纸也感到羞耻,并且不得不在一篇社论中惊呼:"中国国内难道没有王法或政府来制止正在北京发生的这种卑鄙的事情?"时隔一年,罗伯特·赫德(Robert Hart)先生出现在世人的面前,他最近对文字做过仔细的推敲并若无其事地宣布:"压根儿就不存在抢劫这回事!"上海的一位女传教士玛丽·费奇(Mary Fitch)夫人撰文说旅居中国的外国侨民思想如何纯洁。法官彼拉多和是非不分的辩护人赫德先生显然难以回答费奇夫人提出的问题:"究竟谁是恶魔,是中国人还是外国人?"

现在,我来谈谈这篇论文所要表达的最后一个观点,对这个观点我已在《中国札记》中作过论述。有人告诉我,许多外国人,特别是英国人读过这些札记之后颇为不快。我写这些札记时故意采用现代英国人的"油腔滑调"。然而,我完全可以理解,当中国人玩弄这种把戏时,英国人肯定会感到不快,因为现代英国人相信或试图相信只有他们才是海盗的子孙。或如一个英国人最近在上海跟我说:"你们中国人聪慧过人并且有惊人的记忆力,但我们英国人仍然认为你们中国人是劣种。"我当时并没有告诉这个英国人只有死海的猿人才没有记忆力,但我想起了曾国藩侯爵的忠告,我淡然一笑,尽量装傻。在英国人的所有讨厌的国民性格中,最糟糕的甚至不是他们那种呆头呆脑的傲慢,这种傲慢常常表现为他们狠狠盯着你,把你吓得目瞪口呆。最糟糕的是现代英国人养成了讲假话的习惯,而在所有假话中最可笑、最难以忍受的是他们谎称自己是海盗的唯一子孙,一个受过教育的人现在仍然抱着这种信念不放未免太不合时宜,即使这种信念部分是真诚的(我并不怀疑有时是这样),它不过表明可怜的现代英国人把文化教养不幸抛到了脑后。如果现代欧洲文化还承认什么真理,这个真理就是孔子的"有教无类"的教导。总之,我真诚奉劝那些大都知道自己的利益所在的现代英国人,应当光明正大并洗心革面不讲假话。如果他真想傲慢无礼，他至少要在傲慢无礼时保持绝对的诚实。

让我们言归正传。我想在这些札记中表述的想法是，当今世界的真正无政府状态不在中国（尽管中国人从其后果中吃尽了苦头）而是在欧美。无政府状态的标志或衡量标准不在一个国家的混乱不堪或管理不善的程度。真正的衡量标准表现在以下方面。在希腊文中，"无政府状态"字面上是指"无国王状态"，无政府状态经过三个阶段或者说有三种程度。第一阶段是一个国家缺乏真正有才能的名副其实的国王；第二阶段是一个国家的人民公开表示不相信国王的统治或从内心里表示不满；第三阶段，亦即最糟糕的阶段，是一国的人民不仅不相信国王的统治，而且不相信君子风度——事实上丝毫不承认君子风度和人的精神价值。我认为欧美国家快要达到无政府状态的最后阶段，亦即最为糟糕的阶段。上个世纪初歌德就在诗中写道：

Frankreich's traurig Geschick, die Grossen moegen's bedenken,
Aber bedenken fuerwahr sollen es Kleine noch mehr,
Grosse gingen zu Grunde; doch wer beschuetzte die Menge
Gegen die Menge?
Da war Menge der Menge Tyrann。

译成英文就是：

法兰西已祸到临头，"上层社会"要自我反省；
广大"民众"更应铭记在心，
"上层社会"既已消灭，那么，
谁来防止民众攻击民众？
在这儿"民众"已成为"民众"的暴君。

现在的欧美当政者，甚至包括品德高尚的人士都出于绝望而放弃了对群氓的统治——上层社会也成了群氓。现在那些当政者的唯一尝试就是以爱国主义、帝国主义和殖民政策来愚弄群氓。且看中国的情形。英国政治家们知道他们已经制造了可怕的混乱。他们试图愚弄上海的群氓，而这很可能会引起群氓通过“中国协会”与吴淞法庭相对抗！在公共生活中，当政者应该诚实，我所说的诚实不仅表现在金钱方面，而且表现在办事光明磊落，表现在勇于承认错误，勇于面对困难的局面。伏尔泰说过：“C'est le malheur des gens honnetes qu'ils sont des laches。”(成为懦夫乃是好人的不幸。——译者)。子曰：“君子喻于义，小人喻于利。”

我所说的光明磊落或者大公无私就是这个意思。最后，歌德平静地说：

> Sage, thun wir nicht recht? Wir muessen den Poebel betruegen;
> Sieh nur, wie ungeschickt, sieh nur wie will er sich zeigt!
> Ungeschickt und wild sind alle rohen Betrognen,
> Seid nur reddich und so fuehrt ihn zum Menschlichen an.

翻译成英文就是：

> 我们何尝不够公正？对于群氓，我们只能愚弄；
> 不是懒惰，就是野蛮，这就是群氓！
> 他们的懒惰和野蛮全出于你的愚弄，
> 你们只有保持正直和真诚方能把他们塑造成人。

现在来看看中国，即便是在今天，也不能把中国的局面描述成纯粹的无政府状态或无君主状态。去年夏天，两陛下西逃，整个政府机构因北京的灾难而摇摇欲坠，中国的百姓仍忠于他们的合法当局并且规规矩矩。我相信，其他国家的百姓做不到这一点，或者不愿做到这一点。总之,当今中国的无序和混乱还只是功能失调,而欧美的无政府状态才是地地道道的机体紊乱。

我要从我的一本著作中引一段文字,这本著作大约在四年前完稿,不久将以《国家和中国的行政机构》为书名出版。这段文字对中国行政管理的现状作了如下的阐述:"公正地讲,当今中国的弊端与其说是管理不善,还不如说是没有管理。我所说的管理不善是指恣意妄为地滥用权力,公然出卖正义原则,冷酷无情和专横跋扈地践踏人民的利益和感情。但中国的腐败行为,如挪用公款和侵吞资财并不像外国人想象的那么猖獗。不幸的是,这类事情在当今的中国确实存在,但我必须指出,他们大部分存在于'外务'管理部门,这些部门购买军火、轮船、外国机械和战争物资等等。早在中日战争之前天津就屡屡发生这类事情。它们是导致中国公益事业的腐败现象的重要根源之一。把它们称为管理不当一点也不为过。至于各省的公共管理机构,我早就说过,其弊端与其说是管理不当,还不如说是没有管理,许多官员完全无视地方利益和民众的福祉。"

导致中国的这种无管理状态的原因不难找到。外国人到来后频生事变,为应急需,国家资源被朝廷消耗殆尽,这样,地方民众的利益必然要被忽视。当政府致力于解决全国性的问题时,高级官员,比如总督或负责解决全国性问题并捍卫国家利益的各省制军(这样称呼比较恰当)就不满足于自己应有的权益,他们不仅要夺取所有动用公款的权利,而且要夺取提升公职人员的权力。为在公众面前捍卫太后陛下和国家的荣誉,负责地方事务的布政使则要提出忠告,必要时要献出生命,而不是像我这样写一本书就万事大吉。

辜鸿铭

1901 年 12 月 18 日于武昌

一、Moriamur Pro Rege, Regina!

（为皇上，为太后，万死不辞）

——关于中国人民对太后陛下的人格和权威的真挚感情的声明

箴 言

请记住：人民不满意味着扩军

——戈登将军寄自毛里求斯的信

中国的形势已经达到这样的阶段：对一些人来说，唯一可行的办法是维护 la force attendant le droit（先强权后公理——译者）的制度。我本人则倾向于同意索尔兹伯里侯爵在克里特危机之后发表的意见，即，在克服难以解决的危机时应当武力与外交并用。自危机开始以来，列强在中国采取的最明智的措施就是由联合舰队司令发布通告。正是这份适时的通告使南方各位总督和巡抚能让他们所在省的百姓免遭华北目前发生的惨祸。

然而，此时此刻，一切有头脑并担任要职的人会提出这样的问题：公理还行得通吗？长江流域的总督们实际上作出了肯定的回答。如果公理还行得通，那么，要提的第二个问题是：公理如何才能行得通？为了有助于第二个问题的回答，我要借大众传媒提出以下建议：

第一，列强应该尽快毫无保留地明确规定他们在北方开展军事行动的目标以及他们对中国未来的态度，他们应该任命全权代表将这条信息公开地、准确无误地传达给中国人民。

第二，如果列强决定不承担管理中国的责任，他们首先应该立即严肃地公开保证皇太后陛下和中国皇帝陛下的个人自由、权力、尊严和荣誉的不可侵犯。

我要补充的是：

第一，各位总督、巡抚和所有直接或间接地对中国的良好管理和社会治安负责的人绝对不要同情上海的外国报刊所谈到的所谓改良派。

第二，所谓的改良派就中国人民对皇太后陛下的人品和合法权威的感情所散布的种种言论是绝对错误和毫无根据的。而这些言论恰恰被本国报刊大肆宣扬，上海的外国报刊则随之附和。

第三，基于“以孝治天下”的原则这一基本国法的规定，太后陛下作为国母在中国政府中拥有最高权力是绝对毋庸置疑的。

第四，所谓的改良派在上海的中外文报刊上散布的那些错误观点以及对皇太后陛下的人品、计划和所谓的反动政策的错误报道与无端指责，在很大程度上加速了现在这场灾难的爆发，因为那些观点往往造成互不信任和彼此猜疑，并且破坏了外国公使对皇太后陛下及其政府的充分信任。而太后陛下只有依靠这种信任才能自由、果断而沉着地应付许多新的困难并解决大清政府目前所面临的复杂问题。

在作出以上得到认可的声明之后，我要对其中的一些观点作点补充，这将有助于人们进行更清楚地了解。

外国人之所以对所谓的改良派备加赞赏并予以支持，是因为那些“改良者”自称是进步事业和西方文明的卫士并以外国人的朋友自居。如果不停下来讨论这些思想浅薄、知识贫乏的年轻狂热分子对“进步与文明”进行了何等的歪曲，我们完全可以提出这样的问题：这些头脑发晕的狂热分子希望中国进步和强大究竟是出于什么原因？我们可以在康有为的近作中找到这个问题的答案。这部作品已有译文并发表在《字林西报》上。在此，所谓的改良派不知不觉地露出了他们的狰狞面目。

公正地讲，“改良”运动并非一无是处。这场运动之所以兴起并得到那些心地善良和热心公益事业的人士的支持，是因为中国的受教育阶层在中日战争之后强烈地感受到了国家的耻辱。就像在所有政治运动中一样，在这场由全国的不满情绪所导致的运动中，派别林立，观点分歧。这些派别可分两类。一派由热心公益事业同时又有判断力和鉴别力的阅历丰富的人士组成，他们希望改革和进步，比如，采纳西方文明的某些办法，因为这些办法符合中国国情和治国安邦的大业。另一派可以称为极端激进派，这一派由思想机敏、行事莽撞的年轻人组成，他们以爱国者自居，实则徒慕虚荣、自私自利和野心勃勃，但他们缺乏经验，缺乏判断力或鉴别力。这些人要求进行彻底的改革并希望社会的进步一日千里，而不顾前进道路上的障碍，甚至敢冒颠覆帝国的危险，其目的仅仅是为了满足自己的虚荣和自私自利的野心，以获得他们满以为唾手可得的东西——西方国家的财富、权力和荣耀，他们的这些想法其实不过是出于无知的空想而已。这一派就是康有为及其追随者。富有讽刺意味的是，他们竟博得了外国人的极大同情和支持。这帮人吵吵嚷嚷，要求"改革和进步"。原因何在？因为尽管他们野心勃勃，羡慕外国人的财富、权力和荣耀，但他们骨子里极端憎恨外国人，只有出于嫉妒和野心才会产生这样的憎恨。这一派也憎恨皇太后陛下。为什么呢？因为他们认为她太温和。

外国报刊散布种种论调，说太后实行所谓的反动政策并认为她对中国的治国安邦大业产生了恶劣影响。在我看来，这些愚昧、粗俗和不顾后果的论调简直荒谬透顶。事实恰恰相反：太后陛下的政策不仅毫不反动，而且正是由于太后陛下实行温和与随机应变的政策（这是靠四十年的治国经验而趋于成熟的政策），她的人格和威望现在成了中华帝国的稳定和团结的唯一保证。

我想，上述观点用不着精心论证。以下众所周知的明显事实就可以证明我的看法。

事实一：翟理斯（Giles）博士在他的《古今名人谱》（*Biographical Dictionary*，第 799 页）中对皇太后陛下的生平进行过详细叙述："公元 1835 年生，西太后，同治帝之母，咸丰帝的第二个妃子（后因她的儿子登基而与咸丰帝的第一个合法皇后平起平坐），光绪帝的姨妈。

1861年，咸丰帝于热河宾天，八个极端排外分子宣布被任命为顾命大臣。她支持当时正在北京与英国人和法国人谈判的恭亲王，并借醇亲王之力一举拘捕反动头目，将有的处死，有的赐死，等等。”

有人指责太后陛下过去排外或反动，翟理斯博士的最后两句不带感情色彩的历史叙述完全可以驳倒这种指责。如果太后陛下一直排外并在1861年与反动大臣站在一起，试问中国现在会出现什么局面？

事实二：无论人们做何辩解，难以否认的是，除了总理衙门的大臣们与在京的外国公使保持官方的往来外，采取与外人隔绝的态度，已在某种程度上把中外人士引入了互不信任和相互猜忌的“死胡同”，这种互不信任和相互猜忌在北京目前的灾难中达到了顶点。另一方面，太后陛下是唯一屈尊将各国公使夫人请入皇宫和家里的北京当政者①。还有什么证据更能生动地表明她希望她及其臣民与外国人和睦相处呢？好钻牛角尖的报界政客们却只能从中看到极度的伪善，但任何人都会据此断定第一夫人对她的外国客人的这种礼貌和殷勤很可能给她的臣民对外国人的态度带来不利影响，而非有利影响。此外，大家应该记住，也许是无法指望大臣们的帮助，太后陛下甚至一度督促她的儿子皇帝陛下学习英语！

---

① 下面是9月12日上海《北华捷报》(N. C. Herald，又译《北华先驱报》。——译者)出版的一份简报（我的文章是在简报问世之前写的）：

慈禧太后的确是一位了不起的女人。从上月3日出版的《伦敦与中国快报》(*London and China Express*)上的这段文字中我们可以看到这个以前的婢女的性格的另一面：

> 慈禧太后的实际性格是使中国难题复杂化的枝节问题之一。她的画像被涂成彩色，以暗色居多。从美国驻京公使的妻子康格夫人的一封信中可以发现对慈禧太后的性情的赞赏，这封信已在美国发表。康格夫人与其他公使的妻子一道访问过慈禧太后。她被百般殷勤的女主人迷住了，从慈禧太后的言谈举止中丝毫看不出她对这些“外国恶魔”有什么憎恨。“她显得很开心”，康格夫人说，“表情很友善，丝毫看不出残暴的痕迹。她欢迎我们时话虽不多，但举止随意亲切。她站起来向我们问好。把双手伸向每个女士，并且非常诚挚地说，‘都是一家人。’她很和气。当官女向我们奉茶时，她走上前去，把每杯茶都尝尝。她呷了一口茶，然后将另一边的茶拿到嘴边，又说了一遍，‘一家人，大家都是一家人。’”上个月的事件也许会在一定程度上动摇康格夫人对慈禧太后的真诚和她对待一家人的方式的信心。

事实三：应该承认，我们在长江流域享有的和平有赖于南京的刘总督阁下的智慧、仁慈和政治才华。由于一些显而易见的原因，我不便谈论张总督阁下。只是由于那位宽厚待人的太后的真诚呼吁和个人的请求，刘坤一这位“伟大的老人”（这是英国人对格莱斯顿首相的称呼。——译者）才在这场危机中到南京出任总督。这难道不是众所周知的事实吗？如果事实之间有什么逻辑联系，那么，我们中国人以及外国人，甚至包括那些在上海的报刊上声嘶力竭地对太后表示愚昧的愤怒、怨恨和偏见的人，都应该承认，我们能有今天的和平与安全全靠太后陛下的智慧和远见。指责太后陛下排外和反动的人可以休矣。

我担心，不熟悉近四十年中国历史的外国人很难明白，在这四十年的风风雨雨中，像太后陛下那样驾驶国家的航船需要何等的才干、勇气、耐心、毅力和政治智慧。我只需指出一个事实：1861年，皇太后陛下与已故的东太后陛下（众所周知，她不太过问实际政事）为已故的同治皇帝陛下垂帘听政。当时，在帝国十八省中匪踪遍及十三省。正是由于这位宽厚的太后陛下富有女性的同情心和远见卓识，她才能靠自己的机智和声望明智地选择政府官员，激发大臣们对她本人的耿耿忠心[①]，同时唤起中国武将的骑士精神。因此，湖南和其他省份的将领们在曾国藩侯爵的率领下齐聚龙御周围。他们心急如焚，强抑悲伤，向她这位怀抱儿皇帝的孤苦无依的寡妇齐声高喊：“Moriamar Pro rege, regina!”（“为皇上，为太后，万死不辞！”——译者）这使太后陛下能一举铲除可怕的匪乱，随后又在相当大的程度上渐渐恢复了全国的秩序和繁荣。

我谈到过“改良运动”的兴起。我已指出，那场运动起因于中国受教育阶层和统治阶层在中日战争之后对国家的局势和前途感到极大的耻辱和绝望。在这场派别林立、意见纷歧的运动蓬勃兴起时，在这场运动如汹涌的洪水势不可挡时，一度出现了中国统治阶层的不同派别相互攻击，并有可能推翻政府和瓦解帝国的危险。在所有国家的政

① 例如文祥。参看美国《外交通讯》对他的评价。

治危机中常常发生的咄咄怪事也在中国重演。以皇帝的师傅翁同龢为代表的顽固不化的极端保守派或“法力赛党人”出于深深的绝望而与无耻的极端激进派或与流氓地痞沆瀣一气,更准确地说,是把自己盲目地和毫无保留地置于无耻的激进党人的掌握之中,结果,使后者对精密的国家机器和行政管理机构造成了严重的破坏。太后陛下不得不放弃她苦心追求和朝思暮想的幽居生活而去帮助皇帝陛下驾驶国家的航船。现在让我们来看看她是如何应付上述局面的。作为一个天生的具有丰富经验的政治家,她以明察秋毫的深邃眼光一眼看出,在所有政治危机中给国家带来严重威胁的两派都是极端分子,因此,她毫不犹豫地举起铁腕迅雷不及掩耳地给两派极端分子,即极端的保守派和极端激进派进行迎头痛击。她剥夺了皇帝的师傅翁同龢的所有头衔,同时又仁慈而适度地将翁同龢开缺回籍并降旨永不叙用。这给她的才智和感情带来了双重光荣。至于年轻而无耻的极端激进分子康有为及其追随者,按照受教育阶层的普遍看法,这些人并未请求太后的宽恕。因此,她认为有必要严惩几个头面人物,以便震慑那些试图利用中日战争之后全国人民的不满情绪并通过玩弄阴谋和进步观念的骗术来夺取权力的人。众所周知,她事实上通过报纸将康有为及其追随者搞得声名狼藉,同时将她可以抓到的人统统处死,并下旨宣布其他人为乱党。因此,时隔不久,她就完全控制了局势,危机也随即结束。

对最近的危机我已费了许多笔墨。自这场危机以来,太后陛下不走极端并明智而一贯地坚持走稳健与灵活的中间路线。作为政府首脑,不管她出于什么样的同情,她都知道,她对治国安邦所负的责任就是公开宣布不偏不倚,允执厥中,她既不排外又不崇洋,既不是反动分子又不是改良分子。要说稍有区别的话,我倾向于认为,她稍稍偏向改良派,如果对各省高级官员的政治倾向进行分类就可以推知这一点。在任用政府官员时,她根据自己的需要来加以选择。因此,那些抱有不同政治观点和政治倾向的人都得到了太后的恩宠和任用。比如,一边有李鸿章、刘坤一、张之洞总督阁下和袁世凯巡抚,另一边有大学士徐桐、李秉衡、刚毅和赵舒翘。仅此一点就足以表明太后陛下是以多么灵活的手段，多么宽广的胸怀，多么准确的判断和多么超常的机智来千方百计地达到自己的目的。然而，她之所以成了大清帝国稳定的保证，不仅是因为她有出众的才华和明智的政治策略。她的实际影响要深远得多。这有赖于四十年的风风雨雨给她的强烈影响，在这四十年中，尽管她饱受磨折，备尝艰辛，但她依然引导着、关注着受苦受难的黎民百姓的命运，并与他们患难与共——所有这些均博得了受教育阶层和中国百姓的同情，并永远铭刻在他们的心间。但这一切丝毫未能缓和康有为及其追随者对太后陛下的刻骨仇恨和恶毒谩骂。我以为，康有为及其追随者的卑鄙无耻就表现在这里，因为他们都是受过教育的人，不可能不知道近四十年的中国历史。

我不能不在这里指出，上海的外国报刊对太后的人品的无端攻击和恶毒诽谤事实上不值得旅居中国的外国侨民的赞扬，我应该大声疾呼人们起来反驳这类攻击和诽谤。但上海的外国报刊认为对太后的这些攻击和诽谤并不过分。不管太后有何缺点，她至少还努力去维持中国的秩序，要知道，许多背井离乡的外国人已在这里安家落户。她作为国家的第一夫人，身份之高贵、地位之显赫自不必说，外国人在她的国家实际上不过是客人而已。她的性别、年龄和生活的种种不幸——早年屡历生活的磨难，长期孤苦无依地过着守寡生活，经常为帝国操心劳神；作为慈母，她时时为独子担惊受怕；儿子的暴死则给她最残酷的打击；作为太后她忧心如焚，作为母亲她肝肠寸断，此时她内心之凄凉可想而知——我认为，所有这些本可以防止那些愚昧无知而又不顾后果的报刊，特别是由那些欧洲人办的报刊对太后陛下的私生活的种种恶意诽谤。但事情不幸被博克(Burke)的不朽名言所言中："欧洲的骑士时代已经一去不复返了！"

现在，我来分析本文的最难部分。这一部分之所以困难，并不是因为我担心我所辩护的事业面临危险或遭到损害，而是因为最近的事件使我心潮澎湃，思绪万千，这一事件就是义和团运动。

像在改良运动中一样，在义和团运动中实际上也有两股不同的潮流，但外国人未能将两者区分开来。一股潮流可以称为防卫运动，它是非常古老的地方民兵制度的复兴，相当于盎格鲁—撒克逊人的民兵组织或德国的战时后备军。在中国，各个村社为联防而结社的习俗自遥远的古代起就一直合法，并且在内乱时期常常受到朝廷的鼓励。这种村社防卫制度在古代总称“保甲”，在现代通称“团练”。“义”字指善良、诚实或正直（相当于法文的 brave），它表示团体的成员应该心地善良、刚正不阿，对流氓无赖则概不接纳。“和”字字面意思是“和睦”，它表示该团体是一个友爱的集体，“和”字还包含“共同”的意思；“团”字是指集会或团体。“义和团”一开始本是合法拳社的总称，它的通俗名称可以译成“善良正直者的友好协会”或“正人君子的联防协会”。为贯彻该协会的宗旨，即，保护各村社的人员的生命和财产安全，每个成员必须习武。因此，由这些协会训练和传授的“自卫拳术”（也包括其他训练项目）——而不是协会本身——通称为“义和拳”。

我认为，这就是本来意义上的义和团运动。它是完全合法的村社防卫制度，其宗旨是防卫而不是挑衅。

这场运动的后一股潮流或发展之所以可能，无疑是由于原来的运动所形成的特殊环境，但它接下来不分敌友地乱杀一气，发展为更具挑衅性、好斗性和无法控制的狂热。至于这场狂热如何导致了目前的灾难，要等到将来所有事实都真相大白之后才能作出公正的判断。只有在那时才可能宣布，这场狂热究竟是由于太后陛下的恶毒、软弱、判断失误或用人不当，还是由于外国公使在太后陛下一贯、果断而坚定地应付局面时对她横加干涉和施加压力，从而加深了“地方的不满”。在这些地方的不满中，我要特别提到那些来自欧美各国的毫无经验的外国工程师（如希腊人、意大利人等等）的“传教方法”，以及他们在中国内地如何向出身贫寒、心地纯朴、爱好和平和孤弱无依的广大妇女与身穿长袍的男人若无其事地倾销商品，他们的所作所为如果不符合现代欧洲文明的 L'homme senduel moyen（耽于肉欲的庸人。——译者）的道德标准，但至少采用了这类人的方式。

在查清事情的真相之前，我请欧美人民不要忘记审判的首要原则：不要先审判后听证词。

我现在的主要目的是驳斥有关太后陛下一开始就拒绝惩罚和镇压义和团运动的指责。说太后完全拒绝这样做不符合事实。她拒绝的是不分青红皂白地加以处罚和镇压。她曾命令官员们惩罚和镇压义和团运动中那些喜欢挑衅、存心闹事的流氓无赖。但她不同意处罚和镇压正人君子，不同意镇压只搞防卫而不爱挑衅的运动，不同意镇压她的臣民为了自卫而做的努力。有人会问她为何不同意这么做？对这个问题的回答意味着反驳有关她与义和团合谋想把外国人赶出中国的指责。不用说，后一种指责乍看起来荒唐可笑。但我相信这种粗暴指责的根据在于，中日战争之后太后陛下已经看到，她的人民之所以面临各种各样的灾难，不仅是由于外国人的直接侵略，而且是因为混乱不堪的经济状态可能在全国各地导致无法无天的严峻局面。她事实上已经看到，中国在不远的将来有可能陷入卡莱尔所说的“无政府状态加警察”的境地。在这种情况下，她对人民的忠心爱护和殷殷关切使她感到有责任鼓动他们组织起来并准备捍卫他们的家园。所有光明磊落的正人君子难道会因此对她进行谴责？人非草木，孰能无情。任何人，只要了解汉语的感人力量，就不妨读一读她最近发出的许多诏书，这些诏书强调各位总督和巡抚必须准备捍卫他们各自管辖的地区，黎民百姓必须恢复我早已谈到的保甲制度或联防组织。她的话充满无限的哀婉之情，有如慈母给子女的临终遗言，千言万语，令人心碎：“孩子们，时事艰难哪。多少年来，我含辛茹苦，忍泪含悲，把你们拉扯成人，如今我已风烛残年，不久于人世了。望你们鼓起勇气，一旦我不能与你们共守江山，照看你们，每个人都要准备保卫家园，望你们好自为之。”

如果以上的文字充分表达了中国人民对太后陛下的深情厚谊，外国人应当能够理解为什么十三四岁的中国少年可以“木头木脑不顾一切地”冲向现代欧洲人的枪口。当现代欧洲学者们碰到人的热情疯狂倾泻却无法加以解释时，他们便把它称为狂热。何为狂热？这就是狂热。人们英勇无畏和自我牺牲的唯一动力就是他们一心要捍卫他们所钦佩、热爱和崇敬的东西。当这种钦佩、热爱和崇敬之情无穷无尽和异常强烈之时，人们就会赴汤蹈火，万死不辞。这就是狂热。

中国人作为个人，作为民族，热爱、尊敬和崇拜什么呢？在个人生活中，中国人热爱、尊敬和崇拜他们的父母，这种感情与他们对童年和家庭的所有记忆有着千丝万缕的联系，并因此变得神圣无比。中国人作为民族热爱、尊敬和崇拜太后陛下，把她视为国母；他们也热爱、尊敬和崇拜皇帝陛下，把他视为太后陛下指定的接班人和继承者，而太后陛下主宰着二百五十年来一直仁慈地统治着中华民族的大清王朝的命运。义和团青年的狂热已经充分证明中国人民对太后陛下和皇帝有着多么深厚的感情——我说过，这种狂热能激起无穷无尽和难以置信的勇气。正是凭着这种勇气，他们去捍卫他们心中无比热爱、尊敬和崇拜的东西。根据本衙门得到的所有情报，尚无法解释这场危机为什么突然加深，而这场危机恰恰导致了北京目前的灾难。但根据我本人刚刚收到的一份可靠材料，却可以解释以前不太清楚的情况。按照这份材料，最要命的是，在总理衙门打算召开会议之前就传出谣言，这个谣言一瞬间就传遍了北京的大街小巷，其大意是，外国公使试图提出四个条件，其中的一条是太后陛下不再垂帘听政。正是这个谣言使清军和百姓突然间纷纷加入义和团，并引发了最终导致大沽港被不幸占领的危机。

因此，显而易见，中国人在北方，实质上也在南方，之所以摇旗呐喊、大动干戈，真正的 Causa Velli（开战理由），真正的强烈冲动是，他们确信太后陛下的人格和自由已经受到了损害或即将受到损害。可以说，这是一场人民的战争，而不是政府的战争；事实上，政府对它无能为力。这就是所谓的文明竞争的严格规则没有得到认真遵守的不幸原因。

不知道现在正热衷于“爱国主义”、或多或少有些民主精神的欧美人民是否能从他们过去的历史中回忆起或愿意回忆起，还有什么比现代爱国主义更恰当的词语更能表达这种狂热。我在本文的标题中已经用拉丁文表达了这个词的意义，这个词就是“忠诚”。此处所说的忠诚是仆人对主子的忠诚，子女对父母的忠诚，妻子对丈夫的忠诚，所有这些最后归结为人民对君主的忠诚！如果欧美人民还记得这个词的涵义，他们就会明白为什么中国人民——而不是中国政府——在战争期间要孤注一掷地反对整个世界。因为举国上下响彻了这样的呐喊："Moriamur Pro Rege，Regina！"（"为皇上，为太后，万死不辞！"）

在中国目前的形势下，公理还行得通吗？我说过，长江流域的总督们已对这个问题作了肯定的回答。第二个问题是：公理如何才能行得通？现在可以简要地回答这个问题。

中国人的开战理由是，他们确信列强已采取步骤或试图采取步骤来侮辱太后陛下的人格，限制她的自由。

列强的"开战理由"是北京的使馆受到了威胁。

显而易见，在相互谅解之前，首先要消除这两种主要的"开战理由"。北京的清朝政府正在竭尽全力消除列强的"开战理由"，并且可以肯定，清朝政府会将公使们安全转移到天津。因此，接下来是由列强决定他们是否愿意消除中国人的"开战理由"。我想补充的是，为公平地对待各位总督以及正在全力维持和平的其他人士，列强应不失时机地做出决定。延误时间不仅使维持和平更为困难，而且会使这一希望化为泡影。

附记：孔子祖国的诸侯问他如何才能使百姓臣服。孔子回答说：维护公正，消灭不义，百姓就会臣服；维护不义，消灭公正，百姓就会不服（鲁哀公问孔子何为则民服。孔子对曰："举直错诸枉，则民服；举枉错诸直，则民不服。"——译者）。

本文发表在横滨出版的英文报纸《日本邮报》上，并附有本人给《日本邮报》编辑的自荐信。全文如下：

编辑先生，

拙作如蒙发表，我愿声明所有责任概由我负。拙作完稿多时，原拟七月二十七日发表。当时，张总督阁下与南京的刘总督阁下联名就该文的内容发了一封电报给英国政府且篇幅很长，本文的声明已经“得到授权”，它们虽是英文的意译，但反映了那份电报的内容和精神。为使声明明白易懂我在文章的其余部分作了评注。

一开始，我得到了总督的授权，将电报大意译出准备发表。后来总督得知我写了一篇有关电报的长文，他经不住别人的劝说和难以左右的外部影响收回了授权。我之所以没将全文事先给总督过目，是事出有因：为让他理解本文的确切意义，我虽将文章译成中文但斟词酌句颇费时日。要知道情况紧急，每分钟都很宝贵，因为我想通过此文挽救北京和那里的使馆。我当时相信——我现在仍然相信——如果我能阻止并稍稍减轻外国人在当时情况下对太后陛下及其政府会自然产生的强烈愤怒，双方的惊恐不安就会减轻一些，那些当政者就能更加清楚地认清局势并毋需流血就能解决问题。由于事与愿违，我只得设法将这篇文章转给索尔兹伯里勋爵。我相信索尔兹伯里勋爵，我虽不相信盎格鲁—撒克逊人慷慨大度，但至少相信他们喜欢光明正大。我至今还不知道这篇文章是否转到了勋爵手上。如果他看到了这篇文章，我丝毫没有发现他对英国和列强的政策产生了我所期望的那种影响。因此，我现在只好独自负责将该文公之于世。

由于我打算另外撰文对列强的现行政策进行全面的评估，我只想在此指出，我认为列强尚未采取可以解决当今中国的问题的政策。

除本文已提出的建议外，我还想补充三条建议：

1. 英国女王陛下作为世界女王的太上皇，应尽快通情达理地发一封公开电报给太后陛下——不要用官方语言，而要用朴实无华的语言——对太后陛下、她的儿子和受苦受难的中国人民在这场灾难中经受的考验和痛苦表示同情；

2. 外国公使特别是英国公使，应该发布一道命令，禁止在中国各通商口岸出版的中外报纸发表对太后陛下和中国皇帝进行人身攻击的言论；

3. 赫德先生应该指示统计司的专员出版一份《皇家中国报道》，除对《京报》进行正规的、准确的翻译之外，还要对中国的公开事件进行准确的报道，这些报道可以一次又一次地揭穿公众传媒制造的有害谣言。

头两条建议也许是感情用事。但我支持这种“Politique du Coeur”(情感策略)——用贴切的法文词语表达，就是“la politesse du Coeur”(真心实意的客气)，我这样做具有无可置疑的实际根据。中国人作为一个民族从骨子里钦佩、尊崇和敬畏道义的力量甚于钦佩、尊崇和敬畏单纯的物质力量。外国列强的那种盲目而缺乏理智的物质力量必定是出于人的片面认识，只会败坏中国人的道德。所以，如果外国列强或他们在中国担任要职的代表对和平解决问题抱有诚意，他们就应当运用真正的、理智的道义力量，且越早越好。当务之急是让中国国民相信欧美人民并不是“恶魔”，而像他们自己一样是有情感的人。

外国报刊，尤其是上海的外国报刊完全不通人情。如果在中国的外国官员也不通人情，那就是极大的不幸。我正是诉诸人的感情，将心比心为中国人民作辩护，甚至为暴乱中发生的保定府和太原府的恐怖事件作辩护。我用的论据贝尔福先生早就用过，他具有令人钦佩的英国人的机智。拥有警察机构的英国地方当局无法制止暴徒的骚乱并解散斯第德(Stead)先生及其朋友们召开的亲布尔人会议。贝尔福先生就曾用同样的论据进行辩护，他说不要对人性指望过高。中国人的人性与欧美人的人性完全相同，而具有这种人性的中国人，一旦获得了别人会消灭他们，不让他们生存的可怕印象，就会对那些人做出可怕的事情。况且，中国人也有民族感情，当这种感情遭到粗暴的践踏时，他们就会进行报复。

中国的整个局势简直到了人心惶惶的地步。中国人正为民族的生死存亡提心吊胆，欧美则对他们的同胞在中国的生命和财产安全忧心忡忡。令人遗憾的是，赫德先生的文章加剧了欧洲人的恐慌。

与赫德先生不同的是，我不是悲观主义者。因此，我认为，我正在帮中国人和外国人，甚至帮住在中国的外国人减轻彼此的恐慌。我在三大衙门，即广州、武昌和南京的总督衙门呆过十六年，从官方立场看并根据我十六年来对中国政府现状的了解，我必须强调，在目前的中国只有太后陛下完全可以防止很可能在中国发生的可怕内战，至少防止会给中外双方的真正合法利益带来惨重损失的混乱局面和无政府状态，前提是我们必须在道义上对她大力支持并为她出谋献策。

因此，我要提出能直接打动太后陛下的通情达理的建议，以使她相信外国人甚至包括旅居中国的外国人并不是恶魔，而是有感情的人。如果上句话中的后一建议不够合理，我不妨谈谈上海的外国报刊对太后陛下的恶意指责——说她试图毒死她的儿子皇帝陛下，而这种指责竟得到了住在中国的外国人的赞许。如果住在中国的外国人只是由于惊慌失措才允许报纸公开进行这种指责，那么，我可以原谅他们。应该记住，在法国革命的恐怖气氛下，也有人对法国王后玛丽·安托瓦内特(Marie Antoinette)进行过类似的恶毒指责，而这位王后只是轻描淡写地对自己作了这样的辩护："请天下的母亲为我作证！"

我之所以认为有必要谈谈这种恶毒指责，是因为中国局势的一个严重危险在于皇帝陛下龙体欠安(这一点众所周知)，在于中国合法政府的法定继承人是端郡王的儿子。

在京的外国公使们提出了"不可更改的条约"，从而把中国这个被告置于不容争辩(hors de debats)的地步，即不听被告的声辩就宣布判决并立即执行——只有在文明的欧洲，在法国革命的恐怖统治时期才采取这种审判程序。请远东所有渴望和平的外国人在阅读我为解决中国目前的问题而打算发表的一系列文章之前，为了他们自己的利益，支持我找到一些办法停止执行外国公使对中国的判决，特别是对端郡王和参与这场动乱的所谓罪犯的判决。

几年前，我在长江匪乱期间，承蒙《字林西报》的好意发表了一篇题为"Defensio Populi Ad Populos"("人民为人民辩护"。——译者)的文章。伦敦《泰晤士报》在一篇社论中评论说：这篇文章也许不是中国人写的，如果是中国人写的，"其语气就不会那么平和，那种语气颇有谦抑古风"。

我想，当我这个无名之辈首次以真名公开发表意见并独自承担责任时，文明世界的人们自然有权问我是否有资格对这么重大的问题发表看法。因此，我必须指出本文作者就是一个中国人，他游学欧洲十余年，潜心研究欧洲的语言、文学、历史和制度，又花了二十年时间研究本国文化。至于他的人品，我只想说，虽然笔者不敢以 Chevalier sans peur et sans reproche(无可指责的无畏骑士。——译者)自居，但我认为那些认识我并与我打过各种交道的、住在中国的外国人会为我作证：笔者从未以卑鄙的手段博取住在中国的外国人的赏识或故意与他们疏远。

最后，我冒昧地公开要求俄罗斯驻日公使恭请俄罗斯皇帝陛下注意本文的建议。俄皇陛下大仁大德，他会记得几年前访问汉口时，我曾有幸担任他和总督阁下的翻译。

我也冒昧要求德国驻日公使恭请普鲁士的海因里希(Heinrich)亲王阁下注意本文的建议。在他访问武昌时我有幸得到他的特别礼遇。

我希望俄皇陛下和海因里希亲王殿下原谅我使用他们的大名，因为我这么做是出于无奈，我不仅要代表中国和中国人，而且是为了世界的和平与文明事业，我听他们亲口说过并且相信，皇帝陛下和亲王殿下渴望维护世界的和平与文明事业。

辜鸿铭硕士(爱丁堡大学)

于武昌

二、Defensio Populi Ad Populos

（人民为人民辩护）

——现代传教士与近来的动乱

箴　言

人能弘道，非道弘人。

——《论语》

鉴于近来频频发生对传教士的袭击，我打算考察一下传教机构在中国的活动和目标，然后看看是否应当为了中外双方的共同利益向外国政府提出以下要求：如果不能完全取消目前在中国所有传教计划，至少要对该计划加以修改和限制。

我将考察传教士公开宣布的目标，这些目标可以概括如下：

Ⅰ. 提高人民的道德水准；

Ⅱ. 对人民进行理智启蒙；

Ⅲ. 开展慈善工作。

Ⅰ. 提高人民的道德水准

这是真正的合法目标，为实现这一目标，人们要求中国政府批准在中国宣传基督教。按原来的设想，这无疑值得全力支持。任何计划只要能提高人们的道德水准并把他们塑造为优秀公民和品德高尚的人，就值得付出所有单纯的眼前利益。因此，如果现代传教士可以通过在中国宣传基督教去实现这一目标或有一点希望实现这一目标，我们就应该保护他们，如果必要，甚至可以用炮艇和葡萄弹去支援他们，以免他们受到袭击。但靠宣传基督教可以实现这一目标吗？如果单靠信奉由现代传教士传入中国的各种基督教就能提高人们的道德水准，使人们更加诚实和高尚，那么有人肯定会认为全国最为正直的人——不能否认，中国仍然有刚正不阿和品德高尚的人——会趋之若鹜。事实果真如此吗？每个外国人，只要深谙刚正不阿和最有文化的中国人的心态就不妨告诉我们，像这样改变自己的信仰是否可能，他们本民族的信仰和文化的基础是否能承受由传教士传入中国的各种基督教这类上层建筑。我想，在中国人中只有卑鄙、软弱、无知、贫穷和贪婪的人才是传教士们呼吁改信基督教的人，这难道不是公开的秘密吗？如果有人认为这种说法有些过分，那就请看看教徒们的德行，他们作为一个阶层非但没有高尚的品德，甚至不像尚未入教的中国人那样成为有文化、有能力的良民；他也不妨看看，这些教徒，这些丢掉祖辈信仰的人，这些被外国传教士驯服得不是蔑视他们本民族的历史传统就是对这种传统表示反感的人①，这些作为流浪者孤独地生活于自己的种族和民族中的人，一旦无法获得经济利益和外来势力的支持，就会比目前的流氓恶棍还要卑鄙无耻。如果有人仍然怀疑这一点，就不妨读读太平天国史话，以后的中国史学家应把太平天国称为中国基督教布道团的中国流浪者的叛乱。不论在道德上还是在理智上太平军都是中国的基督教徒。

因此，请每个有机会作出判断的旅居中国的外国人扪心自问，也请传教士本人扪心自问，执行这一计划，即靠福音传道使中国人更加正直和高尚是否以惨败而告终。也请新教传教士扪心自问，是否因为意识到这一惨败，他们最近才转向所谓的科学教育和慈善事业。科学教育和慈善事业是布道团的另外两个目标，下面我分别予以考察。

① 系指太平天国起义者，自然作者是站在清统治者的立场来表述的。——译者

Ⅱ. 理智启蒙

这也无疑是一件功德无量的崇高工作。如果非耐用品的交换是必要的和有价值的，那么，各民族间的不朽思想的交流就更有必要，更有价值。如果在中国的传教活动是一场文化运动，如果传教士正给以前漆黑一团的地方带来光明，如果他们通过对重大思潮的融合将东西方紧密联系在一起，那么，我认为他们就应该得到所有正直人士的支持。但人们仍然要问，他们能做到这一点吗？毫无疑问，新教传教士最近将大量精力花在所谓的科学研究和科学教育上。他可以毫不犹豫地告诉本国学生，中国官员们竟愚蠢到了对月食大惊小怪的地步。但接下来他难道不会告诉这批学生，按犹太人的首领以赛亚的命令，太阳和月亮曾静止不动，记载这一事实的著作就是按照全智全能的造物主的口授而写的《圣经》？请问每个向往启蒙事业的人，还有什么会比这种理智的欺骗（姑且用不太粗俗的名词来称呼）更违反科学呢？传教士本人并未意识到这一点，这个事实只能证明它的危害之深已难以揣度。因此，我认为，无论新教传教士能给中国带来多少纯粹的科学资料，他们也随之带来了害虫，这个害虫最终会使中国人的理智启蒙的希望化为泡影。欧洲的所有人类精神的伟大救星一直在反对的不正是这种理智的欺骗吗？对欧洲的理智启蒙斗争有所了解的人都会发现，这些曾在欧洲挥霍无度和迫害异端的牧师却在中国把自己伪装成科学事业和理智启蒙的斗士显得多么荒唐可笑。中国的传教活动远远不是一场文化运动，因此，只要有人愿意对那团在中国教会刊物的名义下散布的迷雾进行深入的了解，就会很快相信，正是这团迷雾使受过教育的中国人在理智上蔑视外国人；当受过教育的中国人发现，这团迷雾正铺天盖地涌向中国人民并且一方面要面对传教士的傲慢无理和狂妄自大，另一方面要面对外国政府的炮艇的威胁，他们就会对外国人恨之入骨。只有那些看到本种族和本民族的最崇高和最神圣的东西，它们的辉煌，它们的文化和文学精品面临不可弥补的毁灭和损失的人，才会产生这种憎恨。必须指出，这就是受过教育的中国人憎恨外国人的根源。

因此，我认为，对那些仍然相信不够纯粹的基督教时代精神至少不会对中国人造成危害的人来说，如果他们的罪过会因传教士宣讲福音的合法目的而得到赦免，那么，他们以反科学的手法来宣扬科学的卑鄙伎俩肯定不应得到宽恕。如果说在中国的福音传道工作以失败而告终，那么就必须指出，传教士们最近奢谈科学和科学器械以使中国强大起来（其最终目的无疑是与他们本民族相抗衡），要么是公然的欺骗，要么是一种愚弄。

Ⅲ. 慈善工作

必须承认，尽管这是一件了不起的工作，但毕竟是一件世俗的工作，因而必须考虑现实利益的收支平衡。如果中国的基督教布道团只是纯粹的慈善机构，我们就要证明建立这种慈善机构非常值得。新教的医院和天主教的孤儿院无疑是向许多中国人行善的手段。但这件善事足以补偿老百姓为给中国的传教士提供保护和保障而通过政府向他们支付（还不包括其他支出）的现金吗？我认为，单是全部现金的利息就足以雇用数不清的、更为出色的世俗医生和护士（如果你愿意，还可以雇用欧洲人）来做这些教会机构打算做的善事。如果把传播基督教看成为减轻中国人的苦难而做的善事，那么请问，传教士们所做的实际工作是否能补偿他们公开宣布每年为中国人的利益而付出的巨额费用？我们还要看看，在欧美人民为支持传教活动而捐出的几百万经费中，有多少用于减轻中国人的苦难，有多少用于维持传教士及其妻子的生活，有多少用于建造漂亮的住宅和疗养院，有多少用于邮费和写成堆的信所需的纸张费，又有多少用于举行会议和开展其他娱乐活动？就算中国的整个教会组织是纯粹的慈善机构，它也不过是给来自欧美的失业者而准备的庞大慈善机构，这难道不是住在中国的不抱偏见的外国人全都知道的公开秘密？

在讨论慈善问题时,有人对上述说法深感厌恶。讲这类事情的确使人不快。但我认为应该把真话讲出来。而且,要请宽宏大量的人说一说,当这些因给该民族带来和平与友爱而得到报答的人,对这个虽有各种困难却仍然真心诚意为他们提供保护的政府大加诽谤并叫嚣要进行报复时,当这些宣称对这个民族的人民宣传仁慈和友爱的人竟以炮弹和葡萄弹威胁那些被正义法庭的检察官证明在最近的许多教案中不过犯了一些可以原谅的无知过错的人时,请问宽宏大量的人,当别人向他们讲实话时是否可以要求他们表现得友善一点?

我并不想通过对传教士讲一些令人难堪的实话来获得莫大的满足。我说过,他们的福音传道是一次失败。事实证明,他们煞有介事地宣传科学并进行理智启蒙要么是一种欺骗,要么是一种愚弄。我进而指出,就算中国的整个教会组织是纯粹的慈善机构,它充其量也不过是给一些失业者准备的庞大慈善机构,因而不值得向它提供经费。我指出这一点旨在让有头脑而又不抱偏见的外国人明白,如果他发现我的话基本正确,就请他指出,该不该让这个庞大而毫无价值的慈善计划不但危及四万万中国人的生命和财产安全,而且损害欧美各国人民在中国本已岌岌可危的巨大商业利益和其他利益——在目前情况下,这个庞大的慈善计划所带来的损害比以前有过之而无不及。我想,不难证明,传教士到中国来对中外双方的利益都是一种威胁和损害。

我将证明,外国政府对中国教会组织的支持既危害中华民族也损害他们自身的利益。我之所以说它危害中华民族,是因为中国高级官员们在雇用大批懂技术、有文化的外国人时发现,连这些人也不相信传教士的话,外国政府却把这些传教士奉为宗教导师,派他们去提高人民的道德水准,这会使中国高级官员作何感想呢?我之所以说它也损害外国人自身的利益,是因为就连领馆内的杂役都知道传教士作为一个团体并未被外国上层社会尊为精神导师,而各国领事竟然命令炮艇去支持他们的传教活动。

但是,中国老百姓控诉传教士的到来,不仅是因为他们把传教士视为祸害。我说过，为给传教士及其财产提供特殊保护和保障，老百姓要通过政府向传教士提供大笔资金，而且，在所有教案中，外国公众只根据传教士或当事人的一面之词去进行判断，而不听中国老百姓的意见。为了老百姓，我认为有必要让每个不抱偏见和襟怀坦荡的外国人考虑以下事实。

必须承认，法律和舆论是对一切犯罪行为仅有的两种监督。传教士们与我所说的中国流浪者，他们的皈依者，被允许周游全国，但他们无法无天，因为各国领事对他们鞭长莫及，中国人对他们没有司法权。他们不怕公众舆论，因为他们只接触中国流浪者，只接触他们的皈依者，只有少数例外。因此，我认为，在谴责参与这些教案的老百姓之前应该证明传教士在没有我所说的对常人必不可少的两种限制时没有干过为非作歹的勾当；也应该证明，尽管他们天生偏袒他们的皈依者并自以为圣洁高尚，他们不会对他们朝夕相处的中国人傲慢无理并进行挑衅，不会蛮横干涉和粗暴对待中国人。如果有人对传教士作为一个团体是否会干这类事情尚有疑问，他不妨读读这些人在报纸上公开发表的言论并注意这些言论的语气和精神，只要涉及个别事实和教会组织的其他私利，他们就会发表这样的言论，而这些言论不仅涉及与中国人有关的问题，而且涉及只与外国人有关的问题。因此，我认为在把中国黎民百姓送上外国舆论的法庭进行道德审判之前，应该证明这些教案并不是由于传教士日复一日的为非作歹从而导致了老百姓怒不可遏。相对而言，有关大批婴儿及其眼睛的传言则不过是点燃干柴堆的火种而已(见福州乌石山骚乱，1879)[①]。

我认为，这就是中国的广大民众对传教士来到中国的强烈不满。事实上，我所说的大批来自欧美的失业者与一群中国流浪者——他们的皈依者，在全国横行霸道，胡作非为，除了单纯的神职工作就不受其他约束。我要强调，这就是中国的广大民众憎恨外国人的根源，而我在本文第二部分列举的事实是中国受教育阶层憎恨外国人的根源。

---

① 指当时盛传外国传教士把大批婴儿弄死，然后把他们的眼睛弄去做药。——译者

所以,传教士要对这类事情负责,对中国人憎恨外国人的两个深刻根源负责。

但是,基督教布道团给中国带来的所有灾难可以归结为一个丑恶而又残暴的事实——太平匪乱,我曾把它称为中国基督教布道团组织的中国流浪者的叛乱。正是这次匪乱改变了曾被我们亲切而自豪地称为"花乡"(flowery land)的国家的面貌,它仿佛把一个如花似玉的少女变成了一个形容枯槁的老太。

我只想扼要说明,传教士来到中国对外国人的利益也是一种威胁和损害。请每个有头脑的外国人想一想一个深谋远虑的外国领事跟我说过的话:长期损害中国人的事情最终也会损害外国人。我说过,传教士不是向中国人行善,而是向中国人作恶。如果你认为我的话是真的,你就可以得知,传教士来到中国也损害了外国人的利益。我说过,传教士事实上导致了中国人对外国人的憎恨。毫无疑问,中国人憎恨外国人无疑对他们毫无好处。目前中国正处于紧要关头,我以为这种憎恨将大大损害外国人在中国的巨大商业利益和其他利益。我们当然应该避免所有单凭感情用事的那种愚昧憎恨。但是,目前的憎恨本质上是合理的,我深信,无论多少炮弹和葡萄弹都无法消灭这种憎恨。试图消灭这种憎恨的人只是枉费心机并最终害人害己。传教士们吵吵嚷嚷,请求炮艇支援并使外国公众相信中国官员只是出于自私才要求不要在教案中炫耀武力。我想,那些了解老百姓的脾气的人应该告诉外国公众,外国炮艇在教案中打出的第一发炮弹就是战争信号,它在向中国老百姓宣战而不是像外国的历次战争那样是向政府宣战。传教士们一直强烈谴责"鸦片战争";但他们对"传教士战争"说些什么呢?如果没有大公无私的外国人的通情达理,如果没有他们的正义感来制止这种战争,开战就不可避免。因此,请通情达理和富有正义感的外国人扪心自问,现在是否应该要求外国政府为了中外双方的利益,如果不完全取消中国的传教计划,至少要进行修改。我已指出,中国的传教组织现在成了纯粹的慈善机构,而这个机构是为来自欧美的失业者准备的。我坦言了我多年并出于个人原因和其他原因而迟迟没有透露的想法。现在我已将它们和盘托出。So hif mir grott：ich kann nicht anders(吾岂好辩哉,吾不得已也)。

一个中国人

附言：以上的文字同样适用于中国的新教和天主教布道团。如果我不附上哈里森(Harrison)的孔德先生写的《一个译员在中国的日记》的片段,我就会对不起正义和真理的事业。我可以说,这位有着火热的爱国情怀的伯爵是一个法国将军的译员和机要秘书,他曾带领英法联军进犯北京。这位伯爵说：

> Je manquerais à la fois a la justice et à la verite si je ne rappelais pas ici quel puissant concours nous trouvemes en Chine dans le personnel des missions catholiques. Tous les renseigne ments qui parvenaient au general — et l'evennment demontra leur precision — tant sur les resources des provinces que nous allions avoir à traverser，que sur les effectifs des troupes que nous allions rencontrer devant nous，lui etaient proeuris par l'intermediaire desjesuites，qui les faisaient relever par des Chinois a leur devotion. Les rapports confidentiels exigeaient，non seulement une profonde connaissance des hommes et des choses，mais encore ils indi quaient chez leurs auteurs un veritable courage car ils pouvaientles exposer a des represailles terrbles de la part des Chinois quand nous aurions quitté le pays. Les jesuites ont，a cette epoque，fait preuve d'un patriotisme ardent et du plus admirable devouement.
>
> 我们在中国发现天主教布道团成员之间配合默契,如果我不把它记载下来,就有悖正义和真理。传给将军的所有情报——后来发生的事件表明了这些情报的准确性——既涉及我们要经过的省份的资源,也涉及前方敌军的部署。耶稣会会士让忠于他们的中国人去收集这些情报,他们自己则负责将这些情报传递出

去。秘密报告不仅需要对人对事做深入的了解，而且显示了耶稣会会士的真正勇气，因为他们在离开中国时有可能遭到中国人的可怕报复。在这一时期，耶稣会会士表现出了火热的爱国情怀和可钦可佩的献身精神。——译者

请问每个外国人（不管他是法国人、英国人还是德国人），当一群具有如此火热的爱国情怀的人正不遗余力地“Ecrasez L'infame”（消灭无耻之徒。——译者）时，中国人民给他们迎头痛击是否符合道义？

三、为了中国的国泰民安

——实际结论

箴　言

毫无疑问，在东方，我们如冥行索途，
最好的办法是蹈义而行。
——戈登将军

我认为，现在考察列强在中国的现行政策正是时候且很有必要。我只想在此重申，本文的写作与他人无关，文中的观点只是我个人的意见。

情绪与态度

在中国问题有希望获得解决之前，列强首先必须彻底改变他们在对待中国政府和中国官员的有关政策中流露出来的情绪与态度。《日本邮报》的撰稿人豪斯(E. H. House)先生在论述西方各国过去对日本采取的政策时指出："外国人提出这样一种理论：日本的政策真真假假，有如迷宫，日本人的行为如果外国人毫不理解，其中肯定有诈。这种理论荒谬透顶但成了二十年来欧洲外交政策的基础。"我敢断定，这也是外国列强在与中国的相互交往过程中频频发生灾难的根源。正是这种弥漫周遭的怀疑精神感染了每个外国公使，特别是每个英国公使，并且产生这样一种偏见：在他眼里中国的一切都是黄色的。

由于我写本文并不是为中国人作辩护而是捍卫真理的事业,我认为,中国人在与外国人打交道时并非不够坦率和光明磊落。但我们应该了解个中缘由。俄罗斯公使卡西尼(Cassini)伯爵最近指出:“中国是一个礼仪之邦,英国人和德国人却常常不懂礼貌。”事实上,旅居中国的普通外国人常常蛮不讲理并且性情急躁,普通中国人则显得彬彬有礼,很有涵养。当你向一个真正有修养的中国人提出不合理的要求时,他不会说“不”。天生的礼貌促使他婉言拒绝你的要求。已故曾国藩侯爵在1860年致一个朋友的信(《洋务尺牍》——译者)中指出:“当你碰到洋人傲慢无理地注视你时,最好的办法是冷笑和装傻。”赫德先生对艾托(Ito)侯爵说过:“中国人信奉的原则是‘宁弯不折’。”因此针对外国人的无礼要求,受过教育的中国人常喜欢婉言拒绝,而对外国人的无理暴行,中国人常常使用在中文中被称为“羁縻”的武器。翟理斯博士把它译成“halter”(笼头、套绳——译者)。当你碰到狂妄自大的牛皮大王时,跟他讲理是对牛弹琴。你唯一能做的就是用套绳把他套住!

窦纳乐(Claude MacDonald)先生解释了汉字“羁縻”的意思。窦纳乐先生在1900年9月20日致索尔兹伯里勋爵的电文中指出:

> 由于我们旨在拖延时间或减轻中国人的攻击,我们要使中国人确信,如果请他们把我们护送到天津,我们还有机会请求他们的宽恕——我们所做的原则上既不是接受它也不是拒绝它,而是争取时间了解详情,以便作最终定夺。

令人奇怪的是,窦纳乐先生玩弄欺骗和背信弃义的同时,似乎没有意识到他本人向中国人暗施诡计和背信弃义也有道德上的过失。也许有人会说正是中国人的行为迫使窦纳乐先生出此下策,但无论如何我们更有理由说,正是窦纳乐的行为迫使中国人如法炮制。

外国人总是怀疑中国人的所作所为。在承认它的某些合理根据之后,我认为有必要强调,从我在总督衙门任职期间接触的电报和公文看，责备陷入这场困境的北京清朝政府玩弄欺骗和背信弃义是毫无根据的。我的确认为此处宜于再次引用豪斯先生对日本过去的外交关系的评论。有人认为要多多体谅外国公使的苦衷和顺理成章的怀疑。针对这种主张，豪斯先生问道："有谁考虑日本人的苦衷、焦虑和频频遇到的致命危险呢？江户（东京的旧称——译者）的官员们胸怀坦荡，直陈己见，一国的统治者能够做到这样已很难得。他们有啥说啥，几近天真。他们倾吐自己的苦衷并请求对手的宽容。结果徒遭谩骂，蒙羞受辱。"

如果把上文中的"日本人"换成"中国人"，把江户换成北京，人们还以为豪斯先生是在讲去年夏天中国发生的事情，而不是讲四十年前在日本发生的事情。一切不怀偏见的人只要认真阅读皇帝的诏书和其他公文，就会发现豪斯先生的评论非常中肯。

清政府也十分坦率，兹举一例。农历六月初三，清政府给中国驻外公使发了一道通令，指示他们坦言清政府的难处。通令说："我等拟令三军统帅对各个使馆一如既往严加保护，唯力是视。"由此可见，清政府并未向外国政府隐瞒面临的危险。通令只是未说"我们已经指示保护各个使馆"而已。但人们可以推断清政府对使馆的保护态度是坚决的并且不惜代价。通令已说得明明白白，要千方百计保护使馆。

问题的症结

以上谈了外国列强对中国的情绪与态度，现在来谈谈中国问题的症结所在。问题的症结在于，外国列强在与中国打交道时，一方面要求中国承担一个主权国家的责任，另一方面又丝毫不承认和尊重清政府的权力和地位，而只有凭借这种权力和地位，清政府才能履行其义务并承担起独立政府的责任。

赫德先生以爱尔兰人的大度主张取消治外法权。对任何有政治头脑的人来说，赫德先生的主张原则上无可争议。恕我直言，在目前情况下取消治外法权不切实际。歌德说："es gibt zwei friedliche

Gewalten auf der Welt：das Recht und die Schicklichkeit.”(世上有两种和平的力量：正义与礼让。——译者)赫德先生的主张是正义而不是礼让。

如果取消治外法权不切实际，那么，显然应当尽量减轻它的恶果。治外法权是一种怪物——它已经在道德方面损害了中国的良好管理，但外国列强的代表并未减轻这一怪物造成的恶果，而是奉命引入更为糟糕的怪物，即，治内法权。外国列强并不满足于让清政府对外国人没有司法权，而且允许他们的代表取消清政府对中国国民的司法权。人们一直公正地谴责传教士干预诉讼程序，侵犯中国地方官员对中国国民的司法权。当英国公使傲慢地要求解除四川总督的职务时，他对诉讼程序的干预简直到了无所顾忌的程度。这样做不仅侵犯了中国地方官员对中国国民的司法权，而且侵犯了皇帝的最高权力，损害他对官员的权威。一位总督伤害了外国人理当受到惩处，但这种惩处必须得到皇上的许可并且符合大清帝国的法律。这一原则可以从最近的惩罚争端中得到清楚的证明。只有美国国务卿似乎意识到这次惩罚争端应遵循的原则。

让我完全从外国人的角度来看这一案件。去年夏天，北京的清军未经允许就对各个领馆发动进攻，从而践踏了文明的国际法。清政府并没有及时制止当事人的行为而是向联合的列强宣战。正因如此，中国和联合的列强之间事实上处于战争状态。随后，中国又开始求和。这时联合的列强有权拒绝言和，除非申冤的要求得到满足。要申的冤屈就是对各国使馆的攻击。联合的列强提出以下的停战条件合情合理：清政府应该完全制止当事人对各国领馆的攻击。

现在我来讨论我谈到的原则。战争行为是对国家的惩罚而不是对个人的惩罚。由于清政府的某些官员在这次事件中践踏了国际法因而罪责难逃，联合的列强如果认为合适就有权运用现代战争中的所谓报复权，即逮捕和迅速惩罚犯罪官员，但是这种惩罚是一种战争行为，而不是法律制裁。

政府对罪犯的惩罚则截然不同。这时，联合的列强必须确定在领馆遭到粗暴袭击之后他们是否愿意继续承认中国政府。如果列强不承认中国政府的存在，那列强就显然有义务立即承担起中国政府的责任，如果列强一如既往公开承认中国政府的存在，那么他们就必须承认清政府对所有中国国民的绝对司法权。

一旦开战，是非之争就不是在中国的个人与联合的列强之间进行，而是在中华民族与联合的列强之间进行。就列强进行的惩罚而言，战争及其后果本质上起到了这种作用。清政府对列强应负的责任仅仅是它本该完全制止对各国领馆的袭击。一旦清政府制止了对各国领馆的袭击，所有参与袭击的人都在犯罪——不是对列强犯罪，而是对皇上的权威，对大清帝国的和平与安全犯罪：这类人都应受到惩罚。只要承认中国是主权国家，对上自内阁大臣下至平民百姓的中国国民的惩罚就必须得到皇上的允许并符合大清帝国的法律。

以上我完全是从外国人的观点来看待这次事件，即，把错误完全归咎于中国人。事实上，对领馆的袭击纯粹是由领馆士兵与北京居民打架引起的，并有中国军人的参与和支持。这次事件的可悲结局是，打架殃及了外国领事和许多无辜居民，还有孤立无助的妇女和儿童。清政府最后就持这种看法。七月十四日，中国大臣们只要能联系上，都郑重邀请外国公使"带上家人和随员到总理衙门躲避，以策安全，但不得带佩有武器的外国卫兵"。中国大臣们说，这一建议旨在保持始终未受损害的友好关系。这场架打得难解难分，保护外国公使、许多无辜者以及妇女、儿童的唯一可靠的办法，就是把他们与参与打架的人分开。但窦纳乐先生竟然只从上述建议中看到了背信弃义和玩世不恭！

事实上，我以为，一个不带偏见的公正法官对去年夏天的事件的最终裁决应当是：首先是外国公使们不识时务，继而是中国人意气用事；最后是欧美的国民和政府暴跳如雷和不通人情。

人们一直指责舰队司令占领大沽港。这种指责有失公允。进攻大沽港无疑很惨，因为清政府为了保持自尊除了宣战别无选择。但舰队司令们都是军人，只得从纯粹的军事角度对外交官提供的情报作出判断。事实上,正是公使们的行为促使舰队司令们对形势作出这样的反应。然而,在整场危机中,向使馆派遣卫兵首先大错特错。最常见而又合乎时宜的命令应该是:如果你要炫耀和诉诸武力,请务必做得彻底。当不仅北京的所有居民而且华北的所有居民都不分青红皂白地对外国人义愤填膺时,外国列强竟然将一小撮面孔陌生、装束奇特、讲话古怪而又狂妄自大的军人派到这些居民之间,他们没有统一的指挥,而是彼此不相统属!我想,用不识时务来描述外国公使的所作所为一点也不过分。

严格地讲,对外国公使的最好保护是他们的证件,正如战争期间对谈判代表的最好保护是他的投降白旗一样。当外国公使带来了领馆卫兵时,这些证件也就失去了法律效力。据说中国政府曾同意外国公使这么做,这至少意味着大清政府可以不用承担保护的义务,因为公使们选择自我保护而不靠清政府提供保护。

事实上,整个中国问题的症结可以由此得到有力的说明。外国列强勃然大怒并且惊恐万状。索尔兹伯里勋爵之所以谴责中国人的暴行,是因为有人说中国违反了 Sanctitas legatorum(使节不可侵犯。——译者)的法律。但似乎没有人意识到首先是外国公使们把军队开往大清帝国的首都从而粗暴践踏了同样重要的国际法——中国领土的不可侵犯。在经历这一政策的灾难性后果之后,列强一方面郑重保证维护大清帝国的尊严,另一方面又建造了俯临皇宫的堡垒。我说过,如果你要诉诸武力,你干脆就做得彻底些。如果列强想用武力迫使中国就范,那倒也好;但列强至少应该维持有效的镇压力量,否则大清帝国就会四分五裂。

自经历去年的事件以来,列强并未重新考虑他们过去的政策并承认过去的错误,而是决定不仅坚持他们过去的错误政策,而且要强化这种政策。首先,大多数国家不是直接派遣具有新观念的新官员对形势进行新的评估并寻求满意的解决办法,而是坚持让造成这种局面的官员参加和谈,而这些人已经精神崩溃,他们的经历只能加深他们对谈判的反感。结果自然是签订了“十二条”不可更改的条约。

1. 外国公使们对总理衙门的构成提出异议，而这种异议倒更适用于针对外国公使团的构成。没有双方认可的负责人，就不可能迅速使和谈得到满意的结局。

2. 赢得战争后，签署不可更改的条约无可厚非，但这些条约一般限于直接补偿现在和过去造成的损失并且限于采取军事行动的国家。拟定不可更改的条约对将来作出保证是个错误，因为外国公使们以为他们比清政府更清楚什么可以防止将来的老百姓袭击外国人。正是这种政策导致了现在这场灾难。要求清政府声明采取何种措施对将来作出保证本来不会有什么害处。

3. 事实上，"十二条"中的大多数条款并不是依据强盗的"不给钱就要命"的原则，而是依据既要钱又要命的原则。因为履行这些条款意味着中国不可能有好的政府。我已谈过惩罚问题。履行这一条款是对帝国稳定的沉重打击。仅仅是皇太后陛下的个人威望才使那次判决的执行成为可能并因此没有引起大清帝国的四分五裂。我也说过，在首都的中心建造堡垒的问题，我还想谈谈停止检查的问题。我想指出，除了审讯之外在中国实施检查制度就像欧洲的公民权一样不是要给哪个人以特权，而是中国政府的职能并且是至关重要的职能，其目的是贯彻开放原则——Carriere ouverte aux talents(向有识之士敞开大门。——译者)。要求工程师让发动机正常运转，同时又命令他关掉发动机的一个重要管道，这简直是滑天下之大稽。外国列强要求大清政府停止海关检查与此出于一辙。

我想，外国列强在中国不仅行使了治外法权，而且行使了治内法权。现在他们似乎变本加厉——被任命担任要职的中国官员首先要得到外国官员的半官方的认可。唯其如此，湖北省布政使竟被罢免八个月之久。由于总督阁下必须全力解决全国性的问题和忙于保护传教士，该省的实际民政管理面临瘫痪的危险！外国人对中国官员任命进行干预的另一个后果是，那些人品低下、声名狼藉、胸无点墨的无能之辈，不是通过行贿来博取外国官员和有钱有势的外国人的庇护，就是纯粹通过阿谀奉承和玩弄阴谋来得以升迁。对中国新任驻日公使的任命就是一例。我斗胆请日本外务省注意此事,以便调查在中国的日本官员是否与这一任命有牵连。正是外国官员和外国人对这类人的庇护与支持,才使得中华民族的一些才俊不甘心对洋人和洋货表示友好。

此外,完全有必要提提这样一个众所周知的事实:罗马天主教传教士竟被允许公开干预他们的教徒与不信基督教的中国百姓之间的诉讼案件。新教传教士不仅干涉各种诉讼,而且在外国报纸上并通过中国报刊煽动谋反。最后,越来越多的外国人的唯一工作就是让别人借用他们的名义在各通商口岸开展各种声名狼藉的商务活动。

鉴于此,我认为,所有刻苦研究这些事实的人一定可以发现,清政府的一件操心劳神的事情就是保持中国的国泰民安。在治国方面,中国是一个没有警察机构的国家,和平与秩序要靠民众的通情达理和互信互爱来维持。当通情达理和以礼待人的民众遭到凌辱时,就会爆发一场地方政府无法平息的动乱,动乱之后,人民又必须赔偿损失并且数目惊人——从罗马天主教传教士和新教传教士最近寄给各地方政府的账单就可以看到这一点。

但是,所有地方性的个别损失与外国官员行使治内法权带来的损失相比简直微不足道。中国人民被剥夺国泰民安带来的利益。比肯斯费尔德勋爵指出:“如果一国的现有政府没有绝对的权力去做它认为正确的事情,那么,治国安邦就是一句空话。”列强在中国既不承担中国政府的责任,又不允许清政府做它认为正确的事情。列强的所作所为使中央政府陷入瘫痪。一旦中央政府陷入瘫痪,地方政府和帝国官员就会腐败成风。我想指出,在最近和现在的改革呼声中毕竟有不少合理之处。国家的现有机构正日趋腐败。这里无法深入讨论中国政府的现状,我将另文讨论这个问题。我想指出的是,只有当清政府的最高权力机关可以做它认为正确的事情并且帝国的法律至少对所有中国臣民具有唯一的绝对约束时,改革才可能成功。简言之,中国国泰民安的唯一条件是,每个总督和巡抚以及政府机关的所有高级官员都以性命向皇太后和皇帝担保他们的职责不仅是负责保护外国人,不是争取得到外国政府的庇护，而是要负责治国安邦，即对其下属的品质、行为和才能负责，对信任他们的人民的福祉和有效管理负责。

总之，这就是中国问题的症结所在。外国列强必须毫不含糊地做出最终决定，要么承担治理中国的责任，要么让清政府来承担这种责任。如果列强决定承担这种责任，那也好；如果列强决定让清政府来承担治理国家的责任，那么，他们的明确职责就是完全承认并尊重作为独立国家机构的大清政府的所有权力——不包括对外国公民的司法权。

对外国人的管理

然而，在中国行使治外法权要求列强对其公民进行有效的管理。任何人只要细读过上个世纪前三十年的英国的蓝皮书和议会文件，就可以清楚地看出，促使英国向中国派一位政府代表的真正原因在于，那时没有人负责对英国公民进行有效管理。英国公民在广州简直到了无法无天的地步。派一位英国公使常驻中国的主要目的本不是促进贸易，而是对英国国民进行有效管理。

现在人们都奢谈帝国主义。帝国主义意味着不计利害得失的政体，一种具有绝对权力而又无所顾忌地做它认为有益于治国安邦的事情的政体。但是，英国公使难以做到不计利害得失。英国公使并不是为了国家的荣誉而向女王负责，而是向坐在下议院的六百个临时小国王负责，英国议会本是个智者的议会，现在却成了利欲熏心者的集会。

我深感疑惑的是，英国统治阶层为何从未想到，奢谈英国的利益至少是过于自私的事情。英国绅士蔑视纯粹的“专业”售货员的原因在于后者只关心物质利益，即金钱。而建立大英帝国的人从不谈利益而只讲义务。麦克唐纳先生像窦纳乐先生一样是个军人，曾担任马六甲海峡地区的总督。在新加坡他对他的同乡的代表说：“我是女王派来管你们这些泥腿子的。”在有中国人居住的英国殖民地，英国政府总是适时地派一位官员担任中国人的保护人。在中国各通商口岸，英国政府完全可以像在殖民地那样派一位官员维护中国贫苦阶层的利益，这些人无钱聘请那些充当恶霸的律师来保护自己，以防受到粗暴无耻的英国公民的欺负。在贸易方面，可以指派一个由麦克唐纳先生那样的人组成的委员会来调查哪些贸易是公平贸易，即有利于中英双方的贸易；哪些贸易是不公平贸易，即只利于英方而损害中方的贸易。而不是派商务代表来指导英国商人如何经商，或作为他们的全权代表与有势力的改良派官员打交道。正如已故威妥玛（Thomas Wade）先生所说："长期损害中国人的事情最终也会损害外国人，在中国国内同样如此。"

总之，外国列强在行使治外法权时的首要职责就是采取严厉、充分而有效的措施对他们各自国家的公民进行有效管理。必须承认，对外国公民进行有效管理并非易事，因为治外法权在国际法中是个怪物。虽说上述问题似乎不难解决，但列强愚蠢地要求在每个通商口岸分别建立各自为政的租界。正因如此，每个通商口岸现在都成了巴尔干半岛，岛上有许多袖珍小国，每个小国都是火药桶。应当指出，欧洲列强要求建立各自的租界是合情合理的，原因在于，英国政府在向英国侨民行使主要权力时犯了错误，它不是通过英国领事而是通过每个有英国商人集居地的多数派组成的市政当局来行使这种权力。要别的国家让它的臣民服从一位英国官员的权威（尽管是市政权威）本身就是糟糕透顶的事情，更不该指望别的国家让它的臣民服从英国商人发号施令。事实上，正如已故弗劳德（A. J. Froude）先生曾经指出的那样，在一个五方杂处的社会中无法实行代议政治——在这样的地方必须实行集权政治。一个具有强烈种族偏见和民族偏见的国家决不可能选出代议制政府。要对外国人进行管理就应该撤销各自为政的租界，为此，要对有关外国侨民的法规进行审查和修改。

真正的困难

在中国问题中，我担心几乎无法克服的真正困难是列强的协作——这种协作已经有名无实。华北最近发生的事件清楚地表明，正如在法国革命的恐怖时期，不同的政治派别由于害怕争吵而对各种暴行不闻不问一样，在中国，列强由于担心开战也对各种残害中国人的暴行听之任之。但列强难逃其责——难逃它们不仅对中国人民而且对文明事业的责任。列强必须平心静气地同意绝对尊重中国作为一个主权国家的完整，否则他们就不得不进行战争。至于采取其他的和平瓜分方式，布鲁德里克(Brodrick)先生已经排除了这种可能性。他指出："就英国而言，试图管辖中国的任何地方简直是在发疯。"

解决中国的问题取决于三个大国，即英国、俄罗斯和日本。西摩尔(Admiral Seymour)将军这类英国人喜欢唤起世人注意这样一个事实：他们为西方国家打开了中国的大门，但他们从未想到对这种行为的后果负责。

事实上，不管好坏如何，英国迄今仍是在中国最具势力的国家。我最近发表的文章招致了许多英国人的忌恨，当我说在中国的各种外国势力中英国表现得最好时，不会有人认为我想讨好他们。比如，英国的领事业务不仅做得井井有条，而且还吸收了在中国的一些外国优秀人才。但是，当我说英国在今天的中国仍是最大势力国时，我也要毫不犹豫地指出，英国应对中国现在的局面负主要责任。中国的局面之所以不可收拾，正是因为英国政治家们没有在中国采取什么政策，甚至连"乱下赌注"的错误政策也没有得到始终一贯的执行！英国政治家暗自说："我们倒乐意公正地对待中国人，但其他国家的人都不愿这么做。因此，我们唯一能做的事情就是老老实实地维护我们自己的利益。"正是英国的这种"只能"政策导致了现在这场可怜而又可鄙的灾难性混乱。然而，如果英国政治家们丢掉了他们的责任感而只考虑他们自己的利益并且是抱着"只能"和"假如"的态度来考虑这种利益，那么，英国在中国就不再是最有影响力的国家。我曾将戈登将军的话作为本文的箴言，这些话已经提出了英国的有关政策，甚至提出了对英国自身利益的政策。但英国必须准备为维护这种政策而奋斗，如果英国愿意做出努力，它最终就毋需做这件不可避免的事情。

如果俄罗斯成了在中国最有势力的国家，那不是出于她的本意。英国的报纸和难以控制的英国式民主只会迫使俄罗斯违背她的本意，维护它在远东的势力并且成为在中国最有势力的国家。

解决中国问题所依赖的最后一个大国是日本。就对国民利益的影响而言，日本在解决中国问题方面比现在结成联盟的任何大国有着更大的利害关系。仅凭现有的军力，日本就可以向那些对付中国的外国列强发号施令。为此，日本人不必戴着外国人的眼镜来研究中国问题。一旦日本人对中国问题的症结有了正确而清楚的了解，日本也许会成为远东文明的“攘夷将军”。

文明问题

不少外国人跟我说：“你提出的所有看法都很好、很正确。但中国为何不起来抗争呢？当今的世界不认公理，只讲强权，只看势力。”针对这种异议，我想指出，“义和团”应当让世界相信中国人并非不愿抗争。赫德先生的同乡们认为，当赫德先生预言中国“义和团运动”的前途时他简直失去了理智。但我想列举中国历史上的两个事实，这些事实表明，赫德先生也许没有犯太大的错误。

Ⅰ. 公元12世纪，当华人发现文明正如罗斯金所说的那样意味着塑造文明人，它最终忘记或丧失了战争技巧。因此，当华人面对来自北方的蒙古游牧部落时，他们感到无可奈何。1260年，蒙古首领忽必烈大汗实际上登上了中国皇位，迫使华人俯首称臣。1361年，刚好一百年之后，华人重新学会了战争技巧，汉族勇士们东山再起，汇集在明朝开国皇帝的麾下，把蒙古游牧部落逐出了中原，赶回了老家。至少，这部分蛮夷没有沉湎于汉族文化并且成为文明人。

Ⅱ. 1850年，当太平军在广东打出反叛的旗帜时，“文人”统治阶层也感到无可奈何。经过十年左右，这批“文人”脱下长袍，学会了战争技巧，并于1864年平息了叛乱。

但我想指出的是，对世界的文明事业来说，中华民族是否要投入战斗是个非常严峻的问题。如果进行公平决战，我一点不为中国人担心。但对文明的威胁恰恰就在这里。在中国人准备战斗之前，外国列强的现行政策可能会促使中华民族闭关自守并且“杀气腾腾”。如果不是出于人道的考虑，至少应该为了牺牲利益而采取人为的手段来防止这种“杀气腾腾”现象的发生。欧美的人民并不了解中国百姓受苦受难的现状，甚至连中国的中间阶层，更不用说下层百姓，现在也生活在饥饿的边缘，外国外交官们却天真地认为中国人会静静地饿死——他们不仅要赔偿实际的损失，而且要为现代殖民政治的高歌祝凯负担开支。况且如果西方国家想对中国的百姓进行掠夺，那就让他们像最近在华北那样进行公开的抢劫好了。谢天谢地，千万不要让他们把中国百姓交给被称为金融家和资本家的现代欧洲高利贷者去盘剥。我想指出的是，中国人民即便是在今天仍可以为了和平而作出牺牲，去进行合理的赔偿。为此，中央政府必须有绝对的行动自由，即有绝对的权力命令每个总督和巡抚提供每一两公银的可信账目，否则就提头来见。

我说过，中国问题的症结是严峻的文明问题。在欧洲，经过“三十年战争”，人们要求威斯特法利亚（Westphalia，即 Westfalen，德国城市——译者）会议讨论文明的利益问题，这些问题与当今的中国事务问题有相似之处。我斗胆要求，在正式批准现在这个和平条约之前先把它提交给与威斯特法利亚会议相似的会议，以便对这个条约进行修改，如果必要的话，还得彻底改变条约的内容。

国际法和外交关系教授希切利（Montague Bernard Chichele）先生在谈到威斯特法利亚和平条约时指出：

> 威斯特法利亚会议的成果就是签署了一部和平条约。如果你仔细分析的话，一部和平条约通常可分几个部分。首先是外交官们所说的总则——和平宣言和有关大赦的条款。其次是裁定“必须消除战争根源，设法伸冤并防止冤屈再现”的条款。这是谈判双方必须做的一件重要事情。如果他们不能明确而有效地做

到这一点，和平条约就是一纸空文并且在法律上无法实施。第三是由战胜国提出对蒙受的损失和战争费用进行赔偿。最后是制定有关公正履行上述各项规定的条款。

本文原来发表在《日本邮报》上并附有以下引言：

我未信守诺言对列强在中国采取的现行政策进行全面的评论是出于两个原因：

首先，我明白英国当局对我的文章大为恼火并向总督阁下提出正式抗议。总督阁下的不快当然因我而起，但不知英国当局的行动是否得到了英国政府的批准。鉴于此，我认为，此处宜于公开让索尔兹伯里勋爵注意我去年夏天发给他的密电。

在去年的危机最为严重的时刻，上海的大小报纸收到许多电报，传言总督正把枪口对准住在汉口的外国侨民，而从上海发往我们衙门的电报则一直声称西摩尔将军已对长江虎视眈眈。的确，西摩尔将军正把军队开往上海，一个英国军官也在武昌四处察看。有个外国领馆三番五次地派人来要我提醒总督防备英国人的阴谋。我直言不讳地告诉他，他的领事一定是昏了头，我还把路透社发来的电报给他看，尊敬的布鲁德里克先生在电报中说，想管辖中国的任何领土简直是在发疯。最后，南京的刘总督阁下发了一封电报来，刘总督在电报中表示相信我们是在坐以待毙。这样，彼此的恐慌都很严重并有可能导致一场灾难。我之所以感到无可奈何和灰心丧气，是因为我无法让我国人民相信对英国的阴谋的各种报道纯属无稽之谈。另一方面，我也不知道有哪些搬弄是非的报道传到了索尔兹伯里勋爵那里。

正在这个节骨眼上，索尔兹伯里勋爵发来了一份电报，提出为了总督要与端郡王一决雌雄!! 我马上看出了一个缓解紧张局势的机会。总督需要钱。我冒昧地向总督建议，请索尔兹伯里勋爵提供一笔贷款。那就是我的密电内容。我的目的是让索尔兹伯里勋爵相信我们，而不是要兵戎相见。我知道，汇丰银行有了索尔兹伯里勋爵的担保会踊跃做这笔生意。这样一来贷款肯定没什么问题。但贷款只是恢复相互信任的手段，我有理由相信我们已经做到了这一点。我感到遗憾的只是索尔兹伯里勋爵没有完全明白我的密电。我的密电旨在制止军队在上海登陆。更为遗憾的是，我通过半官方渠道了解到索尔兹伯里勋爵已被解职，因为英国政府未从贷款中得到任何“实质性的”好处。我本想，长江的和平值得上五十万两银子，更不要说那样一笔贷款了。

我深感遗憾的是，我不得不在这里交待我个人的原因。鉴于英国当局的行动使人伤害了总督，我认为索尔兹伯里勋爵和英国人民理所当然地知道我个人为维护长江的和平所做的努力。

我不愿对目前的局势进行评论的另一个原因是，我感到完全有理由通过我的文章坦率地阐述我个人对任何不幸结果的看法，但我认为，我这个政府机构的小官尤其不应该在案件尚在审理时撰文透露谈判的细节，以免使那些参加谈判的政府要员感到难堪。

四、中国札记之一

（一九〇〇年十二月二十二日首次发表）

一

上一期《字林西报》刊登了一篇文章:《分裂的征兆》,编辑和他的朋友们自然兴高采烈。但我认为,在中国的外国人尚未看到“强健的端郡王的最后同谋”。

“皇冠尚未落地,还有许多王冠有待砸烂。”

二

列强通过偏袒中国的一些乱党而大肆从事分裂活动。divide et impera(分而治之),这就是波兰被瓜分的过程。长江流域的总督们现在与上海众多的茶叶店处于同样的境地。那些茶叶店打着“洋货”招牌,以告诉人们它们正受到一些卑鄙无耻的洋人的保护。

三

腓特烈大帝在谈到玛丽亚·特利莎(Maria Theresa)时指出,她一贯贼喊捉贼。英国国民——我指的是尚有英国人的良知的平民百姓——始终在一边抗议一边偷盗。张伯伦先生在非洲大肆偷盗,当被人抓住时，他却矢口否认；随后他又胁迫义和团发出了使傲慢而缺乏头脑的索尔兹伯里勋爵大为恼火的最后通牒。如今德兰士瓦被吞并了。

四

我宁要德国人的公开抢劫，而不要张伯伦先生的偷盗。德国人的办法仿佛是古代海盗的办法。张伯伦先生的办法则酷似犹大(Judah)的办法。

五

强盗巴拉巴和犹大现在居然联合起来维护中国的尊严！犹大的把戏显而易见。他想偷盗，如果被抓，他就把巴拉巴喊来撑腰。

六

现在是戳穿“门户开放”政策的骗局的时候了。英国人——我指的是英国的犹大而不是英国百姓——之所以发明了“门户开放”政策，是因为他们想把中国社会管理的费用和责任全交给可怜的太后及其官员，他们自己则坐享其成。正面我赢，反面你输，反正不吃亏。英国的犹大也知道，当他拥有“鸦片专卖权”并有一位罗伯特·赫德(Robert Hart)先生在北京时，他比巴拉巴或任何人的日子都好过。Voila tout(这就够了)！

七

太后竟然“无动于衷”，这在我看来简直是个奇迹。我实在看不出做一个“敞开大门”的一家之主有什么乐趣。每个流氓无赖，搬弄是非者和爱管闲事者都畅行无阻地进入大门并且制造事端。我的房子被烧时，却无人肯向我赔偿损失，相反，我却要向制造事端的人赔礼道歉并赔偿损失！这是“门户开放”政策的无聊透顶之处。

八

英国和美国把所有失业的搬弄是非者和爱管闲事的人派到中国来。这些人飞扬跋扈，对上自太后陛下下至贫穷妇女的小脚横加干涉。德国人派来了所有日耳曼—犹太走狗。他们诈骗中国官员并且败坏他们的道德。法国派来了“黑龙骑兵”保护流氓无赖。在这种情况下，当中国燃起了愤怒的火焰时，那个人及其妻子竟感到迷惑不解！

九

一个可怜的寡妇家里最近来了一些客人，这些客人竟然不让她按自己的方式管理家务，并有意无意地烧毁房屋。这位老太太在满腹忧伤和义愤填膺时仍千方百计去搭救她的仆人，那些客人却堵住大门并朝仆人们开枪。这位老太太怎么办呢？所有明智的人都会说，不要理睬这些蛮不讲理的客人，而是竭尽全力管好自己的家务。结果，公元一九○○年北京发生了围攻事件，真是可悲可叹。

一○

你家的真正客人都是态度友好，不带武器和势单力薄的人，他完全相信你能保护他，使他免遭伤害。他越是相信你能保护他，他就越像客人的样子，你保护他的义务也就越神圣。假如有人对你不够友好，当面说不信任你，他不仅在你家里全副武装保护自己，而且在你面前挥舞手枪，这种人就不是客人，而是入侵者和敌人。如果你愿意，你完全有权将他击毙。我想知道的是国际法专家们为什么要讲拉丁文，而不用浅显易懂的英语告诉人们 Sanctitas Legatarum（使节的神圣性）是什么意思。

一一

由于列强既是原告，又是法官和执行人，我认为太后除了赔钱还是赔钱！如果我是太后的话，我就拒绝赔钱——即便把我抓起来送到圣赫勒拿岛去——除非列强承诺将来不再把这三类人，即日耳曼—犹太走狗、黑龙骑兵和爱管闲事的人派往中国。

一二

罗斯金说过，要把主教统统绞死。我甚至不愿绞死中国的所有传教士。一般人试图把现在的灾难完全归咎于传教士。多么正直的 Injin！如果硬要我在日耳曼—犹太走狗和主教之间进行选择，我宁愿选择主教。

一三

尽管如此，我认为，一度与日耳曼—犹太走狗进行合作，现在又与他一道向中国人嚎叫的住在中国的所有主教和传教士，就像把主卖了三十块银币的犹大一样应被立即绞死。对其余的人则应鞭挞，因为他们像彼得一样不认其主，并且未能站出来为敢于反对强者的弱者辩护，为敢于抗击联军的端郡王辩护。当今那些具有务实精神的人不信上帝或恶魔，他们只信物质利益。那么，是何种利益驱使那些具有务实精神的人仍然愿意掏钱给主教呢？那也许是因为主教在宣讲那些知道人的利益所在的现代福音方面对务实的人有用。

一四

子曰:“君子喻于义,小人喻于利。”又曰:“放于利而行,多怨。”

一五

在法国大革命时期,有个人在人群中激动地高喊:“Je demande l'arrestation des laches et des coquins.”(我要求把乱臣贼子抓起来。)老天作证,对中国现状负责的真正罪人不是端郡王和义和团青年。真正的罪人甚至不是日耳曼—犹太走狗和传教士。真正的罪人,是乱臣贼子。没有乱臣贼子,就没有日耳曼—犹太走狗,传教士也不会为祸中国,相反会有益于中国。

一六

在古犹太人生活的时代,贼子被称为 scribe(律法师或文士),乱臣被称为 Pharisee(法利赛人)。如果你想看看现代贼子的彻头彻尾的粗俗,你只需读上海的报纸,看看它们是如何谈论皇太后的。可笑的是,《字林西报》的一个撰稿人每次提到太后的名字时总要重复“奴婢”这个词,其卑鄙恶毒简直到了无以复加的地步。

一七

在目前的灾难爆发前不久,《字林西报》的另一个主要撰稿人曾表达过这样的看法:皇太后存了很多钱,以便在动乱之时逃到陕西去享福。但这个撰稿人根本没有想到,具有贵族作风的中国皇太后绝不可能像赫德(Robert Hart)先生手下的海关专员那样回到老家去享福。贼子们在生活中唯一担心是没有东西糊口!

一八

两千年前，一个中国皇帝活埋了许多文士，从而给当时的中国社会带来了和平。这些文士被称为“儒”，他们是编写蛊惑人心的著作的老手。现在的欧洲皇帝试图通过海牙会议给世界带来和平，但以失败告终。下一个希望继位的欧洲皇帝必须使用中国古代皇帝的办法。

一九

驻巴黎的中国公使告诉公众，现在的和谈又是装装样子。这一点谁都清楚。既然在乱臣贼子胡作非为时中国或世界没有和平，那么，只有当欧洲某个有头脑的正直皇帝召集所有正人君子向乱臣贼子开刀时才可能有和平！欧洲才会有真正高雅、令人兴奋和愉悦的东西。现在这些被联军追杀的蒙受耻辱的义和团员们则不具备这些东西。被追杀的义和团员唯一感到兴奋的事情就是抢劫。

二〇

我想唤起世人注意，唤起愿听我进言并且态度坚决而又为人正直的沙皇、德皇、总统、皇帝、国王、政治家注意：乱臣贼子已经狼狈为奸。英国的贼子据说是普通人(the man in the street)，其官衔是帝国主义者。从谱系上看，他是犹大的真正传人。德国的贼子是日耳曼—犹太走狗，其官衔是 kolonial Politik(殖民政策)。从谱系上看，他是强盗巴拉巴的后裔。

二一

这四个月来我一直相信索尔兹伯里勋爵身上的那种英国贵族和

英国绅士的传统和感情，会使他在对付中国时反对英国的乱臣，反对英国的普通人即帝国主义者。我也一直相信德国皇帝陛下身上的那种霍亨索伦王族和普鲁士军官的传统和感情会使他反对贼子，反对日耳曼—犹太走狗，即反对德国的“殖民政策”。既然我大失所望，我不得不告诉他们，如果他们不保护文明，皇太后、端郡王和义和团青年就不得不保护文明。

二二

康有为先生的朋友们现在十分难过，因为他们未能改造中国和皇太后。当他们终于发现，康有为先生并未改造好中国和皇太后，相反，端郡王及其义和团青年倒要改变欧美的面貌时，他们会更加悲观。

二三

皇太后、端郡王及其义和团青年并不是欧洲人和真正的欧洲文明的敌人，而是欧洲人和真正的欧洲文明的挚友，自一七八九年在巴黎出现最糟糕的“大拳匪”(Great Boxer)以来这种真正的欧洲文明一直在试图实现自己的理想。皇太后、端郡王及其义和团青年已经奋起打击欧洲的敌人，打击世界敌人和真正的文明的敌人——打击乱臣贼子，而这些乱臣贼子刚刚联合起来对世人进行欺诈、蒙骗、威胁、谋杀和掠夺，并最终会毁灭世界的所有文明。

二四

最后，请编辑先生召集所有正人君子与我们联合起来，首先要挫败乱臣贼子的新的联盟并且永远消灭这种联盟，继而发动和开展消灭两类人即乱臣贼子的永不停顿的战争(这两类人无处不在，无时不有)。

二五

今天正值太后陛下六十六岁生日，借此机会，我请编辑先生和所有读过我的这些札记的正人君子，在今年的这个华诞大庆之际欢聚一堂，与我一道举杯恭祝中国太后陛下万寿无疆、永远康乐，洪福齐天，而这一切与端郡王的名字和他的那些勇敢、出色、剽悍的义和团青年联系在一起。

五、中国札记之二

（一九〇一年一月五日首次发表）

一

“色厉而内荏，譬诸小人，其犹穿窬之盗也与?”孔子的这句话，是对当今的一种英国人最好的描述，罗斯伯里勋爵是这类人的突出代表。

二

孔子又说：“古者民有三疾，今也或是之亡也……古之矜也廉，今之矜也忿戾。”这就是对今天的另一类英国人的写照，索尔兹伯里勋爵就是这类人的突出代表。

三

英国贵族非常矜持，有时简直到了傲慢的地步，因为他们原是在一〇六六年来到英国的征服者。这就是英国人自大的根源。时至今日，英国军队仍然不同于欧洲大陆的军队，他们不是保卫边疆和人民的国民军，而像中国的大清军队那样是皇家军队，是保卫女王和统治阶层的人身安全和荣誉的占领军。

四

爱默生指出："在英国，有件事我觉得难以容忍：大家都认为显赫的声名取决于财富和门第。一个学者不管有多大的成就都不能进入上层社会，除非他是社会名流并且喜欢卖弄。"

五

正因如此，当英国在上个世纪中叶经历革命的阵痛时，没有一个真正的能人出来帮助贵族或统治阶层。生活在那个时代的大贤托玛斯·卡莱尔（Thomas Carlyle）竟然不问世事，过着单调刻板的生活，并在苏格兰的泥塘里徒生闷气。英国贵族在孤独绝望中碰到了一个对他们并无太大帮助的犹太青年，幸好这个犹太青年是一个专爱空想的无能之辈，他就是比斯肯菲尔德勋爵。

六

比斯肯菲尔德勋爵说，当他发现所谓的自由党实质上不过是（资产阶级）寡头政治集团或一群伦敦佬时，他才明白大英帝国政府究竟是怎么回事。比斯肯菲尔德随后带领暴民去帮助绅士们推翻伦敦佬并且消灭寡头政治集团。此后，比斯肯菲尔德又看到暴民难以管理，于是，他又宣布采取帝国主义政策。

七

比斯肯菲尔德在晚年指出："我不知君权神授论是否站得住脚，但我相信，如果一国的现有政府没有绝对的权力去做它认为正确的事情，治国安邦就无从谈起。"因此，比斯肯菲尔德的帝国主义意味着具有绝对权力的政府可以为所欲为地干它认为正确的事情——事实上意味着不计利害得失的政治制度。

八

比斯肯菲尔德死后，英国贵族又变得孤立无助，他们的老前辈索尔兹伯里勋爵碰到一个带有伦敦佬心态的伯明翰青年。这位伯明翰的伦敦佬仿制了比斯肯菲尔德的帝国主义大旗并且向自我标榜的盎格鲁—撒克逊人招展，以此向傲慢的英国贵族谄媚！

九

的确，这些举止高雅的老派英国贵族，在一个肩扛盎格鲁—撒克逊人的自我标榜的“帝国主义”大旗并有一副伦敦佬派头的小小伯明翰青年的领导下，现在变得家徒四壁，只剩理想和计划，其境况虽然谈不上凄惨，但像“徒有往日门第的身无分文的苏格兰女佣”一样滑稽可笑。

一〇

最近，有人叫一个公立小学的孩子给罗马公民权下个定义，他回答说：“罗马公民权就是罗马人出去‘免费捕鱼’时乘坐的大船。”[①]

我很想知道，索尔兹伯里勋爵和真正的英国国民是否了解，在那群卑鄙贪婪的伦敦佬中有多少英国国民打着虚假的帝国主义旗帜，抱着“免费捕鱼”的目的从“敞开的大门”进入中国。

① 公民权的英文 citizenship 的后缀 ship 单独使用有“船”的意思。——译者

一一

我并不责备这些旅居中国的贫穷潦倒的伦敦佬。我只是有时讨厌看到这些伦敦佬。尽管他们难以维生，但我看到他们最近竟不知羞耻地招摇撞骗，在老实的中国苦力面前耀武扬威，并喋喋不休地谈论中国官员的腐败。多么可怜的恶棍！这些卑鄙无耻和饥寒交迫的旅居中国的伦敦佬现在的唯一希望是发一笔横财，譬如，得到从京津两地“抢劫来的东西”。Non ragionam dilor(不要把他们放在眼里——译者)。

一二

子曰：“善人，吾不得而见之矣；得见有恒者，斯可矣。亡而为有，虚而为盈，约而为泰，难乎有恒矣。”

一三

然而，对英国伦敦佬在中国“免费捕鱼”真正负有责任的人是“乱臣贼子”，他们使英国的虚假帝国主义的公益事业百孔千疮。兹有一例为证。窦纳乐(Claude MacDonald)先生真心实意地试图清除中国公益事业中的腐败现象。多么可怜的窦纳乐先生！他把事情弄得一塌糊涂。必须指出，他的任务是无法完成的。他的特殊使命并不是维护女王的荣誉和英国人的好名声。他的特殊使命也不是维护正义而是维护英国商人的“权益”，甚至是为了英国商人的实际利益而参与在北京的抢劫。我曾发现，为使他身上的军人和绅士的本能适应他要完成的任务，他几乎要发疯。

一四

我记得看过窦纳乐先生在香港就中国问题发表的第一次讲演的报道。他谈道,“要捍卫先辈经过流血牺牲才得来的在中国的权利,等等”。这样做也就是捍卫和固守公开抢来的“牲口和动产”。当然,那种苏格兰高地的老办法并没有什么不光彩的地方。但这是捍卫和固守偷盗的权利!平心而论,虽然公开抢劫在某些情况下可能算不上卑鄙,但我认为偷盗永远是卑鄙的。

一五

我觉得看到这种情形的确可悲:卡莱尔和罗斯金毕生反对的政治经济学家们的“狗腿子”人生观,甚至改变了窦纳乐先生这样一个军人和绅士的苏格兰人的精明头脑——从我读到的材料看事实就是如此。我相信,倘若没有那种“狗腿子”理论以及那种鬼鬼祟祟和粗俗不堪的令人窒息的有害气氛的恶劣影响(这一点也使旅居中国的外国人耳濡目染),窦纳乐先生本可以通过考查发现,中国与外国列强签订的现有条约都是窦纳乐先生的先辈早该称之为“被颁布成法律的罪恶”!

一六

我摘录以下的文字,把它献给此时也许还呆在中国的那位真正的英国军人和绅士。罗斯金在致伍尔维奇的军校学生的信中指出:“现代各种制度的致命错误在于剥夺了本民族的优秀品质和力量,剥夺了勇敢、无私、藐视痛苦和忠于职守这种民族的内在灵魂;在于把那种灵魂锻炼成钢并违反它的本性去用它制造长剑;在于保留了这个民族的最糟糕的方面——怯懦、贪婪、耽迷声色和背信弃义——并公开支持它,给它以权威,给它以头等特权,在这种情况下人的思维能力自然十分低下。履行保卫英国的誓言决不在于维护这种制度。如果你只想站在店门边保护正在里面消磨时间的青年男店员，你就不是真正的卫兵。”

一七

让我们言归正传。在上一篇札记中我就说过，对中国现在的局面负责的真正罪犯是乱臣贼子。现在，我想进一步指出，当今中国和世界的罪恶的真正渊薮甚至不是乱臣贼子，而是英国国民，是英国贵族和索尔兹伯里勋爵身上的“傲慢的恶魔”。这个“傲慢的恶魔”即将分裂大英帝国，而不是分裂中国。

一八

阿尔诺德(Matthew Amold)指出，事实上，与其说是英国国民的自私和不义，还不如说是英国统治阶层不够友善才使得爱尔兰人的创伤“不能愈合并且永远不能愈合”。

一九

最近，正是索尔兹伯里勋爵的傲慢，正是他的那种粗野的、肆无忌惮的傲慢使张伯伦先生和他的伦敦佬阶层能有效地发出“Nlajuba(命令)”，并打开了非洲的监狱。在布尔人发出最后通牒之后，索尔兹伯里勋爵的讲演的确如雄狮怒吼，但这是傲慢的怒吼而不是自私的怒吼。

二〇

的确，索尔兹伯里勋爵身上的这个“傲慢的恶魔”成了真正的罪犯，它导致了张伯伦先生的出现和非洲的流血事件，导致了虚假的帝国主义，导致了各国在中国划分势力范围，导致了被称为“中国联盟”的伦敦佬寡头政治集团和北京的抢劫比赛，总之，导致了中国现在这场可怜而又可鄙的灾难性混乱。

二一

爱默生在谴责当时的英国贵族给拿破仑的荣誉时评论说：“如何采取哪怕是令人憎恶的措施来防止国家的接二连三的危机呢？政府总是很晚才知道任用不正直的代理人乃是祸国殃民之举。”

二二

一个人使用暴力在一个一直守寡的老太太家中进行抢劫比赛并在激烈比赛时烧掉了房子。这些人要干些什么呢？乱臣说：“要把这个老太婆踢出家门。”贼子说：“要让她赔偿损失并继续为我们看管房子。”正人君子的建议是：“先生们，如果你们没有诚意或没有本钱赔偿老太太的损失，你们至少要有君子风度向她道歉。至少，有件事你们应该去做，即以后要规矩一些。”

二三

事实上，人们已得出这样的结论：要解决中国目前的问题，唯一可能的和平方式并不在于中国的改革，而在于欧洲的改革，在于英国的迫切改革。中国的改革之所以容易，是因为“道理”这两个汉字所表达的共同的理性意识和共同的道义感已经渗透到了人们的内心深处，以致现在的人都不难明白这一点。正是这种“理性意识”而不是怯懦在这六个月来防止了一次可怕的世界大战。

二四

欧洲的改革、英国的改革之所以困难，是因为正如罗斯金所说，现代欧洲教育的一般倾向是使人错误地对待他在生活中感到重要的一切问题。但是，对欧洲进行改革，对英国进行迫切的改革并不是为了解决中国的问题，而是为了防止文明彻底毁灭。

二五

为使改革成为可能，英国国民的首要任务是从平民百姓和贵族身上赶走“傲慢的恶魔”。一旦赶走那个恶魔，就可以清除正将公益事业的大门挤得水泄不通的乱臣贼子。正是英国的“门户开放”，而不是中国的“门户开放”，使罗伯特·彭斯(Robert Burns)高歌一曲“管他这一套那一套”。也正是这种“门户开放”，使卡莱尔宣扬英雄崇拜。一旦人们完全承认并且贯彻门户开放原则，那么，用海涅的话说，一种新的Staatsdient Adel(公职贵族)或市民贵族就会兴起，这种新兴的贵族将保留旧贵族的高雅情趣和礼貌，并把现代真正的自由主义的成熟修养与这些品质结合起来。在这种新兴的贵族的基础上，人们将建立起真正的帝国主义大厦，这幢大厦也许比古罗马的帝国主义大厦更加坚固和宏伟，因为这种新的帝国主义带有强烈的基督教色彩，古罗马的帝国主义则没有这种色彩，或其色彩没有这么浓厚。英国的这种新兴的真正的帝国主义将与其他国家一道守护世界的文明，而不只是通过炮舰政策去树立盎格鲁—撒克逊暴徒的声望，Turegere imperio populos, Romane, memeoto(罗马人，请记住，你们要用皇权去统治人民。——译者)。

二六

我十分激动地向英国人民写下这些措辞强烈的文字，因为我相信中国问题是可以和平解决的。我的信心和希望是基于这场危机之前由路透社报道的索尔兹伯里的讲演。在这篇讲演中，那位高贵的侯爵说，他确信四万万勇敢的中国人民不会灭亡，也不可能灭亡。我觉得那几句电文仿佛是向中华民族发出的勇敢、高昂而近乎声嘶力竭的欢呼，这呼声好像来自真正的英国国民的灵魂深处，并得到了现在仍然健在的最为优秀的英国贵族的回应。Ultime Romanorum! Se tu seguitua stella!（再也看不到罗马人了！要是你们都追随你们的明星该有多好！——译者）

六、中国札记之三

（一九〇一年一月十二日首次发表）

箴　言

对一切事物尤其是对爱和友谊淡然处之，是我的最高灵感，我的指导原则，我的人生准则。因此，当我后来在一首诗的开头写下这样的诗句："如果我爱你，那对你意味着什么呢？"这些话就是我心灵的剖白。

——引自歌德《诗与真》

一

罗斯金说过，德国人的优点中甚至也包括自私的成分。当罗斯金说这句话时，他指的是俾斯麦宰相，而不是指毛奇（Moltke）和歌德——Zucht u. Ordnung（秩序和风纪）的两个已臻极乐的化身。

二

瓦里采夫斯基先生在《风流女皇》（*Romance of an Empress*）中谈到俄罗斯的德意志人卡特琳娜二世。他指出我曾听到一个至今仍在维也纳担任要职的德国人宣称，由于他是情趣上的世界主义者，他喜欢每个民族，只有本民族是例外，因为这个民族除有许多优点之外，还有一个他特别讨厌的缺点，那就是这个民族不知如何宽宏大量。

三

的确，就我所知，中国人、苏格兰人和德国人是世界上三个最自私的民族。原因很简单。在苏格兰和德国北部，气候寒冷，土地贫瘠，生活艰苦。中国有早婚和不愿独身的习惯。加之人民爱好和平，结果人口急剧增长，人们的生活十分艰难。

四

时至今日，德国人仍然不是清一色的民族。马丁·路德(Martin Luther)首次给他们提供了共同的标准语言。但德国的路德有如大不列颠的诺克斯(John Knox)，仅仅为民族的统一奠定了基础，以便它能吸收现代的文明。

五

正如克伦威尔成了保护诺克斯的成果的帝国主义者一样，腓特烈大帝成了保护路德的成果的帝国主义者。卡莱尔有着如此深邃而冷峻的眼光，以致他能透过腓特烈大帝那喜欢挖苦、惯于怀疑的哲人形象看到真正的清教徒的本质。在七年战争中，普鲁士清教徒和奥地利骑士实际上处于相互冲突之中。

六

腓特烈逝世后，德国变成了普鲁士。德国是欧洲的苏格兰。普鲁士人是苏格兰低地人，他们因生活在平原地区而缺乏想象力。况且，普鲁士的气候要恶劣得多。因此，普鲁士人不但缺乏想象力，而且食量大得惊人。俾斯麦说过："我家的所有人都能暴食暴饮(Laiter starke Esser)。如果许多人都有我们这样大的胃口(Kapacitat),这个国家简直无法存在下去。我们就不得不移民。"

七

腓特烈没有想象力。但他不仅有出众的才华,有法国人的教养、机智,而且有敏捷的思维和法国文化的洞察力。在腓特烈之后,普鲁士清教徒因缺乏想象力而无法继续行使对德意志的保护权。因此,拿破仑不得不通过在耶拿的光荣复辟而返回德意志。

八

华兹华斯在向爱默生谈到歌德的《威廉·迈斯特》时对它进行痛骂。他说:"它集中了各种各样的私通行为。它就像在空中杂交的苍蝇。"《威廉·迈斯特》是伟大的歌德对拿破仑复辟时期的德国社会状况的描述——就像莎士比亚(Shakespear)的描述那样逼真、清晰和宁静。

九

与英国的情况相似,一贯理智的德国人热烈欢呼拿破仑复辟;那个普鲁士清教徒则咬牙切齿并退隐山林到女子们的 Schoene Seele(美好心灵)中寻找慰藉。

一〇

洞透机杼的爱默生评论说:"把拿破仑送往圣赫勒拿岛去的并不是战场上的失败,而是他的粗鄙、平庸和俗气。当拿破仑带来了法国革命的伟大自由思想时,欧洲一切有文化教养的绅士都向他热烈欢呼。但当他们发现这位科西嘉的资产阶级分子只想建立一个王朝时，欧洲所有的绅士都感到厌恶。于是，那个身穿‘沃瓦茨’(Vorwarts)[①]元帅服的普鲁士清教徒闻风而动并与欧洲的绅士们联合起来追捕这个科西嘉的资产阶级分子。”

一一

那个普鲁士清教徒就像冷酷无情而又缺乏想象力的苏格兰低地人，他训练有素并且身穿“沃瓦茨”元帅服。海涅对他的描绘令人心酸，直至今天这些描绘依然真实感人：

> 这个一贯单调刻板的民族
> 行动总是规规矩矩，
> 阴沉的脸
> 永远冷若冰霜。
> 他们走路时总是把身体挺得笔直，
> 他们的穿着总是死板笔挺，
> 他们仿佛吞下了
> 人们从前揍他们的棍子。

一二

我无法理解的是，列强怎么会选择德国陆军元帅担任驻中国的联军总司令。他的确是毛奇的信徒，但仍信奉俾斯麦的“铁血政策”。当卡特琳娜二世任命普罗绍罗夫斯基为莫斯科的卫戍司令时，帕特奥姆金致信这位沙皇说：“你从你的武库中搬出了一门最古老的大炮，这门

① 沃瓦茨(Vorwarts)，1742—1819，普鲁士陆军元帅。——译者

大炮肯定会把炮弹打在原地，因为它压根儿就没有发射装置，当心它永远给陛下的名字留下血污。”

一三

让我们言归正传。当沃瓦茨元帅把拿破仑赶出德国时，他也想把法国革命的伟大自由思想逐出德国，对此，所有理智的德国人都起来反对。那就是 Kultur Kampf（文化斗争）的开始。

一四

法国革命的真正伟大的自由思想主张在政治方面实行“门户开放”——Carriere ouverte aux talents（向有才能的人敞开大门），在宗教方面实行“宽容”。沃瓦茨元帅身上的苏格兰低地人的自私倾向使他讨厌“门户开放”，他作为普鲁士清教徒因缺乏想象力而无法理解“宽容”在宗教中的涵义。

一五

威廉（Wilhelm）皇帝作为普鲁士国王与俾斯麦第一次交谈时表现出的 Schoene Seele（美好心灵）确实让人感动。这位国王曾对一个人表示反感，因为国王说他是一个虔敬派信徒。“什么是虔敬派信徒？”俾斯麦问道。“就是在宗教的幌子下谋取个人私利的人。”国王回答。“这不是那个词的惯常用法，”俾斯麦说，“虔敬派信徒就是确信耶稣基督是献出生命为我们赎罪的唯一圣子的人。”“什么，”国王叫了起来，“真有人因被上帝遗弃而不相信这回事？”“当心，”俾斯麦不得不说，“如果有人听你这么说，他们准会把殿下视为虔敬派信徒。”

一六

海涅知道普鲁士的威廉国王所指的“虔敬派信徒”。海涅说：

我熟悉这支曲子，我知道它的歌词，
我也认识它的作者，
我知道他喝过家乡的美酒
和公开布道时的圣水。

事实上，由于虔敬派信徒利用这个普鲁士清教徒缺乏想象力的特点，他不仅威胁要掐死他的 Schoene Seele(美好心灵)，而且威胁要取德国人的性命。渥瓦茨元帅与伟大的自由思想之间的冲突导致了一八四八年的危机。

一七

一八四八年，所有德国人都起来反对沃瓦茨元帅以及他的被保护人，即“虔敬派信徒”，并威胁要摧毁“王权”以及德国的一切秩序和风纪(Zucht u. Ordnung)。就像比肯斯菲尔德(Beacons-field)勋爵带领暴民去帮助英国的绅士一样，当德国的俾斯麦宰相在柏林听到吵闹声时，他做的第一件事就是把波美拉尼亚的农民召集起来，问他们是否愿意跟他一道去拯救“王权”，即他所说的普鲁士王朝。

一八

比肯斯菲尔德勋爵和俾斯麦宰相试图建立真正的帝国主义，即具有绝对权力做他认为正确的事情的政府，事实上是建立一个不计利害得失的政府。正因如此，这位宰相的“铁血”制度才得以在德意志建立，其目的是维护秩序和风纪，防止它受到暴民的摧毁——La force attendant le droit（先强权后公理）。

一九

比肯斯菲尔德的帝国主义与俾斯麦宰相的“铁血”制度有着天壤之别。首先，比肯斯菲尔德勋爵是一个善于想象的“东方人”，而俾斯麦宰相不过是一个有教养的苏格兰低地人，他缺乏想象力，自私自利，有波美拉尼亚大食客的惊人胃口！但是，这两种制度之间的根本区别在于比肯斯菲尔德勋爵的帝国主义试图成为一种立宪制帝国主义，而俾斯麦宰相的帝国主义则是地地道道的军事帝国主义。

二〇

有人问孔子，他能否用一句话概括亡国的原因，孔子说：“那很难。俗话说，‘除非没有人反对我的命令，我才乐意当一个君主’。如果命令是正确的，没人反对那当然很好；如果命令是错误的，没人反对岂不毁了一个国家？”因此，孔子并不赞成 Voluntas regis, supre ma lex（君王的意志就是最高法律。——译者）。

二一

在和平时期，单纯的军事专政的可怕失败在于，用来镇压暴民骚乱的士兵的刺刀无法对付资产阶级、庸人、市侩的狡诈和自私。

二二

德国的市侩就像他的兄弟布里持·赫德的哈森（Bret Hart's Ah Sin）一样，原来是他的宗族中最受欢迎的人，他是纯朴、庄重、坚毅、勤奋、温存、谦恭的"米歇尔"(Michel),很少有自私自利之心,但对家庭有着强烈的感情,有德国人的那种难以言表的 Gemueth(温厚),他心中装着音乐和民歌(Volkslieder)。

二三

这个善良忠厚的德国人"米歇尔"在沃瓦茨元帅的刻板而粗暴的对待下成了一名鬼鬼祟祟的盗贼,他的名字改成了"市侩"。在俾斯麦的自私而严厉的"铁血"制度下,这个市侩又变成了追名逐利者,成了可怕的乱臣。Craf Bismark U. seine leite(《俾斯麦伯爵及其下属》)的作者柏希博士就是满口花言巧语而又令人生畏的乱臣的典型。

二四

一八七〇年,信奉基督教的绅士威廉皇帝、普鲁士的绅士俾斯麦宰相和现代绅士毛奇伯爵,曾到法国去消灭傲慢的资产阶级或庸人路易·拿破仑,以及拿破仑对其伯父的那种虽不纯粹但甚为自负的帝国主义的华而不实的模仿。

二五

当俾斯麦远征法国归来时,有个老妪福尔克(Falk)博士就像歌德的《童话集》(*Maerchen*)所描述的那样,给他讲了个关于庞大"幽灵"的故事,并劝他去打击这个被称为"极端的孟他努派教义(Ultra Montanism)"的"幽灵"。当俾斯麦打击这个"幽灵"时,海克尔教授正在耶拿竭尽全力把已成为追名逐利者和可怕乱臣的德国"米歇尔"变成食肉动物!

二六

我想起了俾斯麦宰相发表的有关殖民政策的精彩讲演。他说,他本人并不信奉殖民政策，但公众舆论对他的影响太大。俾斯麦宰相身上那种天生的贵族气质使他憎恨殖民政策，但他身上的苏格兰低地人的自私倾向和他的大得惊人的胃口又使他做出了让步。

二七

德国的市侩，现在的追名逐利者和可怕的乱臣由此“官运亨通”。当官之后，他便成了贼子，随后，他乔装打扮来到中国向天津的李鸿章表示敬意。他在别人的劝诱之下住在天津并成了远近闻名的日耳曼—犹太走狗蒂凡特先生！

二八

一个巴伐利亚教授去年向我索取有关中国的前洪积层的（antidiluvian）动物骨架的资料。我希望这位教授帮我描述一下现代的恐兽（Deinotherion），描述殖民政策这个猛兽。我双眼死死盯着他，眼前浮现出肥胖不堪、浑身油腻、爱说大话、摇尾乞怜、卑鄙无耻而又信奉犹太教的苏格兰低地人的形象。他不像英国的伦敦乱臣那样狡诈，他现在与其说是乱臣，还不如说是贼子。但他擅长苏格兰人的“唬人”技巧，这种技巧在必要时还与海克尔教授的食肉动物的科学智慧，与挺着草包肚子的波美拉尼亚大食客的惊人胃口结合在一起！

二九

德国皇帝的“黄祸”之梦的确是地地道道的梦魇。但这个食人恶魔，这个被称为殖民政策的现代恐兽今天成了可怕的现实。这个食人猛兽此刻正在柏林啃嚼小孩的骨头！Seht zu！Volker Europa's！Wahret eure heiligsten Guter！（看看吧！欧洲的人民！保护你们的神圣天良！）

三〇

以前，基督教是遏制苏格兰低地人的自私和日耳曼民族的波美拉尼亚大食客的惊人胃口的力量，但在当今的德国，基督教就像渡渡鸟一样死去了，取而代之的是官方建立的昂塞主教（Anser Bishop）的基督教，是闻名胶州的基督教，是那个国家社会主义者和政治家的基督教，这位政治家在上一期 Zu Kunft（《走向未来》）杂志上撰文对德国皇帝的讲演“不要宽恕”作了这样的评论：“我们抓住五万名中国佬有什么用呢？养活他们都很困难。我们碰到五万条毛毛虫时怎么办呢？把它们统统碾死。”真让人作呕！但实在没法子。如果耶稣不生活在和平的世界上，而是生活在烽火连天的世界上，不知他会讲些什么。按这个牧师的看法，耶稣基督也应当成为食肉动物！

三一

这个热衷于政治的德国牧师的“毛毛虫”使我们想起了卡莱尔对一座教堂的描述：“这座教堂大约建在十八个世纪以前，现在里面满是甲虫和各种肮脏的动物！”尽管我喜欢对魏玛（Weimar）的神圣回忆，但一想起具有“美好心灵”的德国国民本该保存卡莱尔谈到的、正在魏玛教堂燃烧的圣火，我就感慨万千，悲从中来。我想知道那个祭坛的圣火是否会因魏玛公爵刚刚逝世而立刻熄灭！

三二

也许，普鲁士的海因里希亲王会看管好那个祭坛的圣火。但他们让海因里希亲王成了一名工程学博士！继承了祖先的 Schoene Seele（美好心灵）的海因里希亲王竟然成了腿如弯弓的火神的崇拜者和杀父者该隐（Tubal Cain）的儿子！哎，du lieber Himmel！（还是天堂好!)当法兰西学士院(French Academy)把大名鼎鼎但不会拼写的萨克瑟(Marechal de Saxe)提名为院士时,他回答说:“Cela me convient comme unbague a un chat(这简直是给猫戴金戒指)!”

三三

还是回过头来讨论如何消灭现代德国的可怕的恐兽。德国民众的首要任务就是赶走“自私的恶魔”。为此,德国民众、德国贵族、军官团和德国皇帝必须学会宽容。普鲁士清教徒必须不再成为 holzern pedantisches Volk(迂腐刻板的学究)。事实上,正如给英国的 Erloesungs-Woert(救世箴言)是“门户开放”一样,给德国的救世箴言则是“学会宽容”!

三四

Du gleichst dem Geist, den du begreifst!(你与你所理解的幽灵相似!)地妖(Erd-Geist)对浮士德喊道。这是伟大的歌德为使德国民众摆脱普鲁士清教主义而念的符咒。子曰:“人能弘道,非道弘人。”通俗地说就是,“你的品质造就了你的宗教,而不是你的宗教造就了你的品质”。只要你无私和仁慈,你就是一个基督徒,一个文明人——不管你是犹太人、中国人还是德国人,也不管你是商人、传教士、军人、外交官还是苦力。假如你自私自利、冷酷无情,即便你当上了世界的皇帝,你也不过是乱臣贼子、市侩、异教徒、暴君和野兽。

三五

“人类在经过漫长的道路之后才知道如何对他人表示仁慈,对违法者表示宽恕,对残暴者表示人道。他们的确满怀神性,也正是他们首先提出了这一原则并为实现这一原则和加速履行这一原则而献出了生命”。这就是歌德的基督教概念、进步概念和文明概念。然而，还必须看看欧美国家在处理中国问题时是否将歌德的文明概念作为德国政治家的文明概念，这个德国政治家一心想用他的蒸汽压路机把耶稣基督变成食肉动物！

三六

我之所以花这么大的篇幅激动地谈论德国人，是因为我相信中国问题可以和平解决。我的希望和信心是基于德国皇帝陛下的那种虽然固执但不算心胸狭窄的坚强性格。通过德国皇帝陛下发给克鲁格总统的著名电报，我看到了这位陛下的骑士品质。那份电报并不是对真正的英国国民的侮辱，而是表达了这位绅士，这位普鲁士官员对张伯伦先生及其伦敦佬阶层的憎恨。我也能理解皇帝陛下主张“以武力相威胁”的那篇讲演。陛下就像一个优秀的基督教骑士，他将丁尼生(Tennyson)的那句言简意赅的话告诉他的兄弟亨利亲王：“破异端而尊基督！”

三七

中国人并不是异教徒。当今的真正异教徒是乱臣贼子，伦敦佬、资产阶级、市侩、追名逐利者、殖民政治家以及想把耶稣基督变成食肉动物的政客！海涅的话再清楚不过地表达了中国人的宗教：

> 我们要在世上享有幸福
> 而不愿忍受贫穷。
> 懒惰的肚子不应挥霍，
> 勤劳的双手获得的果实。
> 为一切人类的孩子
> 在世界上准备足够的面包，
> 还有玫瑰花与桃金娘，美丽与喜悦，

以及同样多的糖豌豆。
只要豌豆一种下，
人人都有份！
我们留给天空，
赠给天使和麻雀。

三八

最后，我恳请海因里希亲王把这个消息转达给他的皇兄和国王！

你对他说，
他应该尊重年轻时的梦想，
如果他要成为一个人，
就不应对那些炫耀头脑比他好的
垂死小人敞开心扉。
即便智慧和热情化为乌有，
即便天女遭到了亵渎，
他也不应对娇嫩的神花失去理智！

三九

上个世纪中叶，一个东方人，一个犹太人，拯救了英国贵族和英国人民并且成了比肯斯菲尔德勋爵。另一个犹太人海涅试图拯救德国人民，结果被踢出了德国，他精疲力竭，"流浪"巴黎，最后横尸街头。海涅自称是 Ritter in dem Menschheit-Befreiung's Kriege（为人类的解放而战斗的骑士）：

看着我，我的孩子，

吻吻我，大胆看看我；

因为我就是这种神圣精神的骑士。

七、中国札记之四

（一九〇一年三月十六日首次发表）

箴　言

成为懦夫乃是好人的不幸

——伏尔泰

一

子曰："在教导他人时宽宏大量和彬彬有礼，不对无礼行为进行报复，这就是南方的人格力量，好人学习它。赴汤蹈火，临死不惧，这就是北方的人格力量，强者学习它。"（"宽柔以教，不报无道，南方之强也，君子居之；衽金革，死而不厌，北方之强也，而强者居之。"见《中庸》第十章。——译者）

二

如果说德国人是欧洲最自私的人，那么，法国人就是欧洲最无私的人。"无可指责的无畏骑士"贝亚尔、奥尔良少女贞德、那瓦尔的亨利大康迪、革命前的共和主义者夏洛特·科尔黛，这些人都是法国的知名人物。

三

德国是欧洲的苏格兰，法国是欧洲的爱尔兰。但英国的真正贵族都是法国人——法国的诺曼底人。那个把水杯递给垂死的士兵的“贵族和骑士的领袖”菲力浦·锡德尼先生就有法国血统。莎士比亚本人在骨子里也是法国人，因为他嘲笑英国的伦敦佬巴多夫、尼姆和皮斯托尔，“这些人无所不偷，却说偷来的东西是买来的！”——他们是吉卜林先生的汤米·阿特金斯的原型，是苏格兰低地人詹米船长的原型。

四

如果说法国人是最无私的，那么，他们此时就比欧洲其他国家的人更加可怜——也许只有葡萄牙人是例外，他们刚刚与英国人结成联盟！

五

上海的《字林西报》对上次巴黎市政当局召开的盛大招待会作过这样的描述：“组织者要求客人身穿夜礼服出席，但有个风姿绰约的女子步履沉重地走过金碧辉煌的大厅，她下着黑呢绒短裙，上穿台面的呢驼毛罩衫，头戴绿平绒无边女帽，帽子上缀满脏得发黑的羽毛；一个青年男子则身穿棕色的服装，系着彩色的领带，戴着黄色的手套，一声不响地走过大厅。打开餐橱，他们大吃一惊。除非你去跟人大吵一架，否则别想吃到东西。偷走食品是一些客人的另一种习惯，他们的经商本能促使他们把支付的税款尽可能地赚回来！”

六

俾斯麦说过：“从某种意义上讲，法兰西可以分为两个民族——巴黎人和外省人。后者是前者仅有的自愿苦力。现在的问题是把法兰西从巴黎人的统治下解放出来。农民们不愿再受巴黎人的残暴统治。”

七

法国农民现在之所以感到孤立无助，是因为他们没有领头人。法国民众现在甚至连个“象征性的国王”都没有。相反，他们让卢贝这个良民当总统，因为他知道如何保持沉默。他是一个精明的商人和专制君主的典型。法国民众的最后一个真正的领头人已经死在圣赫勒拿岛，尽管他并非完美无缺。

八

比没有领头人还要糟糕的是，法国民众现在没有公认的贵族。法国的名义上的贵族是巴黎人，“身穿棕色的服装，系上彩色的领带，戴上黄色的羊皮手套的青年人”。但巴黎人并非绅士，他们是资产阶级。福楼拜说过：“我把资产阶级称为思想卑鄙的人。”

九

俾斯麦对法国人的傲慢评论的确适用于巴黎人：“他们是一群笨蛋，是地地道道的群氓；他们有鼓鼓的钱袋和文雅的举止，但没有个性，没有独立的人格——只有作为整体时才是例外。”

一〇

伟大的拿破仑对梅特涅说：“在法兰西，天才遍地都是，但他只是天才而已，他骨子里毫无个性，并且不讲原则。人人哗众取宠，不管宠爱来自何方;人人都想引人注目并得到别人的喝彩。”

一一

没有个性,不讲原则,哪来贵族?法国现在有官僚而无贵族。法国的农民,法国的百姓,可以为祖国献出生命,而官气十足的法兰西官僚却不愿无偿为法兰西干事。所有法兰西官员想到的只是薪水。要是法兰西官员满足于正式工资,而不伸手贪婪地捞取巴拿马股票和其他外快,就算万幸。

一二

保罗·波厄尔先生抱怨说:“国家召唤警察,警察却在与盗贼吃喝玩乐。”从最近的一封电报中,我得知马赛当局已没收了四十件从北京掠夺来的给弗雷将军的“赃物”。

一三

法国的病根非常之深。阿诺德先生常常谈到法国人对淫荡的女神阿瑟莱西娅的崇拜。但法国的弊病的真正根源并不在此。在气候温和的南方放纵肉欲几乎达到了淫荡的地步,就像在气候寒冷的北方放纵食欲几乎达到了暴食暴饮的程度。法国国民身上的真正“恶魔”是比淫荡女神阿瑟莱西娅远为邪恶的女巫,它不仅在吞噬法国国民的肉体,而且在吞噬他们的灵魂。

一四

> 邪恶的人啊,你们来自何方?

我们来自地下，
一半是狐狸，一半是狼，
我们的准则是一种奥义。
我们都是罗耀拉的子孙，
你们知道我们为什么惨遭放逐。
我们流放归来，要堵住你们的嘴巴！
你们的孩子会吸取我们的教训，
我们要生出，
不断地生出，
可爱的宝贝，可爱的男孩。

一五

两千多年前，尤利乌斯·恺撒带着一小撮罗马人试图开化北欧人。但罗马人就像今天的英国人一样是个傲慢和只讲实际的民族，而不是一个爱好思想的民族。注重实际而近乎迂腐的罗马人发出威胁说，要统统毁灭他们试图开化的民族，而不是使它们走向文明。此外，“伦敦佬们”、东罗马帝国的希腊人，紧步罗马人的后尘。他们如果没给罗马人试图开化的那些民族带来“杜松子酒和鸦片”，至少带来了一种畸形文明的所有恶习。

一六

因此，如中国人所说，老天爷不得不撤销只重实际的罗马人的“天职”。但老天爷从天上派来了一位温顺谦卑的仙子，赋予她去开化北欧野蛮人的“天职”。这位温顺谦卑的仙子就是“中世纪的罗马天主教”。

一七

在一千多年的时间里，那位温顺谦卑的仙子全心全意地改造那些蓬头垢面、长满体毛和一丝不挂的欧洲野蛮人。以下的诗句作了这样的描述：

我看见戴着海狸皮帽的年轻哈里一往无前，
他双腿蜷缩，雄风不减，
像羽毛丰满的墨丘利从大地奋飞，
他轻松自如地跃上马鞍，
有如天使从云天飘落。
让烈马柏伽索斯掉头喘息，
以出色的骑术慑服世界。

一八

完成使命后，这位温顺谦卑的仙子的灵魂便回到了天国。一个傲慢、残忍、贪婪的邪恶女巫的灵魂进入了她那美丽动人而又了无生气的身体。德国的马丁·路德首先发出了有关这个邪恶女巫的严正警告；讲德语的国家经过三十年的战斗才赶走这个邪恶女巫。

一九

在法国，那瓦尔的亨利—大康迪及其胡格诺派教徒也开始追杀这个邪恶女巫。但法国人具有的那瓦尔的亨利的那种豁达胸怀使他功亏一篑，并在这个女巫保证将来规规矩矩之后与她握手言和。

二〇

但法国民众不得不为那瓦尔的亨利的软弱付出代价。由于那瓦尔的亨利软弱到了宽恕邪恶女巫的地步，法国民众只得经历法国革命的恐怖。谁想了解这个女巫对法国旧贵族或统治阶层的灵魂造成的极大危害，他不妨读读菲力浦·厄加利特的回忆录、卡底那尔·罗昂的回忆录和《钻石项链》的故事。

二一

在拿破仑一世镇压革命并成为法兰西的主宰之后，他犯了让新生的年轻法兰西与新来的行将就木的老妖——邪恶的女巫联姻的致命错误。他像那瓦尔的亨利一样，如贝朗瑞所说：

> 与他的父亲就耶稣基督
> 达成了可笑的和解协议。

从那时起，拿破仑的灵魂就变得粗俗起来，并且只得死在圣赫勒拿岛。“一个罗马教皇为之加冕的人竟然死在圣赫勒拿岛上”。

二二

浮华一时的路易·拿破仑的第二帝国也是用那个邪恶女巫的魔杖支撑起来的辉煌大厦。结果，自然出现了王朝的崩溃和令人恐怖的巴黎公社。

二三

暂不谈论具体人物。此时此刻正在吞噬法兰西人民的灵魂、吞噬受教育阶层的灵魂、吞噬法兰西好人的灵魂的东西并不是肉欲或淫荡，而是耶稣会教义。

二四

一天，有个中国男孩带着一大捆书回家。他的妈妈对他说："真高兴你要读这么多书，而不是成天去玩。""不，娘，"男孩回答，"我可不读这些书。我要让爹爹读，好让他考功名，当大官。我自己不想当官，我只想有个当大官的爹爹！"

二五

在赫德先生最近发表的论中国问题的文章中，给我印象最深的是，他真诚希望基督教在中国得到奇迹般的传播，以便使中华民族成为傀儡，成为友好列强的挚友，这样就可以使欧洲摆脱"黄祸"。

二六

赫德先生的真诚愿望之天真可笑和厚颜无耻简直让人大吃一惊。让中国人成为规规矩矩的卫理公会基督教徒，让他们心甘情愿地改头换面，让他们披斗篷，穿裙子，所有这些都是为了使赫德先生可以继续加倍地提高他的海关专员的工资，让上海的海关人员不间断地参加每周的舞会，而此时的陕西却在出售人肉！

二七

我感到不可思议的是，赫德先生竟然没有想到"鸦片"就像基督教一样是把欧洲人从"黄祸"中拯救出来的最好麻醉剂。不管怎样，"鸦片瘾"的广泛传播比基督教有效得多，并且不是什么了不起的事情。

二八

我确信，赫德先生从心底里对中国人民怀有好意，因为他在中国人民中间生活了四十年。因此，赫德先生对其真诚愿望的极端卑鄙和厚颜无耻竟会浑然不知，这就不免让人觉得奇怪。诺瓦利斯指出，“当我们梦见做梦时，我们就快要醒了”。

二九

赫德先生提出了解决中国问题的两种办法——用强大的军事手段瓜分中国以及奇迹般地传播基督教。我冒昧提出第三种解决办法——依靠道义的力量！

三〇

欧洲的富有阶层——被卡莱尔戏谑地称为“娇生惯养的群体”——不敢直视正义的威严面孔，这个面孔就像美杜莎的头，一旦被其目光触及就会把人化为石头。英格兰人的“傲慢”，苏格兰人和德国人的“自私”，使他们看不到正义的美杜莎般的威严面孔。但法国人、爱尔兰人和所有像法国人一样宽宏大量的民族，只要瞥一眼正义的威严面孔，就会千方百计藏起脑袋，并假装真心期望基督教能得到奇迹般的传播！

三一

英国的巴特勒主教指出，“事物就是它们的现存状态，它们的结果就是它们的既定状态，我们为什么要自欺欺人呢？”

三二

子曰:“崇拜一种毋需对它尽责或毋需不断对它表示尊敬的神灵就是盲目崇拜;明白何为公正而又不按判断行事就是缺乏勇气。”(“非其鬼而祭之,谄也。见义不为,无勇也。”见《论语·为政第二》。——译者)表示崇拜的“谄”字字面上是指“谄媚”。孔子把盲目崇拜定义为被庸俗的自利动机所驱使的崇拜。迄今为止,中国文人仍然说佛教徒“媚佛”,即对佛进行奉承、讨好、谄媚。

三三

真正的基督徒之为基督徒是因他生性如此,是因他热爱神圣的东西以及基督教中一切可爱的东西。正如艺术家是为艺术而艺术一样,基督徒是为基督教而爱基督教。那就是真正的基督徒。乱臣基督徒之所以想当基督徒是出于对地狱之火的恐惧。贼子基督徒之所以想当基督徒是因为他渴望进入天堂,与天使们饮茶吟诗。真正的耶稣会会士不太相信天堂、天使或地狱之火,但他们希望别人相信这些东西——为了他而当基督徒——这就是耶稣会会士。

三四

罗斯金说:“我不仅相信有地狱,我还知道这种地方在哪儿;我也明白,一旦人们相信行善只是出于对地狱的恐惧,他们已经进了地狱。”

三五

我以为,现代欧洲人的大脑可以分成两个部分,中间有非常灵活的滑门。当你告诉一个英国佬，中国人把下雨归因于龙的活动时，那扇滑门就打开，他就会当面嘲笑你。而当主教告诉他这是巴兰之驴讲的，滑门就立即关闭，他马上深信不疑。人们一开始习惯于把这扇滑门用于智力活动，现在渐渐把它用于对日常生活事务进行是非判断的道德行为。而且，把这扇滑门用于日常生活的动力要强大得多，这种动力就是利益的刺激，是个人利益的刺激。

三六

斯蒂文森先生在他的杰出小说《化身博士》中，对现代欧洲知识分子的耶稣会会士的本性作过绝妙的说明。

三七

子曰："人生来正直。当一个人不再正直时，他是全凭运气活着。"（"人之生也直，罔之生也幸而免。"见《论语·雍也第六》。——译者）耶稣会教义是对人性的强奸，其自然后果是卡莱尔所说的："广泛的苦难、叛乱和癫狂；是无套裤汉的疯狂暴动，是死灰复燃的暴政的冷酷无情，是千百万人沦为禽兽，是一批又一批人变得刁蛮任性——是罪恶之君通过法律来确定不义的可怕景象！"

三八

在这些札记中我之所以对耶稣会教义进行充分讨论，是因为它不仅在吞噬法兰西民族的灵魂，而且像麻风病一样蔓延开来，从而使当今世界的所有民族都面临灭顶之灾。英国的虚假帝国主义和吃人的德国殖民政策不过是耶稣会教义和虚假民主的奇特混合。我把德国殖民政策称为"恐兽"，这是一种可怕的猛兽。法兰西民族的耶稣会教义是一条肮脏黏滑而又使人麻木的吸血毒蛇或爬行动物。

三九

中国目前的局势可以溯源于美国公使田贝上校在北京北堂开放之际用法文发表的“出色”讲演。田贝上校和在京的整个外交使团完全明白，天主教传教士目前在中国的地位是建立在一个厚颜无耻的伪造条约——一八六〇年《中法续增条约》的一个伪造条款上。当在京的各国外交使节祈求圣灵保佑一条厚颜无耻的伪造条约时，中国人除了向使馆开火还能做些什么呢？

昨天，头戴主教冠的
主教大人，
在他的教堂里，
对圣灵这样说：
“下来吧，圣灵！”
“不，”要下来的圣灵说，
“我不下来。”

四〇

正如英国的犹太人比肯斯菲尔德和德国的犹太人海涅真正了解那些国家的政府需要什么一样，在法国，也正是犹太人甘必大看到了法国弊病的症结所在，他把这一症结称为教权主义。如果甘必大活得很久，今天的法国会是什么样子呢？

四一

当路易·拿破仑派法国军队去保卫罗马教皇的宫殿时，教权主义在法国达到了登峰造极的地步。自甘必大时代以来，教权主义在法国的影响已经得到一定的控制，但其势力仍很强大，因为法国那些热衷于社会活动的人认为，“反教权主义并不是出口商品。”因此，尽管法国的军队不再被派去保卫罗马教皇，但贫穷的法国人民不得不缴税，以便派参战人员去保卫教皇的主教和代理人。

为给他的三重冕重新镀金
我们要缴纳沉重的税赋！

但这还不是最糟糕的事情。最糟糕的是，教权主义把别国的国外布道团当作为保护法国自身的势力而采取军事行动的基地。耶稣会会士在谈到他们在中国的布道团时完全可以说：“传教士们都是为我们做买卖的旅行推销员。”

这些耶稣会会士的“旅行推销员”，在中国的土地投机生意红红火火，更不用说其他的肮脏生意了。法国政府应当派一个专门委员会来中国调查这类生意已做到了何种程度。而且，耶稣会会士总是趁中国动乱之机大发横财。他们受了一两银子的财产损失，却要中国政府赔偿五十至一百两，我不知获利百分之几！

四二

我说过，法国现在没有公认的贵族。但法国，现在的法国，有一种贵族。现代法国的真正贵族是从伏尔泰到左拉这样的文坛巨匠，前者要消灭“无耻之徒”，后者则提出“我忏悔”。但伏尔泰在谈到他的同时代人时指出：“成为懦夫乃是好人的不幸！”今天的法国需要有伟大的丹东这类人高喊：“勇敢！再勇敢！永远勇敢！”

高兴啊，高兴！让我们团结一心，
法兰西升起了

希望之星！

高兴啊，高兴！让我们团结一心。

勇往直前，高卢和法兰西的人民！

八、中国札记之五

（一九〇五年五月二十五日首次发表）

箴　言

爱默生说："英国朋友们问我是否存在美国人？是否存在具有美国思想的美国人？面对这样的诘问，我既没有想到决策委员会，也没有想到议会，既没有想到总统，也没有想到内阁成员，更没有想到把美国变成另一个欧洲。我只想到了那些纯朴无瑕的人。我说：'是的，肯定存在美国人。'因此，我亮出了没有统治就没有抵抗的信条。我说，我的确认为我没有在任何国家看到一个人有足够的勇气坚持这一真理。我明白，具有这样的勇气可以赢得我的尊敬。我很容易看到卑鄙的武力崇拜的破产——尽管伟人们都是武力崇拜者。可以肯定，由于上帝还活着，只有那种不需要另一种武器来对付的武器，只有爱和正义的法则，才能进行一场彻底的革命。"

一

美国公使康格先生最近在离沪回美之前指出："我不担心中国人会发动同样的暴乱。他们已经得到了教训。"这话本不应当出自爱默生的同乡——一个美国公使之口。这是一个卑鄙的孤儿院女舍监说的话。这位女舍监长期惨无人道地对待毫无自卫能力的孩子们，而当孩子们还手时，她又毫无人性地把他们打得头破血流，然后坐下喝茶，并说什么："这帮小家伙再也不敢还手。他们已经得到了教训！"

二

罗斯金说："粗俗的本质在于麻木不仁。"头脑简单和愚昧无知的粗俗不过是身心迟钝、缺乏训练和不够成熟的表现；而在真正天生的粗俗中，灵魂和肉体像死一样麻木，在一些极端情况下，这种麻木可以导致残暴成性和犯罪。

三

一般说来，在当今世界的各个民族中，美国人和俄罗斯人不太可能走向灵魂和肉体的死一样的麻木。俄罗斯人——俄罗斯的下层百姓和军人——十分残忍——"你惹了一个俄罗斯人就是碰上了鞑靼人"。俄罗斯军队最近在华北的残暴行为确实骇人听闻，但仍是那种未驯化的野兽的天生的残暴行为。所以，俄罗斯人的残暴还不太可怕。最可怕的是被德国人形象地称为"野性"的那种残暴——像人面兽一样迟钝、粗俗、冷漠、野蛮、残忍、凶恶。

四

如果说俄罗斯人残忍，美国人则粗俗。但美国人——美国教养很差的阶层——的明显的粗俗通常如罗斯金所说，是头脑简单和愚昧无知的粗俗，这种粗俗是身心迟钝、缺乏训练和不够成熟的表现，而英国伦敦佬和欧洲资产阶级的粗俗是天生的根深蒂固的粗俗。

五

一个美国海军军官去年夏天向我解释了美国文明的简单结构。

他说："在美国，无论我们什么时候规划一座城市，我们所做的第一件事就是建学校、教堂和法院。"学校是人的表征，教堂是上帝的表征，设有绞刑台的法院就是魔王的表征。首先把人送到学校去，看看能把他塑造成什么样子，如果效果很好，就把他送到教堂去，塑造得像上帝一样；如果效果很差，就把他送到法院，送上绞刑架，送去见魔王。

六

这就是朴实的美国人的小木屋文明。但现代美国人已经有所"进步"。除了建学校之外，他们还创办报纸；除建教堂之外，他们还发明了小杂耍演出和被称为世界博览会的大杂耍演出；除法院外他们还建立了银行。因此，那些本应去学校接受教育的人现在都在阅读令人心神不安的报纸，并由此丧失了他们已有的教育；那些本应去教堂顶礼膜拜以接受高尚教诲的人现在却去看大大小小的杂耍演出，去进行下流的享受和粗俗的娱乐；最后，那些本应进法院上绞刑架的人现在却乘四轮马车去各大银行取股息和存款。

七

同时，本应教年轻一代学会知书达礼的美国学堂和学院现在成了纯粹的锻工车间，学生们在那里学习如何挣钱或学习人们常说的谋生之道，其途径是掌握被称为现代技工的雕虫小技或被称为法律和神学的精巧的智力骗术。在许多美国大学里，牙科学和手足病治疗术或修脚趾甲的方法被置于与柏拉图和维吉尔同样的地位。

八

同时，美国的基督教会是盗贼和懒汉的地地道道的救济院。募集和分发救济品无疑是原来的基督教会的真正职能之一，但现代的美国教会募集救济品并非用于施舍而是供自己享用。如果真有人不幸，那么，接受施舍或靠救济品维生当然没有什么不光彩。但是，如果一个人实际上并非不幸却要吃本该送给真正的不幸者的救济品，从而"敏锐"地发现了一条简捷的谋生之路，那么，接受救济显然是不正当的。当一个人以接受救济为耻而不以盗窃救济品为耻时，接受救济反而会臭名远扬。必须公正地指出，今日欧美的基督教会不以任何事情为耻辱，甚至不以"传教士的抢劫为耻辱"，如果现代美国教会还有一点羞耻之心，它就不会写一封振振有词的公开信给"异教徒"——日本的佛教徒，以证明他们有权要求得到中国饥民的赔偿，而它的那些代理人居然帮助放火焚烧中国饥民的房子，陕西甚至还有人肉出售。那些赔偿和"抢劫来的东西"当然不是留给教会和传教士本人的，而是给亲爱的中国的皈依者。他这样做并非出于对穷人的关心，而是因为他本来就是一个盗贼并且带着满袋的赃物。

九

应该把现在到银行去取钱的人送往象征着美国绞刑架的法院。这个法院已经成为蒙难地，它是为镇静自若的失败者准备的，或如今天的罗斯金所说，是给大部分非常聪明、谦卑、敏感、富于想象的人准备的；是给十分仁慈、正直和虔诚的人准备的；譬如说，是给爱伦·坡这类人准备的，或是给我曾碰到过的，只能买散席船票旅行，在珠江汽轮的甲板上抽着鸦片，能说流利的法语、德语和意大利语的饥饿的美国艺术家准备的。总之，现在美国的法院，尤其是给弱者和不幸者准备的，给大城市的可怜的妓女们准备的——

虽然随着爱神的热切祈祷烟消云散，
她的慈怀做了让步，
但天上的基督饶恕过的罪过
永远被男人所诅咒。

一〇

在莎士比亚的《麦克白》中，麦克杜太太的儿子问他的母亲：什么样的人是奸贼？麦克杜太太：嗯，奸贼就是起假誓撒谎的人。

儿子：这种人都是奸贼吗？

麦克杜太太：这种人都是奸贼，应该绞死他们。

儿子：谁来绞死他们呢？

麦克杜太太：那些正人君子。

儿子：那么，撒谎的人和起假誓的人都是傻瓜，他们有这么多人，为什么不联合起来打倒那些正人君子并把他们绞死呢？

但是，现代美国的奸贼、撒谎者和起假誓的人都不是傻瓜。因此，按照宪法，给每个人以选举权的后果是，在美国，所有正人君子已被绞死或正面临被绞死的危险。

一一

我以为，现代美国人事实上不配他们的祖辈给他们设计的制度。中国人说，有治人无治法。不管怎样，现代美国人在狂热地崇拜他们的宪法条文的同时已经失去了他们祖辈的精神，丧失了那种真正的早期美国人的精神，对于这种精神美国诗人唱道：

> 这些养育我们的移民，
> 披着阳光，踏着雪浪，
> 为我们发现了这块处女地，
> 给我们提供了自由的土壤。

一二

人们常常断言，汉语中没有“自由”这个词。而令人惊叹的事实是，汉语中不仅有表示“自由”的词，而且这个词十分精确地表达了美国人的本意，表达了“自由”的真正含义，其意义与英国伦敦佬或坦马尼协会的自由概念迥然不同，这个表示“自由”的汉字就是“道”。当中国人说一个国家没有“自由”时，他们就说“国无道”。表示“自由”的“道”字，字面上是指道路。“天命之谓性，率性之谓道”因此，表示“自由”的汉字是指率性之道，即服从天命的自由。那些披着阳光、踏着雪浪的移民正因为缺乏自由才离开故土去寻找新天地，这种自由恰恰就像移民们表达的那样是服从天命的自由。早期美国人希望给子孙后代留下自由的土壤，但这种自由并不像坦马尼协会所认为的那样，是从事卑鄙勾当、进行诈骗活动和对人残酷无情的自由。早期美国人所向往的自由诚如中国人所说是率性之道，是服从天命。——“我自由自在，因为我遵循你们的格言。”

一三

当今美国的“自由”观念因美国的名副其实的“平等”观念的出现而黯然失色。现代美国的平等概念已使“自由”一词的真实涵义丧失殆尽。“自由”的真正意义是，“汝必率性”。但是，现在美国的平等概念意味着抹煞差别。一个国家有许多傻瓜，也有许多聪明人。美国的平等概念则要求聪明人不出头露面，以免剥夺傻瓜的权利，剥夺他们的平等权利——在白宫与总统握手的权利。

一四

美国人和欧洲的法国人执着于平等概念无疑是正确的，因为真正意义上的平等就是反对特权的平等。美国人在独立战争中,法国人在第一次革命期间曾为此倾注了满腔的热忱。但真正意义上的平等并非现代美国人的抹煞差别观念——让国家的精英像败类一样恶劣;也不是法国人的那种目无君长观念,按这种观念,士兵应当指挥将军,马应当驱使马夫。真正意义上的平等意味着向有才能的人敞开大门。真正意义上的平等意味着兼爱。孔子说:"有教无类。"这就是兼爱的真正意义。

一五

自由、平等和真正意义上的兼爱——博爱,代表着基督教徒的品格,或中文所说的"一视同仁"。法国人德穆兰正因为牢记了"博爱"这个词,他在临上断头台时仍打趣地把自己比作"优秀的长裤汉"耶稣。向康格夫人和公使太太们说"一家人,大家都是一家人"的慈禧太后试图将基督教的真正意义——最深刻意义上的兼爱告诉他们,因为康格先生和夫人对此所知甚少。正因为慈禧太后发出的呼吁无济于事,中国的优秀长裤汉——"义和团员们"不得不像他们的法国兄弟在一七八九年所做的那样,向世界发出血淋淋的呼吁:应当把中国人当人看待,应当把他们看作人类大家庭的手足兄弟。

一六

爱默生的"美国观念"就是现代民主和现代自由主义的伟大的实用观念,这种观念构成了美国制度的基础,而美国的制度不同于现代的欧洲文明。有人曾问歌德,他认为什么样的行政管理最好。他回答说,"那种有助于使所有行政管理没有必要存在的管理最好。"为使"黎民百姓"遵纪守法,现代欧洲行政管理观念就是动用警棍和军刀。美国特有的使"黎民百姓"遵纪守法的行政管理观念就是利用学堂和教会,无需"皮鞭"、警棍和军刀。运用学堂和教会就是爱默生的美国观念的实质,也是中国文明的实质。

一七

但是,早期美国人犯了这样的错误:他们不知美国文明是建立在学堂和教会的基础上,而不是建立在美国宪法的基础上。美国人曾坚持按照他们早年的小木屋宪法来建立学堂和教会,而不是借学堂的灯光阅读法。结果导致了我们所看到的当今美国学校和美国教会的可怕局面。

一八

看到美国人迷信他们的宪法真是令人惋惜。“他不会在这个世界上继续我行我素,他也不会使阁下感到满意。”斯特恩笔下一位下士说。“老天作证,他会继续干下去,我的托比。”叔叔说。山姆大叔则困惑地请法学家帮忙。但法学家们通常不能颁布天理或天条,而只是根据宪法来颁布法律。平民百姓当然不懂得根据宪法制定的深奥法律。这样,法学家们就可以独享对法律的解释权。简言之,法学家们是根据自己及其付款人的需要来制定和解释符合宪法的深奥法律的。

一九

与美国人同宗同源的那些民族(美国人主要是由这些民族构成的)对法律和宪法这类名称的尊重已经深入人心,美国的“平民百姓”也正是出于对法律和宪法的同样的尊重而一度对符合宪法的深奥法律保持沉默。虽然美国的平民百姓在学校里接受的教育非常糟糕,但一些人仍对心灵深处的上帝的正义法则有所了解。因此,他们常常发现,依据宪法制定的深奥法律违反了上帝的简单的正义法则。

于是,平民百姓就动用私刑。但私刑是违反宪法的。因此,人们不得不召来带警棍的警察和佩刺刀的军人；为了对付日益增加的私刑法学家，只好增加警察和军人的数量。

二〇

所以，从依靠学校和教会而不用警棍和刺刀这一美国观念出发，美国人民就不得不采纳欧洲的观念，进行卑鄙的武力崇拜。结果，美国只能变成另一个欧洲。

二一

美国的"法学家"随后被派往国外当外交官。美国外交官在对付菲律宾人以及与中国人签订条约时并不受上帝的正义法则的指导，而是受符合宪法的法律的指导。那位法学家在国外对法律加以扩充并称之为进步与文明的法律。但带着特殊"救星"的中国人发现，符合宪法的法律、文明与进步，意味着抢劫。尽管这是富人对穷人的抢劫，强者对弱者的抢劫，但它有悖上帝的正义法则。因此，中国人纷纷起来参加"义和团"，并且使用"私刑"。在此，你可以看到美国在中国现在这场可怜而又可鄙的悲剧性混乱中所起的作用。你也可以看到，美国人帮助、支持并最终采纳欧洲同盟的卑鄙的武力崇拜的情景。

二二

因此，我们看到现代"法学家"是产生现代警察的真正的直接原因，是现代欧洲卑鄙的武力崇拜的代表。现代"法学家"是虚假的牧师，就像现代警察是虚假的军人一样。的确，原来正是这个欧洲的虚假牧师首先带来了欧洲的军国主义或卑鄙的武力崇拜。在中世纪的欧洲，由心地虔诚、为人正直的牧师主持的教会可以不必使用武装人员而使老百姓安居乐业。武装人员，真正的军人曾去保卫英格兰和苏格兰的边境，以防蛮夷的入侵，事实上是去克服蛮人的野蛮习气。当教会成为虚假的教会，牧师成为不虔诚的牧师时，就难以使百姓安居乐业。因此，另一种被称为帝国主义者的武装人员——古斯塔夫·克伦威尔和腓特烈——不得不起来维持国内的和平与秩序，等待真正的牧师的到来——先强权后公理。

二三

然而，真正的牧师并未到来，来的只是法学家。法学家们一开始就建立了新的教会，这个教会被称为“宪政”。但法学家们一并未减轻武装人员在国内维持和平与秩序的任务，也没有减轻人民为供养武装人员而缴纳的沉重税赋，相反，他们宣布需要更多的武装人员。这样做当然不是为了维持和平与秩序，而是为了维护法律的尊严并且捍卫宪法——宪政意味着保护财产权、保护牧师以及向律师支付报酬的富人的财产权。于是，武装人员经过发展而成了现代的“警察”，这个警察不是斗士、勇士或真正的骑士，而是“士兵”、佣工、外国雇佣兵、好斗者、仆人或本来意义上的骑士，即由律师、富人、外交官和资本家雇用的侍从。这些人雇用他们并不是为了维持和平与秩序，而是保护财产，保护铁路辛迪加和鸦片仓库。这就是现代虚假的帝国主义或殖民政策的根源，是欧洲卑鄙的武力崇拜的最新发展。

二四

长剑或与长剑相仿的刺刀并不是粗俗的或卑劣的工具；相反，它是人性的最高标志，是十分仁道的神圣标志。武装人员或佩带长剑的人一点也不卑鄙，相反，他是欧洲和所有国家一切真正的高雅、礼貌和教养——文明的真正涵义——的根据和源头。但住进卡其布帐篷、带着糖果盒和机枪、贫穷潦倒而缺乏头脑的现代乞丐之所以变得卑鄙起来，倒不是因为他是乞丐，而是因为他成了拿薪水的警察。这个佩戴肩章的庞大的现代自动机器之所以变得卑鄙起来，是因为他像自己唯一崇拜的东西——机枪一样，成了既无道德义务又无道德情感的纯粹的自动装置。他到北京去上演哑剧并丑化慈禧太后，而让他的同乡——让贫穷的传教士在饥饿和抢劫之间进行痛苦的选择。

二五

的确，谁注意到现代欧洲的"军人"已经成了地地道道的警察，谁就不会对联军在华北的所作所为大惊小怪。法国人马蒙泰尔指出，普通士兵常受低劣的战利品的诱惑，我完全可以想象，为了糊口他们要冒死亡的危险。然而，谁想拿工资谁就成了奴隶。追名就意味着逐利，因为荣誉、称号、威望这类东西就是薪水；谁需要就给他——这就是一切军事道德（武士道）的基础。

二六

真想改革英国军队的心不在焉的英国政治家，首先应该将英国官员"非职业化"并且把他塑造成绅士，而不是变成"德国制造"的完全假冒的自动机。过去，英国人甚至在体育比赛时，常常不承认自己是"绅士"中的"职业选手"，即为谋生而比赛的人。在可怕的战争中他们就更是如此。

二七

在封建时代的法兰西，在一个产生过真正的欧洲军人的国度里，一个人要晋升骑士，先得通过以下的严格考试。考官大人问他："你进骑士团有何打算？如果是为了财富、安逸和受人尊敬而不为骑士称号增光添彩，你就不配享有这个称号，并且简直是把你获得的骑士称号授予高级教士团中那些犯买卖教职罪的神职人员（假传教士、法学家、书记或为了谋生而甘当这类角色的人)。”如果这次考试合格,考官大人,他的上司就会跟他说:“我以上帝的名义,以圣·米歇尔的名义和圣·乔治的名义,授予你骑士称号:望你勇敢、坚定和忠诚!”

二八

这就是武士道,骑士或真正的欧洲尚武精神,它与现代的自动机、警察或卑鄙的武力崇拜迥然不同。的确,不论在欧洲、日本还是在中国,一切军人道德或武士道的基础,一切真正的尚武精神的基础都毫无二致,即,克服野蛮和粗暴,崇尚高贵品质,崇尚真正的君子风度,克服人的低级趣味,用汉语说就是“尊王攘夷”。丁尼生用欧洲语言解释了这些汉字的意思,他让亚瑟王的全体圆桌骑士们发誓:

敬国王如良心,
敬良心如国王,
破异端而尊基督!

二九

美国人并不相信“君子风度”。他们只相信自由与无君;法国人则信奉自由、无君和无基督。不过,中国人相信,脱离了君子风度,自由就不可能存在。中国人的君子风度观念就是英雄崇拜。孔子所用的与卡莱尔的“英雄”相仿的汉字被理雅各博士译为“小王”或“小国王”——(现代官员中的君子),与德文的 Koenig、英文的 king 意思相同。

三〇

现代美国人相信无君就像法国人相信无基督一样不值得大惊小

怪。除俄罗斯外，在整个欧洲也许再也没有君王。海涅指出："俄罗斯的专制主义，实质上是对贯彻现代自由观念的专政。"在欧美所有其他国家，"君王"不过是法学家的宪政的廉价点缀，正如"基督"不过是基督教传教士给他的教会提供的"偶像"一样。

三一

现代基督教传教士发现，许多人现在并不关心他的"偶像"或虚假的基督。因此，许多基督教传教士为了谋生而改行当律师或记者，事实上则成了政客。到中国来的典型的基督教传教士之所以跟国内的一些人奢谈"偶像"，是为了给他的布道团募捐；而跟其他人奢谈"爱国主义与声誉"，是为了得到那些宣扬侵略主义政策的报刊的支持而不是谴责。但是，他到中国后又向中国官员们大谈"进步与文明"，目的是给某个总督当法律顾问或继承罗伯特·赫德先生的职位，从而在更广泛的领域里为中国人民谋福利！

三二

另一方面，这位"律师"用宪法卫士这一粘合剂把他的国王粘在宪政上，或为了迎合人们的口味而将它去掉，这与面包师在他的圣诞蛋糕上描上挂名首脑的形象毫无二致。如果人们喜欢"国王"，这位律师就把他的圣诞蛋糕称为"有限君主制"或"君主立宪"；如果人们对这一点不感兴趣，他就把它称为"共和政体"。但无论人们投票赞成共和政体还是君主政体，这位律师以及向律师付费的富人，终究要吃掉蛋糕。

三三

显而易见的是，最终会吃掉欧美的传教士、律师、宪法、教会和蛋糕的就是那个可怕的新式自动机，这部自动机既无道德公理又无道德义务，而只是病态地渴望臭名远扬，它对苦难和痛楚麻木不仁，对昂贵的机枪却贪得无厌。的确，正是这个威胁要将律师和他的蛋糕一起吃掉的欧洲怪物熟练地驱使着这个在国内心神不定的律师，以便给那个怪物提供食品，把他的卑鄙的武力崇拜带到国外并称之为帝国主义或殖民政策。

三四

正是这部新式自动机毁灭了罗马帝国。在古罗马人中，那种被称为帝国主义的、广泛而卑鄙的武力崇拜导致了灵魂和肉体的死一般的麻木，这种麻木可能造成一切残暴行为和犯罪并最终毁灭古罗马人。在新一代罗马人中任何明眼人都可以看出这种瓦解帝国的可怕疾病——灵魂和肉体的死一般的麻木——的严重征候已经出现。这些征候首先是人心涣散，其次是人们不能理解思想，并在一切运动出现时软弱无力；与此相关，有教养的上层人士表现出傲慢、愚昧而不顾后果地弃绝生命的倾向，下层则对消遣、娱乐和下流刺激表现出病态的、歇斯底里般的狂热。

三五

如果我是美国人，我就不会将大清帝国，将包括菲律宾在内的整个亚洲大陆当作免费礼品加以接受。即使整个大陆是由纯金构成的，只要接受这一礼品而无法把它带走，那就比我们的国民染上欧洲瘟疫，染上肉体与灵魂的死一般的麻木这一可怕疾病还要糟糕（我一开始就说过，美国人和俄罗斯人不大可能染上这种疾病）。俗话说，“得天下而失自我者一无所有”。这话也适用于许许多多的民族。

三六

总之，现代欧洲的尚武精神之所以成了虚假的尚武精神，是因为欧洲的“军人”已经成了警察。警察之所以是虚假的军人，是因为他当武装人员仅仅是为了谋生，从而成了拿薪水或被雇用的仆人，成了一名不仅领工资，而且离不开工资的专职人员，而没有成为一位不计报酬的绅士，不管这种报酬是金钱、威望还是名声。其次，警察之所以是虚假的军人，是因为他不是被雇来高扬人的崇高品质，克服人的卑鄙之心，消除人的粗俗之气，而是被雇来保护财产。最后，现代警察之所以成了令人生畏的虚假的军人，是因为他像他的机枪一样成了地地道道的自动装置，他并未给骑士称号增光添彩，而仅仅是在练习向他人敲诈勒索的技巧，事实上仅仅是在崇拜他的机枪！

三七

产生现代警察的真正的直接原因是现代的法学家。正如警察是虚假的军人一样，法学家是虚假的传教士。当古罗马天主教会的传教士不再宣讲上帝的法律，而是宣讲教会的法律时，他便成了虚假的传教士。当后来的新教传教士不再宣讲上帝的法律，而是宣讲《圣经》上的法律，宣布他对《圣经》的解释绝对正确时，他就成了虚假传教士。现代法学家之所以是假传教士，是因为他并未制定和颁布符合上帝的正义的法律，而是制定和颁布符合宪法的法律。

三八

真正的教会并不是基督教传教士的教会。真正的教会始终是宣扬真正的法律或天命的教会。真正的国家或政体并不是现代法学家的宪政。真正的国家始终是制定和颁布符合上帝的正义的真正法律的国家。但上帝的真正法律，符合上帝的正义的真正法律是什么呢？中国人说：“天命之谓性。”因此，“性”是上帝的唯一真正法律。然而，这里所说的“性”并不是指市井小民之“性”或卑鄙无耻者之“性”。这里的“性”，诚如爱默生所言，是指世界上“纯朴无瑕者”之“性”。这一点永远是上帝的唯一真正的法律。代表纯朴无瑕者的传教士或法学家就是真正的传教士、真正的法学家或政治家。愿意并且能够接受各民族的纯朴无瑕者的智慧、愿望和抱负的影响与指导的国家就是真正的国家。简言之，尽管真正的教会，当今真正现实的天主教会，并不是由各民族最有文化教养的人、由最纯朴无瑕的人正式创立的，但这些人都是上述教会的成员。“有教无类”，这就是兼爱的涵义。

三九

我在札记的开头就谈到了粗俗。卑鄙下流者的突出标志就是粗俗。相反，纯朴无瑕者的确切标志就是彬彬有礼、高雅脱俗。兹举两例：一种是真正的与生俱来的粗俗，另一种是真正的礼貌，出自内心的礼貌。

去年夏天，天津城被联军攻占，发给上海各个报社的电报这样描述北方的可怕情景：“天津七月十五日电。成千上万的人横尸街头，在烈日的曝晒下，尸体肿胀起来。大部分地区仍在燃烧。夜幕降临，熊熊大火映红了郊野。”面对这份电报和成千上万具仍在盯着他们的面孔的尸体，上海的外国侨民却张灯结彩，拿着火炬骑自行车游行，以庆贺北京的陷落和使馆的解围！在最近发生的美利坚西班牙战争的一次海战中，美国的一艘军舰猛烈开炮，以此热烈庆祝自己的胜利。一颗颗子弹准确地射向一艘西班牙军舰，给该舰造成了严重的破坏。此时，美国军舰上的士兵们看到自己军舰的这次精彩打靶演习，自然激动万分并情不自禁地欢呼起来。但美军舰长静静地站在甲板上，尽管他暴露在西班牙人的枪口之下——而不像上海的外国侨民躲在装饰一新的柱子后面——并平心静气地对他的下属说：“小伙子们，不要欢呼，可怜的恶魔快要死了。”这就是我所说的真正的礼貌，那种出自内心的礼貌。这种礼貌成了一切军人道德或武士道的基础，它表明美国这个国家仍是健康的，尽管人们在当今的美国可以看到许许多多不如人意的地方。

四〇

罗斯金说："所有时代，所有国家的军人都比商人更看重名誉，因为从本质上说军人的职业肯定不是杀人，而是赴死。"

当日本伟大的军人和攘夷将军德川家康临死时——他曾手持利剑把"残忍的恶魔"赶出了封建时代的日本并且创造了艾德文·阿诺德先生所说的名副其实、美丽如画、彬彬有礼而又充满艺术情调的日本——他派人叫来了他的孙子德川荣光，并跟他说："汝他日治天下者也。治天下之道在于慈。"

九、文明与无政府状态或远东问题的道德困境

箴　言

Was ist aber die grosse Aufgabe unserer Zeit?
Es ist die Emancipation, nicht bloss die der Irlander,
Gri &c sondern es is die Emancipation der ganzen Welt,
Absonderlich Europa's, das muendig geworden ist.
(我们时代的重大任务是什么?
是解放,不仅是爱尔兰、希腊等国的解放,
而且是整个世界的解放,
尤其是已经成熟的欧洲的解放。

——译者)

——海涅《旅行札记》

对许多人来说,所谓的远东问题无疑仅仅是指中华帝国的出路问题。任何人只要对这一点稍加严肃的思考就不难发现,问题并没有就此结束。远东问题中还包括道义问题,因为道义问题远远高于贸易与金融这类纯粹的经济问题以及由有关物质利益的国际争端所引发的和平与战争这类政治问题。道义问题比中华帝国的政治前途问题远为严肃、远为现实。

从欧洲的第一次十字军东征的历史中,我们可以了解到,“在法国克勒芒(Clermont)召开的第二次宗教大会上,教皇(乌尔班二世,

Urban Ⅱ)亲自向民众发表了激动人心的讲演。在他讲演的过程中，民众的被压抑的情绪一齐爆发出来，听众们不约而同地高喊，‘听从上帝的意志’”。民众的这种情绪似乎很难为我们理解。当我们以本世纪的眼光来审视十字军东征所抱的愚蠢而狭隘的、带有宗教色彩的政治目的时，就肆意骚扰东方人的欧洲人而言，十字军东征似乎是放肆而糊涂的举动。如果我们研究一下欧洲人的理智与道德的成长过程，我们不禁承认，十字军东征乃要实现人类文明的严肃的道德理想并且履行自己的职责，尽管它们都是为狂热和贪欲所支配的肆无忌惮的糊涂冒险。在那场显然属于偏执和贪婪的运动中，的确有真正的上帝意志在起作用。众所周知，中世纪十字军东征的最终结果就是首先打破了欧洲中世纪严格的禁欲主义文明。十字军东征之后出现了马丁·路德(Martin Luther)和新教改革。基佐先生(Guizot)在他的《文明史》中指出："十字军东征的最终结果是向人类精神的解放迈出了一步。"

让我们看看欧洲各国现在向远东的进军，在德国，人们把这种进军称为 Kolonial Politik(殖民政治)。现在人们只会怀疑 19 世纪的这场十字军东征也是要实现人类文明的道德理想以及履行其职责，虽然这场运动显然只抱着充满物欲和自私自利色彩的贸易目的。当德国皇帝向现代的十字军庄严宣布 Deus vult(上帝的意志)时，出现在德国基尔(Kiel)港的情景以及德国皇帝使用的令人奇怪的中世纪的语言，我就不禁想起 1095 年出现在法国克勒芒的那番景象，谁都想知道，被称为"殖民政治"的现代十字军东征的最终结果，如果不会彻底改造现代欧洲文明和社会结构，那么是否会对这种文明和社会结构有所触动。正是这种思想而不是关于黄种人将来可能发动侵略的想法，明显促使欧洲中世纪的最后一个皇帝描绘出著名的"黄祸"(Die gelbe Gefahr)画面。

的确，任何肯花精力去研究远东人的道德修养和社会秩序的人都很难想象黄种人的文明本质上怎么可能成为威胁欧洲人的祸根。欧洲人，特别是那些没有思想而又注重实际的英国人，惯于用现代政治经济学家所说的“生活标准”来衡量一个民族的道德修养或文明程度。在他们眼里，今日中国人和东方人的现实生活无疑是非常恶劣、非常讨厌的。然而，生活标准不能单独成为检验一个民族的文明程度的适当标尺。我相信，今天美国人的生活标准比德国人的生活标准高得多。尽管目睹德国大学教授的简朴和较低的生活标准的美国百万富翁的儿子也许会怀疑教育在这个大学中的重要性，但我相信，凡在德美两国旅行过的受过教育的人都不会承认德国人的文明程度不如美国人。

事实上，可以把生活标准恰当地看作文明的条件，但它不是文明本身。让我们举一个生理学方面的例子。热量是生命和身体健康的必要条件，但身体的热量不是衡量身体的结构和组织的精巧或粗糙程度的真正的绝对标尺。一个真正具有精巧结构和组织的生物体可以因一些反常的原因而变得冰凉。同样，一个民族的生活标准也许会因经济的原因而变得很低。爱尔兰的土豆歉收和大不列颠的长期不断的贸易萧条也许会大大降低这两个国家的生活标准，但没有人会仅仅根据这一点断定爱尔兰人或英国人的文明程度不高。

如果说单纯的生活标准不是文明，那么，文明究竟是什么呢？确定各民族的文明是什么就像断定个人的真正教育是什么一样困难。然而，我想以一个具体事例来说明我所说的文明的意思。1816 年英国皇家海军的霍尔舰长访问朝鲜，他在谈到朝鲜的一个年迈的地方小官的印象时指出：“他在屈就自己时的礼貌和悠闲自在非常令人钦佩，当你们考虑到他迄今十之八九还不知道我们的存在时，他的彬彬有礼不仅表现了上层社会的修养，而且表现出那个社会的高度文明，而这种文明并没有其他条件来保证。无论如何，这件事不可思议地表明，不管不同国家的社会状况多么不同，表现礼貌的各种方式是完全相同的。由于这个官员乐于努力尽职尽责并能很快对他关心的东西感兴趣，他的这种无瑕的品质得到了很好的培养。当他发现一开始困扰着他的东西的用处时，他总爱打破砂锅问到底并且自得其乐。但他并没有表现出过分的恭维。在世界上的任何地方他肯定算得上是有良好修养和敏锐眼光的人。”

我所说的文明就是这个意思。凡能培养霍尔舰长这类人的社会就是一个文明的社会。如果上述说明能够表明在远东人的文明中成长起来的受过教育者或上层人士的品质，那么，已故麦哥万(D. J. Macgowan)博士对中国人的特点的描述会有助于说明那种文明对平民百姓的影响：

“从我们以前对中国人的工商业活动的调查中，”麦哥万博士说，“你可以发现他们身上有一个明显的特点，这就是他们的联合能力，而这种能力恰恰是文明人的主要特征之一。对他们来说，进行组织和联合轻而易举，因为他们从内心里崇敬权威并且具有遵纪守法的天性。他们的温顺并不是一个被阉割的垂头丧气的人所表现出的那种温顺，他们的温顺是自我克制的习惯造成的，是在地方的公共事务或内政事务中长期自我管理的结果。就国家而言，他们学会了自力更生。如果让这些人中的那些最贫穷、最没有文化的人到一个孤零零的岛上去过着与世隔绝的生活，他们会很快组成一个国家，就像那些处于同样生活处境并受到理性化的民主制度的熏陶的人所做的那样。”

对远东人的文明的上述说明充分表明，这种文明本质上不可能成为威胁欧洲人的祸根。但是，必须承认，在欧洲与远东之间无疑在进行一场文明的冲突。不过，在我看来，这场冲突与其说黄种人的文明与白种人的文明的冲突，毋宁说是远东文明与所谓的欧洲中世纪文明的冲突。

凡是注意对现代欧洲制度的精神进行研究的人都不难发现，对新的道德修养的意识以及对完全不同于中世纪的古老文化和社会秩序的新的社会秩序的看法，正借所谓的自由主义之名在欧洲蓬勃兴起。在上个世纪末的第一次法国革命的前夕，一个名叫杜克洛(Du Clos)的法国人指出：“Il y a un germe de raison qui commence a se developper en France.”(理性的萌芽正在法兰西的土地上生长。——译者)的确，现在人们都普遍认识到，上个世纪的法国哲学著作家们首先对所谓的自由主义思想与观念进行了正确的理解和传播。令人奇怪的是，人们本应既不承认也不怀疑法国“哲学家们”在多大程度上把耶稣会传教士传到欧洲的有关中国典籍和社会制度的知识归功于他们对中国典籍和制度的研究。凡是花点精力去阅读伏尔泰和狄德罗的著作，特别是阅读孟德斯鸠的 L'esprit des Lois(《论法的精神》)的读者都可以看出，有关中国典籍和社会制度的知识如果没有对杜克洛所说的“理性萌芽”的生长起多大促进作用，至少大大推动了所谓的自由主义思想的迅速发展和传播。众所周知，最终发展为自由主义思想的“理性萌芽”在上个世纪导致了欧洲中世纪社会制度的“culbute general”(全面崩溃)。

我不禁要在这里指出，那些到中国来向不信教的中国人传教的罗马天主教传教士本应成为把中国文明的思想传入欧洲的桥梁，中国文明的那些思想恰恰是打破中世纪欧洲文明的有力手段，而那些天主教传教士居然要花毕生精力来让中国人皈依中世纪的欧洲文明，这简直是天大的讽刺！

我的话题扯得太远，现在还是让我们言归正传。这场文明的冲突，或毋宁说现代自由主义思想与古老中世纪精神的冲突乃是远东问题中的道德难点。这场冲突并不是白种人与黄种人的冲突，而是欧洲人为使自己彻底摆脱古老的中世纪文明而进行的斗争。换言之，它是德国人所说的现代的 Kulturkampf(文化斗争)。

基督教《圣经》是欧洲中世纪道德修养的源泉。基督教《圣经》是一本被歌德称为世界文学(Welt-Literatur)的著作，它像荷马的《伊利亚特》和维吉尔的《伊尼德》(Eneid，又译《埃涅阿斯纪》。——译者)一样，是一部宏篇巨制并且永远不会从世界上消失。《旧约全书》的道德威声，阿诺德指出的耶稣基督的人格魅力和《新约圣经》中的教义的简洁和直截了当——所有这些已经深入欧洲所产生的最优秀人士的灵魂深处。而且，对受歌德眼里的世界文学的深刻影响的读者们来说，它具有永恒的力量和价值。但在常人那里它并不具有这种力量与价值。欧洲的老百姓要充分感受到基督教《圣经》的力量，他们的智力就必须与这部《圣经》的作者的智力相当。我想，现在大家都承认，杜克洛所说的“理性的萌芽”已经大大改变欧洲老百姓的智力水平。这些人如果不是始终不能领悟基督教《圣经》，至少是理解起来非常困难，这样一来，它就不再成为真正的道德修养的源泉。已故赫胥黎(Huxley)教授曾在伦敦的一个学校的全体会议上说，如果英伦三岛没有宗教，就不可能借助《圣经》的力量使宗教观念进入他的内心深处。

换言之，如果不是从严格的意义上讲，现代自由主义的真正的道德修养也许比基督教《圣经》所形成的欧洲中世纪道德修养要广泛得多。后者主要诉诸人心中的希望和恐惧这类激情。新的道德修养则诉诸人性深处的所有精神力量——既诉诸理性又诉诸情感。古代文化中的人性论是“人生来有罪”，即人性本恶。现代的道德修养理论是，人性本善，如果对它加以适当的开发利用，它就会自行给世人带来精神幸福和社会秩序。古人的教育方法基于“对主的敬畏是智慧的开始”。现代人的教育方法则意味着：“进行高深教育的过程在于培养或发挥人性中的精神力量。”现代道德修养的语言是具体的语言，即科学的语言。用一种语言说：“得体的言谈将表明上帝的救赎。”用另一种语言则意味着：“欲治其国者，先齐其家；欲齐其家者，先修其身。”

以上是我对古老中世纪的道德修养与现代欧洲的道德修养在人性论、教育方法和语言方面的分歧所作的总结。我相信，古代欧洲文化和现代欧洲文化对人民的生活和他们的社会制度及公共机构的影响也是不同的。古代欧洲文化对人们的影响就是盲目地、被动地服从权力和权威。现代道德修养的影响就是麦哥万博士在谈到中国人的特点时指出的：“人民在国家生活中自力更生。”换言之，欧洲中世纪道德修养的结果是封建制政府。借自由主义名义而大畅其道的现代道德修养方法的结果就是麦哥万博士所说的“理性化的民主”，即由自由的社会制度所组成的政府。

欧洲作家们现在习惯于把高度的基督教文明与远东人的儒家文明进行比较。这两种文明的目标无疑是相同的，即增进人的精神幸福以及维持社会的公共秩序。我想，如果我对古代欧洲道德修养和现代欧洲道德修养的看法是正确的，那么就必须承认，尽管以诉诸希望和恐惧这类激情为基础的文明也许是更为强大、更具有严格意义的文明，但以一种诉诸人的宁静理性的道德修养为基础的文明，如果不是一种更为高级的文明，至少是更具有广泛意义的文明，是一种更难达到的文明，这种文明一旦实现，就会更加持久、更有生命力。

事实上，在我看来，正是欧洲人在达到新的现代的道德修养方面所遇到的困难而不是黄种人的文明，不仅对欧洲人而且对整个人类的命运和文明带来了真正的威胁。由于欧洲人在相当大的程度上没有意识到古老的中世纪的道德修养的力量和约束力，由于他们并没有充分达到现代的道德修养，以便把它作为维持公共秩序所必需的约束力，他们现在不得不靠警察的纯粹的物质力量或所谓的军国主义来维持秩序，而不是靠道义的力量来维持这种秩序。卡莱尔说过："现代的欧洲国家等于无政府状态加警察。"有个法国作家说得更妙："C'est la force attendant le droit."（先强权后公理）

但是，为维持现代欧洲的庞大军事机器所必需的巨额费用正在破坏人民的经济利益。我认为，要摆脱这种灾难，欧洲人有两条路可走：要么为获得新的现代的道德修养而艰苦奋斗，要么恢复中世纪精神。但欧洲人决不同意恢复中世纪精神。俾斯麦宰相就说过："Wir gehen nicht nach Canossa."（我们决不会忍辱屈从。——译者）现在，即便欧洲人想恢复过去的真正的中世纪精神，他们也无法做到。欧洲人在试图恢复中世纪精神时要么像救世军那样胡作非为，要么像耶稣会会士的教皇极权主义那样招摇撞骗。

如果有人想了解欧洲救世军的胡作非为总有一天会成为摧毁文明和所有真正的道德修养的多么可怕的力量，他最好读一读中国的太平天国的历史。参加那场起义的中国基督徒们丢掉他们本民族的诉诸理性的道德修养，而转向欧洲中世纪的道德修养，这种道德修养诉诸大多数人心中的希望与恐惧这类激情。其结果是，许多省份大局糜烂，上百万人惨遭杀戮。

耶稣会会士的教皇极权主义甚至比救世军的胡作非为更加糟糕。教皇极权主义工于心计的招摇撞骗是对人性的公然强奸。卡莱尔早就指出，对这种强奸的回应将是“无边的苦难、反抗和疯狂，是激进暴动的狂怒、复辟暴政的残忍，是千百万人的兽性大发，是各个党团的放任自流，是‘伤天害理的君王通过法律来张扬不义’的可怕场面”。

简单地讲，耶稣会教义的实际结果，用个不文雅的词语说就是酒囊饭袋的福音书。以这种手段和粗俗的心理习惯为基础的社会秩序不可能持久。法国的路易·拿破仑之后是王朝的覆灭、巴黎公社的产生。如果欧洲人恢复中世纪精神并且只是实行耶稣会会士的教皇极权主义，谁知道欧洲人以后会面临什么样的局面呢？

我说过，黄种人的文明决不会对欧洲人构成威胁。在我看来，对欧洲人的威胁毋宁在于欧洲的那些“放任自流的党团”正敦促他们的政府采取愚昧而蛮横的手段去对付黄种人的文明。欧洲的传媒，特别是英国的传媒，作为那些“放任自流的党团”的喉舌正一致敦促在中国实行所谓的炮舰政策，并心安理得地撰文鼓吹对中国进行瓜分。我想知道是否有人考虑过，一旦推翻大清统治，一旦中国民众像土耳其人、像最近的亚美尼亚人那样疯狂，欧洲列强要花多少钱才能使四亿中国人恢复秩序和警察统治。已故戈登将军说过：“请记住，人民不满意味着扩军。”不管你对现代中国的大清统治的无能与弊端如何评价，他们的统治毕竟是道德统治，而不是警察统治。军国主义在欧洲是必要的，但在中国没有必要。外国的炮舰政策已经对各方的利益，对外国人和中国人的利益，都造成了危害并且只会造成危害。在我看来，在上海建立一个国际学院对中国的历史与文学进行深入的研究，同时派遣大批中国学生到欧美留学，这比欧洲列强调来最强大的舰队更能促进外国的商业利益。一旦中国需要军国主义，中华民族就得成为军事强国或者必须受外来的军事强国的控制。在这两种情况下，整个世界都必须为这一额外的军费负担付出代价。

军国主义在欧洲之所以必要，是因为人民感到不满。军国主义是文明的骑士或保护者——C’est la force attendant le droit（先强权后公理）。用中世纪的丁尼生（Tennyson）的话说，军国主义的真正作用在于“破异端而尊基督”，即制止流氓、野蛮和无政府状态。但最近的欧洲军国主义并没有被用来制止无政府状态和流氓行为,而是被用来打击真正的文明,被用来打击中国人的优秀政府。因此,欧洲军国主义越被滥用,它承担的费用就越高。

因此,欧洲人要摆脱他们的军国主义的负担所造成的恶果,唯一可能的办法就是争取获得我们所说的新的道德修养,这种道德修养现在正借自由主义的名义而大畅其道。欧洲人要花多长的时间才能实现这一目标现在还难以确定。我觉得,本世纪末的欧洲自由主义已经倒退。比肯斯费尔德(Beaconsfield)勋爵在谈到他那个时代的英国自由主义时指出,他吃惊地发现,英国自由主义已经成为寡头政治。我认为,今日欧洲自由主义也已成为寡头政治——成为“放任自流的党团”的寡头政治。上个世纪的欧洲自由主义尚有自己的文化修养;过去的自由主义尚懂得读书和理解思想,现代自由主义只读报纸并且只将过去的自由主义词句用作为个人私利服务的口号和黑话;上个世纪的自由主义要为公理和正义而斗争,今天的冒牌自由主义则只为权利和贸易特权而厮杀;过去的自由主义为整个人类而战斗,今天的冒牌自由主义只是千方百计地促进资本家和金融家的个人利益。如果可以设想上个世纪的一个必须残忍地杀死国王并且几乎要摧毁整个王权制度的伟大自由主义者死而复生,那么,他会借莎士比亚笔下的布鲁特(Brutus)之口对这位冒牌的自由主义者说:

> 要不是支持那群强盗,
> 还有什么曾触动我这个世界上的头号人物?
> 我们难道要用这堆赃物玷污我们的双手,
> 为获得这么多的垃圾
> 而出卖我们至高无上的荣誉殿堂?
> 我宁可做一条吠月的小狗,
> 而不愿当一个罗马天主教徒。

但是,我们不会完全绝望。我相信现在这场被称为 Kolonial Politik

(殖民政策)的运动的直接后果就是在欧洲恢复真正的自由主义。基佐先生在论欧洲文明的讲演中谈到中世纪十字军东征对欧洲基督教世界的设想以及十字军东征在其中的作用。他指出:“对第一批编年史的作者来说,对他们所记载的第一批十字军来说,穆斯林仅仅是仇恨和蔑视的对象。抱着这种看法的人显然对他们一无所知。有关晚期十字军的史书则抱着迥然不同的看法。显而易见,十字军不再把他们看作怪物;在一定程度上说,十字军已经进入穆斯林的思想深处;十字军和穆斯林已经融合在一起;他们互相往来,甚至相互同情。”无论是从十字军方面看还是从穆斯林方面看,情况都是如此。基佐先生特别谈到已经摆脱那些因愚昧无知而产生偏见的十字军。他最后指出:“这是向人类精神的解放迈出的一步。”

现在这场称为“殖民政治”的现代欧洲的十字军东征最终在欧美完成了人类精神的解放。人类精神的彻底解放最终会产生具有普遍意义的真正的天主教文明,这种文明并不是基于一种仅仅诉诸人的希望与恐惧这类激情的道德修养,而是基于一种诉诸人的宁静理性的道德修养,而诉诸人的理性的道德修养并不出自人性深处对仁、义、礼、智、信的与生俱来的爱。

在新的文明之中,受过教育的人的自由并不意味着随心所欲,而是自由地干公正的事情。农奴或未开化的人之所以不去作恶,是因为他害怕今生的皮鞭或警棍以及来世的炼狱。处于新的文明中的自由人是这样一种人,对他来说,皮鞭、警察或炼狱再也没有必要。他之所以公正行事,是因为他喜欢这么做;他之所以不去作恶,并不是由于自感卑下或胆怯,而是由于他讨厌作恶。在人格修养方面,他并不是服从外在的权威,而是服从内在的理性与良心。他的生活可以没有统治者,但不能没有法律。因此,中国人将有教养的绅士称为君子(“君”与德语的 Koenig,与 King,Kinglet, a little King of man 的涵义相同)。

美国的爱默生曾与卡莱尔一起参观过英国最古老的遗址斯头汉(Stonehenge),他在讲述那一次对英国的访问时指出:“星期天,我们对雨天谈得很多。我的朋友们问我是否存在具有美国思想的美国人。

面对这样的提问，我并没有想到决策委员会，没有想到国会，也没有想到总统或内阁部长，更没有把美国变成另一个欧洲。我只想到了那些非常纯朴的人。我回答说：'是的，确实存在具有美国思想的美国人。但抱有这种思想的人都是沉迷于梦想的人，我几乎用不着把这一梦想告诉你们英国人，因为对英国人来说，这简直荒唐可笑，然而这却是唯一的真理。'因此，我公开宣布不要政府、没有反抗的信条。我说：'我的确从未在任何一个国家见过一个人具有足够的勇气去坚持这一真理。'但我觉得，这样的勇气显然可以赢得我的尊敬。我可以清楚地看到卑鄙的武力崇拜的破产，并且可以肯定，由于上帝还活着，唯有不需要另一种武器来对付的武器，唯有爱与正义的法则，才能实现一场彻底的变革。"

未来世界的文明正像杜克洛先生谈到现代自由主义思想时所说的那样，是一种正在生长的"理性萌芽"；它的前途恰恰在于爱默生的这种美国式的观念。而且，爱默生的这种美国式的观念源于中国的文明，或毋宁说源于远东人的儒家文明。远东问题的道德难点就在这里。解决这一难题的办法并不完全在于议会或国会，也不在于皇帝、总统、国王或内阁部长。用爱默生的话说，解决这一问题的办法在于人们将在欧美看到的非常纯朴的心灵。诗人们已经唱出了这种新的文明的颂歌。德国的海涅(Heine)自称是为人类精神的解放而战斗的骑士(Ritter des Men-schheit-Befreiungs-Krieges)，他唱道：

Ein neues Lied, ein besseres Lied,
O Freunde, will ich euch dichten:
Wir wollon hier auf Erden schon
Das Himmelreich errichten.
(啊，朋友，我要给你们创作一首新歌，
一首更加动听的歌：
我们要在这里

建立人间天堂。——译者）

苏格兰的彭斯(Robert Burns)这样唱道：

好吧，让我们为明天祈祷，
管它这一套那一套，这样一天一定会来到，
那时真理和品格
将成为全球的荣耀！
管他这一套那一套，
这样一天会来到：
全世界的所有人
都会成为手足兄弟，管他那一套！①

最后，法国人贝朗瑞(Beranger)预见各民族的神圣同盟将会到来。他唱道：

J'ai vu la Paix descendre sur la terre,
Semant de l'or des fleurs et des epis:
L'ait etait calme et du dieu de la guerre
Elle etouffait les faudres assoupis.
Ah! disait-elle, egaux par la vaillance,
Francais, Anglais, Belge, Russe ou Germain
Peuples, formez une sainte alliance
Et donnez-vous la main.
（我目睹和平女神翩翩降临，
她把金黄色的花朵和麦穗撒遍大地。
硝烟散尽，她遏制了

① 此处参照王佐良先生的译文。——译者

战争之神的沉闷雷鸣。
她说:"呀,你们都同样骁勇,
法、英、比、俄、德的人民,
拉起你们的手吧,
去结成神圣同盟。"——译者)

附录　暴民崇拜的宗教或战争与出路

Frankreich's traurig Geschick, die Grossen moegen's bedenken,

Aber bedenken fuerwahr sollen es kleine noch mehr;

Grossen gingen zu Grund; doch wer beschuetze die Menge

Gegen die Menge? Da war Menge der Menge Tyrann.

(法兰西已祸到临头，

上层社会确要自我反省；

广大民众更应铭记在心，

上层社会既已消灭，那么，

谁来防止民众攻击民众？

在此"民众"已成为"民众"的暴君。——译者)

——歌德

剑桥大学的狄更生(Lowes Dickinson)教授写过一篇论《战争与出路》的论文，其中有这样一段话令人信服："成功地塑造未来(他是指欧洲文明的未来)的前提是，普通的男女，英国、德国和所有国家的体力劳动者和脑力劳动者团结起来，告诉那些已把他们带入这场灾难并将会一再把他们带入这类灾难的人：'不要这样！不要这样！决不要这样！我们现在要谴责你们，你们这些统治者、军人和外交官引领着人类的命运，使他们经历了历史上的漫长苦难并把他们引向了地狱。你们已支配过我们的劳动与生命。再也不要这样了。你们发动了战争，因此你们不会带来和平。我们的欧洲要成为摆脱这场灾难的欧洲，成为是不可能发生另一场争战的欧洲。'"

这是当今的欧洲社会主义者的梦想。这种梦想恐怕不会实现。当欧洲国家的普通男女摆脱了统治者、军人和外交官并且由自己决定与另一个国家的和平和战争的问题时，我确信，在决定这一问题之前，每个国家的普通男女之间就会发生争吵，彼此就会打得头破血流，甚至发生战争。以大不列颠的爱尔兰问题为例。爱尔兰的普通男女在试图由自由决定如何自治的问题时实际上已在彼此攻击，如果这场大战没有爆发，他们此刻就会自相残杀。

为了找到摆脱这场战争的出路，我们首先要找到这场战争的根源和原因，找出谁实际上应对这场战争负责。狄更生教授让我们相信，正是统治者、军人和外交官把普通男女带入了这场灾难——带入了战争地狱。我想，我可以证明，并不是统治者、军人和外交官把普通男女带入了这场战争，而是普通的男女把欧洲的这些可怜的、孤立无助的统治者、军人和外交官推进了战争地狱。

我们首先不妨看看实际的统治者——当今欧洲的皇帝、国王和共和国的总统。一个无可争辩的事实是，也许除了德国皇帝之外，现在的交战国的实际统治者对发动这场战争并无发言权。当今欧洲的实际统治者——皇帝、国王和总统——被束手束脚并且没有说话的自由，因为他们都受宪法和自由大宪章的约束——这些实际的统治者在管理或处理他们国家的公共事务方面没有任何发言权。当大不列颠的可怜的乔治国王试图发表意见防止因爱尔兰问题而发生内战时，大不列颠的老百姓却以咄咄逼人的口气要乔治国王闭嘴，而他竟然不得不因为自己作为国王未努力尽到防止内战爆发的责任，让首相向老百姓道歉！事实上，当今欧洲的实际统治者已经成了花费昂贵的纯粹摆设，成了盖在政府公文的印章上的人像。既然欧洲的这些实际统治者成了没有发言权或自己的意志的纯粹摆设，那么，就其国家的治理而言，我们怎能说他们要对这场战争负责呢？

我们再来看看军人。狄更生教授和每个人现在都指责他们要对这场战争负责。罗斯金在向乌尔维奇(Woolwich)军校学员发表演说时指出："现代公共制度的致命错误就在于剥夺了这个民族的优秀血液和生机，剥夺了它的全部精华，即勇敢、不计报偿、藐视痛苦和忠贞不二的品质，在于这些公共制度在把铁炼成钢材并用这种钢材制造不含杂质的利剑时，但剥夺了它的声音和意志；现代公共制度的错误在于保留了这个民族的最糟糕的部分，即怯懦、贪婪、耽于声色和背信弃义，并赋予这个部分以权威和主要特权，而它却没有多少智力可言。""履行你们捍卫英国的誓言"。罗斯金在向大不列颠的军人讲演时继续指出，"履行你们捍卫英国的誓言决不在于实行这种制度。如果你们只打算站在商店门口保护正在里面行窃的店员，你们就不是真正的军人。"我以为，谴责军国主义和普鲁士军国主义的英国人和英国军人，应该好好读读并认真思考罗斯金的这些话。我想在此指出的是，从罗斯金的讲演中可以明显地看出，如果欧洲的实际统治者几乎没有发言权，那么，当今欧洲的军人在治理国家和处理事务上绝对没有发言权。丁尼森在巴拉克拉瓦(Balaclava，克里米亚海港，克里米亚战争的著名战场。——译者)对英国军人的评论也适用于现在正参加这场战争的可怜的军人："他们的权利并不是讨论为什么，而是要行动和赴死。"如果当今欧洲的实际统治者成了价钱昂贵的纯粹摆设，那么，当今欧洲的军人就成了不折不扣的十分危险的自动机器。就国家的管理而言，由于欧洲的军人成了更加刻板的自动机器，我们怎能说他们应该对这场战争负责呢？

最后，我们不妨考察一下反对当今欧洲的外交官的事件。根据政府理论、《自由大宪章》和欧洲的各种宪法，外交官们——负责管理和处理一个国家公共事务的政治家和部长们仅仅在执行民众的意志，换言之，仅仅在做本国老百姓要他们做的事情。由此可见，外交官——当今欧洲各国的政治家和政府部长们也已成为纯粹的机器，成了发表谈话的机器。事实上，简直成了木偶戏中的木偶，这些趾高气扬的木偶没有自己的意志，它们被老百姓控制着，牵引着上蹿下跳。由于当今欧洲各国的外交官——政治家和政府部长们成了只当传声筒而无自己意志的趾高气扬的无用木偶，我们怎能说他们应对这场战争负责呢？

我觉得，在当今欧洲各国的治理上最奇怪的事情莫过于，每个人——负责处理政府事务的统治者、军人和外交官，或者说政治家和部长，不允许有自己的意志，不允许有权做他们认为最有利于国家安全和利益的事情。相反，每个老百姓——约翰·史密斯[《爱国时报》(Patriotic Times)]编辑，豪兹底奇·波布斯(Bobus of Houndsditch)(卡莱尔时代的香肠制造者和果酱生产商，现在则拥有制造无畏级战舰的船厂)以及放债人兰普(Moses Lump)，却被赋予充分的权利来贯彻自己的全部意志并拥有治国方面的所有发言权，事实上，他们有权告诉现有统治者、军人和外交官为了国家利益和安全应该做些什么。因此，如果你对事情进行深入的了解，你就会发现，正是这三个人约翰·史密斯、波布斯和兰普要对这场战争负责。因为，我想在此指出，正是这三个人，即约翰·史密斯、波布斯和兰普发明了那个怪异的现代机器——欧洲的现代军国主义，正是这个怪异的现代机器导致了这场战争。

眼下，有人会提出这样的问题：欧洲的实际统治者、军人和外交官为何如此怯懦地听命于约翰·史密斯、波布斯和兰普这三个人呢？我的回答是，因为老百姓——甚至包括狄更生教授这类诚实而善良的老百姓也站在约翰·史密斯、波布斯和兰普一边反对他们国家的统治者、军人和外交官，而不是忠于和支持他们。欧洲的老百姓支持约翰·史密斯、波布斯和兰普有两个原因：第一，史密斯、波布斯和兰普告诉老百姓，他们这些人属于平民党；第二，欧洲的老百姓自儿童时代起就被教导说，人性本恶，每个人只要被赋予权力，就会滥用他的权力，每个人只要强大到足以抢劫和谋杀他的邻居，他肯定想这么做。事实上，我想在此指出，史密斯、波布斯和兰普之所以能让欧洲的平民百姓帮助他们迫使欧洲的统治者、军人和外交官发明这场反动战争的奇怪的现代机器，是因为每个国家的平民百姓一旦汇聚到一起便会变得自私和怯懦。

因此，如果你深入了解事情的根由，你就会发现要对这场战争负责的恰恰不是统治者、军人和外交官，甚至不是史密斯、波布斯和兰普，而是像狄更生教授本人这样善良诚实的平民百姓。但狄更生教授会加以否认并说我们平民百姓并不想要战争。那么，谁会想要这场战争呢？我的回答是，没有人想要这场战争。那么，是什么导致了这场战争呢？我要回答说，是恐慌导致了这场战争，是暴民的恐慌导致了这场战争——当去年8月由平民百姓帮助制造的那部俄罗斯的现代奇怪机器开始发动时，欧洲各国一批又一批的平民百姓个个惊恐万状。总之，我以为，正是暴民的恐慌，是大批平民百姓的恐慌导致了这场战争，这些平民百姓与现在的各参战国的统治者、军人和外交官们息息相通，控制了他们的头脑，使他们的头脑陷入瘫痪，让他们孤立无援。因此，我们不难明白，并不是狄更生教授所说的那样是统治者、军人和外交官们把欧洲的平民百姓引入了这场灾难。相反，正是平民百姓，是平民百姓的自私、怯懦，在关键时刻是平民百姓的害怕、恐慌，把欧洲那些可怜而又无助的统治者、军人和外交官推向了这场灾难——推进了战争的地狱。我想指出，目前局势的绝望之处在于现在各参战国的实际统治者、军人和外交官们的怯懦、可怜而又可鄙的孤立无助。

因此，从我的上述观点中可以明显地看出，欧洲在现在和将来要实现和平，首要任务不是像狄更生教授所说的那样召来平民百姓，而是要赶走他们，使他们置身事外。这些平民百姓一旦集中到一起就会变得非常自私和怯懦，一旦是战还是和的问题出现，他们很可能恐慌。换言之，如果要在欧洲实现和平，我觉得首要任务是保护统治者、军人和外交官，防止他们受到平民百姓的伤害，防止他们受到暴民的伤害——防止使他们变得孤立无助的惊恐万状的平民百姓的伤害。这里且不谈未来。我觉得，如果要挽救欧洲现在的局势，首要的事情是把现在各参战国的统治者、军人和外交官从目前的孤立无助状态中拯救出来。我想在此指出，欧洲现在的令人感到绝望的悲剧性局势是，人人都想要和平，但没人有勇气或力量实现和平。因此，我认为，首要的事情是把统治者、军人和外交官从目前的孤立无助状态中拯救出来,是找到赋予他们权力、找到实现和平道路的权力——办法。我认为,只有一种办法能做到这一点,对欧洲人民来说——对现在各参战国的人民来说,那就是撕毁现在的宪法和自由大宪章,制定一种新的宪章——忠诚大宪章——我们中国人在良民宗教中所具有的那种宪章。

现在欧洲各参战国的人民必须以这种新的忠诚大宪章发誓:首先,不是讨论干预或干涉目前这场战争的政策;其次,绝对接受、服从和遵守他们的当政者达成的各项和平条约。这部新的忠诚大宪章将会给现在各参战国的当政者以权力并因此给他们以实现和平的勇气。事实上,给他们赋予支配和控制和平的力量与勇气。我完全相信,只要给他们赋予力量与勇气,现在各参战国的实际统治者将会支配和控制和平。我之所以说我完全相信这一点,是因为,现在各参战国的统治者如果不是绝对无可救药的疯子或恶魔(人人都必须承认他们不是这样的人,我敢说,甚至连现在欧洲受诋毁最多的人——德国皇帝——也不是这样的人),他们,即现在各国的统治者,就会发现,他们每天花费老百姓用血汗换来的九千万英镑的费用去屠杀成千上万个无辜男人的生命,毁掉成千上万个妇女的家庭和幸福,乃是不折不扣的极端疯狂行为。现在各参战国的统治者、军人和外交官之所以无法看到这一点,是因为他们感到孤立无助——面对暴民的恐慌,面对大批平民百姓的恐慌感到孤立无助。事实上,如前所述,是因为民众的恐慌,暴民的恐慌占据着他们的头脑并使他们的头脑陷入瘫痪。因此,我认为,要想挽救欧洲现在的局面,首要任务是给现在各参战国的统治者、军人和外交官赋予力量从而将他们从暴民的恐慌——从大批平民百姓的恐慌中拯救出来。

我想进一步指出,欧洲目前局势的悲剧性绝望不仅在于统治者、军人和外交官的孤立无助,而且在于各参战国每个人都感到孤立无助。每个人之所以感到孤立无助并且不能发现这场无人想要并且只是由暴民的恐慌引发的战争是极度的疯狂,乃是因为,正如我前面所说，暴民的恐慌支配着每个人的头脑并且使之瘫痪。人们甚至可以在狄更生教授身上看到这一点，他曾撰文激烈反对这场战争——谴责统治者、军人和外交官们发动了这场战争。狄更生教授的头脑里也有暴民的恐慌，只是没有意识到而已。他在文章中开宗明义地指出，他的这篇文章并非“停战”文件，他继续写道：“我像所有英国人一样，认为我们必须在这场战争中继续战斗，直到我们能维护我们领土的完整和安全并尽人类的智慧确保欧洲未来的和平。”而大英帝国的完整与安全以及欧洲未来的和平竟然只有通过坚持每天花费九千万英镑的费用去屠杀成千上万个无辜者来实现！我相信，这一观点简直荒谬绝伦，任何人，只要头脑中没有暴民的那种恐慌，必定明白这一点。否则谈什么欧洲的和平呢？我认为，如果这样的花钱和杀人的速度再持续一段时间，肯定会有和平，但欧洲在世界地图上将不复存在。如果有什么可以表明平民百姓确实不宜于决定和平与战争的问题，那么，狄更生教授这类人的态度肯定可以表明这一点。

但我想坚持的观点是，现在各参战国的每个人都希望和平，但没有人有能力实现和平、制止战争。无人有能力实现和平、制止战争这一事实，使每人相信根本没有办法实现和平，使每个人对实现和平的可能性表示绝望。正是对实现和平的这种可能性的绝望使现在各参战国的每个人无法看到，这场无人想要并且仅由暴民的恐慌引发的战争乃是不折不扣的极度疯狂。因此，为使每个人看到这场战争不过是极度的疯狂，首先要做的事情是，向每个人表明存在着实现和平的可能性。为使每个人看到实现和平的可能性，要做的第一件简单的事情是，立即制止战争，给某个人赋予制止战争的全部力量，通过制定忠诚大宪章给现在各参战国的统治者赋予绝对权力——赋予命令和指挥这场要加以制止的战争的绝对权力。一旦每个人都发现这场战争可以制止，那么，除了少数几个完全不可救药的疯子之外，各参战国的人都能发现这场无人想要并且仅由暴民的恐慌引发的战争乃是不折不扣的极度疯狂；这场战争如果继续下去，甚至会给战胜国造成灾难。一旦现在各参战国的统治者有能力制止这场战争，一旦各参战国的每个人发现并意识到这场战争是极度的疯狂，那时并且只有在那时，美国威尔逊总统这类人，就会像前总统罗斯福在日俄战争期间所做的那样，不仅能够，而且容易成功地请求各参战国的统治者命令和指挥立即停止这场战争，然后找到办法实现持久和平。我之所以说，威尔逊总统这类人之所以容易成功地呼吁实现和平，是因为我相信，为了实现和平，各参战国的统治者必须做的唯一一件重要的事情，就是建立一个特殊的疯人院，把少数几个不可救药的疯子——像狄更生教授这样头脑中怀有暴民的那种恐慌的人，对大英帝国的完整和安全以及欧洲未来的和平而感到惶恐不安的人——抓起来并关进疯人院中！

因此，我认为，摆脱这场战争的唯一出路就是让各参战国的人民撕毁他们现有的自由大宪章和宪法并制定新的大宪章，但新的大宪章不是自由大宪章而是在我们中国人的良民宗教中具有的那种忠诚大宪章。

为了证明我的建议的有效性，我请欧美的人民注意这样一个事实：正是日本和俄罗斯的人民对其统治者的绝对忠诚，使得前总统罗斯福能够成功地呼吁已故日本天皇和现在的俄罗斯皇帝制止日俄战争，并且指挥和命令在朴次茅斯(Portsmouth)签订和约。正是日本人从我们这里学到的中国良民宗教中的自由大宪章保证了日本人民的绝对忠诚。但是俄罗斯缺乏包含忠诚大宪章的良民宗教，因此俄罗斯人民的绝对忠诚就不得不靠皮鞭来保证。

现在我们不妨看看在签订朴次茅斯条约之后，在日本这类具有良民宗教和忠诚大宪章的国家以及在俄罗斯这类没有良民宗教和自由大宪章的国家中所发生的事情。日本东京的平民百姓信奉的良民宗教受到了欧洲新学的破坏，在签订朴次茅斯条约之后，他们吵吵嚷嚷，试图制造恐慌，但那些信奉真正未受损害的忠诚大宪章的日本人一度在为数不多的警察的帮助下扑灭了平民百姓的吵吵嚷嚷和恐慌。在日本不仅一直保持着国内和平，而且在远东也一直保持着和平。但在签订条约之后的俄罗斯，每个地方的平民百姓都在吵吵嚷嚷并试图制造恐慌。由于俄罗斯没有良民宗教，保证俄罗斯人民绝对忠诚的皮鞭也断了，从此，俄罗斯的平民百姓有充分的自由制造骚乱并制定宪法，他们吵吵嚷嚷并制造恐慌——为俄罗斯帝国与斯拉夫民族的完整与安全，为欧洲未来的和平而制造恐慌！这样做的结果是，当奥国皇帝与俄国皇帝围绕对谋杀奥国大公负有责任的人给予何种惩罚而产生细微分歧时，平民百姓，俄国的暴民就吵吵嚷嚷并为俄罗斯帝国的完整和安全而制造恐慌，以致俄国皇帝和他的亲密顾问们被迫调动俄罗斯的所有军队，换言之，发动由约翰·史密斯、波布斯和兰普发明的那部古怪的现代机器。当那部古怪的机器——俄罗斯的现代军国主义开始发动时，整个欧洲的平民百姓立刻产生了普遍的恐慌。我早说指出，引发这场可怕战争的起因恰恰是欧洲平民百姓的这种普遍的恐慌，这种恐慌支配着各参战国的统治者、军人和外交官的头脑并使他们的头脑陷入瘫痪，使他们变得孤立无助。

因此，如果我们深入了解事情的根源，就会发现这场战争的真正起因是朴次茅斯条约。我之所以说条约是这场战争的起因，是因为俄罗斯的皮鞭断裂了——皮鞭的力量失去了作用，没有什么东西可以保护俄国皇帝使他免遭平民百姓的威胁，使他免遭大批平民百姓的恐慌的威胁，事实上，使他免遭俄罗斯暴民①的恐慌的威胁——免遭那些为了俄罗新帝国和斯拉夫民族的完整与安全而感到恐慌的暴民的威胁！有着非凡洞察力的德国诗人海涅认为他是所有自由主义者中的最大自由主义者，事实上是他那个时代的自由主义的捍卫者。他指出："俄罗斯的专制主义实际上是一种专政，而不是形成和贯彻我们现代自由思想的东西。"(der Absolutismus in Russland ist viel mehr Dictatur um die liberalen Ideen unserer neuesten Zeit in's Leben treten zu lassen.)我重申，条约之后，俄罗斯的专政失去了作用——俄罗斯的皮鞭断裂了，皮鞭的力量失去了作用，没有什么东西可以保护俄罗斯的统治者、军人和外交官免遭暴民的威胁——我以为，这便是这场战争的真正根源。换言之，这场战争的真正根源和原因是俄罗斯的暴民的

① 系指俄罗斯的农民起义者，下同。——编者按

恐惧。

在过去的欧洲，所有国家的当政者能够维持各自国家的国内秩序并且保持欧洲和平，是因为他们害怕并崇拜上帝。如今，我想说，当今欧洲各国的统治者、军人和外交官害怕并崇拜暴民——害怕并崇拜他们国家大批的平民百姓，而不是害怕和崇拜上帝。在经历拿破仑战争之后，俄国皇帝，亚历山大一世，在欧洲创造了神圣同盟，他不仅能维持俄国的国内秩序，而且保持了欧洲的国际和平，因为他害怕上帝。但现在的俄国皇帝无法维持他本国的国内秩序并且维持欧洲的国际和平，因为他害怕暴民而不是害怕上帝。在大不列颠像克伦威尔这样的统治者之所以能维持他本国的国内和平并且保持欧洲的国际和平，是因为他崇拜上帝。而当今大不列颠的当政者，像格雷(grey)勋爵、阿基奎斯、丘吉尔先生和乔治勋爵这类当政的政治家，之所以不能维持他们本国的和平并保持欧洲的国际和平，是因为他们并不崇拜上帝而是崇拜暴民——不仅崇拜他们本国的暴民，而且崇拜其他国家暴民。已故大英帝国首相坎贝尔·班纳曼(Campbell Bannerman)先生，在俄罗斯杜马解散之后，大声呼喊："le Duma est mort. Vive le Duma!"(杜马死了。杜马不朽！——译者)

我说过，这场战争的真正根源和原因是对俄罗斯的暴民的恐惧。我想在此指出，这场战争真正的首要根源和原因甚至不是对俄罗斯暴民的恐惧。这场战争的首要根源和原因——不仅是这场战争的根源和原因而且是当今世界所有无政府状态、恐怖和悲惨的首要根源与原因——乃是暴民崇拜，是欧美各国，特别是大英帝国的暴民崇拜。正是大英帝国的暴民崇拜导致和引发了俄日战争[①]。俄日战争之后，签订了朴次茅斯条约，而条约借助于英国首相的呼吁，折断了皮鞭——摧毁了皮鞭的力量，摧毁了海涅所说的专政并制造了俄罗斯对暴民的恐惧。我说过，正是这种恐惧引发了这场可怕的战争。我可以顺便指

① 英国暴民的恐慌——特别是旅居上海和中国的英国暴民的自私性恐慌——使日本人警觉起来，并把日本人引入了俄日战争。《泰晤士报》驻京记者"伟大的"马礼逊博士是这些叫嚷要在满洲里实行门户开放政策的暴民的代言人。

出，正是大不列颠的这种暴民崇拜，正是英国人和旅居中国的外国人中的这种暴民崇拜，事实上正是从英国和美国输入中国的这种暴民崇拜的宗教导致了革命和中华民国现在这场恶梦，它现在威胁要毁灭当今世界最有价值的文明宝藏，即真正的中国人。因此，我认为，大不列颠的这种暴民崇拜——当今欧美这种暴民崇拜的宗教，如果不立即加以扑灭，不仅会毁灭欧洲文明而且会毁灭全世界的文明。

我觉得，只有一个东西能够并且将会扑灭这种暴民崇拜，扑灭现在威胁要毁灭当今世界的所有文明的这种暴民崇拜的宗教，这个东西就是忠诚的宗教，是我们中国人的良民宗教中所具有的那种神圣教义(Sacrament)，是忠诚大宪章。这部忠诚大宪章将保护各国当政者、军人、外交官免遭暴民的威胁，使他们不仅能维持他们本国的秩序，而且使他们能维护世界的和平。此外，这种忠诚大宪章——这种包含忠诚大宪章的良民宗教，通过使所有善良正直的人能帮助他们的合法统治者震慑和镇压那些暴民，将使各国统治者能够保持各自国家的和平和世界的和平，能够维持好各自国家和世界的秩序，而不必依靠皮鞭、警察和军人，总之，不必依靠军国主义。

在结束本文之前，我想简略谈谈军国主义，谈谈德国军国主义。我说过，这场战争的首要根源和原因是大不列颠的暴民崇拜。我想在此指出，如果说这场战争的首要根源和原因是大不列颠的暴民崇拜，那么，这场战争的直接原因是德国的强权崇拜(Worship of might)。据报道，俄罗斯皇帝在签署调动俄国军队的命令之前说过："我们已经忍受七年了。现在必须结束这种局面。"俄罗斯皇帝的这些富有感情的言辞表明他和俄罗斯民族从德意志民族那里吃了多少苦头。我说过，大不列颠的暴民崇拜折断了俄罗斯皇帝手里的皮鞭，这使他面对希望发动战争的暴民感到孤立无助。德意志民族的强权崇拜使他大发脾气，使他与暴民携起手来发动战争。因此，我们看到这场战争的真正原因是大不列颠的暴民崇拜和德国的强权崇拜。我们中国人的良民宗教的圣经指出："不要为了得到百姓的赞扬而违反正义；不要为了顺从自己的欲望而无视百姓的愿望。"("罔违道以干百姓之誉，罔拂百姓以从己之欲”。《诗经》第二部分，第一章第六节）违反正义以得到百姓的赞扬就是我所说的暴民崇拜；为顺从自己的欲望而无视百姓的愿望就是我所说的强权崇拜。由于有了这种忠诚大宪章，一个国家的重要部长和政治家们就会感到他们不是对暴民负责，不是对平民百姓负责，而是对他们的国王和他们的良心负责，这会防止他们受到为得到百姓的赞扬而去违反正义的诱惑——事实上防止他们受到暴民崇拜的威胁。忠诚大宪章使一国的统治者担负起忠诚大宪章赋予他们的巨大力量强加给他们的重大责任，这将会防止他们受到为了顺从自己的欲望而无视百姓意愿的诱惑，事实上可以防止他们受到强权崇拜的威胁。因此，我们可以发现，忠诚大宪章——包含忠诚大宪章的这种良民宗教将会有助于抑制暴民崇拜和强权崇拜，我已经指出，这两种崇拜恰恰是这场战争的根源。

经历过法国革命的法国人尤伯（Joubert，亦译茹贝尔。——译者）在回应现代人对自由的呼吁时指出：“你们的呼吁应当是为了自由的灵魂而不应当是为了自由的个人。精神的自由是一种最为重要的自由，是必不可少的自由；其他自由只有在有助于这一自由时才是好的和有益的。服从本质上比独立更好。一个意味着井井有条，另一个不过意味着孤立和自满自足；一个意味着和谐，另一个意味着单调；一个是整体，另一个不过是部分。”

我以为，这就是欧洲人民，现在各参战国的人民不仅要摆脱这场战争而且要拯救欧洲文明——拯救世界文明的唯一办法。对他们来说，现在的唯一办法就是撕毁他们现有的自由大宪章和宪法并且制定新的宪章——但不是自由大宪章，而是忠诚大宪章；事实上，就是采纳包含着我们中国人所具有的忠诚大宪章的良民宗教。

Ab integro saeclorum nascitur ordo!（必须重新建立世纪的秩序！——译者）

第二部

清　流　传

英国朋友们问我："还有美国人——具有美国观念的美国人吗？还存在关于这个国家的光明未来的理论吗？"面对这种挑战性提问，我既没有想到政党会议，也没有想到议会；既没有想到总统，又没有想到内阁大臣，也没有想到这类将美国变成另一个欧洲的东西。我只想到心地最为质朴、最为纯洁的人们。我回答说："是的，肯定有这样的美国人，也有这样的理论。"于是，我提出了不要政府、不要抵抗的传统观点。我指出，我在任何国家的确从未见过一个人有足够的勇气赞同这一真理。我不难看到粗俗的武力崇拜的破产——尽管伟人们都是些武力崇拜者。毫无疑问，由于上帝还活着，只有不要另一种武器来对付的武器，即爱与正义的法则，才能实现一场彻底的革命。

——爱默生

第二版简介

辜鸿铭先生的著作《中国牛津运动述略》第一版供不应求，以致不得不推出第二版。第二版与第一版内容大体相同，但补充了几个附录，一篇是作者写给《北华捷报》的信，另一篇是对德龄公主的著作《清宫二年记》的评论，还有一篇是一个中国著名学者致德国牧师的信，题为《雅各宾派的中国》。我们希望这些附录会增加读者的兴趣。

出版者

1912 年 4 月

序　言

一天，我与一些外国人对中国人和住在上海的欧洲人进行道德方面的比较，有位英国人说："那完全取决于你采取哪种观点。"这位英国人的"观点"哲学就是马太·阿尔诺德所说的一种无神论，这种无神论是英国特有的。阿尔诺德指出："有一种哲学理论正在我们这里广泛传播，其大意是根本就不存在什么至善的本心和具有无上权威的正确理性，或者说，根本就不存在这类可以确定、可以利用的东西。"阿尔诺德继续援引伦敦《泰晤士报》上的一篇文章说："我们试图把自己的好恶强加于人纯属徒劳。我们必须尊重事实。人人都对宗教的或世俗的完满状态抱有个人的一孔之见。"

任何人都无法帮助英国人去了解中国的真实情况，其原因在于，不仅每个英国人都有他人人的一孔之见或观点，而且他根本不相信有对错之分。有位英国人与我相交甚厚，他也是上海滩上最有头脑的商人之一。我曾有幸请他在我家吃饭，我拿出一幅我们中国最有声望的书法家的摹拓书法作品给他看，这位英国人竟说，他的买办写的字不知比这幅字漂亮多少倍，至少每行字更为规范。那就是他个人的一孔之见或观点。另一位英国人——一个混迹于上海上流社会的公立学校的教员，在谈到诗歌时跟我说，他极为欣赏麦考莱（Macaulay）勋爵的《古罗马抒情》。阿尔诺德对那些抒情诗作过这样的评论："谁能发现那些抒情诗的毛病，谁才有资格对诗歌问题发表意见。麦考莱勋爵的诗句'芸芸众生/至少会站在死神的面前'简直没有诗味。"当我指出阿尔诺德的这一评论时，那个公立学校的英国教员跟我说，那不过是阿尔诺德的意见或观点。他本人认为麦考莱的那些抒情诗十分出色。因此，正如伦敦《泰晤士报》所言，每个英国人对诗歌、艺术、宗教、政治和文明中的精品都抱有个人的一孔之见或观点。

一位英国人对中国艺术品或英国诗歌抱有个人的一孔之见或观点当然无妨，尽管这样做会有危害。伦敦《泰晤士报》驻中国记者马礼逊和布朗特(亦译濮兰德。——译者)博士这类英国人也可以对已故慈禧太后的人品或中国的政治和文化评头论足，就像上面提到的我的那位颇有头脑的英国朋友可以对中国艺术品评头论足一样。但是，当这类人把他们对中国形势的“观点性”描述寄往伦敦《泰晤士报》，并且英国政府正是基于该报所发表的这些观点而制定政策和采取行动时，还有谁会怀疑这里会出现义和团暴动①和对北京的各个使馆的围攻这类灾难性的混乱呢？又有谁会怀疑日俄在满洲里进行所谓为文明事业而战的、更具灾难性的科学化屠杀呢？

难道没有绝对的是非标准，没有正确理性的无可置疑的权威来判定艺术和诗歌、宗教和世俗机构以及文明方面的优劣？至于道德、宗教和文明，基督教传教士会说：“的确有一种标准，那就是基督教的标准。”这样一来，中国的儒家文人就会说：“嗨，如果你们基督教传教士确立你们的基督教标准，我们中国人就会确立我们的儒家标准。”宋朝著名诗人苏东坡的弟弟(公元1039—1112年)讲过一个乡下人初次进城的故事，这个人看到一匹母马却说它是一头母牛。城里人说他错了，他面前的牲口是母马而不是母牛，这个乡下人竟然说：“我父亲说那是母牛，你们怎能说那不是母牛?!”因此，当基督教传教士告诉中国文人道德、宗教和文明方面的基督教标准是绝对标准时，当中国文人告诉基督教传教士儒家标准是绝对标准时，他们——基督教传教士和中国文人——的做法活像中国诗人所讲的上述故事中的乡下人。

在本文中我曾指出：“我们中国文人在欧洲现代物质主义文明的毁灭力量面前显得无能为力，就像英国的中产阶级在法国革命的观念

① 系作者站在清统治者立场的看法。——编者按

和学说面前显得软弱无力一样。”我进而指出：“有效地对付欧洲文明的毁灭力量需要中国文人的兼容并蓄。”我所说的兼容并蓄意味着，要认识到纯粹的宗教并不代表所有的理论、行为准则和清规戒律（后来他们被综合为一个体系并被称为基督教和儒教），就像中国和欧洲文明都不是绝对完美的文明一样。我还指出，中国的文明之所以软弱无力，正是因为他们不了解这一点。不管怎样，现代欧洲文明的巨大价值和力量（在此，我希望与称我为排外者的外国朋友言归于好）甚至在于，自法国革命以来近代欧洲人已牢牢把握了这种兼容并蓄观念。这一重要的兼容并蓄观念也传到了中国。阿尔诺德对他那个时代的英国状况的看法也适用于今天的中国。阿尔诺德指出：“我们长期生活并行动于其中的那个封闭的思想氛围现在不正在消散吗？新的光芒不正在寻求照亮我们的自由通道吗？长期以来，这种光芒根本就无法照到我们这里。过去，要使世人的行为与他们相适应简直是不可想象的事情。哪里还有希望使汲汲营营的人们普遍遵从理性和上帝的意志呢？他们的确已经开始运用理性和上帝的意志，但他们在日常事务中受到了极大的束缚，并且无法挣脱这种束缚。现在，在社会政治和宗教方面墨守陈规的顽固势力层出不穷，排斥一切新生事物的顽固势力层出不穷。目前的危险并不在于，人们顽固地拒绝把陈规惯例之外的东西视为理性和上帝的意志，而在于人们要么轻易把这种或那种新奇事物看作理性和上帝的意志，要么完全低估了这些东西的价值并认为只需自己躬行实践就行了，而根本不用自寻烦恼地使理性和上帝的意志得到人们的普遍遵从。”

事实上，中国和今日欧洲的危险并不在于人们错误地把阿尔诺德所说的常规惯例、把已被接受的传统的是非标准看作正确的理性和上帝的意志，而在于他们根本就不相信存在什么正确的理性和上帝的意志。伦敦《泰晤士报》指出：“人人都对完满状态抱有自己的一孔之见。”而且每个以文人自诩的英国人总以为自己对完满状态的一孔之见或观点并不比任何人的观点逊色，他毫不理会我们所说的正确理性和上帝的意志。因此，当现代英国人到中国之后，由于他们想通过一些最得意的计划，比如开采金矿、出售廉价肥皂或者贷款给中国人修筑一些无用的铁路来大发横财，他总是千方百计把他自己对完满状态的一孔之见强加给中国人，一旦中国人加以抵制，英国人就勃然大怒，并且像撰文恶毒攻击中国官员制度的布朗特那样成为丧心病狂的悲观主义者。

读过布朗特之流所发表的关于中国官员的肮脏胡话和恶意中伤的有头脑的英国人，也该读一读已故戈登将军对这些中国官员所发表的评论。在把戈登将军和布朗特的这两种观点加以比较时，人们应该记住，戈登将军是文明世界的基督教骑士和绅士，而布朗特不过是一个写诙谐诗(vers de societe)的聪明作家和中国政府的前任雇员。戈登将军指出："我以为，如果我们促使中国人进行突然的改革，他们会顽固不化地加以反抗和抵制；如果我们对他们加以诱导，我们就会发现他们在某种程度上愿意接受管理并且非常易于管理。他们喜欢一种选择，讨厌向他们指手画脚，仿佛他们无足轻重似的。我们过去做的努力是迫使他们就范，使他们为此付出代价并且认为不值得与他们讨论问题……我始终考虑到这些高级官员们的苦衷；他们完全可以赞同我们强加给他们的一切，但不可能加以执行。我们必须承认，说起来容易做起来难。如果他们不对军队加以改革，我们就会养虎为患，但我们没有考虑到改革必须尽可能循序渐进并投其所好……我们可以与(中国的)帝制拥护者高谈阔论，说他们有许许多多的缺点，但是他们也深受那些在他们国家进行掠夺的外国人的毒害。"

我想指出的是，在我看来，像布朗特这样到中国来大谈进步与改革的一般现代英国人或欧洲人的精神状态，甚至此我们中国的老一辈文人更加不可救药。中国文人的确对他们自己文明之外的其他文明一无所知，但他们至少对自己的文明还有所了解。像布朗特这类在中国奢谈进步与改革的一般英国人或欧洲人甚至对他们自己的文明也不了解。他们事实上并不了解并且也不可能了解文明到底是什么，因为他们根本就不相信正确的理性和上帝的意志这类东西，由于不相信正确的理性和上帝的意志，这个世界就不可能有文明可言，而只有无政府状态。

在我看来，现代英国人事实上比我们中国的老一辈文人更加需要兼容并蓄，需要真正意义上的兼容并蓄，即灵魂的兼容并蓄。但真正的兼容并蓄并不意味着根本就没有什么善良的本心和具有无上权威的正确理性来决定孰是孰非，孰优孰劣。真正的兼容并蓄的实际价值在于，它能使我们看到，我们自己对完满状态的一孔之见（伦敦《泰晤士报》这么称呼）远远不是具有永恒意义的、绝对的完满状态。当英国人明白了真正的兼容并蓄意味着什么时，他就会意识到他现在很少怀疑的东西，他自己对宗教和世俗的完满状态的一孔之见的确非常狭隘，如果意识到这一点，他就不会如此迫不及待地把他的一孔之见或观点强加于人。

然而，最大的困难是如何实现这种真正的兼容并蓄。我觉得，为实现这种真正的兼容并蓄所必需的东西用个政界的模糊术语说，就是"开放"愿则。这里所说的开放并不是指贸易和铁路的开放，而是指思想和精神的开放。没有思想与精神的开放，真正的兼容并蓄是不可能的。"开放"原则在圣·保罗的这句话中得到了明确的阐述："兼收并蓄，汲取精华。"

总之，不仅中国而且今日世界所缺乏的东西，根本就不是"进步"与"改革"，而是"开放"与"扩展"，然而这种开放与扩展不是政治和物质的开放与扩展，而是思想与精神的开放与兼容。没有思想上的开放，就不可能有真正的灵魂扩展，没有真正的灵魂扩展，就不可能有进步。我已指出圣·保罗对"开放"的定义。我现在要指出孔子对"扩展"的定义，孔子说："有教无类。"

正是抱着推进"思想开放"和"精神扩展"事业的愿望，我撰写了以下一系列文章。为进一步推动这一事业，我把它们汇编成书，让公众去评判。

雅各宾派的中国

——一个中国官员致德国牧师的信

尊敬的牧师先生：

大约五年前，在一个穿长袍的中国人署名写给《北华捷报》的信中，我说过："就我所知，目前中国维新运动的狂热与疯狂无疑会导致一场灾难。"现在，这场灾难已经降临。这场革命以袁世凯当上中华民国总统告终。人们都感到惊讶，我则不然。如果你读过辜鸿铭先生的著作《中国的牛津运动述略》，你就会发现，他把中国人分为三个阶层：(1)满族贵族；(2)中间阶层的文人；(3)平民阶层。

近两百五十多年来的中国历史始于Ⅰ. 满族当权；太平起义后，Ⅱ. 中间阶层居支配地位；中日战争后，出现了Ⅲ. 满族复辟；义和团运动爆发之后，出现了Ⅳ. 中国三位一体政治的空位期。

在眼下这场"新学义和团运动"[①]爆发之后，出现了群氓掌权的局面。

我说过，我五年前就预见到的这场灾难现在来临了。然而，我要指出的是，真正的灾难并不是造成流血和财产毁灭的革命。真正的灾难是，这场革命以袁世凯当上民国大总统告终。现在的这场革命是从四川开始的。假如有什么叛乱可以称为合法的叛乱，这场革命开始时的叛乱就属此列。人们将会记住，它是民众反对北京政府的叛乱，起因是政府允许外国人处理在中国修建铁路的相关事宜，仿佛中国人在

① 辜鸿铭把"新学"的兴起比作另一场义和团运动。——译者

这件事情上无足轻重。我们应该记住，在目前这场革命中，叛乱的根本原因是外国人干涉中国的内政。但是，当上海和其他地方的群氓利用人民出于愤怒而抗议政府并使它演变成革命时，真正的灾难便降临了。当人们可以像伍廷芳博士一样拍电报要求中国皇帝退位时，那就是不折不扣的灾难。阿尔诺德在谈到群氓时指出："每当我们带着无知和激情攫取强烈的意见，每当我们渴望以彻底的暴力消灭敌人，每当我们心怀嫉妒，每当我们变得野蛮，每当我们仅仅尊崇权力或成功，每当我们声嘶力竭地盲目反对一些不得人心的名人显贵时，每当我们野蛮地践踏倒下的人们时，这个群氓，不问他是野蛮人还是庸人，都会在内心里发现这种永恒的群氓精神，在回想起上述情形时他可能没有什么同情心。"伍廷芳博士在声嘶力竭地盲目反对不得人心的满族人时明白无误地表明他身上已经充分显示出阿尔诺德所说的那种永恒的群氓精神。

我以为，真正的灾难不是革命。真正的灾难在于，这场革命以袁世凯当上中华民国大总统告终，而中华民国意味着群氓已经统治着整个中国。正如辜鸿铭先生在他的著作中所言，袁世凯乃是群氓的化身，在第一次维新运动时他背叛了自己的同党。既然群氓已经掌权，他自然成了民国的当然领袖。我以为他的统治维持不了多久。但在短时期内，中国的所有典雅的东西、优美而高尚的东西、崇高的东西、温馨的东西和为人欣赏的东西将面临毁灭的危险。

你们德国领事馆的一个先生一天跟我说，他感到吃惊的是，我们中国人竟然如此长时间地屈从于满族人的暴政。他问我，满人给中国做了些什么。在回答他的问题时，我问他是否见过康熙瓷器。我告诉他，如果他见过这种瓷器他就会明白满族人给我们带来了什么——他们给我们中国人塑造了一颗美丽的心灵，使我们除了创造其他美丽的东西之外，还能制造那些美丽的瓷器。简言之，满人统治下的中国成了美丽的中国——一个名副其实的花乡。太平军起义后，中国的中产阶层掌权，中国随之成了一个庸人的国度。辜鸿铭先生在他的著作中引用的那个英国贵族对广州和半裸的广州人的描绘，就是一幅李鸿章领导下的中国的画面——一个粗俗而丑陋的中国的画面。我在此顺便说一句,中国牛津运动的参加者们奋起反抗的恰恰就是这个粗俗而丑陋的中国。

但是,如果中国在李鸿章的领导下变得粗俗而丑陋——因为拥护孙逸仙的群氓和美国人李霍默(Homer Lee)在袁世凯的统治下拥有无限的权力,那将会出现什么情形呢?一想到这我就不寒而栗。歌德说:"正是粗俗不堪的东西驯服了我们。"(Was uns alle bandigt, -das Gemeine.)在中国,粗俗的东西(das Gemeine),所有下流、卑劣、庸俗、低级、邪恶的东西将会有广阔的空间和充分的"自由"去发展自己。简言之,这种粗俗不堪的东西(das Gemeine)将会成为新中国的理想。更为糟糕的是,我们将不仅拥有我们中国人的粗俗,而且会引入欧美人的粗俗。

歌德逝世前不久对"盎格鲁—撒克逊的传染病"发出了警告。在去年的春节初二,我到上海最豪华的茶馆看到了这样一幅新中国的画面——一群中国人不守秩序[①]、挥手乱舞、吵吵嚷嚷,其趣味之低下、举止之粗鄙令人难以形容。此时,我才第一次完全明白歌德的警告的意义。在上海的外国人现在正对这样的事情欢欣鼓舞:袁世凯统治下的新中国采纳欧洲文明,剪掉了人们的辫子,这些受蒙蔽的人全然没有意识到,新中国采纳的丝毫不是欧洲的文明,而只是上海式的欧洲文明——歌德所说的"盎格鲁—撒克逊的传染病",真正的欧洲文明在发展过程中的传染病。试想一下,一旦四万万中国人都染上了这种"盎格鲁—撒克逊的传染病",接受了这种上海式的欧洲文明并且像我在春节期间在中国茶馆看到的那群不守秩序的人那样粗俗不堪、卑鄙下流和张牙舞爪,世界的文明将面临什么后果。也请大家记住,这群举止卑鄙、张牙舞爪的新式中国人已经学会了使用炸弹。人们津津乐道袁世凯统治下的新中国。我认为这恰恰是真正意义上的"黄祸"。"欧罗巴的人民捍卫你们最神圣的财富吧!"(Volker Europa's bewahret

① 原文为 queueless crowd。此词一语双关,既指剪了辫子的人,又指不守秩序的人。——译者

eure heiligesten Gut.)

当我与上海的欧洲人，甚至与有文化教养的人谈起我刚刚讲到的这些想法时，他们都说我是理想主义者。但是，这些讲求实用的现实主义者忘记了一件事。我的确觉得，当今的时事评论家和政治家忘记了一个非常简单的真理，即，正如一个法国作家所说："每种文明与政府的可能性所依据的最终根据乃是广大民众的一般道德水准以及在公共事务中表现出来的有益正义。"

我要指出的是，中国的旧政权虽然有各种各样的缺点和弊端，但仍能维持广大民众的一般道德水准。这一点可以通过以下事实来证明：欧洲的使者——男女老少——可以跑遍中华帝国而不会遇到大的危险。至于公共事务中的有效正义也可以通过以下事实来证明：旧政权统治下的中华帝国政府虽然财政十分拮据，但仍能按期支付义和团运动造成的赔款。

但在袁世凯及其民国的统治下，这一切都不可能。导致这一局面的原因有两个：一个原因是，在欧洲，政府与教会是两个各自独立的机构，而在中国两者是同一个机构。欧洲的教会是负责道德教化的机构，政府则主要负责维持秩序。欧洲教会得以使人民恪守道德的权威源于上帝。而在中国，政府得以使人民遵守道德的权威源于皇帝。因此，在欧洲，如果你毁灭和消除了对上帝存在的信仰，就无法维持民众的道德，即便要维持也极为困难。同样，在中国，如果你攻击和取消人民对皇帝的尊敬，你就会摧毁中国人的道德得以确立的整个结构——事实上，你也就摧毁了中国人的宗教。这种宗教并不是关于超自然的世界的宗教，而是世俗世界 (auf die Erde)的宗教，中华帝国即大清王朝乃是它的上天，皇帝则是天子——作为上帝的摄政副手。当你摧毁了这种宗教时，你也就摧毁了道德，甚至使中国民众的一般道德无法存在。正因如此，我认为，对中国皇帝的忠诚就是一种宗教。这种宗教不同于欧洲的教会宗教，可以说它就是儒家国教的基础。欧洲的殉教者宁愿死(并且有过成千上万次殉教事件)而不愿放弃对基督即圣子的信仰。同样，中国历史可以证明，中国的殉教者宁愿去死(且有成千上万次殉教事件)而不愿放弃对皇帝——天子和上天的摄政副手——的忠诚。正因如此,我才说在袁世凯及其共和国的统治下,连中国民众的一般道德也不复存在。

但有人会说,中国发生过许多革命最终导致了改朝换代,但中国人并未丧失他们的道德。中国的历次革命的确导致了改朝换代,但每次革命始终取决于两个条件:一个条件是,革命是由人民发动的,而不像现在这场革命一样是由群氓发动的。孟子曰:“得乎邱民为天子,得乎天子为诸侯,得乎诸侯为大夫。”众所周知,在目前的困境中,普通民众不仅不参加革命,而且甚至公开反对革命。另一个条件是,成为政府最高首脑的人必须具备卓越的道德品质并且赢得全民族的拥戴。但袁世凯的所作所为甚至没有表现出起码的道德品质,甚至连人们可以在小偷和赌徒身上看到的那点起码的廉耻心与责任感都不具备。请记住,袁世凯曾被召来保卫和支持大清王朝。他响应了这一号召。但他并未履行这一光荣职责,而是首先向革命者屈膝投降,继而通过阴谋诡计败坏并摧毁了他统领的军队的忠诚,并借助这支军队逼迫清帝退位,最后自己当上了中华民国的总统。凡此种种怎能让一个稍有常识的普通人把这种行为与最简单的荣誉规则和责任规则联系起来呢?然而,在整个事件中,最明显不过的是,袁世凯自始至终除了投降之外,连努力的样子都没有装一下。除非所有人都丧失了荣誉感与责任感,否则这种人怎能赢得他统治下的人民的尊敬呢?

这就是我说在袁世凯及其民国政府统治下中国民众连起码的道德品质也不可能存在的另一原因。没有起码的道德水准,一个政府就无法存在,更不用说文明了。

外国人钦佩袁世凯,把他视为挽救中国现在的局势而未造成流血的伟大政治家。殊不知,袁世凯只是延缓了目前的必要的小流血,代之而来的将是未来的无政府状态和更大的流血。如果我的上述看法是正确的,那么,袁世凯的所作所为就比让人流血还要糟糕千万倍——他不仅毁灭了中华民族的荣誉感和责任感,而且毁灭了中国的宗教和文明。大清王朝乃是象征,在中国它不仅是尊重权威的旗帜,而且是中国宗教和中国文明事业的象征。这面旗帜被委托袁世凯扛着。但他像个懦夫和叛徒，将这面旗帜抛在一边，并借口说他为了节省用作旗帜的布料而不得不抛弃它。然而，节省用作旗帜的布料，节省要花昂贵费用的材料并非军队旗手的职责。军队旗手的职责是支持他为之奋斗的事业——无价的道德利益，旗帜的布料不过是这种利益的符号而已。每个有荣誉感的人应当把像袁世凯那样行事的人视为懦夫和叛徒。

许多外国朋友取笑我，认为我的做法是对大清王朝死心塌地的愚忠。但我的忠诚不仅是对我的先辈们曾获得其恩典的皇室的忠诚，我在这件事上表现的忠诚也是对中国的宗教信仰的忠诚，是对中国人的文明事业的忠诚。辜鸿铭先生在这部《中国牛津运动述略》中所讲述的就是我们为这一事业而背水一战的故事——这场战斗旨在捍卫中国的文明事业，中国的宗教信仰，中国的荣誉和责任宗教，以防止它受到现代欧洲文明的破坏，受到利益与野心的宗教的破坏。这一故事已真相大白，它的精髓可以用这句话来概括："你不能既侍奉上帝又侍奉财神。"张之洞曾经告诉我们并且教导中国文人：我们能够并且应当妥协。现在我们已有了结果。辜鸿铭先生在其著作(第一版)的第 42 页指出："纽曼博士和张之洞采取的这种妥协办法在道德和宗教方面会导致耶稣会主义，在政治上会导致马基雅弗利主义，一旦被不像他本人那样具有高尚品质和理想天性的人所采纳，一旦被袁世凯这类卑鄙粗俗的小人所采纳，就会对中国造成危害，其危害程度甚至甚于李鸿章的粗俗和腐败给中国造成的危害。正是张之洞宣扬的这种耶稣会主义的影响导致了中国的整个文人阶层的忠诚和抵抗能力在革命者和袁世凯面前莫明其妙地全面崩溃。"事实上，当袁世凯告诉中国文人在他屈从于群氓迫使清帝退位并且自己当上了民国总统时仍然忠于皇帝，正是这种耶稣会主义使得文人们相信袁世凯，最后也正是这种耶稣会主义的精髓——为达目的不择手段(the end justifier the means)——甚至使得外国人中那些有文化教养的人对这样一个明显的事实视而不见：袁世凯的所作所为甚至从赌徒和盗贼的角度看也令人难以容忍。

爱默生在《英国人的特点》一书中谈到英国人的性格中有对真理的热爱以及对骑墙者、趋炎附势者和机会主义者的厌恶。他指出:“那个牛津的激进暴民跟着托利克人艾尔顿(Eldon)勋爵大声呼喊:‘有个老艾尔顿,他从不背叛,我们向他欢呼吧!’”爱默生随即作了补充,他在谈到英国人给路易·拿破仑授予的荣誉时指出:“我确信,当伦敦的贵族和平民像那不列斯的下等人那样在一个成功的小偷面前卑躬屈膝时,没有一个我有幸认识的英国人会表示赞同。但在一些相互联系的国家大事中,怎样才能防止迈出这可憎的一步呢?政府每每很晚才了解任用不正直的官员给国家带来的损害与给个人造成的损害一样不相上下。”

如前所述,如果说革命以袁世凯当上中华民国的总统告终对中国不啻是一场深重灾难,那么,外国列强有没有找到办法来抵制承认袁世凯及其民国的可憎步骤呢?有个故事说,一个西班牙贵族在受命接收一个身居高位而又臭名远扬的叛徒时指出:“我会遵命接受他,并随后烧毁我的房子。”如果外国列强承认袁世凯,中国人民会像那个西班牙贵族一样暂时遵命接受他。但以后他们肯定会烧掉自己的房子,并在烧毁自己的房子时,纵火焚烧整个世界。

最后,让我再次强调以下事实:中国的共和主义意味着无神论。当罗伯斯庇尔在法国革命期间通过树立一尊理性女神像来公开宣扬法国的无神论时,整个欧洲都希望看到自由、平等和博爱的黄金时代的到来。但在不到六个月的时间里,出现的不是黄金时代,而是动摇欧洲各国王位的“恐怖”。中国的袁世凯不仅无耻宣称共和制是政府的最好形式,而且事实上宣布了共和制的产生,对中国人来说,它相当于宣扬无神论。整个欧洲和美洲希望看到一个改革、进步和繁荣的新中国。然而,请你们相信袁世凯及其共和主义在中国的直接后果将比法国的“恐怖”更为可怕——它会迫使欧美各国非常认真地重新考虑他们对待中国及其文明的方式。

——汤生

导 言

阿尔诺德在谈到牛津，在谈到过去的牛津时指出："在牛津那块美丽的土地上我们生长在美丽而温馨的环境中，正是在那里我们掌握了这样的真理：温馨是人的完满状态的本质特征。对美丽与温馨的热爱，对丑陋与粗鄙的憎恶已经激起我们对许多已遭失败的事业的依依留恋，也激起我们对许多成功运动的强烈抵触。这是真挚的情感，是从来就没有完全崩溃的情感，甚至在这种情感受挫时，它也仍然显示出自身的力量。""看吧"，阿尔诺德继续说道，"看看那场大约在三十年前震撼着牛津的伟大运动的进程吧！所有读过纽曼博士的《辩护书》的人都清楚不过地知道，这场运动是针对自由主义的。现在自由主义四处蔓延，牛津运动破产了，失败了，我们的遇难者流落四方：Quae regio in terris nostri non plena laboris.（在我们的土地上到处一片萧条。——译者）"

不久前的一天，当我回味阿尔诺德的这番话，看到计划在中国建立大学的有关报道（我明白这个计划源于牛津），我不禁潸然泪下。我想，自纽曼博士的时代以来，世界走过了多么漫长的道路，牛津走过了多么漫长的道路啊。纽曼博士发动的牛津运动是针对自由主义的。在纽曼博士的时代，自由主义意味着进步和新学。现在的这场牛津运动的目标，在中国建立大学的计划，就是将西方思想引入中国。众所周知，在中国，西方思想就意味着进步和新学。那么，阿尔诺德所称道的激起纽曼博士发动的那场针对自由主义、针对进步和新学的牛津式的热情产生了什么样的后果呢？牛津的学者们是否找到了一种办法将牛津式的热情与进步和新学调和起来呢？我本人认为，这种调和是不可能的。古人云："你不能既侍奉上帝又侍奉财神。"打着与节节胜利的进步事业和新学调和的幌子的牛津学者们会真心诚意帮助走投无路的中国人吗？在牛津和英格兰的思想高尚的人们会暗暗说："我们从心底里同情正在与进步和新学作斗争的中国人，这种新学正使他们变得唯利是图和道德败坏。为了帮助他们更加有效地战斗并取得胜利，我们将给他们提供武器，这些武器确实是从进步和新学的武库中拿来的，但渗透了我们牛津人对美和温馨的热情，如果可能的话，还要加进基督教的神圣的美与温馨。"

我想，如果我给塞西尔勋爵和对这个建立大学的计划感兴趣的人们讲述大约三十年前发生的一场波澜壮阔的运动的始末，而不是对这个计划提出建议与批评，也许会对他们有所裨益。这场运动与纽曼博士在英国所发动的牛津运动有着许许多多的相似之处。中国的牛津运动也是针对自由主义、针对现代欧洲的进步观念和新学的。我早就指出，我相信，由于这场新的牛津运动有助于我们中国人与现代欧洲的进步观念和新学作斗争，我认为应该从我们过去的运动中吸取教训：我们是如何战斗的，我们为什么失败，我们是怎样失败的——所有这些将对我们新的外国盟友均有助益。由于我本人曾有幸加入了我们的牛津战士们的战斗行列，我就更有可能讲述那场运动的经过。我们艰苦战斗了三十年，但我们的事业失败了。我们中的一些人背叛了我们的事业。许多人投降了，所有人都流落四方。

我战斗时追随的将领是已故帝国大臣张之洞。两年前当我在北京最后一次看到他时，他完全绝望了并且只想如何使投降条件不那么苛刻。在张之洞的统率下参加这次战役的我的战友，现任外务部尚书梁敦彦，在我去年看到他时，向我发布这样一道命令："Sauve qui peut!"（逃命去吧！）——也许只有我仍然深信我们的事业将取得最终胜利，相信反对现代欧洲的进步观念和新学的中国文明事业的最终胜利。但我现在是孤军作战，就像维吉尔故事中的英雄，在特洛伊失陷后，他不得不浪迹天涯。开始时他总是千方百计栖身于特洛伊人之间，而特洛伊人是一个"auri sacra fames"(贪得无厌)的民族。我也不得不在上海为我的天王老子和特洛伊的土地神与地狱神(Penatibus et magnis Dis)寻找暂时的避难所和栖身之地。在那里，我必须缚住黄浦江的泥龙，但在全上海却找不到一个英国绅士肯向我稍稍施以援手，因为"人人有份的事总是无人过问"。

因此，我要讲述我们为中国文明事业而背水一战的故事。这是一个漫长的故事，它事实上与我过去的生活密切相关；并且唤起我对倒下的同事，对死难的亲密战友以及对可能发生的一切事情的回忆——这个故事总是勾起我难以言喻的悲哀。

> Sed si tantus amot easus cognoscere nostros
> Et breviter Trojae supremum audire laborem,
> Quamquam animus meminisse horre luctuque refugit,
> Incipiam.

(此诗大意是：

> 如果爱情知道我们的堕落，
> 我想对特洛伊的末日略说一二，
> 尽管心灵害怕回忆，
> 且由于悲伤过度而不堪回首。——译者)

第一章 满族政权

1

北京翰林院是中国的牛津——知识精英——的荟萃之地。因此，我所说的中国牛津运动的总部就设在翰林院中。参与和支持这场中国牛津运动的年轻翰林们被称为清流党——民族净化党。就像英国的牛津运动一样，中国的这场民族净化运动乃是儒家正统派保守分子的复兴。这场运动的目标就是号召民族生活严格遵守儒家原则从而净化民族生活的潮流。同时反对引进李鸿章和中国文人们所推崇的外国方法和外国思想。为使人们理解中国的这场牛津运动，我首先有必要花一定的篇幅说明中国社会群体或社会秩序的构成。

2

阿尔诺德把英国人分成三个阶层——蛮人、腓力斯人(Philistines)和平民，中国人也可以分成三个阶层。中国的蛮人是满族人——天生的贵族；中国的腓力斯人是中国的受教育阶层，文人由此得到补充；中国的平民是住在城里的中下层和劳动阶层，富商和买办由此得到补充——我们可以把它叫做依靠勤劳力量的贵族，满族贵族的特点和力量在于好勇尚义或崇高品质。中国文人的特点和力量在于智力。中国平民或劳动阶层的特点和力量在于勤奋或艰苦劳作。

孔子说："力行近乎仁。"阿尔诺德把它称为犹太精神，那就是中国文人的智力。最后，孔子说："知耻近乎勇。"那就是满族贵族的好勇尚义或崇高品质。满族人是中国唯一的军事特权阶层的后代，他们更富有中国人的好勇尚义之心或崇高品质，因为他们的父辈是军人，尚武精神比其他东西更能刺激崇高品质的发展，因为真正的军人始终树立了自我牺牲的理想，而自我牺牲又会导致崇高品质的形成。

当中国社会处于健全状态时，国家首先依靠百姓或劳动阶层的勤劳力量来生产粮食和维持物质生活所必需的其他产品。国家必须依靠中国的文人学士来锻炼、培养和规范百姓的勤劳力量并且对那种劳动产品进行公平分配。最后，最为主要的是，国家必须依靠具有崇高品质的满族贵族将百姓的勤劳力量引向崇高的目的——要知道百姓的勤劳力量是需要加以崇高引导的。简言之，中国百姓的勤劳力量必定在于生产；中国文人的智力必定在于教化；满族贵族的崇高品质必定在于将百姓的勤劳力量引向高尚的国家生活——引向高尚的文明。到中国内地旅行过并且看到农村的残桥断渠的外国人会懂得我所说的对国家生活加以高尚引导——将百姓投入物质方面的勤劳力量引向崇高目的的意义所在。至于精神的东西，如《康熙字典》这样的作品，就足以证明早年的大清皇帝的崇高品质以及他们将有识之士的勤劳力量引向崇高目的的能力。

3

然而，外国人来到中国之前的长久和平产生了自然的和必然的结果。满洲贵族的崇高品质，因为缺乏现役军人的激励而停滞不前并且已经受到了损害。至于中国的文人学士，科举考试所需要的艰巨的精神努力对他们的智力的确是一种锻炼。但是，由于缺乏满族早年的那种鼓舞人心的力量的强烈激励，中国文人学士的智慧力量受到了极大的削弱。他们的智力只有数量而无质量。如果有人将那时的文学——特别是将康熙年间的诗歌与满族的势力遭到削弱时的晚清文学进行比较，他就可以非常清楚地看到这一点。事实上，中国文人学士的智力，由于没有满族人的强大势力给它奠定基调，从而丧失了它的优雅之气，并变得庸俗和粗鄙起来。[①]

在长期和平之后唯一没有受到损害的中华民族的国力，事实上只剩下劳动阶层的劳动力即艰苦劳作的力量。然而，甚至中国百姓的未遭损害的勤劳力量也由于缺乏文人学士的理智训练和规范，不仅变得粗俗不堪，而且很少具有创造性。但是，丧失崇高的引导比勤劳人民缺乏理智训练和规范还要糟糕。中国劳动阶层的劳动力，由于缺乏满族人的崇高品质的引导以达到崇高的目的，而被浪费于粗俗的目的，也就是说，没有人引导它去创造为全国人民身体的健康和灵魂的美丽所必需的东西，而仅仅是创造那种能刺激和满足感官快乐和贪欲的东西，事实上仅仅是创造获得舒适、奢华和炫耀的手段。

4

罗斯金尽毕生精力要人们相信政治经济学是一门精神科学，其目的是教育人们和各个民族如何花钱而不是如何赚钱。中国的财政拮据和当今世界的经济萧条并不是由于生产能力的缺乏或不足，也不是

① 质朴无华、缺乏优雅和温馨之气的智慧就是英国人所说的常识。这种常识或缺乏优雅和温馨之气的智慧在因过度劳累而受到损害并且变得麻木不仁时，就是卡莱尔所说的埋头苦干的智慧——阿尔诺德称这为庸人的智慧。常识或缺乏优雅和温馨之气的智慧在被欲望强化时，就是卡莱尔所说的奸诈的智慧。埋头苦干的智慧或庸人的智慧适合干日常工作，比如，收税、统计等等，但决不能胜任与教育相关的工作，因为它可以培养人的心智，但不能培养人的品质——能培养人的头脑，但不能培养人的心灵。孔子在谈到教育时指出："大畏民志，此谓知本，此渭知之至也。"奸诈的智慧适合于修筑铁路、建造纺织厂和制造电机，但决不能胜任与文化相关的工作，因为它不会使人高尚并且不了解同情为何物。穆罕默德(Mahommed)说："真主把同情置人你的内心。"正因为这种奸诈的智慧或缺乏温馨和优雅之气并被欲望所强化的常识(它居然是支配国家生活和文明命运的至高无上的力量)不知同情为何物，我们就可以解释，有教养的文明人为什么不能明白和理解，当我们周围的人正忍饥挨饿或靠很少的生活必需品维生时，我们却只图为自己获得生活的舒适与奢华，并且为了获得这种舒适与奢华而把贸易和铁路强加给其他国家，同时又不顾他们的国家生活。这样做不仅是不必要的和错误的，而且趣味低级，手段恶劣。爱默生说过："生活过分节俭或慷慨过头似乎都是一种禁欲主义，共同的善良本性把这种禁欲主义赋予自由自在的人们，并且充分显示他们会由此感到自己与大批受苦受难者的手足之情。"

由于产品和铁路的缺乏，而是由于铺张浪费。在群体中就像在国家中一样，铺张浪费意味着这个群体或国家缺乏高尚的品质去把人们的勤劳力量引向崇高的目的。在一个群体或国家中，哪里有高尚的品质，那里的人就会知道如何花钱，如何把钱用于崇高的目的。当人们知道如何将钱用于崇高的目的时，他们所关心的就不是数量，而是质量；也就是说，他们所关心的不是宏伟、壮观或耀眼，而是情趣，是他们的生活环境的美观。在一个国家或群体中，当具有崇高品质的人只关心其生活环境的情趣和美观时，他们就不会需要很多东西来满足自己，这样，他们也不会将人们的勤劳力量用来建造难看的高楼大厦和漫长而无用的道路。当一个群体或国家的人民的勤劳力量得到了崇高的引导而不是浪费时，这个群体或国家真正富有的，并不是金钱或难看的高楼大厦，而是人民的身体健康和灵魂的美丽。

歌德说："任何天赋都有价值并且应该加以发挥。一种人仅仅鼓励美的东西，另一种人仅仅鼓励实用的东西，形成一个国家就可以把它们结合起来。实用的东西会自我促进，因为许多人能创造它，人人都需要它。美的东西则必须加以鼓励。因为只有极少的人能创造它，但人人都需要它。"因此，袁世凯和马礼逊博士想给中国的东西，比如煤、铁、廉价肥皂、廉价电车、无线电报——歌德称之为实用的东西，不必加以鼓励。但是，已故慈禧太后想给中国的东西，比如美丽的颐和园、《论语》、中国诗歌甚至还有八股文——歌德称之为美的东西，却必须加以鼓励；因为"只有极少的人能创造它。不仅许多人需要它，而且所有人都需要它。"没有歌德称之为美的东西，就没有崇高的品质；没有崇高的品质，我们已经看到，一个国家的人民的勤劳力量就被用在铺张浪费上。当一个国家或群体的人民的勤劳力量被用于铺张浪费时，那个国家或群体的生活之舒适和奢华就像罪恶之地的"死海"苹果一样，表面确实好看，里面则充满苦涩与腐烂的气味。

因此，在我们谈到的那个时代里，在外国人来到中国之前的长久和平后，苏州和杭州这类城市远近闻名的舒适、奢华和娱乐的生活非常清楚地表明，由于引导人民的勤劳力量达到崇高目的的满族崇高品质的丧失，国家长出了铺张浪费的毒瘤。铺张浪费耗尽了人民的勤劳力量，而且使勤劳的成果的公平分配变得困难起来。当人民的勤劳成果没有得到公平分配时，富人就越来越富，穷人则越来越穷。

这就是外国人首次带着贸易品和鸦片来到中国时的情景。外国贸易品和鸦片为各海岸的商人和买办阶层开辟了发家捷径，使国家铺张浪费的毒瘤恶性膨胀，并使人民勤劳的果实的公平分配不仅变得困难起来，而且根本无法进行。因此，城里的富人和靠富人过活的寄生虫越来越富，而不能成为寄生虫的乡下人不仅越来越穷，而且难以维生。在一个国家里，当平民们（富人自己及其寄生虫除外）发现，在他们精疲力竭到了极点以致精神崩溃时——人们唯一能做的事情就是发疯，起来反抗，并且以暴烈的方式摘去国家的毒瘤。我们发现，这种毒瘤的征候在苏州和杭州这类城市表现得十分明显。太平起义就是要摘除中国的铺张浪费这个全国性的毒瘤。①

5

当太平起义爆发时，满族贵族变得软弱无力，其原因并不在于满族贵族完全丧失了他们的尚武精神或崇高品质。1860 年英法联军在华北征战时发动北塘战役，凡愿读读有关报道的外国人，可以从满族军队的骁勇善战中看到满族贵族仍然有着视死如归的精神。满族贵族在太平军面前表现得软弱无力的真正原因在于，满族贵族有着崇高的品质，而太平起义军十分狂热。

何为狂热？狂热就是人的崇高本性变得疯狂起来。对社会弊端的强烈愤恨搅乱了太平军的崇高品质，并且使他们变得疯狂起来。而太平军的崇高品质又与中国人的迟钝本性结合在一起。因此，面对太

① 通过太平起义来摘除中国的全国性毒瘤之所以从南部、从广东附近开始，乃是因为正是在那里，全国性毒瘤由于外国商品和英国鸦片的文明化影响突然恶化起来。义和团运动摘除毒瘤——我们将会看到，这也是那场短暂而可怕的暴乱的内在意义——之所以在天津开始和发生，乃是因为正是在那里，人们强烈感受到李鸿章及其进步观念和新学的毒瘤已经恶化。

平军的狂热或崇高的疯狂，满族贵族的尚武精神和傲视一切的力量毫无用武之地。在此，我可以指出，这也就是具有杰出的进取精神和其他崇高品质的欧洲旧贵族过去一直并且至今仍然无力对付革命和革命者的原因。一个贵族的狂傲可以使一群粗俗的愚蠢学徒和店员产生敬畏，但不能看到或不愿看到各种社会弊端的贵族的所有尚武精神或顽强的战斗精神，对上帝的正义却无能为力，而这一点引起了俄国革命或上海的骚乱。是与非，正义与非正义在骚乱和革命中如此混合在一起，以致你不仅需要眼看，而且需要手摸，否则你就会在对上帝的正义进行武力威胁时砸烂自己的脑袋。

简言之，为了有效地对付狂热或疯狂的崇高本性，为了对付一群疯子，首要的东西是理智——智慧的力量。因此，当太平起义爆发时，在这些起义军的狂热面前显得软弱无力的满族贵族——已故慈禧太后不得不求助于中国文人的智力并且完全要依靠他们平息叛乱。这样，阿尔诺德所说的统治权或国家权力，即，中国国家的真正动议权和指挥权就从满族贵族手里转到了中国文人手里。满族贵族的权力中心或总部是在北京。相反，中国文人的总部是在各省。因此，权力从满族贵族手里转向中国文人手里意味着政府的真正权力从北京转向各省。这就是权力分散状态的开端和真正的存在理由(raisond'etre)，许多外国人已从中国的现行政府中看到了这种权力分散状态。

然而，当时的权力分散状态的弊端被一位伟大的中国文人——已故曾国藩侯爵(作为公使出使英国的曾侯爵的父亲)——的人格所制止。这位伟大的侯爵成了中国文人的太上皇(Doyen)，由于慈禧太后几乎赋予他绝对的权力，在整个太平起义期间他实际上成了中国的独裁者。在他的领导下，中国文人对慈禧太后的号召作出了热烈的响应。这些文人脱下长袍，放下架子，但他们对战争技巧一无所知。虽然他们一直不习惯进行艰苦的体力活动，但他们竭尽全力克服了各种各样的困难。他们一开始就以自己优越的智力控制了狂热的太平军的急躁情绪，由于渐渐学会了战争技巧，他们终于成功地扑灭了太平起义的火焰。[①]

---

① 曾国藩说："我令儒生率农夫以平天下。"

第二章 中产阶层的兴起

1

太平起义是欧洲的法国革命在中国的翻版,两者都要砸烂不公正的腐朽的社会秩序。太平起义后的中国就像法国革命后的欧洲一样,国家的统治权从贵族手里落到了中产阶层手里。而且,社会秩序的解体所导致的混乱也引起了人们心灵中的习惯势力、陈规惯例和旧的风尚的瓦解。革命后的人民可以更加自由独立地看待事物。这种自由独立地看待事物的方式就是所谓的自由主义。当一国的思想摆脱了陈规惯例和旧的风尚的束缚时,全国的思想就会立刻成为能动的和充满活力的东西。因此,太平起义时的中国就像法国革命期间的欧洲一样,我们可以发现全国思想的律动和闪光。一开始,当这种思想闪光持续存在时,得到解放的各种势力(仍自称为自由主义)不仅随心所欲地塑造他们自己,而且陷入了错误的和令人迷失的窠臼,这一点往往有损于全民族的生活。我所说的这场中国的牛津运动就是要把这些散乱不堪和迷失方向的势力集中起来,把它纳入以严格的儒家原则为依据的秩序中来。

2

这场中国的牛津运动主要是针对李鸿章——中国中产阶层自由

主义的帕麦斯顿[1]勋爵(Lord Palmerston)。李鸿章继曾国藩侯爵之后成了中国文人的太上皇。在大批中国文人镇压太平起义之后他们仍有两大问题需要解决。第一个问题是重建工作——这是关系到社会和行政重组的实际问题。另一个问题是采取何种措施对付欧洲人及其带有浓厚物质主义色彩的现代欧洲文明的毁灭性力量的到来。

第一个问题——有关社会和行政重组的实际工作问题——已为那时的中国大批文人所解决,尽管解决得不够彻底,但解决之迅速和成功令人信服。在彻底镇压太平起义后不久,中国的整个行政机器和社会机器又重新运转起来,在这个泱泱帝国里举国上下都恢复了和平和秩序。

在解决别的问题,即解决如何对付现代欧洲文明毁灭力量这一问题时,大批中国文人简直一败涂地。中国文人在现代欧洲物质主义文明的毁灭力量面前显得软弱无力,就像英国中产阶级在法国革命的观点和学说面前显得软弱无力一样。有效地对付现代欧洲文明的毁灭力量需要中国文人的兼容并蓄。但是,中国的文人是在宋朝狭隘的儒家清教主义的影响下成长起来的,他们并不了解何为兼容并蓄。由于现代欧洲文明的到来,中国文人对于兼容并蓄所具有的唯一观念是,中国必须获得现代的枪炮和战船。那就是中国文人的兼容并蓄观念。

然而,那时的中国有一个大名鼎鼎的人物具有真正的兼容并蓄观念。他是满族人。当中国文人忙于建造兵工厂和现代枪炮时,文祥这位当时的军机大臣和总理衙门的首席大臣却建立了同文馆,这是一个旨在给中国青年提供完整的欧式教育的学校。曾国藩侯爵后来确实同意派遣一百二十名学生赴美国留学。但与文祥这位伟大的满族政治家相比,曾国藩侯爵对欧式教育的看法就显得十分模糊和狭隘。曾国藩和中国文人都希望学生们到国外去学习制造枪炮和驾驶战船。这位伟大的满族政治家却对欧式教育另有看法。凡是想了解这位伟大的满族政治家对同文馆的工作寄予厚望的人,都应该读一读他与美国公使的谈话,这篇谈话刊登在美国政府所出版的《外交通讯》上。不

---

① 帕麦斯顿(Henry John Temple Palmerston 1784—1865),曾任英国外交大臣和首相,主张炮舰外交。——译者

幸的是，贯彻这位伟大的满族政治家关于拯救中国的真正的兼容并蓄意图的重任，却被委托给了罗伯特·赫德先生这样的海关检查员。罗伯特·赫德先生则任命他的一个密友——一个美国前任传教士去担任同文馆的总教习，将来拯救中国所要仰仗的这个极为重要的机构却得不到一流的教职人员，得不到贤能俊达之士。因此，同文馆并没有成为中华民族的光明、启蒙和发展的源泉，而仅仅沦为为贫穷潦倒、饥寒交迫的年轻饭桶们提供食宿的二流学校。

事实上，中国曾有两个人担当着拯救中华民族的重任。不幸的是，这两个人就像阿尔诺德所说都是十足的庸人。Hinc illae Lacrymae（真让人心酸流泪。——译者）。不管人们对赫德先生和李鸿章不加选择地给中国提供的教职人员如何评头论足，赫德先生对同文馆的利益和中国的教育事业的漠不关心和不尽职守，以及李鸿章对待一百二十名归国留美学生的态度将会增加这两个人的永久耻辱。正像李鸿章相信要拯救中国就得依靠枪炮和战船一样，赫德先生深信，要拯救中国就得有宽阔的街道。我冒昧地以为，就对一个民族如何强大的这两种看法而言，赫德先生的观点甚至比李鸿章的观点还要狭隘、低级和庸俗。

3

我们看到，中国文人对中国的发展的看法和观点就是获得现代的枪炮和战船。为了执行这一发展计划，李鸿章笼罗了通过外贸而赚钱的富商巨贾、中下层人士和买办阶级。这些人在采取外国的途径和方法方面均表现出崇尚进步的倾向。然而，他们关于采取外国途径和方法的粗浅观念具有阿尔诺德谈到的、英国中产阶级自由主义的全部粗俗和丑陋的方面。这些粗俗和丑陋的方面当然震撼了翰林院——中国的牛津——的知识精英们。于是，牛津运动就出现了强烈的排外倾向。它之所以是排外的，倒不是这些中国学者们憎恨外国人，而是因为这些学者亲眼目睹了李鸿章及其追随者所采纳的外国途径和方法的粗鄙不堪和伤风败俗。这是真正的中国文人的排外心理的道德基础。

中国的牛津运动的纽曼博士是当时翰林院的掌院学士李鸿藻。他并非伟大的思想家，但他像纽曼博士一样，是一位性情温和、品格纯正的人物。时至今日，现代这一代文人在谈到他时，不仅心怀敬意，而且挚爱有加。他死后，慈禧太后封他为文臣——"温柔敦厚"。

与中国牛津运动相关的两个非常著名的人物是已故福州海战英雄张佩纶以及已故帝国大臣张之洞。这场牛津运动的其他著名人物是已故的邓承修、陈宝琛（最近被召到北京）、徐致祥和已故的陈启泰（江苏巡抚，刚去世不久）。东京湾战争爆发前不久，中国的这场牛津运动简直势不可挡。当李鸿章在畿辅接受福禄诺（Fournier）条款（《中英会议条约》。——译者）之后，举国哗然，年轻翰林们与国民一起大嚷大叫要他下野，李鸿章被逼退缩，徒生闷气。那时，陈宝琛被委任为钦差大臣在上海的高昌庙与巴德诺（Patenotre）进行谈判。张佩纶被派去守卫福州，张之洞被派去守卫广州。

这些冒冒失失的年轻学者没有任何实际经验，自然办了许多糊涂的事情。最终结果是，法国失去了耐心并命令海军司令孤拔（Courbet）炸掉福州兵工厂的舰只。张佩纶活像拉丁诗人，扔掉直牌，逃到土堆间躲藏起来。张之洞比较幸运。法国人没有去广州。

战争之后，李鸿章重新掌权，中国牛津运动也因此土崩瓦解。到高仓庙谈判的钦差大臣陈宝琛被解职，福州海战的英雄张佩纶被发配到驿路上服劳役。但发配归来之后，等待他的却是令人不解的命运，他一下子成了李鸿章的女婿。邓承修被派去划定东京湾边界并随即退隐。徐致祥被永远闲置在翰林院中，他最后沉湎酒色，英年早逝。死前他对张之洞猛烈质问，指责他不守信用，背弃以前的原则并且投靠李鸿章。

4

清流党解体之后两个未遭羞辱的参与牛津运动的人物是李鸿藻和张之洞。李鸿藻一如既往对已故慈禧太后推崇备至。如前所述，在他死后，慈禧太后曾对他进行加封，这件小事在我看来标志着已故慈禧太后心里是向着牛津运动的。正如已故维多利亚女王不能容忍帕麦斯顿勋爵一样，已故慈禧太后从未真正喜欢过李鸿章，尽管她不得不借他的经验老到的手腕来处理各种事务。在福州海战的英雄张佩纶发配归来并与李鸿章的女儿结婚之后，李鸿章曾要求慈禧太后恢复张佩纶的职务。但慈禧太后断然拒绝。她很难想象一个曾经参与牛津运动的人怎么可能与李鸿章的女儿结婚。

正如我把李鸿章称为中国的巴尔帕麦斯顿勋爵一样，我可以把张之洞叫做中国的格莱斯顿[①]。两人都是牛津运动的产物，一个是中国牛津的产物，另一个是英国牛津的产物。格莱斯顿一开始是英国高教会派保守分子，最终成了本国的统治者；张之洞一开始是儒家正统派保守分子，最终成了立宪制政府的拥护者。张之洞是位学者，但他像格莱斯顿一样是一个学识浅薄的学者，事实上，他们两人在精神修养方面既表现出英国牛津运动的弱点，也表现出中国牛津运动的弱点。

中英两国牛津运动的弱点是，运动仅仅涉及以既定原则为基础的观念。在英国，这种观念是以基督教原则为基础的，在中国则以儒教原则为基础。中英两国牛津运动的学者都认为，基督教和儒教的既定原则理所当然是正确的。他们不敢考察和追问，这些既定原则的正确性是否依据事物的永恒本性，不是依据基督或者孔子的权威，而是依据事物的永恒本性。简言之，中英两国牛津运动从未使其思想服从首要原则。两国牛津运动的观念也因此从未深入触及事情的道德根基。从这种意义上讲，两国牛津运动并非真正的理智启蒙，而是肤浅和虚假的理智启蒙。牛津运动的学者们并不具备活跃的思想，也不具备真正的思想家的内在信念，因为他们的观念从未深入触及他们的道德根基。这一点可以说明牛津运动的领袖们为什么如此容易改变自己的立场。纽曼博士一度改变他的宗教信仰，格莱斯顿和张之洞一再改变他们的政治立场。

---

① 格莱斯顿（William Ewart Gladstone，1809—1898），英国自由党领袖，两任英国首相。——译者

总之，张之洞像格莱斯顿一样并不是一个思想家，而是一个论辩家，不是一个真正意义上的学者，而是一个文人。但张之洞作为牛津运动的领袖人物具有李鸿章从未达到过的精神境界。李鸿章是个地地道道的庸人，但他像帕麦斯顿勋爵一样是一个具有贵族气质的庸人。他有优雅的外表和翰林院——中国的牛津——的涵养。但他的文化修养完全没有超过为应付书本考试而进行的日常教育的水平。不过，他通过勤奋和对事物的井井有条的处理来弥补文化修养的不足。他在处理事物方面的长期丰富经验给他提供了可靠的常识，这使他能够比张之洞这类思想浅薄和摇摆不定的学者更为坚定地处理各种事情。

中法战争之后张之洞留在广东，在那里他背叛了牛津运动的原则，并成了一名改良主义者。现在外国人所说的中国改良运动的真正发起人是张之洞而不是袁世凯。这场改良运动具有三个明显阶段。第一个阶段是进行工业化。张之洞在广州提出了这一设想并在武昌加以实施。第二个阶段是在中日战争之后开始的，它提倡尚武精神并开展军事组织活动。张之洞在上海附近的吴淞组建了一个由德法军官指挥的中国模范兵团。改革运动的第三阶段，即最后阶段，是在义和团运动爆发之后开始的，它是对教育进行西化。

我们将会看到，就像阿尔诺德曾指出纽曼博士在英国所发动的牛津运动的影响加速了中产阶级自由主义的瓦解一样，中国牛津运动的影响也曾加速了李鸿章及其丑恶腐败的独裁政府的垮台。牛津运动的影响——对美丽与温馨的牛津式的热忱——使张之洞能够看到并且已经看到和憎恨由李鸿章任用的那批引进外国方法的人员的粗俗和腐败。张之洞像参与牛津运动的所有人士一样，一开始竭力反对引进外国的方法，因为他看到那些方法伴随着粗俗和丑陋的方面。但中法战争之后，张之洞看到，仅有严格的儒家原则无法对付孤拔海军司令的配备了可怕枪炮的巨大战舰。看到这一点以后，张之洞开始进行妥协。由于他看到无法不采用粗俗的外国方法，他认为要尽可能排除这些方法的粗俗因素。我想指出，张之洞在广州和武昌任职期间，不仅花公款（你甚至可以说他滥用公款）大量引进外国方法，而且捐出了所有私人财产去建立大型书院与学堂，以便促进对儒家原则的学习。他认为，为抑制他被迫引进的外国方法的粗俗因素，这样做比以前更有必要。所有这些都证明了张之洞的纯正动机和高尚的爱国情怀。

5

于是，张之洞成了一名改良主义者。张之洞这位牛津运动的领袖人物的改良政策乃是中国政治的潮流，它一开始忽略继而阻止并最终瓦解和扑灭了李鸿章及其独裁政府的粗俗的中产阶级自由主义。事实上，正是中国牛津运动所引发的情感潮流助长了各个阶层的文人对李鸿章及其独裁政府的自以为是的中产阶级自由主义的内心不满，并因此为它在中日战争之后的突然崩溃和最终垮台开辟了道路。当李鸿章带着耻辱从日本平安归来时，牛津运动所制造的内心不满的潮流使皇上的师傅翁同龢这样顽固不化的老保守分子也加入了康有为这批新兴的激进党人的团体，而这个团体具有强烈的“雅各宾主义”倾向。

阿尔诺德指出，“对过去表示强烈愤慨，全盘应用关于改革的理论体系，热衷于著书立说，苦心孤诣地制定未来社会的蓝图——这就是‘雅各宾主义’的路线”。这也是康有为的路线。李提摩太（Tomothy Richard）牧师和那些自称是中国的朋友的外国人对康有为的这种路线推崇备至。外国人不但极力推崇康有为及其路线，而且北京的外国公使们还在已故慈禧太后千方百计使国家摆脱康有为及其朋友的“雅各宾主义”倾向时对她采取的自由行动进行干预。这反使形势变得复杂起来，老百姓、华北的所有农民都起来支持慈禧太后，反对康有为及其“雅各宾主义”。

外国人错误地以为，在中国只有文人才是排外的，老百姓并不排外。无论在哪个国家，老百姓总比受过教育的阶层更为保守。中国文人和老百姓同样排外，同样反对改革，后者也许有过之而无不及。在中国唯一不排外、不反对改革的阶层是靠外贸赚钱的买办和暴发户。老百姓之所以起来反对康有为的雅各宾主义，是因为康有为的雅各宾主义意味着对中国进行全盘欧化。我不能肯定，中国早期牛津运动的潜在影响在多大程度上促使老百姓本能地感到对中国的欧化意味着引进粗俗和丑陋的东西。但这种潜在影响肯定起过一定的促进作用。因此，当老百姓看到外国人和外国列强公开支持康有为的雅各宾主义，而这种雅各宾主义在老百姓看来意味着引进粗俗和丑陋的恶魔时，还有什么比老百姓因被那种粗俗和丑陋的恶魔弄得神魂颠倒而群起反抗并拼命把外国人赶入大海更为自然的呢？这就是义和团狂热的内在的道德根源。

正因如此，北京的形势变得极为复杂并且十分危急。已故慈禧太后曾殚精竭虑施展她的所有政治才华来加以挽救。但在北京的欧洲外交官对这位女皇毫不同情，他们专横跋扈，并在附近驻扎了少量军队来支持他们的专横跋扈行为。为反击康有为的强烈的雅各宾主义的倾向，慈禧太后不得不唤起满族贵族的崇高精神和傲视一切的抵抗能力。已故米西先生在其著作《英国人在中国》中指出，在中国所有阶层中，满族人最不排外。但现在的满族人群情激奋，当这个具有崇高精神和傲视一切的抵抗能力的家族直面外国外交官的专横跋扈时，冲撞自然不可避免。因此，尽管已故慈禧太后十分伟大，但正如德国诗人所说："要反对愚昧，即便是神也无能为力。"

6

就在这个关键时期，张之洞始终扮演着左右为难的角色。康有为的雅各宾主义是从他的改良计划中发展起来的。康有为、梁启超这两个最为杰出的激进党人，事实上，几乎所有非常杰出的年轻激进党人，要么是张之洞的学生，要么是受他保护的特殊对象。当康有为在中日战争之后第一个宣扬他的激进主义思想时，他马上被逐出北京。正是张之洞的支持使康有为能重返北京并且感动和改变了光绪皇帝，使他步入了激进主义的轨道。但在这里牛津运动的影响再次拯救了张之洞。阿尔诺德所谈到的对美丽与温馨的牛津式的热情使张之洞憎恨康有为的激进主义的狂热与粗俗。因此,张之洞最终与康有为和激进党人分道扬镳。

梁启超这个最杰出的激进党人一直责备张之洞,说他像袁世凯一样是个投机分子——说他在激进党人失败之后就背弃了他们。这种责备是完全错误的,也是不公平的。我本人曾出席过张之洞总督召集的议事会,考虑对康有为的激进主义采取何种对策。那时,康有为借皇上的名义开始从北京发布各种改革政令。我对当时的情景记得一清二楚,因为总督第一次让我出席由他的心腹们参加的内部会议,在此之前,我根据我个人对康有为的了解向总督直言不讳地指出康有为人品低下,其计划自欺欺人。我毫无保留地向总督解释了约翰逊博士的名言:“爱国主义是流氓的最后一个避难所。”然而,总督听不进去,并说我不懂中国政治。但当康有为的激进主义摆出咄咄逼人的架势时,总督又想起了我,并特别召我出席他的心腹们参加的议事会,以考虑采取何种对策。这次议事会是在武昌棉纺厂的屋顶上举行的。总督显得很激动。我还看到年迈的总督在月光下来回踱步,嘴里不停地说:“不得了! 不得了!”我们的议事会没作什么决定。

我之所以要讲出事情的细节,是为了使人们无法怀疑我为老上司所做的辩护。有人指责他像真正的投机者和变节者袁世凯那样背弃了他那帮激进党人朋友,要回击这种不公平的指责,张之洞本人的小册子或著作也许比我的辩护更有说服力。外国人把这本书称为“leam”,恰当的翻译应为“The Need of Education”(《劝学篇》。——译者)。外国人认为,张之洞的这本书证明他拥护康有为的改革计划。事实并非如此。这本有名的著作写于我们的议事会成员在武昌棉纺厂的屋顶上碰头不久,这是张之洞反对康有为的激进主义的宣言,同时也是他的“Apologia pro vita sua”(辩护状)。这本宣言告诫他的追随者和中国的所有文人学士反对康有为的改革办法,它告诉我们所有诸如此类的改革必须从教育入手。这篇辩护状陈述了是什么原因导致他不再像早年那样严格遵守儒家原则,并且赞成和拥护把西方文明的办法引入中国。

7

张之洞的这本名著就像纽曼博士同样有名的著作《辩护书》一样，是人的心智不合常规的明显例证。根据这两个人的看法，有关真理和是非的道德原则并不是绝对的——它们不能对任何环境下的任何人起约束作用。诚如查尔斯·金斯莱所言，对纽曼博士来说，“真理本身不必是罗马教士的美德，并且根本不应当是罗马教士的美德”。在张之洞看来，儒家原则是正确的，并且完全适用于个人的生活，但不适用于现代的国家生活。孔子的学说肯定个人和国家不应把心思放在财富、权力和物质的繁荣上。孔子说：“君子贱货贵德。”但现代欧洲的新学却教导说，个人生活的成功和国家强大的基础在于拥有财富、权力和物质繁荣。中国新学的狂热鼓吹者李提摩太（Timothy Richard）勋爵认为，“没有商业价值的教育毫无用处”。①

面对这两种相互矛盾的理想——儒家学说的理想和现代欧洲新学的理想，张之洞试图以非常巧妙的办法进行调和。张之洞断言，一个人必须有两套道德原则——一套适用于个人生活，另一套适用于国家生活。作为个人，中国人必须牢牢把握和严格遵守儒家原则；作为民族，中国人则必须完全抛弃儒家原则，而要采用现代欧洲新学的理想。简言之，按照张之洞的看法，中国人作为个人必定还是中国人并且继续是孔子所说的“君子”，但中华民族——中国这个国家——必须成为欧洲式的国家，成为食肉动物。为了证明这一点，张之洞显示了他的渊博学识，搬出古代中国处于混乱状态的例子，那时中华民族也试图成为一个食肉动物的民族。

① 孟子见梁惠王。王曰：“叟，不远千里而来，亦将有以利吾国乎？”孟子对曰：“王何必曰利？亦有仁义而已矣。”当清朝官员们要求现代基督教传教士中的新学鼓吹者谈谈义在基督教中的重要性时，那些新学鼓吹者回答说：“何必谈义呢？我们还是谈谈铁路以及中国可以从哪个国家获得优惠贷款吧！”借此机会，我想指出，在中国的基督教传教士与总督、巡抚和各级大小官员会晤时，我多次在场，但我从未听说他们把义在基督教中的重要性作为话题。所有谈话都涉及铁路、科学、财政、医学、技术教育和反缠足问题。

张之洞以时代的危机——中国及其文明所面临的危险来证明他的这种奇特而荒唐的妥协的合理性，尽管中国受到食肉民族的包围，而这些民族只承认强权，不承认公理。对张之洞这位爱国者和儒教信徒来说，中华民族及其文明的利益和出路压倒一切道德原则，就像在纽曼博士眼里，罗马天主教会和基督教的利益以及对他们的保护压倒一切道德原则一样。事实上，由于纽曼博士热爱基督教的美丽与温馨，以致为了拯救与保护通过罗马天主教会体现出来的基督教，他认为，他在某些情况下完全有理由抛弃基督教的道德原则。同样，由于对中国及其文明的安全忧心忡忡，张之洞认为他被迫进行妥协，被迫抛弃儒家原则，至少为了中华民族的生存应当如此。

事实上，就像所有参加牛津运动的人士都由于我已指出过的这场运动的内在弱点而容易变成极端的理想主义者一样，纽曼博士和张之洞也是极端的理想主义者，他们的理智被过分强烈的理想主义引入歧途。孔子说："我知道，现在为什么没有真正的道德生活。智者骄其智——走得太远，愚者不及。"("道之不行也，我知之矣：智者过之，愚者不及也")但法国的尤伯说："道德方面的无知可以减轻罪恶，理智方面的无知本身就是最大的罪恶。"纽曼博士和张之洞所采取的这种妥协办法在道德和宗教上会导致虚伪，在政治上会导致马基雅弗利主义。因此，尽管我已指出张之洞像纽曼博士一样是个品德高尚、动机纯正的人物，但张之洞交给中国文人学士和统治阶级的这种马基雅弗利主义，一旦被那些不像他本人那样具有高尚品德和完美人格的人所采纳，一旦被袁世凯这样卑鄙粗俗的人所采纳，就会对中国造成极大的危害，其程度甚至超过李鸿章的粗鄙和腐败给中国造成的危害。

8

当中国朝廷在义和团暴动之后迁回北京时，中国政府在整个中华民族的赞同声中表示服从对中国进行欧化的原则。中日战争首次将强大的欧洲物质主义文明这个可怕的恶魔引入了中国及其古老文明的大门。中日战争之前中国文人们对这个可怕的恶魔感到疑惑和憎恨，但他们仍对它不屑一顾，并以某种方式试图抹杀这个恶魔对中国人民及其文明造成极大危害的可能性。这个恶魔在欧洲、在另一个大陆早已远去，因而危险也已十分遥远。但在中日战争之后，横隔在中国及其文明与现代欧洲的强大物质主义文明这个可怕恶魔之间的唯一屏障，不过是一片水域——中国海而已。因此，极度的恐惧笼罩在中国文人的心头。结果，在中国文人中那些惊慌失措而又激奋不已的顽固保守派和已故的光绪皇帝甚至愿意与康有为以及中国的激进党人携手合作，这些激进党人主张把希腊人的木马引进特洛伊城堡——事实上唤醒并召来了现代欧洲物质主义文明这个可怕恶魔来帮助中华民族。针对这么多的意见，有人提出了"Tinco Danaos et dona ferentes!"（祸害与礼品同在！——译者）的名言。如前所述，张之洞提出了一种妥协方案。但是，傲慢的满族贵族起来反对，并说什么"我们要死得堂堂正正"。于是，Perissons en resistant（他们誓死抵抗——译者）。一位汉军旗人和满洲派成员，已故帝国大臣徐桐就说过："要亡嘛，要亡得正。"

与此同时，对马上有可能前来占领中国及其文明的现代欧洲物质主义文明这个可怕恶魔的惊恐，促使老百姓、促使华北的所有农民变得疯狂起来，他们纷纷参加义和团，支持满族贵族。已故慈禧太后千方百计寻找出路，以摆脱这一困难而又复杂的局面。但是，当外国海军司令大发雷霆并下令占领大沽港的消息传到北京时，慈禧太后断言"Una salus victis mullam sperare salutem"（唯有牺牲，别无得救的希望。——译者），并同意下令向各个使馆开火。于是，满族贵族和华北的所有农民都孤注一掷，试图赤手空拳把现代欧洲物质主义文明这个可怕恶魔和住在中国的所有外国人统统赶入大海。这样，中华民族以自身文明的力量，以满族贵族的尚武精神和英勇的义和团小伙子们的始终不渝的忠诚来进行最后的一搏。当西摩尔（Seymour）将军的一位部下发现他们时，这些人竟然一起冲向现代欧洲人的枪口：中华民族正为捍卫和拯救中国文明进行殊死的搏斗并且失败了。此后，中国人断定(我将指出这是错误的),他们自身文明的力量并不足以对付现代欧洲各国的物质主义文明的毁灭力量,也毫无办法对付这种力量。

9

因此,如前所述,当中国朝廷在义和团暴动之后返回北京时,中国政府在整个中华民族的赞同声中表示奉行对中国进行欧化的原则。此时,中国局势的可怕灾难(我特别希望在这里指出)是,当整个中华民族形成了抛弃自身的文明而采取现代欧洲文明的想法时,帝国上下居然没有一个受过教育的人对现代欧洲文明的真实情况稍有了解。我们看到,康有为与中国激进党人想通过单方面的改革,通过皇帝的单纯命令来对中国进行欧化。如果已故慈禧太后不能从她的侄子——光绪皇帝手里成功地夺回政府权力并且有力镇压康有为及其激进主义,那么,世界就会看到整个中华民族形如疯子般的可怕悲剧,这个疯子会砸烂家里的一切家当,推倒自己的房子,而代之以仿制的纸糊家具和纸糊的房子。

当已故慈禧太后在义和团暴动之后返回北京时,她决定采取完全不同的行动。她决定,既不允许她本人也不允许任何人像她的侄子——已故的光绪皇帝那样听从康有为和中国激进党人的糟糕建议,这些激进党人想按个人意志行事——按个人意志来改造中国并将中国欧洲化。作为一个具有崇高品格的满族人,她个人不太喜欢现代欧洲文明的办法。但作为一个统治者——并且在这里她显示出完美无缺的伟大品质和政治才华——她感到她有责任使她个人的好恶服从民族的意见。除此之外,那些具有崇高品质的傲慢的满族贵族们,也像她本人一样不太喜欢现代欧洲文明的办法。我可以说,主要是那些大发横财的买办阶级,具有粗俗的中层庸人的才智以及与满族贵族相比品德不够高尚的下层中国文人——中国的暴发户和趣味低级的中国文人渴望欧洲文明的奢侈生活因而吵吵闹闹要求将中国欧洲化。为此,已故慈禧太后不得不以她个人的伟大人格迫使那些傲慢而固执的满族贵族按照民族的意志和命令去对中国进行欧化。尽管已故慈禧太后为了中国的欧化而准备服从民众的意志，但她决定，为对中国进行欧化而采取的每一次单独的行动和改革措施都不应依据个人的意志，甚至不应依据她本人的意志，而只能依据全民族的自由公决——在中国，它由内阁大臣、在京的其他名人显贵、各位总督和各省巡抚来代表。简言之，已故慈禧太后决定，如果必须在中国进行革命(中国的欧化实际上已经达到了这样的程度)，那么，这场革命就应该像伟大的英国人——威灵顿公爵所说的那样，成为“按适当的法律程序而进行的革命”。①

① 非常奇怪的是，似乎没有人知道中国政府事实上的确是立宪制政府，但我认为这是由于很少有人真正了解“代议制”政府与“立宪制”政府之间的重大差别。立宪制政府是这样一种政府，它的统治者必须经人民的同意才能行使政府职权。另一方面，代议制政府则是这样一种政府，其统治者不仅必须经人民的同意才能行使政府职权，而且人民的同意必须由推举出来的人民代表正式作出。中国事实上没有并且从来就没有代议制政府。但中国政府的确是要经人民同意才能行使职权这种意义上的立宪制政府。甚至外国人也常常是在付出了代价之后才知道，在中国，从地方官员到皇帝，一个有权威的人只有经过人民的同意才能办成事情。英国的宪法的确是一种“道德性”的宪法，而不是“法律性”的宪法。从这种意义上说，中国宪法与英国宪法相似，中国宪法事实上也是一种“道德性”的宪法，而不是“法律性”的宪法。按照中国法律，服从上级官员统治的地方官员是绝对的统治者。但如果他违反了“道德性”的宪法并且违反人民的意愿，那么，他不久就会失去乌纱帽。按照法律，皇帝也是绝对的统治者，但如果他违反了“道德性”的法律，人民就会造反，他就会丢掉皇位。简言之，中国人民服从皇帝和满族人的义务并不是法律性的义务，而是道德性的义务，这种义务以道德律、以孔子的君子之道为基础。因此，我认为中国的宪法是道德性的宪法。

但我想在这里特别指出的是，当人们谈到中国的宪法时，他们应该记住，中国文人现在想要得到和渴望得到的东西并不是中国已有的立宪制政府，而是代议制政府。我认为，中国文人不应该建立代议制政府，我希望他们永远也不会建立这样的政府。因为一旦中国出现代议制政府，中国文人要做的第一件事情就是解散上议院，我指的是满族贵族，并且抛弃满族的崇高品质。最后我想指出，正如已故索尔兹伯里勋爵所说，外国人在中国要“把钱花在有把握的事情上”。事实上，那些自称是中国的朋友的外国人不应敦促中国人制定宪法，而要跟法国的尤伯一道对中国的文人说：“你们要呼唤自由的灵魂而不是自由的体制。精神自由是最为重要的自由，是必不可少的自由。服从本质上比独立更好。一个意味着井然有序，另一个则意味着孤独无依、自给自足。”然而，我想知道，在那群自称是中国的朋友并相信能给中国以启蒙和文明的外国人中是否有人能将我引用过的尤伯的那些话译成中文。事实上，根据我与那些(自称是中国人的朋友的外国人)外国人打交道的经验，我发现，正如约翰逊博士说“爱国主义常常是流氓的最后一个避难所”一样，在中国大地上“对中国人表示友谊常常是欧洲失业者的最后一个避难所！”

第三章　满族的复兴

1

众所周知，中日战争之后，李鸿章继曾国藩侯爵之后成了中国文人的名义上的首脑或领袖。随着李鸿章的垮台，中国文人陷入群龙无首的状态。结果，在太平起义时从满族手里转到汉族文人手里的中国国家权力，现在又回到了满族贵族手中。裕禄，这位后来在义和团暴动期间自杀于天津的不幸的满族总督，继李鸿章之后成了直隶总督和北洋通商大臣。然而，裕禄并非满族贵族的首领或领袖。成为满族贵族领袖的人是已故帝国大臣荣禄。他就是中国的索尔兹伯里勋爵。

英格兰的已故索尔兹伯里勋爵是英格兰贵族阶层的最后一个人物，这个阶层不仅具有卡莱尔推崇的那种英国贵族的"温文尔雅"，而且在个人生活和社会生活中具有阿尔诺德在谈到诗歌时所说的那种"华贵气派"。同样，中国的荣禄也是最后一位满族贵族。这些贵族不仅具有高尚情怀，举止庄严，以及人们常在那些富有教养的满族小伙子身上所看到的那种满族绅士的儒雅风流，而且具有达官贵人所具有的那种华贵气派和潇洒风度。我在今日北京所看到的最优秀的满族贵族，甚至包括摄政王在内，都没有索尔兹伯里勋爵和荣禄所具有的那种"华贵气派"。在近代，除荣禄之外唯一具有"华贵气派"的满族贵族就是慈禧太后。但当时慈禧太后还不仅仅是一位像英国的维多利亚女王那样的贵妇人，她是一位“伟大的”贵妇人。[①]

俾斯麦对已故索尔兹伯里勋爵的评论也适用于中国的荣禄。俾斯麦在谈到作为政客的索尔兹伯里时指出，“他不过是块涂得像钢材一样的石膏”。而当时的俾斯麦就像比肯斯菲尔德[②]勋爵一样才华横溢。索尔兹伯里勋爵和满族的荣禄从不以天才自命。此外，俾斯麦和比肯斯费尔德勋爵为自己的心灵——为获得文化修养而历尽艰辛。相反，索尔兹伯里勋爵和荣禄则仅仅有勇武精神和崇高品质，比如说，他们天生就是块好铁或贵重金属，但是他们并未经过艰苦的磨炼或由于傲慢自大而不愿意进行艰苦的磨炼，他们并未耐心地把这块天然的贵重金属投入文化修养的熔炉，把它放在猛火之上加以锻炼——事实上他们并未把这块天然的好铁炼成坚钢。[③]

因此，当思想高尚的英国显贵索尔兹伯里勋爵和傲慢的满族贵族荣禄在他们各自国家的关键历史时期出任最高要职时，他们并没有左右局势，相反为局势所左右。索尔兹伯里勋爵从未想到过对南非的布尔人开战，更不用说吞并德兰士瓦。但他对事情采取放任自流的态度直到克留格尔(Kruger)[④]总统发出最后通牒，这位目中无人而又情绪激昂的塞西尔(Cecile)战胜了政治家索尔兹伯里勋爵，他暴跳如雷，战

---

① 现在这一代满族亲王和贵族成员，由于过着与世隔绝的生活，甚至连那桐和铁良这样的人都在行为举止方面表现出呆板生硬、过于冷漠和贪图安逸的倾向，表现出足不出户的富家子弟所具有的那种笨拙。他们没有自信和自满情绪，也没有在功利社会混过并且见多识广的老于世故者所具有的那种处世之道。

② 比肯斯菲尔德(Beaconsfield，1804—1881)，英国保守党创始人之一，作家、政治家，曾任英国首相。

③ 孔子在与他的一个门徒，即勇猛无畏的子路(儒教福音书中的彼得)首次见面时问他最喜欢什么(“汝何好乐?”)，这个门徒说：“最喜欢我的长剑(好长剑)。”孔子接着说：“如果你的天赋再加上学问或文化修养，你就可以成为君子。(徒谓以子之所能，而加之以学问，岂可及乎?)”“学问或文化修养对我有何益处呢?(学岂益哉也?)”门徒问道。“南山之竹直而不弯。如果你伐而用之，就可用它捅穿牛皮；学问或你所说的文化修养的用处何在?(南山有竹，不揉自直，斩而用之，达于犀革。以此言之，何学之有?)”孔子说：“如果你把竹子削尖，它不是可以捅得更深些吗?(栝而羽之，镞而砺之，其人之不亦深乎?)”子路连连鞠躬说：“我恭敬地接受你的指教。(敬而受教)”

④ 克留格尔(Paul Kruger，1825—1904)，亦译克律格，南非荷裔布尔人，德兰士瓦共和国总统(1883—1902)，英布战争后任总司令，联合奥兰士自由邦与英军作战，战败求和，客死瑞士。——译注

前发表了令人难忘的讲演，这篇讲演有如莎士比亚笔下的克莉奥雷纳斯(Coriolanus)的讲演：

撒弥天大谎的人啊，
你让我心比天高。
你这个家伙，
真是个卑鄙无耻之徒，
对不起，勋爵们，
我第一次被迫骂人。

结果导致了在南非持续了两年多的布尔战争和灾难。同样，中国的荣禄(仍保存在武昌总督衙门的电报总有一天可以证明)从未想到过进攻外国使馆，更不要说把所有外国人赶出中国。谴责已故维多利亚女王和索尔兹伯里勋爵阴谋向布尔人开战并在南非战争之前吞并德兰士瓦，就像外国人谴责中国已故慈禧太后和荣禄背信弃义地密谋进攻北京的外国使馆并在义和团暴动之际将所有外国人赶出中国一样，不够正确和公正。相反，荣禄竭尽全力限制那些狂妄自大的满族王公贵子，千方百计保护在京的外国人并且维持和平。在克林德(Kettler)男爵被董福祥的不守纪律的士兵所杀后，荣禄在致张之洞总督的一份令人心碎的啃电中，发出了绝望的呼喊："一切都完了，只有荣誉永存。"事实上，荣禄就像索尔兹伯里勋爵一样对事情采取放任自流的态度，直到外国舰队司令大发雷霆并且占领大沽港；荣禄身上的满族人的傲慢气质战胜了他，他让端郡王和狂热的义和团恣意妄为，让董福祥及其不守纪律的士兵放任自流。结果是，华北发生了持续一年半的灾难，现在，中国人却乐于每年让一万两银子流入外国列强的国库。

这样，正如俾斯麦所说，索尔兹伯里勋爵和荣禄在经过检验之后证明自己"不过是一块涂得像钢材一样的石膏"。孔子说："古时的傲慢者因他们的自制和冷静而著名，但现在的狂妄者仅仅表现为

敏感和任性。”（“古之矜也廉，今之矜也忿戾。”见《论语·阳货》——译者）

2

在局势平静下来，朝廷迁回北京后不久，荣禄离开了人世。此后，庆亲王接替他成了满族贵族的领袖。撇开中英两国社会的差别不谈，庆亲王可以说是中国的贝尔福[①]先生。庆亲王像贝尔福先生一样，是一个极端的悲观主义者，并因此变得玩世不恭。不问在外国人中还是在中国人中，连那些没有头脑的人都十分清楚这样一个事实：庆亲王从他所庇护和保护（他们通过公益事业发财致富）的人那里接受礼品和金钱，坦率地说就是受贿。然而，并不是像李鸿章那样对金钱所表现出的卑鄙而粗俗的爱，而是庆亲王的玩世不恭，使他无所顾忌地从他的庇护对象那里接受礼品和金钱，正如英国著名的罗伯特·沃尔坡[②]先生容忍和庇护他那个时代的英国所出现的营私舞弊行为一样。沃尔坡先生说：“人人都可以标价。”庆亲王则说：“身后之事与我何干！”但庆亲王认为，如果一个无望世界的无望政府不能为一位老人和他的生来就要花钱的大家庭提供生活必需品（这位辛苦一生的老人却为了拯救一个无望世界的无望政府而倾家荡产甚至差点丧命），那么，他，这位老人，就必须竭尽全力为他自己和他的家庭准备生活必需品。如果贝尔福先生生活在乔治一世时代而不是维多利亚时代，他的玩世不恭就会导致他容忍和庇护营私舞弊行为，沃尔坡先生就是如此。英国的贝尔福先生从张伯伦先生和他的伯明翰朋友们那里接受礼品和金钱，就像庆亲王从袁世凯和他的山东朋友们那里接受礼

① 贝尔福（Arthur James, Balfour, 1848—1930），英国保守党领袖，先后任首相（1902—1905）和外交大臣（1916—1919）。——译者

② Robert Walpole（1676—1745），又译沃尔浦尔，英国辉格党领袖，财政大臣，英国第一任首相。——译注

品一样。[1]

3

爱默生说过:“我们根据一个人的抱负的大小来评价他的智慧。”因此,我曾在一本书中指出,一个人或民族的悲观主义乃是理智不健全、有缺陷和心理变态的确证。中国的满族贵族就像所有其他国家的贵族一样,原本是一个军事部落或特权阶层,而一个军事特权阶层的专门职业就是军事活动。在原始社会里,它倡导并且唤起身体的力量甚于倡导和唤起精神或理智的力量与计谋。因此,一个军事特权阶层,甚至在近代不断变化的社会条件下,一般都不会自然而然地喜欢心灵的培养或文化修养。然而,没有文化修养,你就不可能有思想,你也不可能理解思想。而且,没有高深的文化修养,你就不可能有真正的思想。没有思想你就不可能解释事实。一个没有思想的人可以看见一个东西,但不能看见这个东西的实质,不能看见物质对象的内在精神品质或精神价值。诚如华兹华斯所言,对一个没有思想的农民来说,路旁的樱草花只是樱草花,而不包含别的东西。简言之,没有思想,一个人就不能解释和看见事实的内在方面;没有真正的思想,一个人就不能解释和看见事实的真正的内在方面——不能解释和看见事实的真正的精神品质和特定的精神价值。[2]

---

① 在我征服黄浦江的泥龙的斗争过程中,上海一位颇有地位的律师告诉我,按照英国法律,除法官和警察之外,任何人受贿都不算违法。当住在中国的外国人听到中国的满族人,如上海道台这样的公务人员大发横财时,他们就战战兢兢地摊开双手并说中国必须进行改革。但是,上海和其他地方的通用公司的经理与上海道台、两江总督毫无二致,他们以自己公司的股票进行投机而大发其财,这时,手握王牌的英国佬却说:“那样做当然不道德,‘它不符合最高的道德原则’,但有什么办法呢,那是习以为常的事情。”

② 弗雷德里克·特雷伍斯(Frederick Treves)在他的著作《红灯照的另一面》(The Other Side of Lantern)中描绘了广州这个中国伯明翰的画面,我在这里把它再现出来,袁世凯——中国的张伯伦——的朋友们和受庇护者以及赫德笔下的阿信、中国的伦敦佬都来自广州——“广州是个可怕的城市。一切都不可思议。黑暗的道路狭窄不堪,充满凶险与诡秘。空气中散发着令人窒息的臭味。胡同里挤满了面带菜色的居民。(转下页)

4

于是，我们发现，我以前说过的话千真万确：一个人或一个民族的悲观主义乃是理智不健全、有缺陷或心理变态的确证。纽曼博士和张之洞这类人学养浅薄、一知半解并且缺乏真正的思想，当他们直面革命和兼容并蓄的新时代的新事实时，他们就成了极端的理想主义者，像拿破仑所说的那样成了空想家。继而，又从理想主义者或空想家变成了耶稣会会士和马基雅弗利主义者。然而，耶稣会教义和马基雅弗利主义不过是一种改头换面的悲观主义和犬儒主义。另一方面，庆亲王和贝尔福先生这类人甚至连浅薄的学养都没有，他们既没有思想，也不能理解思想，并且成了彻头彻尾的悲观主义者和失儒主义者。

正如纽曼博士和张之洞这类中产阶级人士的崇高品质使他们摆脱了错误的人生观的严重后果——摆脱了极端错误的理想主义的后果一样，庆亲王和贝尔福先生这类贵族的勇武精神和崇高品质也使他们摆脱了他们的悲观主义和犬儒主义的后果——摆脱了他们的极端物质主义的后果。因此，尽管纽曼博士和张之洞是理论上的耶稣会会士和马基雅弗利主义者，他们自身的生活并不符合他们的理论，因为他们实际上过着无私的高尚生活，尽管他们坚持自己的理论。同样，

(接上页)有的衣衫褴褛，有的打着赤膊，露出黄色的皮肤，他们剃着光头，龇牙咧嘴，活像心里七上八下的梦游者到处乱窜，他们直勾勾地看着别人，露出满脸惊疑的神色。这不禁令人想起他们的凶残，想起他们杀气腾腾的暴动，想起他们恶魔般的冷酷。"

因此，对这位出身高贵的没有思想的英国佬来说，一个衣衫褴褛、拖着辫子的黄皮肤的中国佬只是拖着辫子的黄皮肤的中国佬，再也没有别的。这位英国佬不可能看到黄皮肤背后的内在方面——看不到中国佬的道德品质和精神价值。如果他可以看到这一点，他就会发现拖着辫子的黄皮肤的中国佬事实上有着多么丰富的内心世界。他就会发现那胜过希腊诸神和充满神性的、绘满神仙妖怪的道教画面，发现那洋溢着无限哀婉和怜悯之情的佛教歌曲就像但丁的莫测高深的神曲一样温馨、哀怨和深沉，发现那显示出君子风度的儒家学说，但总有一天，这种学说会改变欧洲的社会秩序，打破欧洲的文明。但没有思想的英国佬却看不到这一点。在他看来，拖着辫子的黄皮肤的中国佬无非是一些拖着辫子的黄皮肤的中国佬，此外没有别的。

尽管庆亲王和贝尔福先生在理论上是极端的物质主义者并且最终成了悲观主义者和犬儒主义者，但在现实生活中贝尔福先生成了一个和蔼可亲的悲观主义者，庆亲王则成了一名具有优秀品质的犬儒主义者。我相信，贝尔福先生在英国会受到他的朋友的尊敬。中国的庆亲王，我在北京时就有人告诉我，也深受其仆人和下属的尊敬。

但我认为有必要指出——这一点非常重要——纽曼博士和张之洞这类人的错误理论实际上并没有对他们本人的生活造成很大的危害。同样，抱着只为自己和自己家庭着想的犬儒主义态度的庆亲王和容忍约瑟夫·张伯伦先生的贝尔福先生以及塞西尔·罗德斯(Cecil Rhodes)的不良行为，并没有对他们的崇高品质造成太大的损害。就贝尔福先生而言，这一点事实上恰恰为他们崇高的优秀品质增光添彩。然而，纽曼博士和张之洞的那些错误的人生观以及庆亲王和贝尔福先生的不良行为已经并将最终对世界文明造成无穷的危害——造成没完没了的危害。因为耶稣会教义和马基雅弗利主义使个人和民族不可能有真正的精神生活。悲观主义和犬儒主义使真正的精神生活不可能进行，而没有真正的精神生活，真正的道德生活也不可能进行。孔子说，"我知道为什么现在没有真正的道德生活。智者误认为道德律高于它的实际水平，愚者根本就不打算知道道德律是什么。我知道道德律为什么没有被理解：高贵的人的生活超过了它，而低贱者却达不到。"("道之不行也，我知之矣：知者过之，愚者不及也。道之不明，我知之矣：贤者过之，不肖者不及也。")

因此，一个民族的贵族阶层，比如中国的满族贵族阶层和英国上层人士，由于他们没有文化修养，一般都没有思想并且不能理解思想。结果，他们也不能解释事实。但生活中的事实有如埃及的斯芬克司之谜，如果不能对它们作出正确的解释，它们就会将人们统统吞没。生活于旧有的社会秩序和文明中，生活于和平时代的人们，不一定需要亲自解释他们周围的生话事实——解释男女组成的社会，解释既定的社会秩序和既定的生活方式和习惯。已有人对这些事实作出了解释，大家不一定要亲自对它们重新解释。但是，当人们生活在革命和兼容并蓄的时代——比如现在中国人和欧洲人都生活在这样的时代——当文明与文明发生碰撞时，当一个民族的旧有社会秩序和旧的生活方式与习惯可能像地震中的瓶瓶罐罐一样被震得粉碎时，人们会突然面对他们必须加以正确解释的新的事实，否则，这些新的事实就会像埃及的斯芬克司一样把他们吞没，把他们、他们的社会秩序和文明统统吞没。

在这样的时代里，我们发现了像中国文人张之洞和有思想并能理解思想的英国中层人士纽曼博士这样一些具有文化修养和崇高品质的人——这些人为解释新时代的新的事实做出了真诚的、英勇的努力。但是，由于他们学养浅薄，思想偏颇，他们也不能对新的事实作出正确的解释，而只能作出始终错误的解释。一旦他们发现他们的错误解释不能挽救自己时，他们就改变主意，极力进行妥协——通过极端虚假的理想主义来拯救自己。我曾指出，纽曼博士和张之洞等人的极端虚假的理想主义使他们在宗教和道德方面成了耶稣会会士，在政治方面则成了马基雅弗利主义者。

另一方面，在革命和兼容并蓄的新纪元中，那些没有文化修养因而也没有思想并且不能理解思想的贵族阶层，都不能对新的事实作出解释。在中国义和团暴动时，端郡王和狂热的满族达官显贵们并不打算对现代欧洲文明的新的事实进行解释，而是赤手空拳凭满族人的血气之勇和崇高品质，去进行最后的英勇努力以打击和排除这些新的难以对付的事实——现代欧洲文明的可怕的物质主义装备，比如转轮枪和机枪。但这些新的难以对付的事实就像埃及的斯芬克司一样，当然不愿以那种方式被克服和排除。因此，当处于革命和兼容并蓄的新纪元的贵族们在以全部勇气和崇高品质打击新纪元的新的难以对付的事实之后，并没有克服和排除这些新的难以对付的事实——他们只是发现自己受到了新的事实的沉重打击——不久他们拒绝继续战斗。他们拿出自己的手帕，擦了擦额头上的汗水说："多么残忍的怪物！与大家无法了解的一群恶魔进行战斗，这简直毫无意义。哎，如果我们要被吞没，我们就认命吧。有什么要紧呢？五十年后，我们都要死去。

还是让我们在一个无望的世界上尽情享受这种无望的生活吧。"这样，我们就可以理解，中国的庆亲王和英国的沃尔坡先生以及贝尔福先生这类人如何成了悲观主义者并从悲观主义者变成了犬儒主义者。沃尔坡先生的这种犬儒主义使他容忍和庇护"营私舞弊行为"。贝尔福先生的犬儒主义使他容忍约瑟夫·张伯伦，庇护和保护南非的塞西尔·雷德斯和杰米生(Jamieson)博士这类人。中国的庆亲王的犬儒主义使他说"身后之事，与我们何干"，并且从袁世凯和他的山东朋友那里接受礼品和金钱。

5

正如英国人有他们的"君王"兰斯多恩①一样，我们中国人也有我们的"君王"铁良。铁良是中国改良派和革命派的眼中钉，就像兰斯多恩勋爵是英国激进派和社会主义者的眼中钉一样。中国革命派有充分的理由憎恨满族人铁良，正如英国的社会主义者有充分理由憎恨他们的"君王"兰斯多恩一样，因为像兰斯多恩勋爵和铁良这类人不仅是"君王"而且是沙皇——受命于上帝的可怕沙皇，他的特殊使命就是抓乱臣贼子，抓所有犯上作乱者和无政府主义者，消灭世界上所有动乱和无政府主义。事实上，英国的兰斯多恩勋爵和中国的满族人铁良这两个人肯定是欧洲的超人，甚至可能是中国的未来的可怕超人。如果欧洲人和我们中国人不奋起改革，这种超人就会带来比俾斯麦宰相的可怕的铁血政策更为可怕的东西，他不仅以满腔的仇恨来改造我们，而且会把我们，把所有的文明——把文明中的一切有价值的东西，把温馨、美乃至理智变成畸形的东西。现代欧洲人从来就没有看到过这种可怕超人的可怕面孔。我们中国人则在大约两千年前就看到了这个可怕超人的可怕面孔。时到今日，我们中国文人一想起他的名字就不寒而栗，他的名字就叫秦始皇，就是修筑长城的那个皇帝。英国的

---

① Lansdowne(1737—1805)，英国辉格党政治家。

兰斯多恩勋爵和中国的满族人铁良还只是这种可怕超人的软弱型。著名的中国皇帝，这种真正强大的可怕的超人——欧洲也许还有这种中国式的未来超人——象征着"渴望权力的力量"，他就是《旧约》中的犹太人的上帝和没有思想的现代英国人的上帝，希腊人称之为Rhadamanthus或Nemesis，罗马人则称之为Pontius Pilata。是谁曾经问过真理是什么呢？就是这位不分青红皂白地把强盗巴拉巴与拿撒勒人的基督一起钉上十字架的超人。

现代欧洲人把这个超人称为"警察"，如果欧洲人并不停止成为欧洲人，我们中国人也不拒绝成为食肉动物或者成为没有思想的英国人，那么欧洲和现在中国的这位警察——这位象征着"渴望权力的力量"的警察将会越长越高，直到他成为至高无上的可怕超人。总有一天，这位超人会砸烂和摧毁一切文明，摧毁文明中的一切有价值的东西，并且一边在制造沙漠却一边说这是秩序。[①]

6

那些生活在混乱的革命时代和历史转折时期、具有崇高品质而缺乏真正的文化修养的人，只有通过三种途径才可以避免成为砸破自己头颅的疯子，或成为以炸弹炸掉他人头颅的无政府主义者。我们看到，纽曼博士和张之洞这类人所具有的学识或文化修养高于素朴的智慧或常识，他们防止自己发疯的办法就是抛弃他们的常识，并且成为极端虚假的理想主义者，成为耶稣会会士和马基雅弗利主义者。耶稣会会士和马基雅弗利主义者是这样一些人，他们以虚假的极端理想主义欺骗自己，这种理想主义一会儿采取宗教热忱的形式，一会儿又采取狂热而虚假的爱国主义的形式，而他们实际上是通过自欺欺人来败

① 上海的纳税人应该想想自己，否则，这个"警察"（我指的是警察的心）就会越来越大，乃至他想得到居民区的所有土地为自己修建营房，而贫穷的纳税人，每个不当警察的人，则连个栖身之所都没有，除非上海的志愿者们向道台衙门或南京进军，用武力迫使道台或南京的巡抚把整个江苏省都交给他们扩建住宅。有头脑的英国人应该记住戈登将军的话："人民不满意味着扩军。"扩军或扩充警力意味着纳税人要掏更多的腰包。

坏他们的道德品质，他们自欺欺人地以为通过这种极端的理想主义就能拯救和保持他们的崇高品质。像中国的庆亲王和英格兰的贝尔福先生这类人所具有的素朴智慧或常识超过了他们的学识和文化修养并且抛弃了他们的崇高品质——抛弃“道德律”并且成为悲观主义者和犬儒主义者。悲观主义者就是这样一些人，他们抛弃他们的理智或损害他们的理智。犬儒主义者是这样一些人，他们不仅抛弃他们的崇高品质而且抛弃“道德律”，但悲观主义者和犬儒主义者认为，他们可以通过坦率和正直，而不是像耶稣会会士和马基雅弗利主义者那样通过自欺欺人来拯救他们的崇高品质、拯救道德律，但他们实际上抛弃了他们的崇高品质——抛弃了道德律。悲观主义者和犬儒主义者坦率地说：“Video meliora prohoque, deteriora sequor.”（我所见所赞的东西越好，所得到的东西就越坏。——译者）他们借莎士比亚的鲍第亚之口责备自己，“如果做事情像知道什么事情好做一样容易，祷告室也会变成大教堂，变成穷人的村舍，王子的宫殿”。但伏尔泰说：“C'est la malheur des gens honnetes qu'ils sont des laches.”（成为懦夫乃是好人的不幸。——译者）

英国的兰斯多恩勋爵和中国的满族人铁良这类人既没有素朴的智慧和常识，也没有学问和文化修养，而只有勇武精神和崇高品质，这种人一旦生活在动乱时代，只有变成白痴才能防止自己发疯。他们成了双目失明的怪物，有力量而无眼睛——没有丝毫智力。但是兰斯多恩勋爵和铁良这类人是道德上的独眼龙，他们的力量是一种真正的力量，因而是一种道德力量。那些责备卡莱尔崇拜力量因而不道德的人，并不知道一切真正的力量都是合乎道德的——是一种道德力量。一切真正的力量都是建设性的，因而合乎道德的。外强中干式的力量，貌似强大的软弱者，犹如涂成钢材般的石膏，容易毁灭，因而是不道德的——因为当它付诸检验后，你会大失所望。一切真正的力量都是建设性的，因为一切真正的力量始终试图建立一种秩序，甚至在它要采取毁灭性的行动时也是出于建设的需要。一切真正的力量只是为了建设才进行毁灭，为了建立秩序才进行毁灭。①

兰斯多恩勋爵和满族人铁良等人的盲目力量——无理智的力量——乃是巨大的和真正的道德力量，因为兰斯多恩勋爵和铁良等人具有克己精神。孔子的弟子问他何为仁，孔子说："克己复礼为仁。"因此，中国的端郡王和他的义和团以及英国的妇女参政鼓吹者的狂热或崇高的疯狂是真正的力量，但不是健全的力量，因为端郡王和义和团以及英国的妇女参政鼓吹者并没有足够的克己精神。我可以说，住在北京和其他地方的贫穷满族家庭的满族妇女——我顺便提一句日本妇女——都是崇高的女性，她们为在这个动乱年代里保持她们的崇高品质而经受的苦难，甚于英国的妇女参政鼓吹者所受的苦难。但是，我们中国的这些妇女，特别是满族妇女和日本妇女，不会与警察争吵或冲撞；她们仅以苍白的脸庞，无神的眼神和深陷的面颊进行无声的抗议。当陌生人从她们身边走过或打算跟她们说话时，这些疲惫不堪而无法显出矜持，哀愁过度而无法显出温存的苍白脸庞立即转了过去，眼光里闪动着无声的尊严——

Illa solo fixos oculos aversa tenebat,
Nec magis incepto vultum sermone movetur,
Quam si dura silex aut stet Marpesia cautes.

① 真正的军国主义乃至作为一种真正力量的战争并非不道德。但是，侵略主义或虚假的军国主义，比如，现在的欧洲竞相建造无畏战舰并让那些佩戴红领章的贪得无厌之徒维持"和平"，所有这些都是不道德的。众所周知，在中国，这种侵略主义或虚假的军国主义意味着维护各种条约的"神圣权利"并花巨额费用拜见慈禧太后以向她表示"诚挚的友谊"，然而他们表示友谊的方式并不是吻她的面颊或与她握手，而是在她的面前、在长江两岸的饥民面前炫耀可怕的战舰。我认为，侵略主义，现代欧洲的虚假的军国主义并不是真正的力量，而是腐朽的混乱的力量。古斯塔夫·阿道尔弗(Custavus Adolphus)、奥利弗·克伦威尔和腓特烈大帝的真正的军国主义并非不道德。因为众所周知，那些军国主义给欧洲人民带来了持久和平，带来了良好的社会秩序和繁荣。但路易·拿破仑(Louis Napoleon)的侵略主义或虚假的军国主义是不道德的，其结果是王朝的覆灭和巴黎公社的出现。约瑟夫·张伯伦先生的侵略主义或虚假的军国主义是不道德的，其结果并不是给英国带来和平与繁荣，而是导致了妇女参政鼓吹者的出现，这些妇女参政鼓吹者整日与警察争吵和冲突。上海人都应该知道，亚历克西关将军(Admiral Alexeieff)的侵略主义除给上海带来别的东西之外还带来了不公平贸易和不幸。

(唯独她目不转睛地注视对面，
任何企图或话语都改变不了她的面色，
亦如坚硬的花岗石和马帕斯的悬崖巍然屹立。——译者)

任何想了解狂怒的中国义和团运动的英国佬，应该到北京或南京的满族平民区走一走，看看本该漂亮而高贵的妇女们所受的苦难。如果这个英国佬是个有头脑的人并且稍有一点崇高的品质，他就会为曾经说过汉人或满人凶残成性而羞愧。简言之，这些汉族和满族妇女，我顺便说一句日本妇女，具有真正的道德力量，因为她们的确有顽强的品格。她们具有孔子提到的古代高傲的男子们所具有的那种自我克制和冷静沉着——她们在自我克制方面胜过现代英国妇女，这些英国妇女与警察争吵冲撞而又同样受苦受难，但她们肯定不太顽强。

7

话说回来，虽然满族的铁良像兰斯多恩勋爵一样并没有荣禄和索尔兹伯里勋爵的“那种华贵气派”，但他像兰斯多恩勋爵一样具有克己精神。他克服了索尔兹伯里勋爵和荣禄的特有弱点：过分的敏感和刚愎自用。铁良像兰斯多恩勋爵一样以冷静沉着而闻名朝野，而冷静沉着是革命和国家动乱年代里不可缺少的伟大品质。借用俾斯麦的比喻说，如果荣禄同索尔兹伯里勋爵一样是块涂得像钢材一样的石膏，那么，铁良就像兰斯多恩勋爵一样是块水泥——坚硬的水泥。我们不妨将这个比喻进一步引申：在革命和兼容并蓄时代里，纽曼博士和张之洞这类信奉极端错误的理想主义的人士成了一团“气”；庆亲王和贝尔福先生这类信奉极端物质主义的人则成了一堆“泥”。但是，铁良和兰斯多恩勋爵等人甚至连何为理想主义或物质主义都不了解，而仅有好勇尚义之心，他们成了坚硬而纯净的水泥。水泥是造房子的好材料，也是抵抗风暴和洪水的袭击，防止房子突然倒塌的上等材料。但在环境迫使你改变和扩大你的房子时，建房用的水泥材料不仅毫无用处，而且会碍手碍脚，难以处理，遇到地震时甚至对房子和房里的所有东西构成威胁。

还是不用比喻吧。中国的铁良和英国的兰斯多恩勋爵这类人生性固执但有强烈的荣誉感和责任感；他们行为刻板，但刚直不阿；他们热爱秩序，敢作敢为，“坚韧不拔”，具有傲视一切的抵抗能力，尤其具有冷静沉着的品格——

> Si fractus illabitur orbis,
> Impavidum ferient ruinae
> （如果命运之星已经沉沦
> 则以毅然镇静地承受惨败为上——译者）

在国家动乱的年代里，这类人对消极抵御和防止全民道德品质的迅速败坏和完全毁灭以及社会与文明的全面崩溃具有不可估量的作用。纽曼博士和张之洞这类人的极端虚假的理想主义并不能防止全民道德品质的迅速败坏以及社会与文明的全面崩溃，而中国的庆亲王和英国的贝尔福先生这类人的悲观主义和犬儒主义往往只会加速这一过程并且使局势更加恶化。

8

事实上，兰斯多恩勋爵和满族的铁良这类人是现代的真正清教徒。现代文明的真正清教徒不是张之洞或战战兢兢的 horresco referens（败退者），不是英国的斯特德（Stead）先生和汉口的约翰·格里菲斯（Griffith John）神父这类人。但这些现代的清教徒是没有上帝的清教徒。我曾说过，他们的上帝颇像《旧约圣经》中犹太人的上帝。兰斯多恩勋爵和满族的铁良这类现代清教徒的上帝是荣耀和责任。他们既不了解又不承认《新约圣经》中的上帝的品格：爱与仁慈。当仁慈的上帝要求这些现代清教徒遵守真正的道德律，遵守比荣耀和责任的法庭更高的法庭的法律，即“宽恕罪人，体谅作恶者和违法者，甚至善待野蛮者”，当仁慈的上帝提出这种要求时，现代清教徒却回答说：“我们的上帝是妒嫉的上帝，我们必须光明磊落。”甚至当爱神看到满族妇女的苍白的脸色、无神的眼睛和深陷的面颊(我们早就看到了这一点)，他也会向铁良和兰斯多恩勋爵这类现代清教徒进行徒劳无益的求情。这些现代清教徒以温和而不留情面的语气回答说：“亲爱的，我不会对你痴情，除了荣耀，我什么都不爱。”

于是，现代清教徒决心光明磊落。中国的铁良决心不惜一切代价为中国重建强大的海军。兰斯多恩勋爵决心继续建造“无畏号战舰”。与此同时，中国的满族妇女的苍白脸色越发苍白，深陷的面颊越发深陷；而在英国，妇女参政鼓吹者们则与警察争吵冲撞，直到她们不是失去她们的全部女性品格，就是命归黄泉。因此，现代清教徒打算光明磊落，直到现代欧洲、现代世界听到这样一声呐喊：“潘神死去吧！”这声呐喊由于两千年前人们把犹太的拿撒勒的基督钉上十字架时古代欧洲所听到的呐喊。简言之，像过去的清教徒一样，铁良和兰斯多恩勋爵这类现代清教徒由于过分刻板地恪守道德而冒着丧失道德的危险，冒着使道德和文明无法存在下去的危险。

所以，就发展与重建工作而言，就发展民族精神以理解新时代的新的事实并且务实地面对和应付这些新事实而言，就这一具有积极意义的工作而言，中国的铁良和英国的兰斯多恩勋爵这类人简直是有百害而无一用，甚至在激励民族精神这项工作上(我说过，这是满族贵族在组织中国社会团体时的特殊职能)，铁良和兰斯多恩这类人同样过于刻板地恪守道德。他们的崇高品质就像一朵鲜花，像盛开在没有阳光的寒意袭人的昏暗天空下的秋菊——因色调阴冷、平淡和缺乏生气而不能触动人们的心扉，温暖人们的情怀，燃超人们的热情。为推动民族的发展——为激励人心，燃起民族的热情，以使全国人民能容忍和接受新的观念，我们需要满腔热情和狂放恣肆的男男女女，这些男男女女需有高尚的品质，拳拳的爱心和热烈的情怀——中国的端郡王及其义和团成员或英国的女参政鼓吹者都属于这样的男男女女，那些英国的女参政鼓吹者确实敢与警察争吵冲撞，她们就像我在苏格兰的一位女朋友最近来信所说的一样，“很少为自己着想，而是一心想着那些负担沉重的贫苦姐妹们”。[①]

孔子说：“不得中行而与之，必也狂狷乎！狂者进取，狷者有所不为也。”

9

如果说铁良是中国的满族贵族中最顽强、最优秀的人，那么，端方就是最软弱、最卑鄙的人。端方是中国的罗斯伯里勋爵。英国的罗斯伯里勋爵和中国的满族人端方与著名或不著名的维利耶人，与白金汉宫的公爵，与德莱顿[②]（Dryden）的讽刺诗中的吉姆利（Zimri）是一路货色——

> 一个人如此反复无常，他仿佛
> 不是一个人而是所有人的缩影。

的确，德莱顿对白金汉宫中那种性格软弱、反复无常、背信弃义而又头脑机敏的公爵的无情描绘（撇开时间和社会处境的关系不谈）也适用于英国的罗斯伯里勋爵和中国满族的端方这两个现代政府官员，在此，我姑且将德莱顿的所有美妙诗句一字不漏地抄录如下：

> 一个人如此多变，他仿佛

---

① 今日英国的这个“平民百姓”，这个没有崇高品质的悲观主义者和犬儒主义者要对温情脉脉的法国人所说的他们难以理解的“La brutalite des joumaux anglais（英国报纸的野蛮）”负责。英国的这个平民百姓没有公正地考虑以及人道地对待“女义和团员”或英国的妇女参政鼓吹者，而是给这些贫苦而高尚的、负担沉重的疯狂妇女取一些粗俗的绰号，以此来表现他的卑劣的犬儒主义心理或卑鄙无耻的怨恨情绪，这与上海的一家著名英文报纸常常把中国的贵族妇女慈禧太后称为“奴婢”毫无二致。

② John Dryden (1631—1700)，英国桂冠诗人，剧作家、批评家，写过 30 部悲、喜剧和歌剧，著有诗歌《奇异的年代》。——译者

不是一个人，而是所有人的缩影
一切从头做，有始而无终。
岁月之轮常转，
转出化学家、流浪者、政治家和小丑。

抱怨和赞叹常挂嘴边，
一切只为显示识见。
挥霍财富是他的专长，
除了沙漠，什么都能捞到油水。

被白痴搜刮竟不明所以，
家财全给了白痴，笑柄却留给了自己；
宫廷中有他的自嘲，结党中有他的宽慰：
鞍前走卒也想体会当首领的滋味。

罗斯伯里勋爵在伊顿公学读书时的老师威廉·科里对年轻的达尔麦尼勋爵(在上学时人们称他罗斯伯里勋爵)的评论，也适用于中国的满族人端方。科里在谈到达尔麦尼或罗斯伯里勋爵时指出，他“想不劳而获”。一个生活在动乱年代而不劳而获的人，总希望不经过艰苦的劳作和奋斗，不必“鞠躬尽瘁”就能获得生活的成功，博取高官厚禄，赢得显赫功名——这种人是不可能讲原则的。孔子说：“善人，吾不得而见之矣；得见有恒者，斯可矣。亡而为有，虚而为盈，约而为泰，难乎有恒矣。”

满族的端方，年轻时就开始了郎中生涯，属于在京的“精明派”。大约二十年前，内阁中有三个年轻执事，以挥霍无度和放荡不羁而闻名京城。北京华丽的歌妓院的老妇们至今仍记得并谈论到大荣、小那和端老爷。大荣即荣铨，在义和团运动爆发时任浙江按察使，被外国的外交官列入黑名单，并被罢官流放。小那即那桐，现任外务部会办大臣。端老爷或端家四公子，指端方，现任直隶总督兼北洋通商大臣。

这三位满族贵族在北京以学士身份而开始其为官生涯时，“我行我素，飞扬跋扈”——被北京的老人们视为“机敏有余，情趣不足的年轻人”，就像威廉·科里眼里的罗斯伯里勋爵一样。简言之，正如我早就指出的那样，端方在开始其为官生涯时是北京“精明派”中的“花花公子”。

要属于精明派，你就不可能有原则或宗教，也不必有原则或宗教，因为不问是在北京还是在上海，巴黎或伦敦，一切精明派除信奉人不为己，天诛地灭的原则之外，除知道自己的利益所在之外，就不知道其他原则。一切精明派除有“快乐的宗教”之外，再也没有其他宗教。但信奉人不为已，天诛地灭的精明原则的快乐宗教通常会很快消亡，除非他像英国的罗斯伯里勋爵那样大走红运，与百万富翁的女儿结婚——我认为，快乐的宗教不仅会很快以人的身败名裂而告终，而且会以现代人，特别是精明的现代人身无分文而告终——现代人对身无分文的恐惧甚于对赴汤蹈火的恐惧。因此，我发现，端方这个信奉快乐宗教而又不务正业的北京精明派的花花公子，这个年轻的满族执事，大概在中日战争时过了几年挥霍无度和放荡不羁的生活，但不久以后他就身无分文。一贫如洗的端方这个年轻的满族贵族做了伦敦或巴黎的贵族们在这种情况下常做的事情——端方试图出卖或抵押他的贵族声誉，事实上，他试图把这种声誉或把他与北京精明派交往时的油头粉面兑成现金，换言之，为兑换或乞讨现金，端方与阔佬们——银行家和买办——勾勾搭搭并且交上了朋友；对这些同属精明派的银行家和买办来说，端方这类人的贵族声誉不仅是个称心如意和令人垂涎的装饰品，而且是不可多得的生意招牌。事实上，端方成了在天津开设汇丰银行的著名买办吴廷棻这类人的保护伞和知心朋友。在天津端方甚至公开开设银行或让人借他的名义开设这些银行。我可以说，当这些银行在义和团运动爆发后陷于破产的境地时，当时任湖北巡抚的端方竟然无理拒绝偿还自己的债务；当他的债权人把他们的债券卖给在天津的美国公民时，端方竟让在京的美国公使康格先生出面制止美国人插手。

10

中日战争之后，端方找到了一条使自己摆脱身无分文的窘境的更好途径，这条途径甚至胜过他亲近并乞怜于天津的买办和李鸿章的德国小走狗。由于此时的李鸿章已经垮台，抱着强烈的雅各宾主义思想的康有为与其他中国激进党人相继得势，端方这个身无分文的满族贵族和从朝鲜归国的穷愁新贵袁世凯与激进党人和“雅各宾派”携手合作并且拥护康有为的改良事业。作为报偿，端方靠光绪皇帝的一纸维新诏书——与上面提到的在天津开设汇丰银行的前任买办吴廷棻一起——被委任为内务府高官，封三品卿衔，并派充督理农工商总局。时过不久，康有为倒台，其同党纷纷下狱，此时的端方却毫不犯难，而是凭精明派的狡猾和无耻摇身一变，转而拥护约翰逊博士所说的流氓的最后避难所——爱国主义。事实上，在康有为倒台、慈禧太后摄政后不久，端方就写了一首爱国歌或顺口溜，把慈禧太后及其光荣统治吹得天花乱坠。这样一来，端方就免遭了因与康党及其“雅各宾主义”有牵连而导致的严重后果。

尽管如此，这位抱有作为最后避难所的爱国主义思想的拮据贵族仍觉得北京是块是非之地。因此，端方密谋策划，依赖靠山获得了陕西监察御史之职，不久又晋升为该省布政使。义和团运动爆发时，谣言四起，说义和团节节胜利并且消灭了西摩尔将军指挥的正在接防的海军增援部队。此时，陕西的端方发了一份令人欢欣鼓舞的捷报给武昌的张之洞总督，建议他炸毁汉口和长江的所有通商口岸，以切断来自外国人及其战舰的一切补给。张之洞只得拍了一份措辞严厉的电报给这位以爱国者自命的年轻满族巡抚，告诉他，因人们愚昧无知形势十分严峻，他务必维持好所在省的秩序。端方以他惯有的精明立刻心领神会，随即改弦更张，不仅极力保护陕西的传教士，而且令人作呕地对他们大拍马屁。

后来端方从陕西调任湖北巡抚，从那时起他便放弃了没能从中捞到什么好处的爱国主义，并且极力讨好外国人，特别是讨好所有位高权重的外国人。但端方有时也热衷于讨好失业的外国人，而这些失业的外国人的最后避难所就是向中国人表示友谊。他们为混碗饭吃却要对一个身无分文的满族贵族的粗俗无礼、难以忍受的戏谑和嘲弄表示容忍和钦佩，因为他俨然是位总督。我可以说，端方是我在中国认识的不仅举止粗俗而且为人卑鄙的唯一满族高级官员。我记得，张之洞对满族的端方十分厌恶，他曾在武昌模仿端方走路一跛一跛的样子，并咬牙切齿地说："这个人居然也当上了一省的巡抚！"话说回来，端方也常常是在付出了代价之后才发现，讨好后一种外国人（我指的是失业的外国人）什么好处也捞不到。事实上，德莱顿对白金汉宫的公爵的评论也适用于端方及其外国朋友：

> 被白痴搜刮竟不明所以，
> 家财全给了白痴，笑柄却留给了自己。

不管怎样，端方自有他一时的嗜好，他的那些外国朋友并非白痴，而是精明的美国人，这些美国人投合端方对中国和埃及的古董的爱好，甚至用黄浦河道局的破铜烂铁来打发他。一旦端方有了一时的爱好，那些精明的美国人和他的其他外国朋友就可以从中国国库中得到一笔可观的收入作为津贴或其他形式的佣金。

然而，我不必进一步追述端方的为官生涯。众所周知，端方靠讨好外国人使自己被委任为五个帝国特使之一，出使欧美考察宪政。对端方来说，考察宪政和讨好外国人并不是目的，而只是发迹的手段。此处的发迹是指南京的总督职位。因此，端方归国之后春风得意，一举成为在南京的总督，正是在南京，端方像罗斯伯里勋爵一样成了帝国主义者。在满族的端方那里就像在罗斯伯里勋爵那里一样，帝国主义意味着颐指气使，就像约瑟夫·瑟菲斯那样只知高谈阔论，纵情声色和挥霍钱财。正是这种空洞的帝国主义精神使端方耗费巨资在南京建立了专门学校来培养在爪哇和其他荷兰殖民地出生的中国儿童。

也正是这种丧尽天良的空想的帝国主义精神使端方花费白银近百万两，设计并建造了一个优美的公园，其中的动物园居然还有两头小狮子！而他统治下的贫民百姓却在忍饥挨饿或生活在饥饿的边缘。事实上，自成为北京放荡的精明派成员，一直到现在当上了对千百万生民的福祉负责的大权在握的总督，端方一直恶习不改。端方从未忘记或丧失挥霍钱财的专长。正如他在年轻时把自己弄得一贫如洗一样，他也把他管辖的每个省——湖北、湖南、江苏和南京或两江带到了一贫如洗的边缘。上海的中国文人送他一个绰号——债帅。他们也把上海的一个周报送给我们尊敬的同僚和上海皇家学会会长约翰·福开森博士的雅号送给他。中国文人都说端方“应变有方”。

的确，已故张之洞也滥用公款，但张之洞本人却过着简朴的生活。当张之洞在武昌任总督时，全中国没有一个衙门像武昌总督衙门那样破旧和简陋。我可以自豪地说，我们这些张之洞的下属也不得不像我们的上司那样过着简朴的生活。我的老朋友和在武昌的同事、现任外务部尚书梁敦彦，在不得不接待那时的铁路总办和李鸿章寡头政治集团的首富盛宣怀时，只好用一床普通的红毛毯盖上破“炕”或客厅里的中国式沙发。

但在满族的端方和他的下属们那里，情况却迥然不同。端方与他的下属为了他们所说的帝国主义而大肆挥霍公款，他们认为自己的职责就是过着豪华的生活以激励他人。信奉帝国主义的端方连做梦都想使中国繁荣富强，并认为达到这一目的的最好途径是他本人成为富豪或千方百计过富豪的生活，从而为国民树立一个好榜样。事实上，我们看到，已故的张之洞主张这样一种站不住脚的奇特理论：中国人作为个人必须严格遵守儒家原则并努力成为真正的儒家君子，而中华民族（中国这个国家）必须把儒家原则抛到九霄云外并且成为食肉动物；中国的端方及其下属主张一种更为奇特的理论：中华民族必须坚持儒家原则，而中华民族的个人却可以将儒家原则抛到九霄云外，并且只求飞黄腾达以便能不劳而获——可以昧着良心获得生活的成功。换言之，英国的罗斯伯里勋爵和中国的满人端方这类在现代社会里以帝国主义者自诩的人，与莎士比亚笔下的奥菲莉娅谈到的那个令人生厌的牧师毫无二致——

> 他向人指出了通向天堂的荆棘之途，
> 自己却像趾高气扬而又漫不经心的浪子，
> 踏上放荡不羁的享乐之路，
> 而把自己的忠告抛到了脑后。

11

总之，端方是个已经丧失满族人的好勇尚义精神的满族贵族。两年前，我在北京时，曾听到他的一个秘书跟张之洞说：假如朝廷对中国的巡抚和总督进行一次考试并给丧尽良心的人颁奖的话，端方准可以得头奖。为此，年迈的张之洞哈哈大笑起来，连连点头称是。事实上，除袁世凯之外，没有一个高级官员像丧尽良心的端方那样造成了近代中国公益事业的道德败坏。平心而论，端方比袁世凯要好得多。端方天生就有好勇尚义之心或一度有过好勇尚义之心。而新贵袁世凯不过是个贪婪成性、狡猾无比的奸诈之徒——卡莱尔把这类人称为狡黠的智慧，缺乏优雅与温馨的智慧或被欲望所强化的常识。就满族的端方而言，他身上的好勇尚义之心的丧失使他像罗斯伯里那样深受“失眠”之苦；而就袁世凯这类一贯卑鄙无耻之徒来说，过着丧尽良心的生活，过着骄奢淫逸的生活，只会使他们变成脑满肠肥的矮胖子。然而，端方之流归根结底还不是卑鄙无耻之徒，但其道德品质终因缺乏思想、刚愎自用和纵情声色而被耗竭和败坏——这类人对国家的最大危害在于，一旦对他们委以要职，全国的蛀虫恶棍就会集中到一起，这类人会像蚂蚁和腐肉上的杆菌一样聚集起来，他们不仅会吃掉这些弱者本人，而且会危及国家精神生活和物质生活的命脉。当端方最近离开南京赴北方时，一位中国学者和诗人在上海的一份报纸上匿名发表了一篇措辞尖刻的文章，说端方在南京任总督时“狐鼠都来穴建康”。简言之，中国的端方和英国的罗斯伯里勋爵之流的最糟糕的地方在于，当他们成了内阁总理大臣或总督时，就会像德莱顿谈到的白金汉宫的公爵一样——

挥霍钱财是他的专长，
除了沙漠，一切都能捞到油水。

孔子说：“色厉而内荏，譬诸小人，其犹穿窬之盗也与？”这些话可以说是对英国的罗斯伯里勋爵和中国的满族人端方这类自称为帝国主义者的现代人的描述。

12

在本文的开头，我曾对满族贵族及其好勇尚义之心备加钦佩与赞赏，以致人们会认为在此著文不免动机不纯或心怀偏见。但我所钦佩和赞赏的乃是确实存在于中国的满族贵族身上的优质材料或“贵重金属”。我必须指出，在现在的中国，满族贵族的现状的确远远不能令人满意。

像英国贵族一样，满族贵族本是一个军事部落或特权阶层。明朝末年，当中国的汉族统治阶级，复兴汉族的伟大爱国皇帝（我指的是明朝的开国皇帝）的残余继承者，通过艰苦的战斗把蒙古游牧部落赶出中原，从而恢复了汉人的好勇尚义之心，恢复了古代汉人的骑士精神——当中国的汉族统治阶级大约在三百年前再次衰落，丧失了他们的崇高品质并且不能捍卫中国的文明时，住在满洲里北部白雪皑皑的高山上的一个尚未衰落的、由勇敢的北方人组成的部落——原来仅由二十八甲组成——来到中原地区，教导和帮助中国的统治阶级，追求中国人民的精神幸福和物质幸福，捍卫中国的文明。简言之，中国现在的满族贵族，原来的军事部落或特权阶层，成了全国的核心或酵母，激励着、塑造着中国的新的统治阶级并且使新的统治阶级变得高尚起来。

但是，就像英国的不列颠贵族一样，中国的满族贵族在经过艰苦卓绝的战斗之后，赢得并且重建了伟大的中华帝国，他们渐渐把这个具有悠久文明的泱泱帝国不是看作值得他们关注的神圣希望之所在，而是看作他们有权享受的遗产或既得利益。他们以为，除了过着奢侈的生活，享受美酒佳肴以及鼓励有益于劳动阶级的贸易之外，就没有其他生活责任。有人讲过一个真实可信的故事，它涉及在太平天国运动前被任命为广东总督并且交际广泛而又目不识丁的满族高级官员。这位出生高贵的满族贵族把所有时间都花在收集和布置玻璃制品和鼻烟壶上——而丝毫不尽总督的职责，当别人规劝他时，他竟然说："我的职责！亏你想得出！难道你不知道我们满族人受皇上的恩典，不是来当总督办事的，而是来享福的。"遗憾的是，我们中国尚无一本可与法国的格拉蒙(Gramont)公爵的回忆录或最近在英国发表的卡丁格(Cardingan)女士的回忆录相比的作品，对太平起义前的中国上层社会的腐朽状况进行真实可信的描述。但在中国有一本叫做《红楼梦》的非常著名的小说。据可信的说法，这本小说是以真人真事为依据的——以一个名叫明珠的满族大贵族的家族兴衰为依据的。明珠曾因和珅的倒台而倾家荡产，在乾隆年间，后者是一个有权有势和贪婪成性的政客，后被乾隆的继承者嘉庆皇帝处死。然而，《红楼梦》这本小说并不像《金瓶梅》的风格那样是现实主义的。因为《金瓶梅》描述了明朝末年的社会状况而成了一本名副其实的现实主义小说，其分量胜过左拉的任何作品。在《红楼梦》中，那种没有崇高理想的社会生活，那种除了吃喝打扮和男欢女爱之外就无所事事的上层男女社会——所有这些仅被粗略地勾画出来：有关违反第七条戒律的那些不堪入目的细节只是一笔带过和得到暗示，而没有进行多少描述。尽管《红楼梦》是一本非现实主义小说，但我们可以透过故事情节中的一件小事看到，在中国满族贵族中，上层社会的俊男倩女们在某些方面的堕落已经何等之深。小说中的一位主人公在谈到满族的庞大贵族家族时指出："在这个庞大的家族中只有两样东西是纯洁的，那就是大门前的两头石狮。"

的确，正如我在本文的开头所说，中国的满族贵族的好勇尚义之心的丧失，崇高理想的丧失，因而还有道德原则的废弛，已使他们不能提供全民族所期待的崇高指导——正是这一点产生了铺张浪费的毒瘤，这种毒瘤最终导致了太平起义的剧变和震撼。如果说中国的满族贵族在太平起义前犯下了滔天罪行，那么，当头裹红巾的狂热的太平起义军突然间猛烈地扑向这些住在中国各驻防城市的满族显贵时，他们的滔天罪行得到了不折不扣的惩罚。这些满族显贵们不愁生计、贪图享受、腐败堕落、无恶不作却享有特权。用希伯来人的预言说："魔鬼已经胀大，张开了血盆大口；他们的光荣，他们的丰富性，他们的浮华，将随着他们的欢欣鼓舞而掉入其中。"事实上，在太平起义刚刚爆发时，驻扎在中国不同城市的许多满族驻军的全家老小几乎完全覆灭：男女老少乃至婴儿全被狂怒的太平军残暴地消灭，这些太平军将所有满人和与满人站在一边的汉人视为妖魔鬼怪。

如前所述，太平起义后，中国国家权力从满族贵族手里转到了中国文人——中国的中产阶级手里，由于丧失了国家的主动权，中国的满族贵族也无法履行组织社会群体或社会秩序的特定职能——无法激励和引导中华民族过一种高尚的国家生活。由于满族贵族没有发挥他们的特定职能，他们也就没有理由在中华民族的社会群体中继续存在下去。简言之，像形成英国王室的不列颠贵族一样，享有特权的中国满族贵族已经成了畸形物。因此，如果没有某个外来的群体或其中的某个精明强干的人对满族贵族进行改革并给他们注入新的生机，我们中国的皇室只能像英国的王室一样惨遭灭亡的命运。但矛盾也随之出现：如果我们按中国改良派和革命派的建议，像英国的激进派和社会主义者建议消灭英国王室那样消灭我们的满族贵族，那么，国民将会丧失好勇尚义之心，丧失勇毅与气节的凝聚点。

13

阿尔诺德对他那个时代的英国贵族的评论也适用于中国现在的

满族贵族。阿尔诺德指出："我们不知道世上是否还有人像一般的上层英国佬那样愚昧和迟钝，以致不知社会生活实质上是如何进行的。这种上层英国佬既没有思想，也没有我们中产阶级所具有的那种执着精神，我常说，这种执着精神是中产阶级的强大力量并且可以成为它的救星。嗨，人人都可以听到一个贵族阶级的年轻富豪什么时候会心血来潮地唱起对财富和物质享受的赞歌，唱起这些带有犬儒主义色彩的赞歌，而对这种犬儒主义，我们勤劳的中产阶级的十足庸人的良知会战战兢兢地退避三舍。"

至于我们的满族贵族缺乏智力，任何被迫与北京人所说的满族大爷打交道的人都可以告诉你，这个毫无理性、戴着蓝翎或红翎的白痴如何与你谈判和论辩，他对谈判或论辩一无所知，直到有人感到他必须逃走以免发疯，或者被迫掐死和勒死这个脸无血色、目光呆滞、嘴中嘟嘟囔囔的白痴。但中国现在的满族贵族的最大缺点在于缺乏执着精神。除了在我看来具有过于执着的缺点的现任摄政王之外，我在北京见过的大多数满族亲王和其他显贵不仅没有意识到国家事态的严重性，而且没有意识到他们在这个国家的社会地位已岌岌可危。正如拿破仑谈到前一个世纪的波旁王朝一样，自太平起义以来，甚至在义和团暴动之后，中国的满族贵族吃尽了苦头，但他们并没有吸取教训。许多满族贵族身上剩下的唯一的东西就是自高自大——身无分文的苏格兰姑娘对往日门第的那种自高自大。

在上述方面毕竟还有许多例外。在现有的满族贵族中不少人，如铁良和其他一些人，仍有强烈的荣誉感和责任感。刚正不阿是中国满族贵族的一个可贵道德品质，这种品质是他们的强大力量并且可以成为他们的救星。即便是具有上述种种缺点的满族人也有刚正不阿的品质：他们思想单纯，因而性格豪爽、生活简朴。曾留学法国的现任外务部侍郎联方在天津当过李鸿章的下属，如果他愿意的话，他完全可以像李鸿章保护的所有人一样飞黄腾达。而现在，他也许成了全中国最贫寒最简朴的留学归国人员。另外还有现在的满洲里总督锡良，他一开始只是个小小的地方官员，以后升为大权在握的总督，但依然两袖清风，为人谦和，生活简朴。如果我不是怕本文过长的话，我就会一一列举我在官场内外所认识的许多思想单纯的满族贵族。他们举止优雅，具有法国人所说的那种出自内心的礼貌；他们是十足的绅士；只要他们知道如何尽职尽责，他们都会乐于担负起自己的责任并且随时准备为他们的君王和国家的荣誉而献身。然而，我在此只想再提一下满族的妇女，特别是那些出身寒微的满族妇女。她们仅靠政府的微薄补贴维生。她们自我克制，不得温饱却要辛勤劳作，以千方百计像真正的贵族妇女那样去生活，对她们的孩子、丈夫、父母和祖辈尽自己应尽的责任。①

14

综上所述，如果不怀偏见地看待当今中国的混乱不堪和道德败坏的状况，我就必须指出，在中国的满族贵族身上仍然可以找到那种形成更加和谐的秩序、建立真正的新中国所必需的那种良好素质。诚如阿尔诺德所说："在我们所生活的这个发展时期，由于生来就固守既定的事实，由于缺乏对事物的不断变化的意识，面对一切人类制度的必然更替，所有贵族很可能感到迷惑不解和无所适从。"事实上，在发展时期最为需要的是思想和能够理解思想的人。遗憾的是，不重视文化

---

① 已故伏伯(Archibald Forbes)先生在谈到一八七一年巴黎被围期间人民所受的苦难时指出："正是那些傲慢自大和有固定薪水的人没有得到报酬，他们在围困期间受尽苦难，也正是他们最难以救济。妇女们最为固执、最为傲慢。守门人使分发救济品的人确信这层楼上有两个老太确实在挨饿。当你按响她们的门铃时，她们会庄重而有礼貌地出现在你的面前。'英国人真是太好了，仁慈的上帝会奖赏他们。顶楼有一些穷人迫切需要救济。我代他们谢谢你。不，他们不可能接受施舍。Merci：bonjour，monsieur！'(谢谢，早晨好，先生！)她们露出无神的眼睛、深陷的面颊，随后就把门关上了。啊，那简直是让人苦闷的工作。"中国的满族家族也是傲慢自大和有固定薪水的人，由于国库空虚，其微薄的收入难以维生。中国的满族妇女也是最固执、最傲慢的妇女。我认识一个住在广州的满族老太，她丈夫在英法联军占领广州时被杀。她儿子在她丈夫死后两个月才出生。这位满族贵妇人的确是忍饥挨饿把她的儿子抚养成人，让他读书并及时为他娶亲。当我认识她时，她的儿子——我的亲密朋友正在中国邮传部当一名小官，月薪三十两。而这位年迈的满族贵妇人在为她的教女——我的已过世的妻子举行生日庆典时出手大方，彬彬有礼，简直像个王妃。

修养的中国满族贵族像所有贵族一样都是些几乎不能理解思想的人。但即便中国的满族贵族没有思想并且不能理解思想，他们身上仍有某种可贵的品质，没有这种品质，我们不仅不能建成和谐的新秩序和新中国，而且旧的秩序，旧秩序中的精华，中国文明的精华必然会走向崩溃和毁灭。满族贵族身上的这种品质用一个词来概括就是，毅力或执着，这种品质在现在中国的任何阶层身上都难以找到，至少在我们平庸的中产阶层身上、在今日的中国文人身上难以找到。我可以说，除了现任南京总督(他是福州海战的英雄张佩纶的侄子，虽然他当时年纪很小未能成为牛津运动的实际成员，但他是在牛津运动的精神影响和熏陶下成长起来的)等少数几个例外，从粗俗的上海中文报纸、从张淑河的庭院中的那种更为庸俗的“杂耍演出”，就可以看出今天的中国文人，我们平庸的中产阶级已经完全丧失了他们的毅力，事实上丧失了除虚荣和自大之外的每一种道德品质。的确，中国平民的毅力，中国的勤劳阶层的毅力至今尚未受到多大的损害。中国的平民百姓没有政治权力，也幸亏他们没有政治权力，因为中国百姓的真正巨大的道德力量是一种粗俗的力量，这种力量虽然强大，但没有满族的道德力量所具有的那种优雅之气。因此，一旦像在太平起义和义和团暴动时那样，唤起中国的真正民主力量来行使它的否决权，那种否决权只会成为可怕的毁灭力量。

简言之，建立良好的新秩序，建立新中国的唯一基础或基石就是中国的满族贵族。我早就说过，满族贵族，中国的“上议院”必须改革。我们中国人和英国人的当务之急就是对贵族进行改革。只有这样，我们才能有所作为。中国的满族贵族就像比肯斯费尔德勋爵时代的不列颠贵族一样(我今天仍然这样认为)，在道德上仍是健全的。但中国的满族贵族需要领袖——一个有思想并且能理解思想的带头人。我们的满族贵族还有铁良这样优秀的人物，甚至还有现在的摄政王这样更为优秀的人物。我将表明，现在的摄政王就像铁良一样，心地纯洁，刚正不阿，在精神上受到牛津运动的影响和熏陶。所有这些人只能维持——并且他们在尽力维持——旧秩序，保存中国文明的精华，以免它们走向崩溃和毁灭。但为了积极的发展工作,为了建立良好的新秩序,为了建立新中国,我已指出,满族贵族需要领袖——需要有思想并能理解思想的带头人。在维多利亚时代中期,不列颠贵族以比肯斯费尔德勋爵作为他们的领袖,他具有庸俗的中产阶级和英国未开化的贵族阶层都不具备的优点。因此,中国满族贵族也许能在留学外国的中国人那时找到他们的领袖,这个领袖一方面不应有中国文人的迂腐、自大和不切实际的空谈,另一方面不应有满族贵族的傲慢和阶级偏见。事实上,他必须兼有对古老中国文明的道德价值和美好事物的真正鉴别力与对现代欧洲文明的发展观念和进步思想的深刻理解力。在这种情况下,如果能劝说外国列强派遣一些不仅擅长外交和起草公文,而且对文明的各种问题有所了解且学养有素的人出任北京公使,如果这些公使不仅不干预我所提到的留学的中国人并让他放手大干,而且给他以道义上的支持,那么,我们就可望在中国进行真正的改革,就可望建立一个新中国,建立一个不只是为中国人而存在而且是为文明和全人类而存在的新中国。Ab integro soeclorum nascitur ordo!(必须重新恢复秩序!——译者)

第四章 政权空白期：中国的三寡头政治

1

我已指出，当李鸿章在中日战争之后垮台时，中国文人一度陷入群龙无首的状态。但我本应指出的是，中国文人中的自由派陷入了群龙无首的状态。曾侯爵逝世后，中国国家权力落到了中国文人手里，而中国文人又分为两大派系，一是湘军派，一是淮军派。湘军派是湖南人和保守派，其总部设在南京。淮军派是安徽人和自由派，总部设在天津。曾侯爵逝世后，保守的湖南派渐渐失势。在太平起义期间曾浴血奋战、现住南京的湖南人，除了从国库中领取养老金的特权之外就一无所有。当那种特权也成了疑问或被取消时，长江流域风起云涌的哥老会(秘密会社)又在威胁着帝国政府。另一方面，以李鸿章为首的住在天津的安徽自由派已经得势，直到独揽一切国家权力，特别是掌管经费开支、分配“肥缺”、任命中国国家公益事业中最有利可图的职务等权力。

当李鸿章在中日战争之后垮台时，住在天津的安徽自由派土崩瓦解，并如上所说陷入了群龙无首的状态。然而，住在南京的湖南保守派却有自己的领袖——已故的刘坤一总督。事实上，李鸿章垮台后，安徽自由派日渐解体，而新兴的康有为激进派尚未形成气候。刘坤一不仅成了保守的湖南派的领袖，而且成了所有中国文人的名义上的领袖。

从某种意义上说，在近代中国的政治生活中，刘坤一相当于威灵顿公爵。像威灵顿公爵一样，他并不是学者，甚至不是文人，而是军人。与威灵顿公爵不同的是，刘坤一是中国的苏格兰高地人。中国的长江流域相当于中国的苏格兰。汉口以上的长江上游，包括湖泊众多，层峦叠嶂的湖南省，形成了中国的苏格兰高地。汉口以下的长江下游，包括安徽和南京在内，形成了中国的苏格兰低地。住在长江流域的人具有苏格兰人的所有特征。长江下游的中国人就像苏格兰低地人一样精明、刁钻、务实，性格上近乎冷酷、贪婪和吝啬。比如，李鸿章就是在长江下游土生土长的安徽人，他像苏格兰低地人一样精明、刁钻，对“蝇头小利”或中国的“碎银”概不放过。另一方面，长江上游的中国人，特别是湖南人都是高地人——粗野、迟钝、冷酷、节俭但不吝啬。然而，不论是长江下游的中国人还是长江上游的中国人，就像苏格兰低地人和高地人那样，具有一个共同特征，那就是，他们具有其他省份的中国人，至少是广东人所不具有的“韧劲”或执着。事实上，主要是身上具有苏格兰人的那种韧劲的湖南人和安徽人，竭尽全力镇压了轰轰烈烈的太平起义。

我已指出，刘坤一不是学者，而是军人——一个终身举止粗俗、反应迟钝，始终操着特别刺耳的湖南土腔的、粗声粗气的高地兵痞。刘坤一没有文化修养，甚至连李鸿章的那点文字功夫都不具备。但刘坤一像威灵顿公爵那样驰骋疆场并在征战太平军时声名远播。长期的戎马生涯使他对人对事洞悉入微，并能做出成熟的判断。而且，刘坤一像威灵顿公爵一样具有强烈的荣誉感和责任感。事实上，刘坤一是最后一位刚毅和执着的中国文人，即便是满身儒雅之气的张之洞也没有这种刚毅或执着。我早就指出，满族人是中国唯一有毅力、有教养的阶层。

孔子说：“刚毅木讷近仁。”当义和团狂热于1900年在华北暴发时，当北京的朝廷在列强占领大沽港后被迫宣战时。南京的刘坤一给皇上拍了一份电报说，他认为把战争恐怖带给他的臣民是不妥的，如果外国进攻他管辖的任何地区，陛下可以放心的是，不管胜败如何，他都会为了中华帝国的荣誉而血战到底。孔子说：“可以托六尺之孤，可以寄百里之命，临大节而不可夺也。君子人与？君子人也！”

2

刘坤一死后，中国文人处于三寡头政治的领导之下，三头政治的成员是张之洞、袁世凯和前任两广总督岑春煊。中日战争之后，中国所有受教育阶层都处于绝望之中，处于绝望中的所有保守派和自由派都倾向于与康有为的激进党人携手合作；这些激进党人提出了全面的改革计划，这一计划后来发展为狂热的“雅各宾主义”。然而，张之洞第一个对康有为及其激进党人保持了警觉并且脱离了他们。众所周知，张之洞曾发表声明对他们进行抨击。正是牛津运动的影响，正是对美丽和温馨的牛津式的热忱，对丑陋和粗鄙的反感，使张之洞摆脱了康有为的粗俗而狂妄的“雅各宾主义”。我可以说，张之洞在整个社会生活中对民族的最大贡献就是，在中国历史的关键时刻使自己和追随他的中国文人脱离了康有为及其激进党人。如果张之洞与中国文人始终支持康有为，我不知道中国是否会发生内战。不管怎样，如果张之洞和中国文人没有及时脱离康有为及其激进的追随者，已故慈禧太后就不可能轻而易举地对付和镇压他们并使国家摆脱他们的狂热的“雅各宾主义”所造成的灾难性后果。

三寡头政治的另一个成员袁世凯也在最后关头脱离了康有为及其激进党人朋友。就张之洞而言，正是他的崇高品质，正是牛津运动的影响所培养的优雅之气使他脱离了康有为及其激进党人。就袁世凯而言，恰恰是他的卑劣品质使他脱离了他的激进党人朋友——康有为及其同党。

3

袁世凯是中国的张伯伦。索尔兹伯里勋爵曾称张伯伦先生是杰克·凯德。的确，中国的袁世凯和英格兰的张伯伦先生就像杰克·凯德一样属于平民党，代表着他们各自国家的平民的粗俗举止和低级趣味。每个国家的平民并非不讲道德，中国的平民甚至很讲道德，他们肯定比中国的受教育阶层、比中国的文人更讲道德——这里所说的道德是指动机纯正，能够兢兢业业从事艰苦劳作。尽管中国平民有道德，但他们并不高尚。中国平民之所以不够高尚是因为他们没有征服和宰制自己的欲望。一个想变得高尚的人首先必须征服和宰制他的兽性，即欲望。平民的确有力量，但那种力量来自他的强烈欲望，因而不是一种高尚的力量。再者，从职业的性质看，平民们举止粗俗，没有优雅之气，而没有优雅之气再加上强烈的欲望就会使得平民一旦掌权就变得十分残忍。因此，代表各自国家平民的袁世凯和张伯伦，既有他们所代表的平民的卑劣品质，又有他们的优秀品质。他们都是强者，但我已指出，他们的力量来自他们具有强烈的欲望，因而是一种粗俗的、残忍的力量。此外，他们都有朴素的智慧，但这种智慧缺乏优雅与温馨，英国人把这种智慧称为常识。住在中国的外国人把它叫作刁钻。事实上，中国的袁世凯和英国的张伯伦先生具有十足的刁钻。他们了解康有为这类渴望太平盛世的激进党人不太了解的东西，这就是生姜入嘴才是辣的，争夺别人的面包和黄油十分愚蠢，因为一旦别人失去了黄油和面包，他就会无恶不作，即便他能够创造太平盛世。

如前所述，正是卑劣的品质使袁世凯背叛了他的激进党人朋友，就像中国的端方和英国的罗斯伯里勋爵一样，并非道德原则的优劣使中国的袁世凯和英国的张伯伦先生这类人改变了他们的政治观点。在袁世凯和张伯伦先生那里，一切都是冰冷的算计，袁世凯没有康有为和激进党人对太平盛世的那种热情和渴望。他之所以与他们联合仅仅是因为他老谋深算地认为，李鸿章垮台之后康有为和激进党人有好牌在手。当他看到他们出牌鲁莽并有可能输掉的时候，他就背叛了他的朋友。事实上，就像张伯伦先生一样，袁世凯既没有满腔的热忱和高尚的动机，也不能理解热忱和高尚的动机。正因为不能理解和同情义和团运动的高尚狂热，当时任山东抚巡的袁世凯以极其残忍的手段不分青红皂白地惩罚和镇压该省那些狂热的义和团青年，这些青年都是些农民并且处于群龙无首的境地。袁世凯这样做虽显得鲁莽，但使他一度获得了那些像他一样缺乏头脑的卑鄙的外国人的赏识。简言之，中国的袁世凯和英国的张伯伦这类人已把平民的粗俗和残忍集于一身。

4

袁世凯一开始是中国的吴长庆将军的一名随员，吴将军当时受大清帝国政府的派遣带中国军队驻扎在朝鲜的济物浦（现在的仁川——译者）。袁世凯是赫赫有名的袁甲三的远房侄子，袁甲三在早年对太平起义军的征战中任总督并督办军务，他手下的许多官员接下来都成了将军。在朝鲜的吴长庆将军就是其中之一。童年时的袁世凯被他的家人作为不可救药的恶棍赶出家门。被家庭遗弃后，袁世凯由程文炳照料和哺养，程文炳也是袁甲三的下属，不久前还任长江水军提督或统领。这位程提督的独生子与袁世凯同窗，他告诉我，儿时的袁世凯刁蛮任性，自私自利，完全不能信任。

卡莱尔在描述耶稣会的创始人罗耀拉（Ignatius Lyola）时指出："这是一个风华正茂的西班牙军官，他有着比斯开湾人的血统，因贪婪成性，骄横跋扈，耽于声色和独断专行而臭名远扬。尽管众说纷纭，但世界就这么回事，世界是个食品橱和妓院，那里的大蒜、牙买加胡椒、不幸的女人、其他香料和佐料一应俱全，正等待他去狼吞虎咽。其他的一切都是骗人的鬼话。罗耀拉奉行这种理论生活了三十年左右。"

袁世凯在他的老家河南省也奉行这种生活理论，直到倾家荡产、身无分文。那时他尚能向那些一心想摆脱他这个年轻流氓的朋友们借钱，以付去朝鲜的路费。在朝鲜他成了上面提到的吴将军的随员。尽管袁世凯是个十足的流氓，但并非无能之辈，因此他不断青云直上，直到在李鸿章的影响下被任命为驻朝鲜负责交涉和通商事宜的全权代表，这样袁世凯就成了盘踞天津的李鸿章的腐败政治集团的最年轻成员。

5

像英国的张伯伦一样，中国的袁世凯是个新贵和暴发户，而新贵和暴发户的标志就是得意忘形。不少外国人与那些拥护天津的袁世凯的留学归国者打过交道，他们可以从这些留学归国者的奢侈生活中看出他们的举止的特征——得意忘形。北京的中国文人把在天津并与袁世凯为伍的那帮人称为嫖堂吹牛党。两年前，我在北京时，一名监察官在街上与我同路，当他看到袁世凯叼着纸上烫金的香烟，乘一辆崭新的外国四轮马车在趾高气扬的侍从们的前呼后拥下经过时，他动情地向我背诵了《诗经》中的一首诗：

骄人好好，
劳人草草；
苍天苍天，
视彼骄人，
矜此劳人。

事实上，袁世凯试图模仿满人荣禄的华贵气派；我知道，京津两地的许多外国人已经受骗上当，误以为袁世凯的阔气就是满族人荣禄的真正华贵气派。已故的满族人荣禄虽有各种各样的缺点，但他是个天生的贵族，袁世凯则不过是个新贵和暴发户。我曾对袁世凯的随员唐绍仪说，袁世凯是个徒有虚名的百万富翁。事实上，袁世凯的模仿的华贵气派或阔气，只是徒有虚名的百万富翁的神气活现。

正像英国的张伯伦先生的趾高气扬从根本上加速了南非的布尔战争的爆发一样，袁世凯在朝鲜任驻扎官期间趾高气扬也促使中日战争不可避免。当这场战争真正爆发时，袁世凯本人被趾高气扬产生的严重后果吓坏了并且逃回了天津。在他回天津之后，李鸿章对他十分冷淡。平心而论，李鸿章并不希望战争并因为他的这位热衷于吹牛的受保护人挑起了战端而对他大发雷霆。于是，再次沦落街头、穷愁潦倒并且负债累累的袁世凯，便尽力巴结李鸿章寡头政治集团中最有权力的人物盛宣怀，要他出面向李鸿章说情，以重新博得李鸿章对自己的赏识。但一切都枉费心机。为此，袁世凯一直对那位有权有势的盛宣怀怀恨在心，当袁世凯当上直隶总督时，他就剥夺了盛宣怀的中国电报局总办和中国轮船招商局总裁职务。这件事是我从盛宣怀本人那里知道的。

由于未能成为李鸿章寡头政治集团的成员，袁世凯便极力巴结北京的满族贵族。凭借年轻时的老保护人程文炳将军的势力，袁世凯当上了满族人荣禄所统率的新建陆军的副统领。但在他与满族贵族建立牢固关系之前，李鸿章就已垮台，康有为和中国激进党人随之得势。袁世凯以为他看准了时机，便与康有为和激进党人过从甚密，但众所周知，袁世凯在最后关头背叛了他的那些激进党人朋友。从这时起，袁世凯便死心塌地地与满族贵族进行联合并且组成了所谓的中国"统一党"。正像张伯伦先生成了英国的索尔兹伯里勋爵的心腹一样，袁世凯也成了中国的满族人荣禄的心腹和走狗。

我不必进一步追述袁世凯的为官生涯。袁世凯后来从天津新建陆军的指挥官调任山东巡抚，此时正值狂热的义和团运动爆发之际。我们已经看到，由于袁世凯完全不懂得这场自发的愚蠢暴动的高尚动机，他以卑劣而残忍的手段无情地镇压和惩罚那帮无人领导的疯狂农民。随后，袁世凯又从山东巡抚调任直隶总督和北洋通商大臣。在他到天津之前，八国联军占领天津时成立的天津临时政府清扫、改建了天津的现代欧式市政建筑。当袁世凯从外国临时政府那里接管天津时，他对外国人在天津这个欧式城市里所看到的那些进步和改革的外观深信不疑。我曾指出，刘坤一死后，袁世凯与张之洞和当时的两广总督岑春煊一道成了三人政治集团的成员。

我本不该费神对这位现已垮台的中国的张伯伦的生平和品格进行如此详细的叙述，我之所以这么做不过是因为这样的事实：马礼逊博士和中英两国的所有英文报刊都以权威般的自负乃至傲慢口吻(虽然这对正确理解中国的真实情况并无大碍，但这简直荒唐可笑)，试图把他们的这尊泥塑偶像袁世凯描绘成拯救中华民族必不可少的一代中国伟人，并因此对袁世凯加以神化，而不相信中国现任摄政王的现行政制。英国公众舆论一度制造了李鸿章这尊偶像，甚至智力与已故宓洁先生不相上下的英国佬们也把李鸿章称为中国的伟大老人。可现在有哪个英国佬为宓洁先生的伟大老人说句好话呢？①

公正地讲，李鸿章并不是个道德败坏的恶棍。李鸿章不过是个庸人而已。他庸俗粗鄙但并不狂暴凶恶。康有为和中国激进党人则狂暴凶恶，但并不庸俗粗鄙。他们的雅各宾主义中有一种理想主义色彩，有对一夜之间出现太平盛世的热切渴望。但袁世凯把庸人李鸿章的庸俗粗鄙与激进党人康有为的狂暴凶恶集于一身。事实上，中国的袁世凯和约瑟夫·张伯伦都是变节的激进党人。

6

在不谈袁世凯之前，我想明确指出这类庸俗粗鄙和狂暴成性的人对真正的改革和进步事业、对世界的文明所造成的危害，而这种改革和进步事业旨在实现他们各自国家的真正高尚的民族生活。众所周知，张伯伦先生采纳了比肯斯费尔德勋爵的帝国主义。但是，使大英帝国强大起来的帝国主义在比肯斯费尔德勋爵那里仅仅是达到目的手段。这种目的不仅是为大英帝国建立好的政府，而且是要建立世界的文明。换言之，比肯斯费尔德勋爵想使大英帝国强大起来，仅仅是

① 上海公共场所只有两尊雕像，一尊是李鸿章的雕像，另一尊是拱廊上的巴夏礼！从一个民族所崇拜的神或英雄就可以了解这个民族的品格。上海的中国人和德国犹太走狗把李鸿章作为英雄来崇拜。英国人则崇拜巴夏礼先生。巴夏礼先生就像中国的李鸿章一样，是阿诺德所说的中产阶级自由派庸人的典型。而戈登将军这个曾来中国的真正的基督教骑士却受到与我们的荣誉公民福开森博士同样的待遇。戈登将军和福开森博士被人以他们的名字来命名一条偏僻的乱糟糟的马路。实际上，上海人在崇拜英雄方面简直是开玩笑。他们曾以一个非常注重家庭生活而又热心公益事业的著名人物的名字来命名一条街道，而那些非常注重家庭生活的人亦常来这里。

为了像他本人所说的那样，使英国政府能够做些有益的事情，以便为大英帝国建立好的政府并且推进世界的文明事业。然而，对张伯伦先生来说，帝国主义（即让大英帝国强大起来）本身就是目的。不管怎样，张伯伦先生的帝国主义与好的政府或文明毫不相干。张伯伦先生的帝国主义的目的仅仅是使住在大英帝国的盎格鲁—撒克逊人有更多的食品、更好的房子等等，事实上是使他们比世界上的任何国家或民族在物质上更加富有，然后好趾高气扬，对全世界进行威胁。比肯斯费尔德的帝国主义促进了好的政府的建立和文明事业的进步，其结果是使英国的法律和英国的正义——使英国统治下的和平受到了世界的尊敬。孔子在说到他那个时代的一位政治家时指出："微管仲，吾其披发左衽。"也就是说，没有管仲，我们就会成为野蛮人。同样，人们可以说，如果没有英国的比肯斯费尔德勋爵和德国的俾斯麦宰相的治国之才，欧洲人现在很可能回到了混乱不堪的野蛮状态。另一方面，张伯伦先生的帝国主义可以帮助盎格鲁—撒克逊人吃得更好，住得更舒适并能趾高气扬对全世界进行威胁，其结果导致了南非的布尔战争的爆发，英国的妇女参政鼓吹者的出现，印度的一帮乱扔炸弹的目无法纪的学生的产生，以及每年六千万英镑的财政赤字。还是我们中国人说得好，有治人无治法。

中国的有关人的格言而非有关制度的格言比英国或欧洲的这类格言甚至更有分量。我已说过，中国政府的"宪法"乃是道德意义上的宪法，而不是法律意义上的宪法。换言之，我们中国人更多地依靠道德律而不是依靠纸上的宪法、国家的规章或治安条例来督促和限制上自皇帝下至地方官员的所有身居要职的掌权者，防止他们去干坏事。简言之，中国的好政府始终取决于统治者的道德品质。因此，在中国，当把那些道德败坏的人置于高位并委以大权时，他们所造成的危害简直难以想象。而且，就像在每种专制和独裁的政府中一样，中国的国家权力不管好坏如何都大得惊人。所心，像袁世凯这类庸俗粗鄙、狂暴成性和心狠手辣的人，一旦能随意利用这种巨大的中国国家权力，其后果会不堪设想。我且不说为维持袁世凯及其受庇护者的阔气而将天津的许多商人和官员弄得倾家荡产的铺张浪费。我只想举一个有关这些灾难性后果的具体例子。我早就说过，袁世凯是凌驾于中国文人之上的三头政治集团的一员。张之洞、袁世凯和岑春煊这三个三头政治集团的成员是公认的中国文人的领袖，已故慈禧太后曾指望这三个人担负起对中国进行改革或欧化的重任。我也曾指出，在朝廷于1901年迁回北京之后，举国上下都决定对中国进行这样的改革或欧化。在三寡头政治的成员中唯有张之洞具有思想并能理解思想。我们看到，他在声讨激进党人的宣言中指出，中国的改革或欧化必须从中国的公共教育的改造和变革入手。而没有自己的思想、庸俗粗鄙、狡猾得像个狐狸的袁世凯也大体把握了张之洞的这一想法，并随即胁迫和威逼张之洞这个可怜的老头（我曾说，他只有知道自己的处境才有恒心和毅力）同意奏请慈禧太后在制定和讨论新的教育制度的计划之前摧毁中国旧有的公共教育制度的所有现有机构。其结果是，拥有四亿人口的整个中华帝国完全丧失了公共教育，剩下的只是在一些主要城市里有几座费用高昂、丑陋不堪的欧式红砖楼房。在这里，教师们将学生毫不理解的、相当于现代欧洲科学和其他课程的、糟糕透顶的英国教材和七拼八凑的日本讲义混在一起，把它们灌输给学生，结果把他们变成一个个胡言乱语的白痴。在此，我要对本文开头的话进行具体说明：不应当委任中国的袁世凯和英国的张伯伦先生这类奸诈无比之徒去负责与教育或文化有关的工作。已故的著名法国人勒南（Renan）指出："人民的健全教育乃是某些阶层的高尚教养的结果。像美国这样教育相当普及但没有任何严肃的高等教育的国家由于人们才智平平，举止粗俗，思想浅薄和缺乏悟性而必须长期弥补这种缺陷。"中国旧有的公共教育制度确有许多弊端，不管对这种制度如何评价，它毕竟旨在给中国的上层人士提供勒南所说的严肃的高等教育。而且，这种严肃的高等教育塑造了曾国藩侯爵，甚至还塑造了张之洞这样的人物。

7

三寡头政治的第三个人物和最年轻的成员就是前任两广总督岑

春煊，他现在隐居上海不问世事。他是被指控与马格瑞谋杀案有牵连的著名云南总督岑毓英的长子。岑毓英是个可怕的人物，曾镇压过参加云南班泰起义的回民，其手段之残忍堪与克伦威尔镇压爱尔兰起义相比。岑春煊与其父相似，也是个可怕的人物，他就是德国人所说的容克（Yunker，又译约克）党的成员，其祖籍在蒙昧未开的广西省——中国的波美拉尼亚。因此，岑春煊就像俾斯麦宰相一样是中国的波美拉尼亚的真正的容克党人。刚刚步入职业生涯时，岑春煊就像俾斯麦那样成了极端的保皇派——比君王还要君王。事实上，在义和团暴动期间，岑春煊正是凭借极端的保皇思想而崭露头角并且引起已故慈禧太后的注意。当朝廷逃到陕西西安时，岑春煊急急忙忙赶去救驾，就像俾斯麦 1848 年急急忙忙赶去搭救柏林王朝一样。

这两人之间的相似性仅此而已。俾斯麦为培养自己的精神而屡历折磨，备尝艰辛。岑春煊则毫无精神修养可言。正因为没有精神修养，岑春煊反倒为人诚实；与迂腐十足，信奉虚假理想主义的康有为这类激进党人不同，岑春煊并不崇尚空想而是非常务实。他的确没有满族贵族的那种优雅之气，但也不像新贵袁世凯那样趾高气扬，庸俗不堪，不像袁世凯那样喜欢进行庸俗的炫耀。到岑春煊的上海寓所拜访过他的许多外国人都可以看到这位曾经显赫一时的可怕总督的儿子（他本人也当过总督）竟过着十分简朴的生活——他是一个正人君子，并不属于新兴的买办阶级。

总之，如前所述，岑春煊是个顽固不化、立场坚定而又生性狂热的极端保皇党人。以他的为人，他会雷厉风行地将激进党人和革命者一网打尽。但正如弗里德里希·威廉在 1848 年谈到俾斯麦所说，岑春煊固执有余而灵活不够，以致在中国历史的转折时期难当重任，而这时所需要的恰恰是懂得妥协而又富于建设性的政治才能。歌德在谈到他那个时代的沃瓦茨元帅时指出："世上最可怕的事情莫过于鲁莽行事。"由于远离了所有掌权者，这个可怕的总督此时就像希腊的阿基里斯（又译阿喀琉斯。——译者）闷闷不乐而又倔犟地呆在上海麦根路（Markham Road，即今天上海的马当路。——译者）的寓所里，当他看到中国的局势日趋恶化而忧郁难耐时，他就跑到杭州西湖边或普陀山的海边去散心——

βηδακεωι παρα Θιυα πολυφλοιοσ – βολο Θαλασσηδ

（在波涛汹涌的大海边默默徘徊。——译者）

唤起这位中国的阿基里斯穿上铠甲，前去为希腊人进行战斗的时候到了。但这位前任总督曾亲口对我说，那个时刻到来之时，也将是中国和每个人的不幸之日。

结　语

1

我现在必须结束对中国牛津运动的概述。我无意在外国公众面前批评现任摄政王所领导的帝国政府的政策和法令，这样做也不是我这个现政府的芝麻官的本分。我宁可当着本国人的面来批评中国的现政府。两年前，在纪念已故皇太后陛下和光绪皇帝的长文中，我已毫无保留地发表了我对中国时局的看法。但在这里，在我结束对中国牛津运动的概述之前，我要一如既往向世人表明，现任摄政王也受惠于中国牛津运动的影响。现任摄政王的父亲，已故七亲王，是中国牛津运动的非官方的保护伞。七亲王就是光绪皇帝的父亲，这位亲王在中国政治生活中的地位相当于维多利亚女皇的丈夫，已故孔塞亲王在英国政治生活中的地位。正如英国的孔塞亲王为领导那时以自由主义自命的散兵游勇而鞠躬尽瘁一样，中国的七亲王在发现中国牛津运动最终失败和土崩瓦解时肝摧胆裂，直至英年早逝。他曾寄希望于中国的牛津运动来遏制李鸿章及其腐败的独裁政治集团的中产阶级的自由主义。现任摄政王，中华帝国的实际统治者，是这位高贵的七亲王——中国牛津运动的支持者——的非官方保护人的第三个儿子。已故七亲王的子女均受到牛津运动的参加者的耳濡目染。而参加牛津运动的最后一个人物就是已故帝国大臣孙家鼐（当时七亲王府的老师。——译者）。就因为这层关系，中国的现政府依然受到中国牛津运动的影响。

我要补充的是,已故慈禧太后在众多的中国皇室成员中看中了两个人,认为他们可以作为她的继承人以主宰中华民族的命运。慈禧太后想起了孔子的教导:“不得中行而与之,必也狂狷乎!狂者进取,狷者有所不为也。”慈禧太后一开始决定选择接下来因参加义和团而臭名昭著的人物端郡王,她把他的儿子定为大阿哥。如果没有发生义和团暴动,中国的摄政王就是端郡王。端郡王是个狂热之徒,如果他现在当上了摄政王,他无疑会像孔子所说的那样进取。但由于义和团暴动招来了外国列强的干预并使端郡王无法当上摄政王,慈禧太后只得选择现在的摄政王。现任摄政王是个狷介之士,虽然他并没有为中国新秩序的建立作出多大贡献,但我们仍应该因为他没有做多少危害中国的事情而对他予以充分的信任。况且,现任摄政王一直在严格执行慈禧太后的政策。我曾指出,这一政策就是,如果必须在中国进行一场革命(对中国的欧化实际上相当于革命),那将是一场“循序渐进(按适当的法律程序进行)的革命”。比较起来,现任摄政王算是一个高尚而又心高气傲的满族青年。当许多外国人批评在中国摄政王的现行统治下事情进展过于缓慢时,他们应该记住对这位品质高尚的年轻满族亲王要给予充分的信任,因为他有自制力,在个人生活中洁身自好,在社会生活中愿意按照适当的法律程序而不是凭个人意志在中国进行革命。事实上,关于这位摄政王,人们可以说:“让他控制怒气胜过让他趾高气扬,让他宰制自己的精神胜过让他占领一个城市。”

2

在这个结语中我想指出,在叙述中国牛津运动的经过时我试图表明,自欧洲人进入中国以来,我们中国人就试图抵抗现代欧洲强大的物质主义文明的毁灭性力量,防止它危害中国的优秀政府和真正的文明事业,同时我还要表明我们是如何失败的。我们所追随的中国牛津运动的领袖们都已作古。现在的问题是:我们应该做些什么?我们是听任别人消灭我们的古老文明，还是千方百计防止这种灾难的发生？诚如阿尔诺德所说，我认为，我看到了我的敌人们闪动着欢乐的目光正虎视眈眈地等待我。但我会避开他们。

我说过，义和团暴动之后整个中华民族、中国的统治阶级都一致断定，中国文明先天不足，无法对付现代欧洲列强的物质主义文明的毁灭力量。我还指出，我们的统治阶级，中国文人做出这种结论是错误的，在此，我仍然坚持自己的看法。

一个人或一个民族可以通过四种途径反对和消除世界上的社会弊端或政治弊端。我将对此作具体说明。我们假定，上海居民中有个纳税人深信行驶在上海租界的电车不仅是个祸害，而且对上海人来说是一种伤风败俗、使人堕落的邪恶设施。由于抱着这种想法，他首先可能作为纳税人抗议在上海的街道上铺设电车轨道。如果这种抗议没有引起重视，他就可能独自站在大街上，或与其他几个志同道合者一起站在大街上，要求电车司机要么停车，要么从他或他们的身上碾过去，如果电车司机拒绝停车，他就会以拳头和身体加以抵挡。在这种情况下，如果没有警察或市政权威，这位愚蠢的纳税人最终会成为一团肉泥，而电车照旧在上海运行。但端郡王及其义和团成员试图以这种方式阻止现代欧洲物质主义文明的到来。

纳税人可以通过另一种途径来阻止电车在上海运行。纳税者本人可以在上海开一家电车公司与之竞争，或邀他的朋友们开一家这样的公司。那样一来，他就可以在财政上和在其他方面打垮现有的电车公司，从而阻止它在上海运行。在这种情况下，出海的状况可想而知。但已故的张之洞主张采取这种途径消除现代欧洲物质主义文明传入中国所产生的恶果。

如前所述，上海的纳税人试图通过第三种途径，即通过联合抵制来阻止电车在上海运行。抵制并不是一种道德力量，并且不能有效地消除或廓清社会弊端。但俄国伟大的道德家托尔斯泰在致我的公开信中建议中华民族应通过这种途径，即通过抵制欧洲的一切，来阻止现代欧洲物质主义文明进入中国。托尔斯泰推荐的这种对付社会弊端的方法并不是什么新东西。佛教也是通过抵制的方法来改造世界的。每当世道衰微,笃信佛教者就会削发为僧,并以此对世界加以抵制。但在这种情况下,衰微的世界只能愈加衰微,结果,这个日趋衰微的世界最终会烧毁寺庙,烧死其中的所有僧人。因此,世上的社会弊端决不能通过抵制来加以革除,因为抵制是一种自私和不道德的暴政。阿尔诺德指出:"尤伯(亦译茹贝尔。——译者)说得好,'强权和公理是世界的主宰;先强权而后公理'('C'est la force et le droit qui reglent toutes choses dans le monde; la force en attendant le droit')。在掌握公理之前,强权、事物现存秩序就是有根据的、合法的统治者。但公理有更多的内容,它包含内在的认识,包含意志的自由同意;只有当我们把握了我们发现和追求的这种公理的意义时,我们才能达到这种公理——对我们来说,公理并不是现存的。在我们看来,公理采取何种方式改变强权,改变事物的现存秩序并成为世界的合法统治者,将取决于我们在时机到来时采取何种方式发现和追求这种公理。因此,对其他迷恋于自己新发现的公理的人来说,试图把这种公理强加给我们并粗暴地用他们的公理来取代我们的强权,乃是一种粗暴的行为,因而要加以抵制。"

简言之,因我们认为一种设施有弊端就对它加以抵制并且不顾这种抵制的后果,就是一种不道德的粗暴行为。一种不道德行为决不可能改变一种设施,即便它实际上是一种邪恶的、不道德的设施。

深信上海电车是一种危险祸害和邪恶设施的上海纳税人,可以采用第四种方法,这也是最后一种方法,即,阻止电车在上海运行,这位纳税人不必抵制电车,他可以对它加以保护。但他必须在个人生活和公共生活中自尊自重,这样,他就能得到上海所有居民的敬重。由于同仁们对他的这种敬重成了一种道德力量,他就可以去参加纳税者的会议。如果他向纳税者表明(由于他们尊敬他,他们就会认真倾听他的讲演,其认真程度远非听别人讲演时可比)上海的电车是一种危险和邪恶设施,他就有机会使纳税人自愿阻止电车在上海运行。我以为,这就是孔子用来消除社会弊端或政治弊端并且改变世界的方法,即，争取道德力量，过一种自尊自重的生活。孔子说："君子笃恭而天下平。"我认为，中华民族唯有依靠这种力量才能拯救其古老文明，拯救那种文明的精华，使之免遭现代欧洲列强的物质主义的毁灭力量的破坏。

3

最后，我要指出，不仅中国人作为一个民族至今很少运用中国文明的这种力量来对抗现代欧洲文明的力量，而且我本人作为一个中国人直到现在才意识到，我本人或世人所从事的事业为什么失败，因为我过去并不知道获得生活成功的真正秘诀，即说话谨小慎微，一心一意像孔子所说的那样过一种"笃恭"的生活。正因如此，要不是那位与中国牛津运动的这篇概述密切相关的人物给我二十多年的庇护，我可能早已命归黄泉。我知道，我对老上司的追述并非恭维之辞。我写本书的目的不是要褒贬人物，或臧否世事。我的目的是要帮助人们了解中国的真实情况。Amieus Plato，Magis amica veritas（吾爱吾师，吾更爱真理，直译应为"吾爱吾师柏拉图，吾更爱真理"，亚里士多德语。——译者）。在结束这篇概述之时，我想借此机会向已故帝国大臣张之洞公开表示我的由衷感激之情，感谢他给我二十多年的庇护，使我不必卑躬屈膝像自顾不暇的中国劳苦大众一样为朝不保夕的生活而劳碌奔波；尽管我常常恣情任性，但他始终对我宽容如一，礼遇有加。况且，我还有幸成了他手下的一名新兵，学习怎样为中国文明事业而战。他是中国牛津运动的最优秀、最有代表性的人物，也是最后一位伟大的中国文人。两年前，我在北京见过他，他告诉我，他完全绝望了。我极力安慰他，确信我们会取得最终胜利。他摇摇头。我希望能在他的直接指挥下重新战斗。但战斗的结局尚未明朗，我们的将领就与世长辞了。"Ave atque Vale!"（"永别了，安息吧！"——译者）

附　　录

一、皇太后赏评
——辜鸿铭对德龄公主的《清宫二年记》的评论

目前，整个世界都在注视着中国大清政权的悲惨垮台，很有现代味的新式满州女子此时撰写这本著作，叙述她在大清宫庭和大清上流社会的所见所闻，这的确令人产生浓厚的兴趣。据说布朗特(Bland)先生和柏克豪斯(Backhouse)先生的著作是一本划时代的著作。但在我看来，德龄公主的这本不假矫饰的著作比其他有名的著作远为真切地向世人描述了满州人(特别是晚清女贵族)的人品。布朗特和柏克豪斯的那本著作(即《慈禧外传》——译者)确有一些较有价值的资料。但那本著作中的一些有价值的资料全被他们的过分聪明糟蹋了。他们的聪明是现代心理变态者的聪明。孟子曰："在聪明人身上最令我憎恨的东西是，他们总是歪曲事实('所恶于智者为其凿也')。"布朗特和柏克豪斯先生的著作就是对这句话的最好注脚，它表明历史的歪曲可以达到何等程度。必须承认，已故太后是个伟大的女性，而一切伟大的男女都有这样一种主要的共同的品质，即纯朴。孟子曰："如果你想成为伟人，你就不要丧失你的纯朴的童心。"("大人者，不失其赤子之心者也。")梅特涅(Mettemich)在他的回忆录中说拿破仑的心地非常纯朴。但皇太后不仅是个伟大的女性，她还是个满族人。我在别处说过，满族人虽然有各种各样的缺点，但他们是个毫不狡诈的民族，是个心地非常纯朴的民族。因此，假如还有心灵高尚而又童心不泯的女人，已故皇太后就是这样的人。但布朗特和柏克豪斯先生给我们描绘的并不是一个纯朴的女人形象，而是一个完全变态的女超人的过分夸张的可怕形象，对一切耸人听闻的畸形怪物保持低级趣味的现代公众会异口同声地说："多美的画面！"

该书作者也是一个摩登小姐，幸运的是，她并没有聪明过头。也许，她的满族人的那种率直天性使她不会聪明过头。就像所有受过现代教育并撰文讨论中国问题的男男女女一样，她也老想着"进步与改革"，仿佛头脑里有条绦虫。在首次去拜见太后的途中，她就说："有人告诉我们，太后也许要我们留在宫里。我想，如果这一点能够实现，我就可以影响太后，促其改革，从而有助于中国。"一个泱泱帝国的复杂机器出了毛病，这个年纪轻轻和天真幼稚的满族小丫头居然以为她能把它修好！

该书的中心人物自然是已故皇太后。此处给她描绘的画像简单明快，不着色彩，正因为如此它才是逼真的画像，而不像布朗特和柏克豪斯先生所画的令人生畏的油画那样是一幅扭曲的漫画。作者对首次拜见太后的情形作过这样的描述：

> 在门口，我碰到一个女子，她就是光绪皇帝的妻子，年轻的皇后。她说："太后派我来接你。"随后我听到大殿传来一个洪亮的声音："叫他们快进来。"我们立即进入大殿中，看到一位老太身穿绣着粉红色牡丹的缎袍，头戴嵌珠缀玉的花朵；左边是个珍珠串成的丝络，中间则是用纯玉制成的美丽凤凰。
>
> 太后看到我们，站起来与我们一一握手。她笑靥如花，对我们深谙宫廷礼节颇为诧异。一阵寒暄之后，她跟我母亲说："裕太太，你把女儿养大，真了不起。她们的汉话讲得像我一样好，我知道，她们在异国他乡住了那么多年，她们的言谈举止却这么彬彬有礼，落落大方！"我母亲回答说："她们的父亲对她们要求始终很严格，他让她们先学中国话，她们只得刻苦用功。"太后说："很高

兴听到她们的父亲对她们如此爱护，并让她们受到这样好的教育。”她拉着我的手，将我的脸端详一阵，笑着亲了亲我的脸颊，并跟我的母亲说：“我想让你的女儿留下来陪陪我。”

所有这些就像《红楼梦》中的老太们初次与美丽的林黛玉相见时的情景。这位身穿美丽缎袍、端详孩子的脸蛋、亲吻她的面颊的笑容可掬的老太与布朗特和柏克豪斯先生笔下的那个头脑精明、衣着华丽、心狠手辣的女超人有何相似之处呢？

布朗特和柏克豪斯先生也提到了颐和园中的欢乐场面。下面就是(德龄公主)对这类庄重的欢乐场面的描述：

太后陛下沿着一条小路步行，她笑着跟我说：“我现在不是很舒服吗？我要走很长一段路，到山顶上去用膳。那里有个好地方，我相信你们会喜欢。我们走吧。”

太后陛下健步如飞，我们必须加快步子才能赶上她。太监和宫女走在右边，只允许一个太监跟着，他给太后拿黄缎凳子，佛佛是太后的狗，她走到哪它就跟到哪。她散步途中常坐在这个凳子上休息。我们走了许久，我开始感到有点累，太后虽然上了年纪，但步履轻盈，面无倦色。

我们终于到达石舫。我们刚站定，一个太监拿着黄缎凳子走过来。太后陛下坐下休息。谈话间，我看到有两条非常漂亮的大船正向我们划来，后面跟着几条小船。太后陛下说：“船来了，我们必须乘船到湖对面去用膳。”太后站起身，走到湖边。两个太监一边一个搀扶她走进船舱，我们都跟她进去。太后坐上御座，命我们坐在船板上。太监们拿来红缎垫子让我们坐下。太后注意到我们穿着洋装坐在船板上很不舒服，她说：“如果你们想站起来，你们就站起来，看看我们身后的那些船。”我把头伸出窗外，看到年轻的皇后和几个宫女正在另一条船上。她们向我挥手，我也向她们招手致意。太后笑着跟我说：“我给你苹果，你扔给他们。”

我使劲扔出去，但没有扔到船上，而是沉入了湖底。太后笑着，叫我再扔一次，但我还是没有成功。最后，她自己拿出一个苹果扔出去，苹果笔直落在另一条船上，刚好砸在一个宫女的头上。我们都笑得前仰后合。

马休·阿尔诺德在谈到荷马的史诗时指出："荷马很纯朴，也很高尚。"对已故皇太后，人们可以作出同样的评价。在我引用的上面两段文字中，就像在整本书中一样，作者不仅对皇太后而且对满州人的一种品质即纯朴进行了极生动的描述。我说过，太后不仅很纯朴，而且很高尚。遗憾的是，该书作者并未突出太后陛下身上的另一种品质即高尚，阿尔诺德把这种品质称为雍容大度。然而，在以下的文字中，读者可以对这位杰出的贵妇人的雍容大度略知一二。在提到一个美国画家给太后陛下画像时，作者指出：

第二天早晨，我收到康格夫人的一封信，她请求我无论如何不要让太后陛下对卡尔(Carl，女画家)小姐抱有偏见。我把这句话译给太后陛下听，太后大为恼火。她说："谁也无权以这样的语气写信给你。她怎敢如此放肆，认为你会指责卡尔小姐呢？你写信告诉她，让宫女影响本国太后陛下不是我们的规矩，而且你(作为满州女子)还没有卑鄙到在背后指责别人的地步！"

还有一段话可以说明我所说的已故皇太后不仅纯朴，而且高尚。在描述朝廷从颐和园迁入城内宫殿的情景时，作者写道：

早晨六点，朝廷上下离开了颐和园。这时大雪纷飞，许多马因石头打滑而跌倒。一个给太后陛下抬轿子的人也跌了一跤，把太后摔在地上。我突然意识到发生了可怕的事情，马在飞奔，太监们大喊："停下！停下！"整个队伍都停了下来，挡住了道路，最后我们看到太后的轿子躺在地上，我们纷纷下轿，走上前去看看发生了什么事。我随即走到太后的轿边,发现她正泰然自若地坐在里面,命令总管太监不要惩罚轿夫,因为他没有过错,而是石头太滑。

当与拿破仑同行的宫女喝令两个肩挑重担的士兵给大帝让路时,拿破仑对这些宫女说:"女士们,要尊重脚夫。"一个人要成为伟人就必须高尚。一个男人或女人只有懂得拿破仑所说的"要尊重脚夫"这类高尚的话时,他(或她)才能成为高尚的人。

我已在我的著作中说过,太后作为具有高尚品格的满族人不太喜欢欧洲文明的办法。以下就是她对欧洲服饰的看法。作者将自己身穿欧洲夜礼服的画像给太后陛下看。太后说:"在这张画像上你穿的衣服太不严肃。你为什么要袒颈露背呢?我听说,外国女子穿没有袖子和领子的衣服,但我从未想到你穿的衣服也这么难看。我不能想象你怎么也穿这种衣服。我本想你一定会不好意思。以后别穿这种衣服。这太让我吃惊了。这是多么轻浮的文明。你只是偶尔穿穿这种衣服,还是在有男子的场合也穿这种衣服?"作者解释说:"那是女子常穿的夜礼服。"太后笑着嚷道:"这就更不成体统了!外国的一切似乎都在倒退。我们逢男子在场甚至不敢露出手腕。在这一点上外国人的想法与我们截然不同。皇上(光绪)天天谈维新,如果这就是榜样,不改还好些。"

如果说以上就是太后陛下对欧洲服饰的看法,那么,下面的话就是她对欧洲礼仪的看法。

太后告诉我,普兰孔(Plancon)夫人(俄罗斯公使的太太)是个举止高雅、彬彬有礼的女士,她见过许多来皇宫的(欧洲)女士,但没有一个人像这位女士那样彬彬有礼,她遗憾地说,有些来皇宫作客的女士很不礼貌。她说她们似乎认为我们低人一等并蔑视我们。我很快注意到这类事情并惊奇地发现,那些声称受过良好教育和文化熏陶的人竟像她们那样傲慢无礼。他们把我们称为野蛮人，我倒认为我们比她们文明得多并且更懂礼貌。

如果该书特别指出了大清宫廷和大清社会的一个特点，这个特点就是，在那个社会中人人都彬彬有礼。布朗特和柏克豪斯先生笔下的那个恶魔，总管太监李莲英，尽管十分丑陋，老态龙钟且满脸皱纹，但他彬彬有礼。举止优雅源于身心健全。彬彬有礼是一个人的道德品质十分健全的表现和确证。我知道，我此时代表满人说的一切没有人愿听。但我要冒昧指出，中国的这些真正的贵族——与整个民族相抗衡的少数人——尽管承受着不可逃避的失败和羞辱，人们仍会因此对他们心怀敬意。面对频频的诽谤、中伤和肮脏的辱骂，他们从来不以有失尊严的话予以回击。

我说过，已故太后纯朴而又高尚。但她不仅如此，她还是个伟大的女性。下面这段话指出了她获得权力并且成为伟大女性的原因。作者指出：

> 本月（七月）对太后陛下来说永远是个令人伤心的月份，她的丈夫咸丰皇帝的忌辰就在七月十八日。十七日清晨，她要到先皇的灵堂去祭奠，跪在那里哭泣很久。为表示对先皇的尊敬，我们必须吃素三天。由于我当时受太后垂爱，在这段悲伤的日子，她让我陪陪她，我自己也十分难过，以致太后哭泣时我也跟着哭泣。太后劝我别哭，说我年纪还小，不要哭泣。不管怎样，我当时并不知道何为真正的悲伤。在那时谈话时，她跟我讲了她的许多经历。有一次，她跟我说，你知道自从我还是小姑娘以来，我就一直过着十分艰苦的生活。跟父母在一起时，我一点也不快乐。我刚进宫时，许多人嫉妒我。我很幸运生了个皇子。但不幸随之而来。在先皇在位的最后一年，龙体突然染病，加之，外国军队焚毁了圆明园，我们只好逃往热河。当然，人人都知道那时发生的事情。我年纪轻轻，儿子尚在襁褓之中，丈夫生命垂危。先皇殡天前，我将儿子放在龙榻旁，跟他说："这是皇儿。"皇上听后立即睁

开双眼说:"他当然要继承皇位。"我本以为我可以快乐地与儿子同治皇帝在一起,想不到他还不到二十岁就殡天了。从此以后,我就像变了一个人,因为自他死后一切快乐都与我无缘。我收养光绪皇帝时,他还是个三岁小孩,体弱多病。你知道,他父亲是醇亲王,他母亲是我的妹妹。他当然像我的儿子一样,实际上我也把他当儿子看待。即使在今天,在我对他悉心调养之后,他的身体仍然不健。大家知道,除此之外我还碰到了许许多多的伤心事,我对一切都感到失望,因为没有一件事称心如愿。"讲到这里,太后又开始哭起来。她边哭边说:"人们似乎以为,我是皇太后,就一定快乐,我刚刚告诉你的一切就不是这样。但是,我很看得开,不然的话,我早就进了坟墓。"

决不以泪度日,
决不坐守孤灯,
哭以待旦——
老天作证,
你不会如此。

现在我们可以明白这位纯朴而高尚的满族妇女是在什么样的学校里学会了怎样成为一个伟大的统治者,在五十多年的时间里她维系着这个人心涣散的泱泱帝国。孟子曰:"故天将降大任于斯人也,必先苦其心志,劳其筋骨,饿其体肤,空乏其身,行拂乱其所为,所以动心忍性,增益其所不能。"

在结束本文之前,我要再摘录一段话,谈谈前面提到的光绪皇帝的皇后,即现在的隆裕太后。该书作者刚见到她时,她显得"温文尔雅,和蔼可亲和彬彬有礼,但不太漂亮"。以下体现了她的品性的另一面。一次该书作者与宫女交谈并回答她们的问题时,一个年轻公主即庆亲王的四女儿傻乎乎地问道:"英国有国王吗?我还以为太后是全世界的女皇呢!"这些人还问了许多问题。最后,年轻的皇后说:"你怎么这么傻!每个国家都有统治者,有些国家是共和国,美国就是如此,且对我们很好。遗憾的是，现在去美国的人都很平庸，使得美国人误以为中国人都是如此。我希望一些优秀的满族人出去，好向他们证明我们都是好样的。”

当时的年轻皇后，即现在的隆裕太后，说她想看到的东西，实际上是中国迫切需要进行一次重大改革。这是中国的当务之急。中国人的最大不幸就在于他们未被人了解。正因为欧美人不了解我们的真实情况，——用已故太后的话说——他们总认为我们低人一等并且蔑视我们，欧美人的这种态度成了 1900 年爆发义和团运动时中国产生排外情绪的真正根源。正如义和团运动的爆发是为了反抗外国人歧视我们中国人并且蔑视我们一样，现在这场革命是人民抗议政府允许外国人仍像过去一样对待我们。现在的革命并不是反抗腐败的政府，而是抗议政府的软弱——反抗无能的政府。革命的真正动因并不是对满州人的憎恨。为革命赋予力量——赋予狂暴的力量——源于人民在遭到外国人蔑视时的强烈羞辱感。这场“新学”义和团运动的狂热分子以为，外国人之所以歧视和蔑视我们，是因为我们有辫子；由于满族人要对留辫子负责，而辫子使我们招致外国人的羞辱，这些狂热分子对满族十分憎恨并且主张清除满族人在中国的一切影响。聪明的普特南·韦尔(Putnam Weale)讲得千真万确，现在这场剪辫子革命的确令人哀伤。简言之，1990 年的义和团运动的疯狂爆发，即源于民族自尊的受损。但是这些狂热分子会很快发现，他们在这一点上犯了极大的错误。外国人不会仅仅因为我们剪掉辫子穿上欧洲人的衣服而尊敬我们，他们也不会仅仅因为这一点而不再认为我们低人一等。我完全可以肯定，当我们不再成为中国人而成为模仿的欧洲人时，欧美人更加瞧不起我们。只有当欧美人了解我们中华民族是什么样的民族——是具有与他们的文明稍有区别但像他们的文明一样优秀的文明的民族，而不是劣等民族——他们才会尊敬我们并且不再认为我们低人一等。因此，中国首先需要的改革并不是剪辫子或制订宪法，而是隆裕太后说她希望看到的那种东西，即派我们的优秀人才——中国的精英——去向欧美人证明“我们都是好样的”。总之，只有将优秀的东西与优秀的东西相结合，我们才能指望消除东西方的隔阂。

今天的德国人民仍亲切缅怀普鲁士的那位高尚而又不幸的路易斯(louise)王后。我相信，总有一天我们中国人会亲切缅怀隆裕皇后。上个世纪初，全世界的人都带着怜悯而又嘲弄的神情蔑视那个遭到拿破仑·波拿巴践踏的德国霍亨索伦王族，同样，现在的爱新觉罗王室正受到许多英文报纸的诽谤和中伤。据说高贵的普鲁士王后在内心孤寂时一遍又一遍地背诵我刚刚引用的歌德的那些净化灵魂的诗句："决不以泪度日。"——这位高贵的王后所受的苦难深深地触动了整个德意志人民的心扉，以致他们不仅作为一个民族奋起反抗并且结束了拿破仑·波拿巴的统治，而且最终成了拥有庞大帝国的统一民族。又有谁知道，我们的隆裕皇后现在所受的苦难不会触动这个泱泱帝国的沉默不语的四万万人民，使他们奋起反抗，制止和扑灭这场革命的狂热，并最终在现在这个黯然失色的皇族的统治下重奠河山，创造一个崭新的现代中国呢？德国诗人对高贵的普鲁士王后的评价将被我们中国人用来评价在北京遭到无情背叛和遗弃的皇后——

待滚滚乌云
散尽，
你就是一颗光芒四射的
明星。

二、已故太后

——致《北华捷报》编辑的信

编辑先生：

《北华捷报》就中国最近发生的惨剧所发表的文章和短评在我看来太不近人情，有关已故太后的那些文章和短评可谓充满敌意，求全责备，以致我感到不得不进行反驳。你们在描述太后的身世的心情与一个自然史教授在描述某种猛兽的有趣标本时的心情几乎不相上下。在此，我不想否认你们完全有权发表你们对太后的人品的看法。我不满的是贵报的那些文章的语气。在中国举国哀悼的时刻，一份在中国出版的外国报纸居然重提关于太后的流言蜚语，散布种种诬蔑不实之辞，说太后心狠手辣、残暴不仁，而这位太后不久前还是外国人正在那里作客并且享有特权的国家的第一夫人。我不禁要问，这样做是否合适？

我不想就已故太后的实际人品与你们争论一番。何况现在不是争论的时候，此处也不是争论的地方。我已在我的一本拙作中表达了我本人对这个问题的慎重看法。如果你们能让读者读读我的这本小书，我将感到莫大的荣幸。对于那些认定已故太后是一个野心勃勃和阴险毒辣的女人的外国人，我只能带着悲悯的心情重复《福音书》上的话：Moriemini in Peccatis Vesttis（你们将死在罪恶之中）。对于不抱上述偏见的其他外国人，请允许我提几点意见，这些意见可以使他们比你们更为公正地评价皇太后的人品。

我要说的第一点是，就算你们的看法正确，已故太后的主要生活动力也绝不是出于卑鄙的野心，就像历史上的所有伟人的生活动力从来就不是出于卑鄙的野心一样。卡莱尔在谈到他心目中的英雄克伦威尔的野心时指出："卑鄙势利的小人总认为每天有人带几包用红带扎的礼品来看你是再好不过的事情。"就中国的皇太后来说，除了不得不受到那些带着用红带或黄带扎的礼品的客人打扰，她在实现野心时得到的一点补偿就是享有不分寒暑每天早晨四点半起床的快乐。况且，她与纽约上流社会的妇女不同，她甚至得不到使自己的名字四处传扬的补偿，也无法享受上百份晨报加以报道的盛大宴会。一个付出如此巨大的代价而得到如此之小的报偿的野心勃勃的女人，必定是一个粗俗不堪和愚蠢透顶的女人。但不管你怎么说，已故的皇太后并不是一个粗俗愚蠢的女人。

如果野心并不是她的主要生活动力，那么，她的主要生活动力是什么呢？为了回答这个问题，我且描述一下一位朋友告诉我的事情，这件事发生在北京的懋勤殿，时间是在中法战争爆发前夕。太后为不惜代价地争取和平一直与李鸿章站在一边，当她听到法国人炮轰福州的消息时，她立即召来所有内阁大臣。群臣异口同声地要求宣战。太后指着当时的皇帝向大臣们说："等你们的皇上长大成人或殡天之时，如果他愿意，他完全可以抛弃祖宗的遗产。但只要我在世一天，我就决不让别人说一个女人抛弃了祖宗留下来的、让她替小儿保管的遗产。"

我认为，完好无损地保护祖宗留给她看管的大清王朝的遗产，自始至终，不敢懈怠，这就是已故皇太后的主要生活动力。按照中国的道德标准，女人的主要职责并不只是在家从夫，她的主要职责是维护家庭的名声，看好家里的遗产。因此，我认为，已故皇太后的主要生活动力，是根据中国的道德标准一心一意地尽一个女人的主要职责。当她经过五十年的母治(matriachate)而处于弥留之际，她在遗诏中心满意足地说："我们已经尽到了我们的职责。"这并不是自夸。按孔子的看法："最高的职责是完成祖辈的未竟事业并把祖宗的成就传给子孙后代。"("夫孝者，善继人之志，……善述人之事者也"。)已故皇太后就是这么做的。总之，她的主要生活动力并不是野心，而是职责。

我想说的第二点是她的才能。已故皇太后的卓越才能并不在于她善于发挥自己的聪明，而在于她善于运用别人的才干。《大学》对最理想的政治家做过以下的描述："秦誓曰：'若有一个臣断断兮无他技焉，其如有容焉。人之有技，若己有之；人之彦圣，其心好之，不啻自其口出，寔能容之，以能保我子孙黎民，尚其有利哉。'"

已故太后之所以能发挥卓越的政治才能，其秘密在于她心胸宽广、襟怀坦荡。她决不是"Voluntas regis, suprema Lex"(国王的意志就是最高法律。——译者)这种意义上的独裁者。对她来说，"Judicium in concilio regis, suprema lex"(国王集思广益就是最高法律。——译者)。在她五十年的统治期间，中国政治并不是独裁政治，而是以她为首的议会政治，她与其说是起引导作用，还不如说是起稳住阵脚，协调行动和鼓舞人们的作用。

总之，她的非凡智慧来自她的伟大品格，来自她的博大胸怀。

现在，我想谈谈她的情趣。你们运用丰富的想象力肆意编造各种有关东方暴君享受奢侈宴会和拥有古色古香的华丽饰品的谎话。对这些谎话的简单答复是，已故皇太后是一个举止得体、情趣高雅的人。真正有艺术情趣的人决不会大吃大喝，也不会容忍华丽饰品。“要有艺术情趣”的严格命令是比清规戒律更为有效的严格纪律，它们可以遏制粗俗的享受和奢华的装饰。我本人去过颐和园，参观过她的寓所，甚至品尝了她吃过的食品。根据我在颐和园的所见所闻，她的生活可以算得上俭朴。我在她的寓所看到的唯一可能被人们视为豪华装饰品的东西就是几堆红苹果。颐和园的人告诉我，她唯一真正倾心的是花，是栽培牡丹。我顺便提一句，我看到她的桌子上摆着一本书，书已打开，是《书经》注释，而《书经》是儒家历史经典，包含许多中国圣贤的治国格言。在我参观颐和园时，太后已有六十九岁，但她仍然奋发学习安邦治国的方略。

颐和园的建筑确实美轮美奂，造价高昂。

“但为了给人民造福，一国之君应当好好活着。”(Mais, en rendant son peuple heareux, il faut bien que un roi vive.)而且，你们应当记住，当已故皇太后开始花钱建颐和园时，她已经努力挣钱。经过三十年含辛茹苦的努力，她把太平天国时混乱不堪和生灵涂炭的中国变成了她把经邦治国的大权交给她的侄儿光绪皇帝时比较繁荣的中国。她要求她的人民，要求大清帝国的人民为他们的太后建一个与她的身份相称、能体现其尊严的住宅，以度余生，这有什么过分呢？当赫德先生和马礼逊博士跟我大谈特谈太后如何奢侈时，我曾当面告诉赫德先生，如果考虑他们的相应身份，带着铜管乐队的赫德先生过的生活在我看来比太后的生活奢侈得多。

我想说的最后一点是她的家庭关系。你们毫无根据地对她自己的儿子同治皇帝的神秘死亡含沙射影，并认定太后要对阿鲁特氏(Ahlute)皇后的死负责，对此，我只想代表太后陛下用不幸的安托瓦内特(Marie Antoinette)的话予以回答，当安托瓦内特受到类似的粗暴指责时，她心平气和地回答说："请天下的母亲为我作证。""寒冬之夜"的故事以及"听到婴儿啼哭"（指外界传说的慈禧太后与假太监偷情并将生下的孩子弄死。——译者）的戏剧化的添油加醋可以被轻而易举地证明是纯粹的无稽之谈。如果她真的密谋策划让恭亲王的儿子继承皇位，我不禁要问，年迈的恭亲王在光绪皇帝继位很久以后怎么可能一直受宠？如果真有这样的阴谋，年迈的恭亲王的儿子就不会像我去年在英国使馆看到的那样捶胸顿足了。

我想说的最后一点是她与她的侄子光绪皇帝的关系。人们指责她，在她儿子死后，她并未及时让人继位，而是收养一个与她儿子同辈的小孩，让他当皇帝，以便她自己当摄政王，因为她野心勃勃渴望权力。现在看来，这有什么严重过错呢？须知，能有当时的中国和今天的中国，全赖太后的努力。当她首次应人们的请求接管帝国的遗产即大清江山时，中华帝国不仅处于混乱不堪和生灵涂炭的状态，而且在皇室手里有大厦欲倾的危险。经过二十多年的艰苦努力，她不仅完全收回了帝国的遗产，而且改变了中国的混乱不堪和生灵涂炭的状况，使之井然有序，国泰民安，甚至走上了繁荣之路。你认为她会眼睁睁看着她的二十多年的努力付诸东流并让帝国的遗产再次受损，乃至永远毁灭吗？不，她有着高度的责任感——按中国人的标准，一个女人要负责维护家庭的名声，并且管好家里的遗产。

正是对帝国的这种高度的责任感使她对侄子光绪皇帝愤怒至极。但这种愤怒并不是出于个人的恩怨。她的愤怒是出于她的责任感。她为保护祖宗的遗产献出了毕生精力并对光绪皇帝寄予厚望，希望他对得起她为保护传给他的这份遗产所做的牺牲。但是他不仅辜负了她的期望，而且轻率地破坏她做的努力并抛弃了祖宗的遗产。在过去的几年里，甚至生命的最后一刻，她仍对他抱一线希望。希望他不要辜负她的选择。她年轻守寡时的选择寄托了她的全部希望，当看到他死在她的前面时，她的生活的希望一下子破灭了。可怜的孩子不幸夭折了，肝肠寸断的母亲除了立即跟他进入坟墓，还能做些什么呢？

Heu, miserand puer, si qua fata
aspera rummpas,
Tu Marcellus eris. Manibus date
lilia plenis
Purpareos spargam flores.

(此诗大意是：

呜呼，可怜的孩子！
马塞勒布啊，倘若你
因命运坎坷而夭折，
别忘了马尼布留下的千万株百合
正绽开紫红色的花蕾。——译者)

暂此
辜鸿铭
1911 年 11 月

第三部

春 秋 大 义

序

本书旨在说明中国文明的精神，揭示中国文明的价值。我以为，要评估一种文明的价值，我们最终所要提出的问题并不是它已经建造和能够建造多么庞大的城市，多么豪华的房舍，多么漂亮的道路，也不是它已经制造和能够制造多么舒适的家具，多么灵巧而实用的器具和仪表，甚至不是它创造了什么样的制度、艺术和科学；要评估一种文明的价值，我们必须提出的问题是，它能塑造什么样的人，能塑造什么样的男女。事实上，正是一种文明所塑造的男女——人的类型，表现了这种文明的本质和品格，换句话说，表现了这种文明的灵魂。如果说一种文明的男女表现了这种文明的本质、品格与灵魂，那么，这种文明的男女所操的语言就表现了这些男女的本质、品格与灵魂。法国人在谈到文学作品时指出："Le style, c'est l'homme"（"文如其人"）。因此，为说明中国文明的精神，揭示中国文明的价值，我把真正的中国人[①]、中国妇女和中国语言这三样东西作为本书头三篇论文的主题。

另外，我还补充了两篇文章。在这两篇文章里，我试图表明，被视为这方面的权威的外国人如何以及为何不理解真正的中国人和中国语言。我也试图表明，写过《中国人的特点》的史密斯（Arthur Smith即汉学家明恩溥。——译者）牧师之所以不理解真正的中国人，是因为他作为一个美国人还没有沉潜到足以理解真正的中国人的程度。

① 原文是 Chinaman 有贬义，译为"中国佬"更贴切，考虑到辜鸿铭常取反讽手法，此处仍取"中国人"译出。——译者。

我还试图表明，被视为大汉学家的翟理斯博士也并不真正理解中国人和中国语言，因为他作为英国人还不够豁达——他缺乏哲学的洞察力和这种洞察力所带来的博大胸怀。布朗特(J. o. B. Bland 旧译濮兰德。——译者)和柏克豪斯(Back house)写过一本论已故著名慈禧太后的著作，为此我还写过一篇书评，该文大约于四年前发表在上海的《中国公论》(*National Review*)上。我本想将那篇文章收入此书，遗憾的是，我未能找到它的副本，在那篇文章中我试图表明，布朗特和柏克豪斯这类人并不理解，也不可能理解真正的中国妇女——中国文明所塑造的、像已故慈禧太后那样的高尚女性，因为布朗特和柏克豪斯这类人不够纯朴——他们精明有余，纯朴不够并像所有精明的现代人一样心术不正[①]。事实上，一个人要理解真正的中国人和中国文明就必须做到沉潜、豁达和纯朴，因为沉潜、豁达和纯朴是中国人的品格和中国文明的三种特点。

可以说，美国人之所以难以理解真正的中国人和中国文明，是因为美国人通常豁达、纯朴而不沉潜。英国人之所以不能理解真正的中国人和中国文明，是因为英国人通常沉潜、纯朴而不豁达。德国人之所以不能理解真正的中国人和中国文明，是因为德国人，特别是受过高等教育的德国人，通常沉潜、豁达而不纯朴。我觉得，法国人最能理解并且已经透彻地理解真正的中国人和中国文明[②]。的确，法国人既没有德国人的那种沉潜本性，又没有美国人的那种豁达胸怀，也没有英国人的那种纯朴心灵。但法国人，法兰西民族，具有上述所有民族通常并不具备的卓越的精神品质，而这种品质是理解真正的中国人和中国文明的首要条件，这种精神品质就是优雅。因为真正的中国人和中国文明除具有以上提到的三种品质之外，还有我在这里所要补充的主要品质，即优雅。也许，只有在古希腊人及其文明中你才可以找到

---

① 孟子说："恶于智者为其凿也。"

② 法国驻华公使西蒙写过一本题为《中国的城市》(*La Cite Chinoise*)的著作，这是用欧洲语言写成的论述中国文明的精神的最好著作。剑桥的狄更生(Lowes Dickinson)教授亲口告诉我，他写作名著《约翰·中国佬的来信》(*Letters From John Chinaman*)时从那本著作中得到了启迪。

这种卓越的优雅品质。

由上可见，美国人如果学习中国文化就可以变得沉潜，英国人如果学习中国文化就可以变得豁达，法国人如果学习中国文化就可以变得纯朴。美国人、英国人和德国人都可以通过学习中国文化，学习中国的典籍与文学而获得一种精神品质，即优雅。我冒昧地说，这种精神品质是他们所有人都不具备的。法国人最终可以通过学习中国文化变得沉潜、豁达和纯朴，并且会比现在更加优雅。我相信，学习中国文化，学习中国典籍与文学会对所有欧美人士大有裨益。因此，我在本书中增补了有关中国学术的论文，这是我为自己制订的研究中国人的纲要。我三十年前就下定决心，从欧洲回国后着手研究本国文化。我希望，这份研究中国人的纲要会对那些打算研究中国人和中国文化的人有所助益。

最后，我将一篇论现行政治的论文——关于“战争与出路”的——作为附录收入本书。我之所以在充分意识到现行政治舞台的危险时仍然这么做，是因为，为了证明中国文明的价值，我想表明研究中国文明如何有助于解决当今世界面临的问题——如何将欧洲文明从崩溃中拯救出来；事实上，我想表明，研究中国人、中国典籍与中国文学不仅是汉学家的癖好。

在本文中，我已试图揭示引发这场战争的道德原因。因为只有理解和根除这场战争的真正的首要原因，才有希望找到这场战争的出路。我试图在我的论文中表明，这场战争的道德原因是大不列颠的暴民崇拜和德国的强权崇拜。我在论文中对大不列颠暴民崇拜的强调多于对德国强权崇拜的强调，因为我觉得，如果不带偏见地看待这个问题，就会发现正是大不列颠的暴民崇拜造成了德国的强权崇拜。事实上，正是欧洲各国的暴民崇拜，特别是大不列颠的暴民崇拜，制造了现在人人痛恨和谴责的穷凶极恶的德国军国主义。

我首先要在这里指出，正是德意志民族的道德品质，正是他们对正义的热爱，归根到底是他们对不义的强烈憎恨，对所有肮脏和混乱(Unzucht und Unordnung)的憎恨，使德国人民信奉和崇拜强权。所有热爱正义、痛恨不义的人都倾向于信奉和崇拜强权。譬如，苏格兰的卡莱尔就信奉和崇拜强权。为什么呢？因为有着德国人的那种道德素质的卡莱尔痛恨不义。我之所以说是大不列颠的暴民崇拜造成了德国的强权崇拜，是因为德意志民族的道德品质——对不义的痛恨，对肮脏和混乱的痛恨，使他们憎恨暴民，憎恨大不列颠的暴民崇拜和暴民崇拜者。在德意志民族发现大不列颠的暴民和崇拜暴民的政治家在非洲发动布尔战争之后，他们对大不列颠的暴民、暴民崇拜和暴民崇拜者的本能的痛恨[①]使德意志民族愿意作出重大牺牲，使整个德意志民族甘愿忍受饥饿去建立一支有望镇压大不列颠的暴民、暴民崇拜和暴民崇拜者的海军。我可以说，德意志民族事实上发现自己已受到大不列颠所鼓动的遍布欧洲的暴民、暴民崇拜和暴民崇拜者的全面包围。这使德意志民族越来越信奉强权，使德意志民族把强权作为人类唯一救星来崇拜。因憎恨大不列颠的暴民崇拜的宗教而导致的德国的强权崇拜也造成了现在人人痛恨和谴责的、穷凶极恶的、奇怪的德国军国主义。

因此，我重申，正是欧洲各国，特别是大不列颠的暴民崇拜和暴民崇拜的宗教导致了德国的强权崇拜，并造成了德国军国主义在当今欧洲的胡作非为和极端残暴。如果大不列颠的人民和欧美各国人民想扑灭德国的军国主义，他们必须首先努力消灭他们各自国家的暴民、暴民崇拜者和暴民崇拜的宗教[②]。对欧美人民，对今天谈论自由并且渴望自由的日本人民和中国人民，我想冒昧地指出，我以为获得自由，获得真正的自由的唯一途径就是检点自己的行为，就是学会规规矩矩。让我们看看这场革命前的中国。那时中国人民比世界其他国家的人民有更多的自由——他们没有牧师、警察、市政税和所得税的烦扰。为什么呢？因为中国人民在这场革命前检点自己，懂得如何检点

① 德国皇帝给克留格尔(Kruger)总统的著名电报就是具有道德品质的真正德意志人对发动布尔战争的约瑟夫·张伯伦及其英国的伦敦佬阶层的愤怒情绪的本能爆发。

② 孔子跟一个弟子说："远人不服则修文德。"然而，英国贵族就像中国的满族贵族一样，面对英国的暴民和暴民崇拜者无可奈何。我必须指出，给英国贵族带来极大荣誉的是，就我所知，他们中没有一个人与英国的暴民一同起哄，在这场战争中发出吼叫和叫嚣。

自由，懂得怎样当一个良民。但在这场革命之后，中国反而没有过去自由。为什么呢？因为现在那些剪掉辫子的新式中国人，那些归国留学生从欧美人民那里——从旅居上海的欧洲人那里学会如何不检点自己，不是当一个良民，而是当一个暴民——一个被北京的英国外交官和北京海关的英国总监鼓动、溺爱和崇拜的暴民①。我想在此指出的是，如果欧洲人民、大不列颠的人民想打败德意志的军国主义，打败普鲁士的军国主义，他们就必须使他们本国的暴民遵守秩序，他们就必须使他们本国的暴民检点自己的行为，事实上，他们就必须取缔暴民崇拜的宗教，镇压他们本国的暴民崇拜者。

如今，当我说奉行暴民崇拜并为暴民崇拜所鼓舞的英国人民导致了德国的暴民崇拜，导致了德国的军国主义时，我必须同时指出，如果公正地看待这个问题，我觉得这场战争的直接责任更多地落在德国人民身上，落在德意志民族身上，而不是落在别人身上。

为了理解这一点，让我首先讲一讲德国军国主义在欧洲的历史。宗教改革和三十年战争之后，日耳曼的各个民族，具有道德品质、热爱正义、痛恨不义、憎恶肮脏和混乱的德意志民族的人民，手持军国主义长剑的德意志人民，成了欧洲文明的正直捍卫者。换言之，负责维持欧洲的 Zucht und Ordnung（风纪与秩序。——译者）；事实上，德意志人民赢得了欧洲的道德支配权。宗教改革之后，弗里德里克大帝就像英国的克伦威尔一样必须拿起和使用德意志军国主义的长剑来维持欧洲的风纪与秩序。无论如何，他已成功地维持了欧洲北部的风纪与秩序。现在让我们看看弗里德里克大帝死后发生了什么事情。他的继位者不知如何使用德国军国主义的长剑来保护和捍卫欧洲文明，事实上，他不适合拥有欧洲的道德支配权。结果是，整个欧洲，甚至德国

① 为了表明中国的归国留学生是怎样的暴民，我可以在此指出，去年北京的一些学生还写信给《京报》[Peking Gazette，聪明的中国“巴布”（Babu 指印度初懂英语者。——译者）陈欧仁（Eugene Chen）主办的报纸]，公开威胁说因为我在《论中国妇女》一文中批评中国的新式女子而组织人对我进行公开袭击，这个聪明的中国绅士陈欧仁是现在这场处心积虑的争吵的煽动者，是受英国公使和中国海关总监（Inspector General）资助的中英友好办公室委员会的受尊敬的成员。

的王宫成了徒有文明外表的深不见底的罪恶渊薮，以致那些受苦受难的人民，法国的平民百姓最终都拿起长矛来反抗这种罪恶。起来反抗这种罪恶的法国平民百姓不久就成了暴民，这类暴民终于找到了一个伟大的有才能的领袖，即拿破仑·波拿巴，他带领他们进行抢劫、谋杀、杀人并且蹂躏整个欧洲，直到重新团结在欧洲仅存的健全的德国军国主义的小核心周围的欧洲各个民族，在滑铁卢结束了这个暴民的伟大领袖的职业生涯[①]。此后，欧洲的道德支配权本应回到日耳曼人手中，回到日耳曼各民族的脊梁——普鲁士人手中。但是，组成奥地利帝国的其他民族的妒忌妨碍这一点。结果是，由于没有具有高尚道德品质的日耳曼民族和德意志军国主义的长剑来镇压暴民，暴民们便在1848年发动疯狂的暴动来破坏文明，破坏欧洲的文明。德意志民族——日耳曼各民族的脊梁，具有高尚的道德品质并拥有德意志军国主义长剑的普鲁士人从暴民手中拯救了欧洲——拯救了王权，拯救了欧洲文明。

如今，奥地利人——组成奥地利帝国的各异族人又变得妒忌起来，直到1866年普鲁士的威廉国王与俾斯麦和毛凯(Moltke)一起不得不运用武力扑灭奥地利人的妒忌并且掌握了欧洲的道德支配权。此后，路易·拿破仑并未像他的英明大叔那样成为一个领袖，而是成了暴民骗子，或像爱默生所称呼的那样成了一个成功的窃贼。他与支持他的巴黎暴民就欧洲的道德支配权进行争论并从德意志民族那里夺走了欧洲的道德支配权。结果是，手拿德国军国主义锋利长剑的威廉皇帝不得不向色当(Sedan)进军并且镇压了这个可怜的成功的窃贼和暴民骗子。信任这个暴民和暴民骗子的巴黎平民百姓听任别人洗劫和烧毁他们的房子，但洗劫和烧毁房子的不是德国军国主义，也不是德意志人和普鲁士人，而是他们信任的暴民。1872年以后，不仅欧洲的道德支配权，而且欧洲实际的政治支配权最终落入了德意志人之手，这些德意志人灵魂深处具有日耳曼的高尚的道德品质，他们手拿

① 具有非凡洞察力的爱默生指出，“把拿破仑送往圣·赫勒拿岛的并非战争失败，而是他身上的暴发户品质，是他的粗俗野心——与一位真正的公主结婚并建立一个王朝的粗俗野心。

德意志军国主义的长剑以便镇压暴民并保持欧洲的和平。多亏德意志民族的高尚道德品质和德意志军国主义长剑,欧洲自 1872 年以来才享有四十三年的和平。那些诋毁和谴责德意志军国主义和普鲁士军国主义的人应该记住,欧洲要好好感谢他们现在诋毁和谴责的这种德意志军国主义,这种普鲁士军国主义。

以上,我之所以不厌其烦地对欧洲的德国军国主义做了这种粗略的描述,是为了使德国人明白,当我试图表明对这场战争的实际的直接责任更多地要由他们来承担,由德国人民和德意志民族来承担而不是由别人来承担时,我对他们并不抱有偏见。我说,对这场战争的实际的直接责任更多地要由德国人民和德意志民族来承担,而不是由别人来承担,这是为什么呢?因为权力意味着责任[1]。

我认为,正是德国人民对正义的热爱、对不义的痛恨、对肮脏和混乱的痛恨,使他们信奉和崇拜强权。我想在此指出,对不义的这种憎恨、对肮脏与混乱的憎恨,一旦过分强烈,一旦没有节制,也会成为不义,成为非常可怕的不义,成为比肮脏和混乱更为可耻和错误的东西。正是这种对不义的切齿痛恨(它恰恰出于对正义的热爱),正是古希伯来人(欧洲人对于正义的了解和热爱应归功于希伯莱人)对不义的那种强烈、狭隘、苛严而又毫不妥协的憎恨达到了没有节制的程度,导致了犹太民族的毁灭。也正是出于对不义的这种过于强烈、狭隘、苛严而又毫不妥协的憎恨,耶稣基督才出来拯救他的民族。基督带着阿尔诺德所说的那种难以言表的和蔼可亲和通情达理告诉本民族的人民:"你们了解我,我温和而又谦卑,我将和平放入你们的心灵深处。"但犹太民族消亡了。基督向曾是欧洲文明卫士的罗马人说,"所有拿长剑的人将随剑而亡"[2]。但罗马人非但听不进去,反而一齐认为犹太人应把他钉上十字架。结果是,罗马帝国和欧洲的古老文明消失了,灭亡了。歌德说:

---

① 孔子说:"居上不宽吾何以观之。"莎士比亚说:"唉,拥有巨人的力量是光荣的,但像巨人一样去运用这种力量却是专横的。"

② 也就是说,所有依靠残暴的物质力量并且仅仅信奉这种力量的人或像爱默所说的那样相信粗俗的武力崇拜的人,都会面临同样的命运。

Welchen Weg musste nicht die Menschheit machen, bis sie dahin gelangte, auch gegen schluldige gehnd, gegen Verbrecher schonend, gegen auch Unmenschliche menschliche ze sein. Gewiss waren als Manner goettlicher Natur, die dies zuerst Lehrten, die ihr leben damit zubrachten, die Ausuebung moeglich zumachen und zu beschleunigen.

（人类经过了漫长的道路才渐渐了解如何不粗暴地对待罪犯，仁慈地对待违法者。人道地对待不人道者。他们的确是具有神性的人，正是这种人首先发出了这样的教导并且为了能够实现这一教导以及加速实践这一教导而献出了他们的生命。——译者）

在此，我将会用伟大的歌德的这些教导耐心地向德国人民、向德意志民族发出呼吁并且告诉他们，除非他们找到一种办法遏制他们对不义（正是这种不义使他们完全信奉和崇拜强权）的狭隘、苛严和过分的憎恨，除非他们能消除对强权的绝对信奉与崇拜，他们——德意志民族就会像犹太民族一样消亡，而且，现代欧洲文明就会因缺乏强大的捍卫者而崩溃并且像古代欧洲文明那样灭亡。因为正是对不义的这种过分强烈、狭隘、苛严的憎恨使德国人民、使德意志民族信奉并崇拜强权。也正是对强权的这种绝对信奉和崇拜使德意志民族、德国外交官、德国人民在对待其他民族时不体谅别人并且毫不通融。当我的德国朋友要求我向他们讲讲德国人崇拜强权和毫不通融的证据时，我仅仅向他们指出了北京的克林德碑。北京的克林德碑是德国人崇拜强权的永久标志，是德国外交缺乏圆通的永久标志，是德意志民族在与其他民族进行国际交往时缺乏圆通的永久标志[①]。正是德意志民族

① 德国公使克林德（Kettler）男爵在中国的义和团暴动期间被狂热的军人中的一个疯子偶然杀害。为惩罚一个疯子的这种行为，德国外交官坚持要在中国首都的主要街道上树立这座克林德碑，从而给整个中华民族的额头打上一个难以抹掉的耻辱标记。参见第3页脚注。在义和团爆动前夕，俄国驻京公使，已故的卡西尼（Cassini）伯爵在接受美国记者采访时指出："中国人是讲礼貌的民族。英国和德国公使——特别是驻京德国公使的无礼则是令人憎恶的。"

的这种强权崇拜，正是德国外交缺乏圆通（克林德碑是它的永久标志）使俄国皇帝说："我们已经忍了七年，现在该是结束的时候了。"正是德国外交的这种缺乏圆通使得真正热爱和平的俄国皇帝和欧洲最善良的人民，使欧洲最健全、最可爱、最和霭和最慷慨的人民——俄国人民袒护大不列颠和法国的暴民和暴民崇拜者；正是德国外交的这种缺乏圆通制造了三国协约；也正是德国外交的这种缺乏圆通最终使俄国人甚至袒护塞尔维亚的信奉无政主义的暴民并因此导致了这场战争。总之，正是德国外交、德国人民和德意志民族的这种缺乏圆通要对这场战争负直接的责任。

因此，我认为，如果要使此时的德意志民族，使欧洲现代文明的真正的、正直的合法的捍卫者不至于灭亡，如果要拯救现代欧洲文明，德意志民族和德国人民就必须找到一种办法来遏制他们对不义的过分强烈、狭隘、苛严的憎恨，正是这种憎恨使他们绝对信奉和崇拜强权，事实上，他们必须找到一种办法来遏制他们对强权的绝对信奉和崇拜，正是这种强权崇拜使他们变得不通人情和缺乏圆通。然而，德意志民族和德国人民到哪里去找到一种办法来遏制他们对强权的信奉和崇拜呢？我认为，德国人民、德意志民族将能在他们伟大的歌德的这些教导中找到这种办法。歌德说："Es gibt zwei friediliche Gewalten auf der Welt：das Recht und die Schicklichkeit."（世界上有两种和平的力量：正义与礼让。——译者）

这种正义与礼让（das Recht und die Schicklichkeit）是中国的孔子教给我们中国人的良民宗教的本质。这种礼让尤其是中国文明的本质。希伯莱民族的文明的宗教将正义的知识传授给欧洲人民，但它没有教会他们礼让。希腊文明教会欧洲人民如何做到礼让，但没有教给他们正义。但中国文明中的宗教教育我们中国人要做到正义和礼让——das Recht und die Schicklichkeit.

希伯莱《圣经》，欧洲人民据以建立他们的现代文明的文明规划，教导欧洲人要热爱正义，要做正直的人，要公平办事。而中国人的圣经——中国的"四书五经"，孔子为我们中华民族抢救出来的文明规划，也教导我们中国人热爱正义，做正直的人，要公平办事。但它补充说：“除了热爱正义，除了做正直的人，除了公平办事，但还要有高雅的情趣。”简言之，欧洲的宗教说：“做一个好人。”中国的宗教则说：“做一个有高雅情趣的好人。”基督教说：“爱人类。”孔子则说：“爱有高雅情趣的人类。”我把这种具有高雅情趣的正义宗教称为良民宗教。这是新的宗教。我相信，欧洲人民，尤其是现在各参战国的人民此时不仅需要这种宗教来结束这场战争，而且需要这种宗教来拯救欧洲文明、拯救世界文明。欧洲人民将在中国，在中国的文明中找到这种新宗教。因此，我在这本小册子中试图解释和揭示这种文明——中国文明——的价值。我这样做是希望，阅读拙著的所有受过教育的、认真思考的读者将会通过阅读这本书更好地理解这场战争的道德原因，将会通过对这场战争的道德原因的理解帮助结束这场全世界已经目睹的战争，这是一场残酷的、惨无人道、毫无意义而又非常奇怪的战争。

如果我们想结束这场战争，我们首先必须遏制暴民崇拜，继而遏制当今世界的强权崇拜，我说过，这种强权崇拜乃是这场战争的原因。只有当我们每个人在日常生活中，在我们的一言一行中，不谋私利，不计利害——不考虑报偿，而是考虑歌德的名言所使用的那个词——“正义”时，我们才能遏制暴民崇拜。而且，只有当我们有勇气拒绝与群氓、与暴民同流合污（即使这样做没有好处）时，我们才能遏制暴民崇拜。伏尔泰说：“C'est le malheur des gens honnetes qu'ils sont des laches.”（成为懦夫乃是好人的不幸。——译者）我想指出的是，正是我们所有人的自私和怯懦，正是使我们考虑利益、考虑利害关系、考虑报偿，而不考虑正义的那种自私自利，正是使我们害怕独自抵抗群氓、抵抗暴民的那种怯懦——正是我们所有人的这种自私和怯懦产生并制造了当今世界的暴民和暴民崇拜。人们说，德国军国主义是当今世界的敌人和危险。我则认为，当今世界的真正敌人恰恰是我们所有人的自私与怯懦：这种自私与怯懦一旦结合在一起就会成为商业主义。世界各国，特别是英国和美国的这种商业主义精神正是当今世界的真正敌人。我认为，当今世界真正的最大敌人正是我们每个人心中的这种商业主义精神而不是普鲁士的军国主义。因为正是这种商业主义——自私与怯懦的结合,制造了暴民崇拜的宗教。正是大不列颠的这种暴民崇拜的宗教制造了德国的强权崇拜的宗教,制造了德国的军国主义。我说过,这种德国军国主义最终引发了这场战争。因此,我认为,这场战争的根源并非军国主义,而是商业主义。而商业主义,我说过,乃是我们每个人心中的自私和怯懦的结合。所以,如果我们想帮助结束这场战争,我们首先必须遏制这种商业主义精神——我们心中的自私与怯懦的结合。总之,我们必须首先想到正义,而不是利益,然后必须有勇气抵抗群氓,抵抗暴民。我认为,这样,并且只有这样,我们才能帮助遏制暴民崇拜,遏制暴民崇拜的宗教,我们可以通过这种遏制来帮助结束这场战争。

一旦我们遏制了暴民崇拜,就十分容易遏制强权崇拜,容易遏制德国的军国主义,遏制普鲁士的军国主义。为了遏制强权崇拜,遏制德国的军国主义、普鲁士的军国主义或世界上的任何军国主义,我们必须做的唯一的事情就是要想到歌德的那句名言中的另一个词——礼让——Schicklichkeit,想到高雅的情趣,并且在想到这一点时要办事圆通且行事得体,简言之,行为要规矩。因为强权、军国主义,甚至包括普鲁士的军国主义面对懂得行为规矩的人也会毫无办法并且会很快发现自己是无用的和不必要的。这是良民宗教的本质,这是中国文明的秘密。这也是德国的歌德给予欧洲人民的欧洲新文明的秘密。这一文明的秘密是:不要以暴力遏制暴力,而要以正义和圆通去遏制暴力;事实上不要以暴力而要以得体的言谈举止去遏制暴力。言行得体意味着办事公平,行为圆通,情趣高雅[①]。这是中国文明的秘密与灵魂,是我在本书中试图解释和说明的中国人的精神的本质。

最后,我要以我在义和团暴乱之后写的《尊王篇》的结论为本文做结。它们出自法国诗人白朗瑞(Béranger)之手,我想把它们引用于此是再恰当不过了。

---

① 孔子说:"君子笃恭而天下平。"

J'ai vu la Paix descendre sur la terre,
Semant de l'or des fleurs et des epis;
L'air etait calme et du Dieu de la guerre
Elle etouffait les foudres assoupis.
Ah! disait-elle, egaux par la vaillance.
Anglais, Français, Belge, Russe ou Germain,
Peuples, formez une sainte alliance
Et donnez vous la main!
(我目睹和平女神飘然降临，
她将金色的花朵和麦穗撒遍大地；
硝烟散尽，她遏制了
战争之神的沉闷霹雳；
啊！她说，大家同样骁勇。
英、法、比、俄、德的人民
拉起你们的手吧，
去结成神圣同盟！——译者)

辜鸿铭

1915 年 4 月 20 日于北京

导　　言

良民宗教

sage, thun wir nicht recht? Wir müssen den Poebel betruegen, seih nur. wie ungeschickt, sich nur wie wird er sich! Ungeschickt und wild sind rohen Betrogenen; Seid nur redlich und führt ihn zum menschlichen an。①

——Goethe

目前的世界大战正成为全球关注的焦点。但我认为,这场战争本身必定会使认真思考的人们把注意力转向文明的重大问题。所有文明都始于对自然的征服,即始于驾驭和控制自然界的可怕的物质力量,以使这些力量不会对人类造成危害。应当承认,现代欧洲文明在征服自然方面已经获得了其他文明尚未获得过的成功。但在这个世界上还有比自然界的可怕的物质力量更为可怕的力量,这就是人心中的激情。与人的激情对人类造成的危害相比,自然界的物质力量对人类造成的危害简直微不足道。因此,显而易见,如果不适当规范和控制这种可怕的力量——人的激情,不仅没有文明可言,而且连人类的

① 我们难道做得不对吗?对暴民我们必须愚弄;看着吧,他显得多么笨拙!多么野蛮!所有未开化的受愚弄者无不野蛮和愚笨;还是以诚实为好,这样,人方有人性。——译者

生存都难以维系。

在社会的原始阶段和蛮荒时代，人类还不得不依靠物质力量来征服和宰制人的激情。因此，成群结队的野蛮人还不得不受纯粹的物质力量的支配。随着文明的进步，人类找到了一种比物质力量更为强大、更为有效的力量去征服和宰制人的激情，这就是道义的力量。过去一直能有效征服和宰制欧洲人的激情的道义力量就是基督教。但现在这场烽火连天的战争似乎表明基督教作为一种道义力量已经失去作用。由于缺乏有效的道义力量来宰制和约束人的激情，欧洲人不得不重新运用物质力量来维持公共秩序。卡莱尔说得好："欧洲就是无政府状态加上警察。"运用物质力量来维持公共秩序会导致军国主义。事实上，在今日的欧洲，军国主义之所以不可缺少，是因为它缺乏有效的道义力量。但军国主义会导致战争，战争则意味着毁灭和浪费。因此，欧洲人现在处于进退维谷的地步。如果他们消灭军国主义，无政府状态将会毁灭他们的文明；如果他们维护军国主义，他们的文明会因战争的浪费和毁灭性打击而土崩瓦解。英国佬说，他们决心铲除普鲁士的军国主义，并且基钦纳(Kitchnor)[①]勋爵相信，他可以用三百万训练有素和全副武装的英国人扑灭普鲁士的军国主义。我倒觉得，普鲁士军国主义被扑灭之时，就是另一种军国主义——仍有待扑灭的大不列颠军国主义——的兴起之日。这样一来，似乎没有办法摆脱这种恶性循环。

真的没有办法摆脱这种恶性循环吗？我相信有。美国的爱默生早就说过："我很容易看到卑鄙的武力崇拜的破产，尽管伟人们都是武力崇拜者。可以肯定，由于上帝还活着，只有那种不需要另一种武器来对付的武器，只有爱与正义的法则，才能实现一场彻底的变革。"如果欧洲真想消灭军国主义，那么，只有一个办法，即，运用爱默生所说的不需要另一种武器来对付的武器，运用爱与正义的法则，——事实上也就是运用道义的力量。由于存在有效的道义力量，军国主义将没

① 基钦纳(Horatio Herbert kitchner, 1850—1916)英国陆军元帅，击败苏丹，残酷镇压南非布尔人起义，第一次世界大战时任英国陆军大臣。——译者

有存在的必要并且会自行消失。既然基督教不再作为一种道义力量而起作用，那么，现在的问题是，欧洲人到哪里去寻求这种使军国主义不必存在的、新的有效的道义力量呢？

我相信，欧洲人可以在中国——在中国的文明中——找到这种新的道义力量。在中国文明中这种使军国主义不必存在的道义力量就是良民宗教。有人会对我说："中国也有过战争。"中国是有过战争，但自孔子时代至今的两千五百年的时间里，我们中国从未有过在今日的欧洲所看到的那种军国主义。在中国，战争是偶然的，在欧洲，战争却是必然的。我们中国人可能会发动战争，但我们不会生活在没完没了的战争中。事实上，我觉得在欧洲国家一件不能容忍的事情与其说是战争，还不如说是这样的事实：大家总是害怕他的邻居一旦强大起来就会抢劫和谋杀他，因而他必须武装起来或花钱雇佣武装警察来保护自己。因此，欧洲人身上的沉重负担并不完全是战争事变，而是必须不断武装自己，是永远需要用物质力量来保护自己。

在中国，由于我们有良民宗教，一个人不会感到有必要运用物质力量来保护自己，他甚至很少需要招来和运用警察和国家的物质力量保护自己。在中国，一个人受其具有正义感的邻居的保护，受其乐于服从道德责任感的同胞的保护。事实上，中国人之所以感到没有必要使用物质力量来保护自己，是因为他相信大家公认公正与正义是比物质力量更高的力量，人人都承认必须承担道德义务。如果你可以使全人类一致承认公正与正义是比物质力量更高的力量，承认人人必须承担道德义务，那么，使用物质力量就没有必要，世界上的军国主义就不可能存在。当然，每个国家总有少数罪犯，世界上总有少数野蛮人不会并且不可能承认公正与正义是比物质力量更高的力量，不可能承认人人必须遵守道德义务。因此，每个国家、整个世界始终都需要一定的物质力量或警力和军国主义来对付罪犯和野蛮人。

但有人会说，你怎样才能使全人类都承认公正与正义是比物质力量更高的力量呢？我的回答是，你要做的第一件事情是使全人类都相信公正与正义的效用，要使他们相信公正与正义是一种力量，事实上，要使他们相信善的力量。你怎样做到这一点呢？为了做到这一点，中国的良民宗教在每个儿童刚刚识字时就教导他们："人之初，性本善。"①

在我看来，今日欧洲文明的主要弊端在于它的错误的人生观，在于它的人性本恶观念，由于这种错误的人性观，欧洲的整个社会结构始终要依赖武力。欧洲人为维持社会秩序必须依靠的两样东西是宗教和法律。换言之，欧洲人要靠对上帝的敬畏和对法律的恐惧来维持秩序。恐惧意味着使用武力。因此，为维持对上帝的敬畏，欧洲人首先要供养大批耗资巨大的游手好闲者，这些人被称为牧师。不说别的，仅仅供养这批人就要一大笔开支，以至最终成为人民不堪忍受的负担。事实上，在三十年宗教改革战争中，欧洲人千方百计要去掉牧师。在去掉那些通过人们对上帝的敬畏来维持公共秩序的牧师之后，欧洲人则极力凭借人们对法律的恐惧来维持公共秩序。但为了维持对法律的恐惧，欧洲人又不得不供养另一批开支更为庞大的游手好闲者，这些人被称为警察和军人。现在欧洲人又开始发现，与供养牧师相比，供养警察和军人的开支更加令人难以承受。事实上，正如在三十年宗教改革战争中欧洲人试图去掉牧师一样，在现在这场战争中欧洲人真正需要的是去掉军人。但是，如果欧洲人想去掉警察和军人，那么代之而来的，要么是召回牧师来维持对上帝的敬畏，要么是找到与对上帝的敬畏和对法律的恐惧相类似且有助于他们维持公共秩序的东西。我想，广义地说，这就是摆在战后欧洲人面前的有关文明的重大问题。

我认为，在欧洲人有过与牧师相处的经历之后，他们不会想召回牧师。俾斯麦说过："我们决不会忍辱屈从。"②而且，即使召回牧师，这些牧师也起不到什么作用，因为对上帝的敬畏在欧洲人那里已经荡然无存。因此，如果欧洲人想去掉警察和军队，那么，唯一能够替代的东

① 这是每个中国儿童入学时拿到的第一本书的第一句话。

② 原文为"Wir gehen nichtzur Canossa!"，辜鸿铭译为 We will never go back to Canossa。这是一个历史典故。相传德国皇帝亨利四世 1077 年去意大利北部城市卡诺萨向教皇格雷高里七世认罪。——译者

西就是找到某种与敬畏上帝和恐惧法律相类似，并且有助于他们维持公共秩序的东西。我早就说过，我相信欧洲人可以在中国文明中找到这种东西。我把这种东西称为良民宗教。在中国，这种良民宗教就是一种不借助牧师、警察和军队而能维持全国的公共秩序的宗教。事实上，由于这种良民宗教，中国人（与欧洲大陆的总人口不相上下）在现实生活中不需要牧师、警察或军人而能维持和平与秩序。每个到过中国的人都知道，中国的教职人员、警察或军人在维持公共秩序方面所起的作用微乎其微。在中国只有愚昧无知的阶层，才需要教职人员，只有品质恶劣的罪犯才需要警察或军人来使他们遵守秩序。因此，我认为，如果欧洲人真想去掉宗教和军国主义，去掉使他们烦恼不堪、流血不止的牧师和军人，他们就必须到中国来学习我所说的良民宗教。

总之，在这个人类文明面临崩溃的时刻，我要提醒欧美人士注意的东西是，中国具有迄今鲜为人知的文明的无价宝藏，这座文明的宝藏并非该国的贸易、铁路、金、银、煤、铁等矿藏。我想在此指出，当今世界文明的宝藏就是中国佬[①]——信奉良民宗教的未被玷污的真正的中国佬。我以为，真正的中国佬之所以是文明的无价宝藏，是因为不需要什么开支就能使他遵守秩序。的确，我要在此提醒欧美人民不要摧毁这种文明的无价宝藏，不要像他们现在千方百计地对付他们的新学一样改变和玷污真正的中国佬。如果欧美人毁灭了真正的中国佬，毁灭了中国式的人性，如果他们把真正的中国佬变成了欧洲人或美国人，也就是说变成了需要传教士或军人来使其遵守秩序的人，那么，他们就会增加宗教负担或增加全球军国主义负担——后者已成为文明和人类所面临的危险与威胁。假如人们可以采取这样或那样的手段改变欧美人的人性，把欧美人改造为毋需传教士或军人就能使其遵守秩序的真正的中国佬，那么请想想，这会给世界卸掉多大的负担。

现在，我们可以简要地总结一下这场战争所暴露出来的欧洲文明的重大问题。我认为，欧洲人一开始试图借助牧师来维持公共秩序，

① 原文为 Chinaman，有贬义，辜鸿铭故意在反讽的意义上使用这个词。——译者。

但时隔不久，牧师就花费了巨额开支并且带来了许多麻烦。经过三十年的战争，欧洲人送走了牧师，召来警察和军人维持公共秩序。但他们随即发现，警察和军人比牧师要花更多的费用，甚至要带来更多的麻烦。欧洲人现在怎么办呢？是送走军人召回牧师吗？我不相信欧洲人会愿意召回牧师。况且，现在的牧师已不起什么作用。那么，欧洲人如何是好呢？我看到，剑桥的狄更生教授在《大西洋月刊》上发表了一篇题为《战争与出路》的文章，他主张“召回暴民”。我担心，一旦召回暴民取代牧师和军人，那会比牧师和军人带来更多的麻烦。欧洲的牧师与军人导致了一次又一次的战争，暴民将会引起革命和无政府状态，这样一来，欧洲的形势会每况愈下。我奉劝欧洲人：不要召回牧师，看在老天爷的面上也不要召来暴民，而要召来中国佬，召来信奉良民宗教并在两千五百年的时间里毋需牧师与军人而能和平生活的真正的中国佬。

事实上，我深信，在这次战争之后欧洲人将在中国找到解决文明的重大问题的途径。我在此重申，中国具有迄今鲜为人知的文明的无价宝藏，这种文明的宝藏就是真正的中国佬。真正的中国佬之所以是文明的宝藏，是因为他掌握着欧洲人在这次大战之后所需要的文明的秘密，这种新文明的秘密就是我所说的良民宗教，而良民宗教的第一原理乃是相信人之初，性本善，相信善的力量，相信美国爱默生所说的爱和正义的法则的力量与效用。但何为爱的法则呢？良民宗教教导说，爱的法则即尽孝。何为正义的法则呢？良民宗教教导说，正义的法则即诚实，守信、尽忠，每个女人必须无私地绝对地忠于丈夫，各国男人必须无私地、绝对地忠于他的君主、国王或皇帝。最后我想在此指出，这种良民宗教的最高职责事实上就是尽忠，这里所说的尽忠不仅表现在行动上，而且表现在精神上，或如丁尼生(Tennyson)所言：

敬国王如良心，
敬良心如国王，
破异端而尊基督。

中国人的精神
——在北京东方学会宣读的论文

首先，请允许我向诸位解释一下我建议下午讨论的问题。我们的论题是《中国人的精神》，我的意思并不仅仅指中国人的品格或特点。对中国人的特点已有许多描述。对中国人的特点进行这样的描述或罗列丝毫不能反映中国人的内心世界。我想你们会同意我的这种看法。此外，我们不可能笼统地谈论中国人的特点。众所周知，中国北方人的性格不同于南方人的性格，就像德国人的性格不同于意大利人的性格。

我所说的中国人的精神是指中国人赖以生存的那种精神，是指中国人在思想、品格和情操方面表现出来的独特气质。正是这种气质把中国人与别国人，特别是与现代欧美人区别开来。也许，只有把我们的论题称为典型的中国人，或简言之，叫作真正的中国人，才能确切地表达我的意思。

何为真正的中国人？我相信，大家会一致认为这是个非常有趣的话题，特别是在目前这样的时候。从今日的中国、从我们周遭所发生的事情中可以看出，典型的中国人——真正的中国人行将消失，代之而来的是新型的人——中国人或现代中国人。我主张，在真正的中国人或传统的典型的中国人从世上消失之前，我们应该好好看他一眼，看看我们能否在他身上找到某种独特的气质，正是这种气质使他完全不同于别国人，不同于我们在今天的中国所看到的那种正在崛起的新型的人。

我以为，在传统的典型的中国人身上最能打动你的东西是，他身上没有粗暴、野蛮或残忍的本性。用个适用于禽兽的术语说，真正的中国人是一个驯化的动物。就中国的下层百姓来说，他身上的兽性、野性或德国人所说的 Rohheit（粗鲁。——译者）与欧洲社会的下层百姓相比要少得多。事实上，可以用一个词来概括典型的中国人给你留下的印象，这就是英文中的“温文尔雅”。我所说的温文尔雅并不是指性格软弱或唯唯诺诺。已故的麦哥万（D. J. Macgowan）博士指出：“中国人的温顺并不是一个心灰意冷的被阉割者所表现出的那种温顺。”我所说的“温文尔雅”是指没有冷酷、严苛、粗俗或残暴，事实上是指没有任何使你感到不快的东西。真正的典型的中国人有着你在一块经过锻炼的金属中所看到的那种宁静、庄重和圆润的外表。一个真正的中国人的生理和心理缺陷，即便不被他身上的这种温文尔雅品质所消融，至少也被这种品质所淡化。真正的中国人也许粗鲁，但不至于下流；真正的中国人也许难看，但不至于丑陋；真正的中国人也许庸俗，但不至于放肆和趾高气扬；真正的中国人也许迟钝，但不至于怪诞；真正的中国人也许狡猾，但不至于恶毒。我想指出的是，即使是真正的中国人在肉体、心灵和性格方面的缺点也不会使你反感。你很少会发现，老式学校的真正的中国人，甚至包括那些处于社会最底层的真正的中国人，会令人厌恶。

我认为，典型的中国人给你的完整印象是，他的温文尔雅难以言表。当你分析真正的中国人身上的这种难以言表的温文尔雅品质时，你会发现，那是两样东西，即同情和智慧相结合的产物。我刚才把典型的中国人比作驯化的动物。使驯化的动物完全不同于野兽的东西是什么呢？是这个驯化动物身上所具有的、人所特有的东西。但这个不同于兽性的、人所特有的东西是什么呢？是智慧。一个驯化动物的智慧并不是思维的智慧，并不是来自推理的智慧，也不是来自本能的智慧，比如，狐狸的智慧——不是那种知道到何处找鸡吃的狡猾的智慧。狐狸所具有的这种出于本能的智慧，所有的动物，包括野兽无不具有。但一个驯化动物所具有的通人性的智慧完全不同于狐狸的智慧或野兽的智慧。驯化动物所具有的这种智慧既不来自推理,也不来自本能,而是来自同情,来自爱与依恋。一匹家养的阿拉伯马之所以领会它的英国主人的意思,不是因为它学过英语语法,也不是因为它对英语有本能的理解力,而是因为它爱它的主人并且依恋它的主人。这就是我所说的通人性的智慧,它不同于单纯狡猾的智慧或兽类的智慧。驯化动物与野兽的不同之处恰恰在于它通人性。同样,我以为,正是这种有同情心的、真正富有人性的智慧赋予典型的中国人,赋予真正的中国人以难以言表的温文尔雅。

我曾读过一个旅居两个国家的外国人所发表的看法。他指出,外国人在日本住得越久,就越讨厌日本人;而外国人在中国住得越久,就越喜欢中国人。我不知道对日本人的这种评价是否正确。但我想,你们这些住在中国的人会跟我一样认为对中国人的上述评价是千真万确的。外国人在中国住得越久,你甚至可以说——就越欣赏中国人,这是不言而喻的事实。尽管中国人不爱干净和修饰,尽管中国人在心理和性格方面有不少缺点,但他们身上有某种难以形容的东西使外国人喜欢他们甚于喜欢其他民族的人。这种难以形容的东西就是我所说的温文尔雅,它即使不能弥补中国人在外国人心目中的那些生理和心理缺陷,至少能淡化和减弱这些缺陷。我早就指出,这种温文尔雅是富有同情心的智慧或真正富有人性的智慧的产物。这里的智慧既不来自推理,也不出自本能,而是出于同情——出于同情的力量。那么,中国人的同情力量的秘密何在呢?

对于中国人的同情力量的秘密,我姑且做一种解释,你们不妨称之为假设。这种解释是,中国人之所以具有这种力量,之所以具有这种强烈的同情心,是因为他们完全过着心灵的生活或近乎过着这样的生活。中国人的全部生活乃是情感生活——这里所说的情感并不是产生于肉体感官的感觉,也不是人们所说的从神经系统奔涌而出的激情,而是来自人类本性的最深处,来自心灵与灵魂的情绪或情愫。我可以说,真正的中国人过着丰富的情绪化的生活,过着有人情味的生活,过着情感的生活。有时候,你可以说他过多地忽视了他应该忽视的东西，甚至过多地忽视了一个由灵肉结合的活生生的人在感官生活方面所必需的条件。这就是中国人对不干净的环境和不假修饰所带来的身体不适表现得无动于衷的真正原因。不过，这不是本文所要讨论的问题。

我认为，中国人之所以富有同情心，是因为他完全过着情感的生活——过着情绪化的生活或有人情味的生活。我首先要对我所说的过着情感的生活作两点说明。第一点说明是，诸位也许早就认识我的一个朋友以及我在武昌的同事梁敦彦先生——当他在北京任外务部尚书时你们大概就认识他。梁先生在首次接受汉口海关道台的任命时告诉我，他之所以争取当大官，戴红翎并在接受任命时感到快慰，并不是因为他对红翎感兴趣，也不是因为他可以由此而变得富贵和独立——在武昌时我们都很清贫，而是因为他想领略其中的乐趣，是因为他的升迁可以让他的广州老母开心。我说中国人过着情感的生活，过着情绪化的生活，过着有人情味的生活就是这个意思。

另一个说明是，我的一位在海关任职的苏格兰朋友告诉我，他曾请过一个中国仆人，这个仆人是十足的无赖，满口谎话，“勒索钱财”并且赌博成瘾。我的这位朋友因患伤寒病倒在船舱门口时，没有一个外国朋友去过问，而这位流氓习气的中国仆人却给他尽心尽意的护理，即使是他的亲朋好友也不会有这么周到。我想《圣经》中对女人的评价不仅适用于这个中国仆人，而且适用于一般的中国人：“多多原谅他们吧，因为他们很有爱心。”旅居中国的外国人的眼睛和理智可以发现，中国人的生活习惯和性格确有不少缺点，但他的心灵与他们息息相通，因为中国人有着丰富的内心，或如上所述，过着情感的生活，过着情绪化的生活或有人情味的生活。

我想，我们已经找到了揭示中国人具有同情心的秘密的线索——正是同情心赋予真正的中国人以同情的智慧或真正富于人性的智慧，而这种智慧使中国人具有难以言表的温文尔雅。接下来让我们检验一下这个线索或假设，让我们看看能否根据中国人过着情感生活这一线索不仅说明孤立的事实，比如我在上面所做的两点描述，而且说明我们在中国人的现实生活中所看到的一般特点。

首先，让我们看看中国语言。正如中国人过着情感生活一样，中国语言也是一门情感语言。众所周知，在旅居中国的外国人中儿童和文盲可以轻而易举地学会汉语，其学习速度不知比成人和有文化者快多少倍。这是什么原因呢？我认为，原因在于儿童和文盲是以情感语言在思考和说话。而受过教育特别是受过欧式的现代教育的人是以理智的语言思考和说话。事实上，受过教育的外国人之所以觉得学习汉语太难，是因为他们所受的教育太多，接受知识和科学方面的教育太多。适用于天国的话也许适用于汉语："只有保持小孩的心态，你才能学会它。"

其次，让我们来看看中国人的现实生活中的另一个众所周知的事实。大家知道，中国人有极好的记忆力。其秘密何在呢？秘密在于，中国人是用心记而不是用脑记。具有同情力量的心灵起着粘合剂的作用，它比生硬枯燥的头脑或理智更容易记住东西。正因如此，我们回忆儿童时学习的东西比回忆成人时学习的东西要容易很多。在儿童时代，大家都像中国人一样是用心记而不是用脑记。

再次，我们来看看中国人的生活中另一个公认的事实——他们的礼貌。人们常说，中国人特别讲礼貌。但真正的礼貌的本质是什么呢？是对他人情感的尊重。中国人之所以有礼貌，是因为他们在过着情感生活时了解他们自己的感情，这一点使他们更容易表现出对他人感情的尊重。中国人的礼貌尽管不像日本人的礼貌那样周到，但它使人感到愉快，这是因为它像法语绝妙地表达的那样乃是 la politesse du coeur——出自内心的礼貌。日本人的礼貌尽管周到，但不太令人愉快。我曾听到一些外国人对这种礼貌表示反感，因为它是经过排演的礼貌——就像在演戏时练出来的礼貌。它不是直接出自内心和自然而然的礼貌。事实上，日本人的礼貌就像一朵没有香气的鲜花，而一个真正彬彬有礼的中国人的礼貌却像香气扑鼻的珍贵油膏(instar unguenti fragrantis)一样，具有发自内心的芬芳。

最后，让我们来看看中国人的另一个特点，即缺乏精确性。史密斯牧师曾因注意到这一特点而闻名遐迩。中国人的言谈举止缺乏精确性，其原因何在呢？我以为，其原因在于中国人过着情感生活。心灵是非常精致、非常灵敏的天平，它不像头脑或理智那样生硬、刻板。你用心灵思考时不可能保持你用头脑或理智思考时的那种刻板和严格的精确性。至少，这样做十分困难。事实上，可以把中国的毛笔看作中国人心灵的象征。用毛笔写字或绘画非常难，但一旦你驾轻就熟，你的笔底就会现出优美的字画来，这是用钢笔无法做到的。

以上几个简单的事实与中国人的生活紧密联系在一起。任何人(即便他对中国人一无所知)不难发现和明白这一点。我想，我可以通过考察这些事实来证实中国人过着情感生活这一假设。

正因为中国人过着情感生活，过着儿童式的生活，他们的许多行为举止显得十分纯朴。中国人在许多方面理所当然要一直保持十分纯朴的天性，这对有着悠久历史的伟大民族的全体人民来说，乃是一个不言而喻的事实。正是这一事实使研究中国问题的思想浅薄的外国学者以为中国人在文明方面没什么进步，甚至认为中国文明是一种停滞的文明。但我们必须承认，单就理性生活而言，中国人的确在某种程度上成了停止发展的民族。众所周知，中国人不仅在生理科学而且在纯粹抽象科学，如数学、逻辑和形而上学方面进步很小或毫无进步。在中国语言中找不到与欧洲语言的“科学”和“逻辑”完全对等的词语。中国人就像过着情感生活的儿童一样对抽象科学没有兴趣，因为心灵和情感在这些科学中毫无用武之地。事实上，对一切用不上心灵和情感的东西，比如统计表，中国人都不喜欢，甚至到了厌恶的程度。如果说统计表和抽象科学使中国人厌恶，那么，现在欧洲人正在研究的生理科学就会引起中国人的憎恶和恐惧，因为它们要求你宰杀和肢解活蹦乱跳的动物以便验证一种科学理论。

我认为，单就理智生活而言，中国人在某种程度上的确是停止发展的民族，中国人至今还过着儿童式的生活，过着情感生活。从这方面看，中国人作为一个民族尽管已有悠久的历史，但至今仍是一个儿童式的民族。重要的是，你们应该记住，这个儿童式的民族，这个过着情感生活的民族，这个在许多方面仍显得十分纯朴的民族，却有着你在一个原始民族中无法找到的精神力量和理解力。正是这种精神力量和理解力使他们能成功地解决涉及社会生活，行政管理和文化方面的纷繁复杂的问题。我敢说，古代和现代的欧洲各国在解决上述问题方面均未取得中国人取得过的那种成功。中国人取得的成功如此显著，以致他们能在实际生活中使一个占亚洲大陆的大部分人口的泱泱帝国保持和平与秩序。

我想指出的是，中国人的突出优点，并不在于他们过着情感生活。所有原始民族都过着情感生活。众所周知，欧洲中世纪的基督徒也过着情感生活。马太·阿尔诺德指出：“中世纪基督教的诗歌有赖于情感和想象。”我想指出的是，中国人在过着情感生活，过着儿童生活的同时，仍然具有一种精神力量和理解力，而你在欧洲中世纪的基督徒或所有其他原始民族那里却无法找到这种精神力量和理解力。换言之，中国人的突出优点在于，他们作为一个具有悠久历史的成熟民族，作为一个具有成熟理性的民族，能自古至今一直过着儿童式的生活——过着情感生活。

因此，我们不能说中国人是一个停止发展的民族，而应当说中国人是一个从不衰老的民族。简言之，中国人作为一个种族的突出优点在于，他们拥有青春常驻的秘密。

现在，我们可以回答一开始提出的问题：何为真正的中国人？我们看到，真正的中国人就是这样一种人，他过着成人的理性生活而又童心不泯。简言之，真正的中国人就是具备成人的头脑而又童心不泯的人。因此中国人的精神就是青春常驻的精神，就是民族不朽的精神。中国人的这种民族不朽精神的秘密何在呢？你们还记得，在本文的开头我就说过，正是我所说的具有同情心的智慧或真正具有人性的智慧赋予典型的中国人，赋予真正的中国人以难以言表的温文尔雅。我还说过，这种真正具有人性的智慧是两样东西即同情和智慧相结合的产物。它始终能促进心灵与头脑的和谐。简言之，它是灵魂与理智的美满婚姻。如果说中国人的精神是青春常驻的精神，是民族不朽的精神，那么，这种不朽精神的秘密在于灵魂和理智的美满婚姻。

你们会问，中国人到哪里以及怎样才找到这种民族不朽精神的秘密——实现灵魂和理智的美满婚姻，从而使他们作为一个种族和民族永葆青春呢？这个问题的答案自然在于，他们是从自己的文化中找到了这种秘密。你们自然不希望我在宣读论文时给你们开一个中国文化的讲座。但我要努力讲一些与我们的话题有关的中国文化的内容。

首先，我要告诉你们，我觉得中国文化和现代欧洲文化之间有着重大差别。我暂且引一段在世的著名艺术评论家伯伦松（Bernard Berenson）[①]先生的精彩评论。伯伦松先生在把欧洲艺术与东方艺术进行对比时指出："我们欧洲的艺术具有变为科学的致命倾向，我们的杰作无不打上了成为瓜分利益的战场的烙印。"关于欧洲文化，我想指出的是，正像伯伦松先生对欧洲艺术所做的评价那样，欧洲文化也成了瓜分利益的战场，成了以瓜分科学与艺术的利益为一方，以瓜分宗教和哲学的利益为另一方的连绵不断的战争，事实上成了头脑与心灵——灵魂与理智——不断冲突的可怕战场。在中国文化中，至少在过去的两千四百年时间里并不存在这种冲突。我认为，这就是中国文化与现代欧洲文化的一个重大区别。

换言之，我想指出的是，现代欧洲人具有一种能满足他们的心灵但不能满足他们的头脑的宗教，以及能满足他们的头脑但不能满足他们的心灵的哲学。现在，让我们来看看中国。有人说中国人没有宗教。在中国，甚至广大的民众都没有皈依宗教，这是千真万确的事实。我所说的宗教是指欧洲意义上的宗教。中国道教和佛教的庙宇、庆典和仪式更着眼于修身养性而不是教诲。它们所触及的是中国人的美感而不是他们的道德感和宗教感。事实上，他们更多地诉诸想象，而不是心灵或灵魂。确切地说，中国人不想要宗教——并未感到需要宗教，而不应当说中国人没有宗教。

中国人，甚至包括中国的广大民众，并不感到需要宗教。对这个

---

① 伯伦松（Bernard Berenson，1865—1959），又译贝伦松，美国艺术评论家，著有《佛罗伦萨画派的绘画》《文艺复兴时期的意大利画家》等。——译者

不同寻常的事实应做何解释呢？有个英国人做了解释。伦敦大学研究儒家学说的中文教授道格拉斯先生指出："四十多代的中国人完全遵从一个伟人的格言。由于孔子是地地道道的中国人，他的学说特别适合他所教导的那些中国人的本性。（中国）蒙古族人的头脑特别迟钝并且不爱思考，自然反对研究超经验的东西。由于来生的观念尚未苏醒，一个简单明了而又注重实际的道德体系，如孔子所列举的那些道德原则，足以满足中国人的全部需要。"

那个有学问的英国教授说得对，中国人之所以不需要宗教，是因为他们有孔子的学说。但他又断定中国人之所以不需要宗教是因为蒙古人的头脑反应迟钝和不爱思考，这就大错特错了。首先，宗教并不属于沉思的问题，而是情感问题，情绪问题。它与人的灵魂息息相关。甚至自非洲的野蛮人脱离纯粹的动物性生活并且他们的灵魂得到苏醒时，他们就感到需要宗教。因此，尽管（中国）蒙古人的头脑反应迟钝并且不爱思考，但我认为，我们必须承认中国的蒙古人仍比非洲的野蛮人更为高级，他们同样有灵魂，并且正因为有灵魂，他们必定感到需要宗教，除非他们有某种东西可以代替宗教。

事实根据是中国人之所以不需要宗教，是因为他们的儒家学说中有一种哲学和伦理学体系，这种体系是对人类社会和文化的综合，并且可以代替宗教。有人说，儒家学说并不是宗教。毫无疑问，儒家学说不是通常所说的欧洲意义上的宗教。但我认为，儒家学说的伟大之处恰恰在于它不是宗教。事实上，儒家学说的伟大之处在于，它不是宗教而又可以代替宗教，它可以使人不需要宗教。

为了解儒家学说怎样才能代替宗教，我们必须努力找出人类需要宗教的原因。我认为，人类需要宗教与人类需要科学、艺术和哲学出于相同的原因，这就是，人是有灵魂的存在物。现在让我们来看看科学，我指的是物理学。人类为何要从事科学研究呢？大部分人认为，人类之所以要从事科学研究，是因为他们想得到铁路和飞机。但促使真正的科学家从事科学研究的动机并不在于他们想得到铁路和飞机。现在这些因一心想得到铁路和飞机而从事科学研究的崇尚改革的中国人决不可能掌握科学。在过去的欧洲，真正的科学家一直为科学的进步而工作并且使修筑铁路、制造飞机成为可能，但他们丝毫没有想到铁路和飞机。欧洲那些真正的科学家进行科学研究并成功地为科学的进步而工作的动力在于，他们从灵魂深处感到，必须揭示我们所生活的奇妙世界的那些可怕的奥秘。因此，我认为，人类需要宗教与需要科学、艺术和哲学是出于相同的原因，这就是，人是有灵魂的存在物，他的灵魂感到有必要揭示他们所生活的这个世界的奥秘。他并不像动物那样只生活在现在，他既要关注现在又要洞察过去与未来。在人们弄清自然的奥秘之前，在他们弄清他们所发现的宇宙万物的规律、意图与目的之前，他们就像呆在一个黑暗房间的儿童，对周围的一切都感到恐惧和不安。诚如一个英国诗人所说，宇宙的奥秘给人们带来了沉重的负担。因此，人类需要科学、艺术和哲学与他们需要宗教出于相同的原因，即为他们减轻这种奥秘所带来的负担。

> 这个神秘莫测的世界，
> 带来了沉重不堪的负担。

艺术与诗歌可以使艺术家和诗人发现宇宙的美与秩序，那样就可以减轻宇宙的奥秘给他们带来的负担。因此，像歌德这样的诗人并不需要宗教。他说："谁拥有艺术，谁就拥有宗教。"哲学能使哲学家们发现宇宙的条理与秩序，那样就可以减轻宇宙的奥秘给他们带来的负担。因此，像斯宾诺莎这样的哲学家也不需要宗教，"对哲学家来说，迷狂有如理智生活的皇冠；同样，对圣徒来说，迷狂是宗教生活的皇冠"。最后，科学能使科学家们发现宇宙的规律与秩序，那样就可以减轻宇宙的奥秘给他们带来的负担。因此像达尔文和海克尔(Haeckel)①教授这样的科学家同样不需要宗教。

对并非诗人、艺术家、哲学家或科学家的广大民众来说，对饱尝艰

---

① 海克尔(Ernst Heinrich Haeckel，1834—1919)，德国动物学家，提出生物发生律，为进化论提供有力证据。著有《生命的奇迹》《人类发展史》等。——译者

辛、时刻遭受来自各种可怕的自然力量的意外袭击以及自己同胞的残酷威胁的广大民众来说，有什么东西可以减轻“这个神秘莫测的世界的种种奥秘给他们带来的负担呢”？那就是宗教。但是，宗教又如何减轻宇宙的奥秘给广大民众带来的负担呢？我认为，宗教是通过给广大民众带来安全感和永恒感来减轻这样的负担。面对可怕的自然力量和同胞的残酷无情以及它们所带来的神秘和恐惧，宗教给广大民众提供了避难所——正是在这个避难所中他们得到了安全感。这个避难所就是对某种超自然的神灵的信仰或对一些具有绝对力量的存在物的信仰，这些存在物能宰制那些威胁他们的力量。面对世事的沧桑，人生的沉浮——面对生、老、病、死以及它们所带来的神秘和不安，宗教也给广大民众提供避难所——正是在这个避难所中，他们得到了永恒感。这个避难所就是对来生的信仰。故而，我认为，宗教正是通过提供安全感和永恒感，来减轻这个神秘莫测的世界的种种奥秘给那些并非诗人、艺术家、哲学家或科学家的广大民众带来的负担。基督说：“我赐予你们和平，世界不能提供这种和平，也不能从你们那里夺走这种和平。”我说宗教给广大民众提供安全感和永恒感就是这个意思。因此，如果你找不到某种东西为广大民众带来宗教给予他们的那种和平、安全感和永恒感，广大民众就永远需要宗教。

我说过，儒家学说不是宗教而可以代替宗教。因此，儒家学说中必定有某种东西能为广大民众提供宗教给予他们的那种安全感和永恒感。现在就让我们来看看这种东西究竟是什么。

人们常问我，孔子对中华民族有什么贡献。我可以告诉你们，我认为孔子为中国人做了许多事情。今天因时间有限，我在此只能讲讲孔子为中华民族做的一件主要的，也是最重要的事情——孔子曾说，他将因自己做了这件事而名垂千古，子孙后代将会明白他为他们所做的一切。如果我向你们解释这件主要的事情，你们就会明白孔子学说中有什么东西给广大民众带来了宗教可以赋予他们的那种安全感和永恒感。为解释这一点，请允许我就孔子以及他所做的事情稍稍讲得详细些。

有些人可能知道，孔子生活在中国历史上的礼坏乐崩时期——在这一时期，封建时代已经结束；封建的半宗法的社会秩序和行政管理方式有待发展和重建。这一巨大变化不仅必然带来世事的混乱，而且带来人们思想的混乱。我早就说过，在过去的两千五百年的中国文明中并不存在心灵与头脑的冲突。现在，我必须指出，在孔子所生活的礼坏乐崩时期，中国也出现了头脑与心灵的可怕冲突，就像在目前的欧洲一样。孔子时代的中国人发现自己拥有由各种制度、既定事实、公认的信条、习俗和法律构成的庞大系统——事实上是从他们尊敬的祖先那里继承下来的社会和文明的庞大系统。他们的生活必须在这种系统中进行。但他们开始感到——他们意识到，这个系统并不出于他们的创造，它不能适应现实生活的需要；它是习惯的东西但不是合理的东西。两千五百年前中国人的这种意识的觉醒，就是今日欧洲人所说的现代精神的觉醒——是自由主义精神的觉醒，是追根究底的探索精神的觉醒。当中国的这种现代精神发现社会和文明的旧有秩序并不适应现实生活的需要时，它不仅着手重建社会和文明的新秩序，而且为社会和文明的这种新秩序寻找基础。但在中国为社会和文明寻找新基础的所有尝试都失败了。有些尝试能满足中国人的头脑——满足中国人的理智，但不能满足他们的心灵；另一些尝试能满足他们的心灵，但不能满足他们的头脑。我认为，两千五百年前在中国出现的心灵与头脑的冲突就是由此产生的，就像我们在今日欧洲所看到的那样。在人们试图重建的那种社会和文明的新秩序中，这种心灵与头脑的冲突使中国人对所有的文明都感到不满。这种不满所产生的痛苦和绝望使中国人试图摧毁和消灭所有的文明。就像今日欧洲的托尔斯泰这类人一样，中国的老子之流在发现心灵与头脑的这种冲突所导致的痛苦和灾难时，认为他们看到了社会和文明的本质与结构存在根本的弊端。老子和他的杰出门徒庄子要中国人抛弃所有文明。老子对中国人说："放弃你们的一切，跟我走吧，跟我住在山洞里过一种真正的生活——过一种心灵的生活，过一种不朽的生活。"

孔子也看到了社会状态与文明的痛苦与灾难，但他认为，他认识到弊端并不在于社会和文明的本质与结构，而在于社会和文明所选择的错误道路，在于人们为社会和文明的确立奠定了错误的基础。孔子要中国人不要抛弃他们的文明。孔子告诉他们，在一个真正的社会和真正的文明中——在一个具有牢固基础的社会和文明中，人们也可以过一种真正的生活，过一种心灵的生活。事实上，为把社会和文明置于正确的轨道，为给它提供一个牢固的基础从而防止文明的毁灭，孔子贡献了自己毕生的精力。当晚年的孔子看到他无法防止中国文明的毁灭时，他采取什么行动呢？一个建筑师在看到他的房子着火、燃烧、即将倒塌，并确信他无法挽救这座建筑时，他知道自己唯一能做到的事情就是把这座建筑的图纸和设计方案抢救出来，以便今后重建这座房子。就像这个建筑师一样，孔子在发现他无法防止中国文明的大厦的必然崩溃时认为自己应当把图纸和设计方案抢救出来。于是，他立即将中国文明的这张图纸和设计方案抢救出来了，现在，这张图纸和设计方案保存在中国人的《旧约圣经》——“五经”中。我认为，孔子为中国人抢救了他们的文明大厦的图纸和设计方案，这就是孔子为中华民族作出的重大贡献。

虽说孔子因抢救了中国文明的图纸和设计方案从而对中华民族作出了重大贡献，但这还不是他对中华民族作出的主要的最大的贡献。他的最大贡献是，他在抢救中国文明的图纸和设计方案时对这种方案进行了重新综合和解释。在这种新的综合中，他给中国人提供了真正的国家观念——为一个国家提供了牢固的、合理的、永恒的、无可置疑的基础。

古代的柏拉图和亚里斯多德，以及近代的卢梭和斯宾塞也进行过文化的综合并且试图提出真正的国家观念。上述欧洲伟人们的哲学，他们所做的文化综合与儒家学说的文化综合——儒家学说的哲学和道德体系——有什么区别呢？我觉得，他们的区别在于，柏拉图、亚里士多德以及斯宾塞的哲学并未成为宗教或变相的宗教，没有成为一个民族或国家的广大民众的共同信念，而儒家学说则成了中国广大民众的宗教或变相的宗教。我这里所说的宗教并不是指狭义的欧洲式的宗教，而是普遍适用的广义的宗教。歌德说："Nur saemtliche Menschen erkennen die Natur; nur Saemtliche Menschen leben das Menschliche."（只有广大民众才知道何为真正的生活，也只有广大民众才能过一种属人的生活。）当我们谈到广义的普遍适用的宗教时，一般是指包涵许多行为规范的学说体系，这个学说体系正如歌德所说，必须被广大民众，至少被一个民族或国家的大部分人公认为真实可信并且具有约束力。从广义上讲，基督教和佛教都是宗教。众所周知，儒家学说也成了广义上的宗教，因为整个中华民族和所有的中国人都承认它的学说真实可信，承认它的行为规范具有约束力。而儒家学说与柏拉图、亚里士多德和斯宾塞的哲学的区别在于，一个始终是为学者而存在的哲学，另一个则成了不仅为中国的学者而存在而且为整个中华民族的广大民众而存在的宗教或变相的宗教。

从这种广泛的意义上讲，儒家学说是一种宗教，正如基督教或佛教也是宗教一样。但你们要记住，我说过儒家学说并不是欧洲意义上的宗教。那么，儒教与欧洲意义上的宗教有何区别呢？它们之间当然有区别，一个包涵超自然的根源和因素，另一个则没有。在儒教和欧洲意义上的宗教之间，除包涵超自然与非超自然的区别之外，还有一种区别。这就是，欧洲意义上的宗教要把人教导成为好人，而儒教不仅要做到这一点，它还要把人教导成为良民。基督教的问答手册提出的问题是："人的主要目的是什么？"儒教的问答手册提出的问题则是："公民的主要目的是什么？"作为公民的人并不是过个人生活的人，而是与他的同胞、与国家发生关系的人。基督徒回答说："人的主要目的是崇拜上帝。"儒教徒则回答说："人的主要目的是当一个孝子和良民。"《论语》援引孔子门徒子舆的话说："聪明人注意生活的基础——人的主要目的。生活一旦奠定了基础，智慧、宗教就随之而来。做一个孝子和良民不就是这样的基础，即作为道德存在的人的主要目的吗？"[疑误。这段话是有子（有若）所说。原文是："君子务本，本立而道生。孝弟也者，其为仁之本欤！"见《论语·学而第一》。——译者]。简言之，欧洲意义上的宗教旨在促使人把自己改造成为完美的理想的人,成为圣徒、佛或天使,而儒教仅限于使人成为良民——在生活中当个孝子和良民。换言之,欧洲意义上的宗教说:“如果你想有宗教,你就必须成为圣徒、佛、天使”;而儒教则说:“如果你做个孝子和良民,你就会有宗教。”

事实上,儒教与欧洲意义上的宗教,(如基督教或佛教)的真正区别在于,一个是个人的宗教,或者说教会的宗教,而另一个是社会宗教或者说国家宗教。孔子对中华民族的最大贡献是,他给中国人提供了真正的国家观念。孔子在提供这种真正的国家观念时,使那种观念成了宗教。在欧洲,政治是一门科学;在中国,自孔子时代以来政治就一直是一种宗教。简言之,孔子对中华民族的最大贡献在于,他为中国人提供了社会宗教或国家宗教。孔子在他晚年写的一本书中宣传了这种国家宗教。他把这本书称为《春秋》。孔子之所以把这本书取名《春秋》,是因为它旨在揭示那些支配民族兴衰——民族春秋的真正的道德根源。我们也可以把这本书叫作《乱世编年》(*Latter Day Annals*),就像卡莱尔的《残秋纪事》(*Latter Day Pamphlets*)一样。在这本书中,孔子勾勒了社会和文明走向衰微的历史,追溯了给衰微的社会和文明带来苦难的真正原因:人们缺乏真正的国家观念,对他归诸国家、元首、君主和国王的责任的真正性质缺乏正确的了解。从某种意义上讲,孔子在这书中主张君权的神圣性。我想,你们都不相信,至少大部分人不相信君权的神圣性。我不想在此与你们讨论这个问题。我只请求你们在听完我的发言之前不要妄下判断。同时,请允许我引用一句卡莱尔的话。卡莱尔说:“统治我们的君权要么是神授的权利,要么是魔鬼的邪恶。”关于君权的神圣性这个问题,我希望你们记住并且好好想想卡莱尔的话。

孔子在这本书中宣称,在人类社会中人们之间的日常交往,除了利益和敬畏方面的卑鄙动机之外,还包涵对他们的行为发生影响的高尚动机,这种高尚动机超越了对利益和敬畏的各种考虑,我们把这种动机称为责任感。同样,在人类社会的重要关系中,在一个国家或民族的人民与这个国家或民族的领袖的关系中,也存在这种高尚的责任动机，正是这种动机对他们的行为发生影响和激励作用。一个国家或民族的人民对这个国家或民族的领袖所负的这种责任的合理基础是什么呢？在孔子之前的时代，在具有半宗法的社会秩序和行政管理方式的封建时代，国家或多或少像个家族，那时，民众并不迫切需要为他们应对国家领袖所负的责任提供明确的牢固的基础，因为他们都是一个民族或家族的成员，血缘的纽带或自然的情愫已经以某种方式将他们与国家的领袖人物联系在一起，而这个领袖人物也是他们的民族或家族的资深成员。但我早就说过，孔子在世时，封建时代已经结束，国家的发展已经超越家族的范围，国家的公民也不再由氏族或家族的成员所组成。那时有必要为一个国家或民族的民众对国家领袖人物——对他们的统治者和君王所负的责任提供崭新而明确、合理而牢固的基础。孔子为这种责任感找到了什么样的新基础呢？孔子为这种责任感找到的新基础可用“名”这个词来表示。

去年我到日本时，文部省副相菊池男爵(Baron Kikuchi)要我将“名分大义”这四个汉字翻译一下，这四个字出现在孔子宣扬其国家宗教的那本著作中，我把它们翻译为 the Great Principle of Honour and Duty(荣誉和责任的重大原则)。正因如此，中国人对儒家学说和其他宗教做了特殊区分，他们并不将孔子宣扬的学说体系称为“教”，而是把它称为“名教”，“教”在汉语中是佛教、伊斯兰教和基督教等宗教的总称。孔子学说中的“君子之道”在字面上是指“the law of the Gentleman”(绅士的法则)，在欧洲语言中与它最相近的词是 moral Law(道德律)。理雅各博士把它译成“the Way of the Superior man”。孔子所宣扬的整个哲学和道德体系可以用一个词来概括，这就是“君子之道”。孔子对这种君子之道加以总结，并使之成了宗教——国教。这个国教的第一信条就是名分大义——荣誉和责任的原则，我们可以把它叫作“荣誉法典”。

孔子在这种国教中宣称，君子之道、人的荣誉感不仅是一个国家而且是所有社会和文明的唯一真正合理的永恒的绝对基础。我想，你们所有人，甚至连那些相信政治中不存在道德的人，都了解和承认这种荣誉感在人类社会的重要性。我不敢肯定，你们都意识到人心中的这种荣誉感对于维系每一种人类社会的绝对必要性。事实上，正如有句格言所说："即便是盗贼也有荣誉感。"——这种荣誉感甚至对维系盗贼群体的存在也有必要。如果人心中没有这种荣誉感，所有社会和文明就会立即崩溃并且不可能存在。请允许我谈谈这是如何发生的，好吗？我们还是来谈谈社会生活中的赌博这类琐事。如果参予赌博的人在某种颜色的牌或骰子翻过来时不承认和感到自己要受荣誉感的约束，并向赢家付钱，赌博马上无法进行。如果所有商人都不承认和感到自己受荣誉感的约束，以履行他们的合同，所有贸易都无法进行。你们会说，可以把不履行合同的商人送上法庭。假如没有法庭，你又怎么办呢？而且，法庭怎样才能使违约的商人履行他的合同呢？是通过强制手段。事实上，如果人心中没有荣誉感，社会只能暂时由武力来维系。我想，我可以告诉你们，仅靠武力无法将社会长久地维持下去。警察在迫使商人履行合同时要使用武力。但律师、地方行政官员或共和国的总统如何才能使警察履行自己的职责呢？你们知道，他们不可能用武力做到这一点。那么，他们采用什么方式呢？要么靠警察的荣誉感，要么靠欺骗。

在现代社会，在全世界——很抱歉，我也将中国包括在内，律师、政治家、地方官员和共和国的总统都是通过欺骗手段使警察履行自己的职责。在现代社会中，律师、政治家、地方官员和共和国总统告诉警察说，他必须履行自己的职责，因为那样做是为了社会的利益，为了国家的利益。社会的利益意味着，他这个警察可以拿到固定的工资，没有这份工资，他和他的家人就会饿死。我认为，跟警察这么说的律师、政治家或共和国的总统使用了欺骗手段。我之所以说这是欺骗手段，是因为国家利益对警察来说意味着每周 15 先令的报酬，这几乎不能使他和他的家人免遭饥饿，而对律师、政治家、地方官员和共和国的总统来说，国家利益则意味着每年有 1 万到 2 万英镑的收入，再加上豪华的住宅、电灯、汽车和各种舒适而奢华的东西。所有这些东西都是千百万人的血汗。我认为，它之所以是欺骗，是因为如果不承认一种荣誉感——不承认那种使赌徒拿出最后一个便士给赢家的那种荣誉感，如果没有这种荣誉感，那么，导致社会贫富不均的所有财产转让和占有方式以及赌桌上的金钱转让就毫无根据和约束力。因此，尽管律师、政治家、地方官员和共和国总统高谈社会利益和国家利益，但他们实际上是依赖警察的无意识的荣誉感，这种荣誉感不仅使他承担起自己的责任，而且使他尊重财产权并满足于每周 15 先令的工资，而律师、政治家和共和国总统每年都可以获得 2 万英镑的收入。我认为，那样做是一种欺骗，因为在现代社会中，律师、政治家、地方官员和共和国的总统一面要求警察有荣誉感，一面又相信、宣扬和遵循这样的原则：政治中不讲道德、不讲荣誉感。

请记住我刚引用过的卡莱尔的名言——“君王统治我们的权利要么是神授的权利，要么是魔鬼的邪恶”。现代律师、政治家、地方官员和共和国总统所玩弄的这种欺骗手法就是卡莱尔所说的魔鬼的邪恶。正是这个骗子，正是现代社会的这些伪君子，宣扬和遵循政治中不讲道德、不讲荣誉感的原则，然而又煞有介事地奢谈社会利益和国家利益。正如卡莱尔所说，正是这种奸诈产生了我们在今天的社会中看到的那种“广泛的苦难、叛乱和癫狂，无套裤汉的疯狂暴动，死灰复燃的暴政的冷酷无情，千百万人沦为禽兽，一批又一批人变得刁蛮任性”。简言之，正是欺骗和武力的结合、耶稣会主义和军国主义的结合、律师和警察的结合产生了现代社会的无政府主义者和无政府主义，因为武力和欺骗的这种结合破坏了人的道德感，导致了人的疯狂，正是这种疯狂使得无政府主义者向律师、政治家、地方官员和共和国的总统乱扔炸弹和其他爆炸物。

我认为，人心中没有责任感的社会，政治上不讲道德的社会是不可能稳固的，无论如何是不可能持久的，因为在这样的社会中，律师、政治家、地方官员和共和国的总统要依赖警察进行欺骗，而警察会因此在内心感到矛盾。有人告诉他，他必须为了社会的利益而尽职尽责，而他这个贫穷的警察也是那个社会的一员，至少对他本人和他的家庭来说，是那个社会中重要的一员。如果他不当警察而是干别的事情，甚至成为一名与警察作对的人，他就可以得到更多的报酬来改善他自己及其家庭的生活条件，这同样是社会的利益。这样一来，警察或迟或早会得出这样的结论：由于不存在荣誉感，并且在政治上不讲道德，倘若他想得到更多的报酬（这同样是社会的利益），他就完全没有理由不当一个革命者和无政府主义者，而不必当一名警察。在一个社会中，一旦得出这样的结论：如果他可以得到更多的报酬他就没有理由不成为一个革命者或无政府主义者，这个社会就会灭亡。孟子说："孔子成《春秋》，而乱臣贼子惧"（《孟子·滕文公下》）。正是在《春秋》中，孔子宣扬了他的国教并且指出他那个时代的社会已经礼坏乐崩，因为那个时代的中国就像今天的世界一样，公众没有荣誉感，政治上不讲道德。

让我们言归正传。我认为，一个没有荣誉感的社会不可能稳固，也不可能持久。我们知道，如果说即便是在社会上的赌博和贸易这类区区小事中，人们在处理相互关系时承认荣誉感仍然是十分重要和必要的，那么，我们在处理社会上的人际关系时，确认荣誉感就更加重要和必要。正是这种荣誉感确立了那个社会的两个最根本性的制度，即，家庭和国家。众所周知，在各国历史上，公民社会的兴起始终始于婚姻制度的确立。欧洲的教会宗教使婚姻变成了一种神圣的事情，变成了一种不可侵犯的事情。在欧洲，是由教会确认了婚姻的神圣性，确认的权威则是上帝，但这种确认仅仅是一种外在的、形式上或法律上的确认，而对婚姻神圣不可侵犯的真正的、内在的、具有实际约束力的确认乃是荣誉感，是男人和女人的君子之道。在没有教会宗教的所有国家都是如此。孔子说："承认君子之道始于承认夫妇之道。（原文为："君子之道，造端乎夫妇。"见《中庸》第十二章。——译者）换言之，在所有进入公民社会的国家中，承认荣誉感——君子之道使婚姻制度得以确立，而婚姻制度则使家庭得以确立。

我认为，孔子所宣扬的国教是一种荣誉法典。我也说过，孔子是根据君子之道来制定这部法典的。我还必须指出，在孔子以前的时代，早就存在未成文的君子之道的法典，这部法典被称为"礼"。在孔子之前的历史上，中国曾产生过一位伟大的政治家，他就是中国的伟大立法者，人们通常称他为周公（公元前1135年），正是他首先确定和制定了君子之道的成文法典，当时中国人称之为礼。由周公制定的中国第一部成文的君子法典被称为周礼，即周公的礼仪法典。这部周公之礼的法典可以说是孔子之前的中国式宗教，或者像基督教产生之前的犹太民族的摩西法律那样成了中国人的旧教规（Old dispensation）。正是这部旧教规——被称为周公之礼的第一部成文的君子之道的法典——首先在中国确认了婚姻的神圣不可侵犯性。直到今天中国人仍然把婚礼称为周公之礼。在中国，孔子之前的这种宗教或旧教规正是通过婚礼制度确立了家庭。它一劳永逸地保证了中国家庭的稳固和持久。因此，我们可以把这种被称为周公之礼的、孔子之前的宗教或旧教规叫作家庭宗教，这种宗教与孔子后来所宣扬的国家宗教迥然不同。

孔子在他所宣扬的国家宗教中给我所说的在他之前早就存在的家庭宗教提供了新的教规。换言之，孔子在他宣扬的国家宗教中对君子之道作了新的更为广泛、更为全面的应用。正如孔子时代之前的家庭宗教或旧教规确立了婚姻的神圣不可侵犯一样，孔子在他所宣扬的国家宗教中对君子之道所作的这种新的更为广泛和全面的应用确定了一种新的神圣的礼仪。孔子所制定的这种新的神圣礼仪被叫作名分大义，而不是被称为礼，我将它译为 Great Principle of Honour and Duty or Code of Honour（荣誉和责任的重大原则或荣誉法典）。孔子通过制定这种民分大义或荣誉法典给中国人创立了一种国家宗教，而不是提供他以前的那种家庭宗教。

孔子在他创立的国家宗教中教导说，正如在旧制度下，在家庭宗教中，夫妇通过神圣的婚礼而结合在一起，使他们的婚约不可违反一样，在孔子所创立的国家宗教的新的制度下，中国人，中国百姓及其君主，是通过这种新的被称为民分大义的神圣原则而受到约束，使得他们之间的忠诚契约成为某种神圣不可违反的东西。简言之，孔子所制定的这种被称为民分大义或荣誉法典的新的神圣仪式就是一种忠诚的神圣仪式，就像被称为周公之礼的旧的神圣仪式是一种婚姻的神圣仪式一样。这样，如前所述，孔子对君子之道进行了新的更为广泛、更为全面的应用，并因此为孔子之前就一直存在的中国家庭宗教提供了新的制度，并使这种制度成了国家宗教。

换言之，孔子的这种国家宗教提出了忠诚契约的神圣原则，就像在他之前的中国家庭宗教提出了婚约的神圣原则一样。正如妻子正是通过家庭宗教所确立的婚姻的神圣原则而受到约束，绝对地忠于丈夫一样，中国百姓也正是通过孔子所宣扬的国家宗教确立的被称为民分大义的忠诚契约的神圣原则而绝对地忠于君主。我们可以把中国的孔子所宣扬的国家宗教中的这种忠诚契约的神圣原则叫作忠诚的神圣原则或忠诚的宗教。请记住，我早就说过，孔子在某种程度上是宣扬君主的神圣性。准确地说，孔子其实是在宣扬忠诚的神圣义务，而不是说他宣扬君权神授，孔子在中国所宣扬的对君主的这种神圣的和绝对的忠诚义务，并不像欧洲的君权神授论那样从被称为上帝的超自然的存在的权威中得到认可或从一些深奥的哲学中得到认可，而是从君子之道，从人心中的荣誉感中得到认可，正是这种荣誉感使各国的妻子忠于丈夫。事实上，孔子所宣扬的中国百姓对君主的绝对的忠诚义务是得到了简单的荣誉感的确认，这种荣誉感可以使商人遵守诺言和履行合同，使赌徒在赌博时偿还赌债。

正如我所说的家庭宗教，中国的旧教规宗教和其他国家的教会宗教是通过确立婚姻制度的神圣不可违反的原则来确立家庭一样，我所说的孔子在中国宣扬的国家宗教是通过这种新的忠诚契约的神圣原则确立了国家。如果你考虑一下第一个制定婚姻的神圣原则并且确立了婚约的不可违反性的人给人类和文明事业作出了多大的贡献，我想，你就会理解孔子在制定忠诚契约这种新的神圣原则并且确立了忠诚契约的不可违反性时完成了一项多么伟大的工作。制定婚姻的神圣原则保证了家庭的稳固和持久，没有这一点人类就会绝种；制定忠诚契约的这种神圣原则保证了国家的长治久安，没有这一点，人类社会和文明就会毁灭，人类就会回到野蛮状态。因此，我才说，孔子对中国人民所作的最大贡献，在于他给他们提出了真正的国家观念，为国家提供了真正的、合理的、永恒的和无可置疑的基础。与此同时，他使这种观念成了一种宗教——一种国家宗教。

孔子在一本书中宣扬了这种国家宗教。我早就说过，这本书是孔子晚年写的，他称之为《春秋》。孔子在这本书中首次制定了被称为名分大义或荣誉大典的忠诚契约的新的神圣原则，因此，这种神圣原则常被叫作"春秋名分大义"，或简称春秋大义，即春秋的荣誉和责任的重大原则或简称春秋大典。孔子借以宣扬这种神圣的忠诚义务的著作就是中华民族的大宪章。它包含着神圣的契约，包含着神圣的社会契约，孔子正是借这种契约，约束所有的中国人和中华民族，使他们对君主保持绝对的忠诚。这种契约和神圣的原则，这种荣誉大典，不仅是中国国家和政府的唯一真正的宪章，而且是中国文明的宪章。孔子认为，他将因为这本书而名垂千古，后人也将因此而了解他对世界的贡献。

我担心，你们失去了耐心，我绕这么大的弯子才让你们了解我所说的意思。现在我们又言归正传。请记住，我说过，广大民众之所以始终感到需要宗教（我指的是欧洲人的那种宗教），是因为宗教给他们提供了避难所，提供了对无所不能的存在者的信仰，这种无所不能的存在者被称为上帝。在这种信仰中，他们获得了安全感和永恒感。我认为，孔子所宣扬的被称为儒家学说的哲学和道德体系可以取代宗教，它可以使人们，使广大民众不需要宗教。因此，儒家学说中必定有某种东西能给人们，给广大民众提供宗教所提供的那种安全感和永恒感。我想，我们已经找到了这种东西，那就是孔子在他提供给中华民族的国家宗教中所宣扬的神圣的忠君义务。

你们都明白，整个中华帝国的男女老少的这种绝对的神圣的忠君义务在中国民众的心目中赋予君主以超常的至高无上的绝对权力，正是对君主的这种超常的、至高无上的、绝对权力的信仰给中国人民，给中国的广大民众提供了安全感，这种安全感与宗教中对上帝的信仰给其他国家的广大民众提供的安全感毫无二致。对君主的这种绝对的、超常的、至高无上的权力的信仰在中国民众的心目中也保证了国家的绝对的长治久安，而国家的长治久安又使社会得以延绵不绝，社会的延绵不绝最终在中国民众的心目中又保证了种族的生存。就像宗教中对来世的信仰给其他国家的广大民众提供了不朽意识一样，这种种族不朽的信仰给中国人，给中国的广大民众提供了不朽的意识，而种族的不朽的意识又来源于神圣的忠诚义务所提供的、对君主的至高无上的权力的信仰。

正如孔子所宣扬的绝对的神圣的忠君义务保证了国家的种族不朽一样，儒家学说所宣扬的祖先崇拜也保证了家庭绵延不绝。的确，中国的祖先崇拜者的迷信与其说是建立在对来生的信仰上，还不如说是建立在对种族不朽的信仰上。中国人死的时候并没有受到这种信仰的安慰，而是受到另外一种信仰的安慰——他的子孙、所有亲近的人会永远记得他、想到他、爱他。这样，在他的想象中，中国人的死就像一个漫长的旅程，如果没有重逢的希望至少可以作重逢的假定。因此，在儒家学说中，这种祖先崇拜的迷信和神圣的忠君义务给活着的中国人提供了不朽意识，提供了安慰，就像宗教中对来世的信仰给其他国家的广大民众提供了不朽意识和安慰一样。正因如此，中国人既强调祖先崇拜的迷信，又强调神圣的忠君义务的原则。孟子说“不孝有三，无后为大”，因此我称之中国国教的整个儒家体系实际上只由两样东西所构成，用中文说，就是由忠、孝构成。事实上，在儒家学说或中国国教中，中文称之为“三纲”的三个信条，或三个基本义务，按其重要性程度，首先是尽忠，其次是尽孝，再次是尽节。在我所说的家庭宗教中，或者说在孔子之前的中国旧教规宗教中，已有了这三纲中的后两条，但第一条即尽忠首先是由孔子提出来的，并且由他在国教中，在他给中华民族所提供的新教规宗教中作了规定。儒家学说中的第一信条即尽忠取代了所有宗教中的第一信条，并且相当于第一信条，即对上帝的信仰。正因为儒家学说中存在与宗教中的上帝的信仰相当的东西，它才可以取代宗教，中国人甚至包括中国的贫民百姓并不感到需要宗教。

你们可能会问，如果没有宗教所宣扬的对上帝的信仰，你怎样才能使人们遵循尽忠的义务从而使广大民众遵循孔子所宣扬的道德准则，就像你可以通过对上帝的信仰赋予上帝的权威来使人们遵循宗教所确定的道德准则一样。在回到这个问题之前，我首先要指出的是，相信正是对上帝的权威的认可才使人们遵循行为的道德准则是一个极大的错误。我早就说过，在欧洲，对婚约的神圣不可违反的原则的认可是由教会作出的，而教会认为认可的权威性来自上帝。我认为那只是一种外在的形式上的认可，在所有没有教会宗教的国家中，我们都可以发现对婚约的不可违反的真正的内在的认可乃是荣誉感，是男女的君子之道，而遵循行为的道德准则的义务的真正权威是道义感，是人的君子之道，因此并不一定需要上帝的信仰来使人遵循行为的道德准则。

这一事实使上个世纪的伏尔泰和潘恩[①](Tom Paine)这类怀疑论者和马克沁[②](Hiram Maxim)先生这类今天的理性主义者认为，对上帝的信仰是宗教创立者所发明并由牧师加以宣扬的骗术。孔子也信神，尽管他很少谈论。甚至智慧超常，注重实际经验的拿破仑也相信上帝，正如《圣经·诗篇》的作者所言，唯有傻瓜，唯有庸俗不堪和思想浅薄的人才会从内心里说没有上帝，但是智慧超常的人对上帝的信仰不同于广大民众对上帝的信仰，智慧超常的人对上帝的信仰就是斯宾诺莎的那种信仰，即对宇宙的神圣秩序的信仰。孔子说："五十而知天命"也就是意识到宇宙的神圣秩序。智力超常的人给这种神圣的秩序取了不同的名字。德国的费希特(Fichte)把它称为宇宙的神圣理念，中国人用哲学的语言把它称为"道"。无论智慧超常者给宇宙的这种神圣秩序取什么样的名称，对宇宙的这种神圣秩序的认识使智慧超常者发现了遵循行为的道德准则和道德律的绝对必然性，这些道德律成了宇宙的神圣秩序的一部分。

---

① 潘恩(Tom Paine 1737—1808)，美国独立战争时期的政治家，著有《常识》《人的权利》、《理性时代》等。——译者

② 马克沁(Hiram Maxim 1869—1936)，美国发明家和制造商，消声器的发明者。——译者

尽管不一定需要对上帝的信仰来确保人们遵循行为的道德准则，但需要这种信仰使人们看到遵循这些准则的绝对必然性，也正是对这些行为的道德准则的绝对必要性的认识使所有智慧超常者遵循那些准则。孔子说："一个人不了解天命就不可能成为君子。"（原文是"不知命，无以为君子"。见《论语》第二十章。——译者）但这样一来没有高度智慧的平民百姓就不可能明白那些智慧超常者为何能认识到宇宙的神圣秩序，因而他们也不可能了解遵循道德律的绝对必要性。诚如阿尔诺德所言："一开始被理解为观念，随后被人们作为法则来严格遵守的道德准则仅仅是为圣贤而存在的，并且必须是为圣贤而存在的。广大民众既没有足够的智力来把它们理解为理念，也没有足够的人格力量把它们作为法则来加以严格遵守。"正因如此，柏拉图、亚里士多德和斯宾塞所宣扬的哲学和道德原则只对学者才有价值。

宗教的价值在于，它使人们，甚至使缺乏智力、缺乏人格力量的广大民众严格遵循行为的道德准则。那么，宗教如何以及使用什么手段才能使人们做到这一点呢？大家以为宗教是通过教导人们信仰上帝来使他们遵循行为的道德准则。我早就说过这是一个极大的错误。使人们真正遵循道德律和行为的道德准则的唯一权威是人心中的道义感，是人们的君子之道。孔子说："外在于人的道德律并不是道德律。"（"道不远人"。——译者）基督甚至在宣扬他的宗教时指出"天国在你们的心中"。因此我认为，人们所具有的这样一种观念，即宗教是通过教导他们信仰上帝来使他们遵守行为的道德准则，乃是一个错误。马丁·路德在对《但以理书》（book of Daniel）的评注中说得好："上帝仅仅是人心皈依的对象，是信任、信仰、希望和爱的对象。如果这种皈依是真实的，那么上帝也就是真实的；如果这种皈依是虚假的，上帝也就是虚幻的。"因此，宗教所宣扬的对上帝的这种信仰仅仅是一种皈依，我把它称为避难所。但路德又说："这种皈依，即对上帝的信仰必定是真实的。否则，这种皈依，这种信仰，就是假的。换言之，对上帝的信仰必定是有关上帝的真正知识，是有关宇宙的神圣秩序的真正知识。众所周知，只有才智超常的人才能获得这种知识，一般民众无法获得这种知识。因此，你可以发现宗教宣扬的对上帝的信仰是虚假的，而人们却以为这种信仰能使广大民众遵守行为的道德准则。”人们正确地把这种对上帝的信念，对宗教所宣扬的对宇宙神圣秩序的信念称为信仰、信任，我则把它称为避难所。这种避难所，宗教所宣扬的对上帝的信念尽管是虚假的，是一种幻觉，但它有助于使人们遵循行为的道德准则，因为对上帝的信念给人们，给广大民众带来了安全感和永生感。歌德指出：“虔诚，即宗教宣扬的对上帝的信仰不是自在的目的，而只是通过它所带来的平静心境（Gemuethsruehe）达到文化的最高境界或人的完满状态的手段。”换言之，宗教宣扬的对上帝的信仰通过给人带来安全感和永生感使他们获得心灵的平和，使他们具有平静心境，以便感受君子之道或他们心中的道德感。我以为，这是使人们真正遵循行为的道德准则或道德律的唯一权威。

如果宗教所宣扬的对上帝的信念只是有助于人们遵循行为的道德准则，那么宗教主要是依靠什么来使人们，使广大民众遵循行为的道德准则呢？是依靠神圣的启示。阿尔诺德讲得千真万确：“信奉任何教义的最高贵的人，无论是异教徒恩培多克勒（Empedocles）还是基督徒保罗（Paul）都坚持神圣启示的必要性，这种启示是使道德行为成为完满行为的活泼的情绪。”我早就说过，宗教主要是依靠这种神圣的启示和活泼的情绪，依靠宗教的至善来使人们，使广大民众遵循行为的道德准则或道德律。那么，宗教中的这种神圣的启示或活泼的情绪，宗教的至善，是什么呢？

请记住，我已说过，整个儒家学说的体系可以用一个词来概括，这就是“君子之道”。我说过，在欧洲语言中最接近它的词是“道德律”。孔子把这种君子之道称为“秘密”，孔子说：“君子之道无所不在，但又是一个秘密。”（原文为“君子之道，费而隐。”见《中庸》第十二章。——译者）尽管如此，孔子仍然说：“甚至普通男女的简单头脑也能对这个秘密有所了解，禀性粗俗的普通男女也可以实现这种君子之道。”（原文为“夫妇之愚，可以与知焉。……夫妇之不肖，可以能行焉”。见《中庸》第十二章。——译者）正因如此，同样了解这个秘密，了解孔子所说的君子之道的歌德把它称为公开的秘密。人类是在哪里发现了这种秘密并且是如何发现这种秘密的呢？请记住，我早就说过，孔子认为，对君子之道的认识始于对夫妻关系的认识，对男女的婚姻关系的认识。因此，这个秘密，歌德的这个公开的秘密，孔子的君子之道，首先是由男人和女人发现的。那么，男人和女人是怎样发现这个秘密——孔子的君子之道呢？

我说过，在欧洲语言中与孔子所说的君子之道最为接近的词是道德律。孔子的君子之道不同于道德律，我指的是哲学家和道德学家的那种道德律。这种道德律也不同于宗教或宗教传教士所宣扬的道德律。为了解孔子的君子之道与哲学家和道德学家的道德律之间的这种区别，我们首先要了解宗教与哲学家和道德学家的道德律之间的区别。孔子说："天命就是我们所说的生存规律。实现我们生存的规律就是我们所说的道德律。对道德律加以提炼和恰当排序就是我们所说的宗教。"（原文为："天命之谓性，率性之谓道，修道之谓教"见《中庸》第一章。——译者）。因此，按孔子的看法，宗教与道德律（哲学家和道德学家的道德律）之间的差别在于，宗教是精致的井然有序的道德律，一种更深刻或更高级的道德律。

哲学家的道德律告诉我们，我们必须遵循我们的存在之道，即理性，按照通常的理解，是指我们的推理能力，是指心灵或理智的渐进过程，这种理智使我们能够区别和辨别各种外在事物的特性和品质。因此，理性，我们的推理能力，使我们只能发现道德关系中的特定性质和品质，发现常规惯例、道德品行，如人们正确地称呼的，发现是非或正义的外在表现和死板的形式。仅有理性，仅有推理能力并不能使我们发现是非或正义的难以确定的活泼的绝对本质，难以发现正义的生命或灵魂。正因如此，老子说："道可道，非常道；名可名，非常名。"道德学家的道德也告诉我们，我们必须遵循我们的存在之道，即良心，也就是我们的本心。这样一来，就像希伯来《圣经》中的先知（圣人）所说，人心中有许许多多的诡计。因此，当我们把良心，把我们的本心作为我们的存在之道并且加以服从时，我们最容易服从的是人心中的许许多多的诡计，而不是正义的灵魂的声音，不是正义的不可确定的绝对本质。

换言之，宗教要求我们在遵循我们的生存之道时必须遵循真正的生存之道，这种真正的生存之道并不是兽类的生存之道或肉欲的生存之道，圣·保罗把兽类的生存之道称为肉欲之道（兽心之道）。孔德(Auguste Comte)的著名弟子李特尔（Littre）先生把它简洁地称为自保和繁衍之道。我们必须遵循的生存之道被圣保罗称为心灵之道，精神之道，孔子称之为君子之道。总之，宗教要求我们遵循的这种真正的生存之道就是基督所说的我们心中的天国。因此，我们可以发现，正如孔子所言，宗教是一种精致的井井有条的精神化的道德律，是比哲学家和道德学家的道德律更为深刻、更为高级的法则。因此，基督说："只有你的义超越了犹太法学家（Scribes）和法利赛人（Pharisees）（哲学家和道德学家）的义（或道德）时，你才可以进入天国。"

像宗教一样，孔子的君子之道也是一种精致的井然有序的道德律，是一种比哲学家和道德学家的道德律更为深刻、更为高级的道德标准。哲学家和道德学家的道德律要求我们必须遵守我们的生存之道。哲学家把它称为理性，道德学家则称之为良心。就像宗教一样，孔子的君子之道要求我们必须遵守我们的真正的生存之道，这种真正的生存之道并不是平民百姓的生存之道或庸俗不堪的小人的生存之道，而是爱默生所说的世界上"最纯朴的智者"的生存之道。为了了解君子的生存之道，我们首先要成为一个君子，用爱默生的话讲，要展现君子的纯朴心灵。正因如此，孔子说："人能弘道，非道弘人。"

孔子认为，如果我们学习并努力获得君子的优雅感情或高尚趣味，我们就可以了解何为君子之道。在儒家学说中，中文中表示礼貌的"礼"字有各种各样的译法，如 ceremony（礼仪）Propriety（礼貌）和 good manners（举止得体），但这个词的实际意思是 good taste（高雅），在欧洲的语言中，当这种高雅，当君子的这种优雅感情和高雅被应用于道德行为时就成了所谓的荣誉感。事实上，孔子的君子之道不过是荣誉感而已。这种被孔子称为君子之道的荣誉感并不像哲学家和道德学家的道德律那样，是关于是非标准或准则的枯燥无味的僵死知识，而是像基督教《圣经》中的“义”一样，是对是非或正义的难以确定的绝对本质的知觉，是对被称为廉耻的正义的生命和灵魂的知觉，这是一种出于本能的生动活泼的知觉。

现在我们可以来回答这样的问题：首先确认夫妇关系的男女是怎样发现歌德所说的“秘密”，发现孔子的“君子之道”的？是发现这一秘密的男女发现了君子之道，因为他们有君子的雅兴，有君子的风雅，当这种风雅被用于道德行为时就叫作廉耻心，它使人们发现了是非或正义的难以确定的绝对本质，发现了正义（被称为廉耻心）的灵魂和生命。那么，是什么赋予男女并且激发男女的这种优雅感情，这种高雅和廉耻心，从而使他们发现被称为廉耻的正义的灵魂？尤伯（亦译茹贝尔。——译者）有句话说得很妙，他指出“Les hommes ne sont justes qu'envers ceux qu'ils aiment”（人只有爱邻居才能真正公正地对待邻居）。因此，正是爱，是产生君子之道的男女之爱，使男女们发现了尤伯所说的真正的正义，发现了被称为廉耻心的正义的灵魂，从而使男女们发现了歌德所说的公开秘密，发现了孔子的“君子之道”的神圣启示，拥有这种秘密使人类不仅能够建立社会与文明，而且能够创立宗教——发现上帝。现在，你们可以理解歌德借浮士德之口对信仰的表白，浮士德一开始便说：

> 我们的头上难道不是浩大的苍穹？
> 我们的脚下难道不是坚实的大地？

我说过，并非宗教所宣扬的对上帝的信仰使人们遵守道德准则，真正使人们遵循行为道德准则的是君子之道——是宗教所诉求的我们心中的天国。因此，君子之道实际上是宗教的生命，而对上帝的信仰与宗教所宣扬的行为的道德准则仅仅是宗教的体现。如果说宗教的生命就是君子之道，那么，宗教的灵魂，宗教的神圣启示的源泉就是爱。这种爱不仅仅是指人类一开始从中了解君子之道的那种男女之爱。爱包含着人类所有的真挚情感，包含着父母与子女间相互的爱，同时也包含着对所有生命的爱、仁慈、怜悯、同情和慈悲，事实上，它包含着中文的“仁”字所表达的人类的全部真挚感情。在欧洲语言中，最接近“仁”字的词，用基督教的古老术语说，就是 godliness（虔诚、神圣），因为它是人身上最神圣的品质，用现代的语言说，就是仁慈、仁爱，一句话就是爱。总之，宗教的灵魂，宗教中神圣启示的源泉，就是中文中的“仁”，就是爱——随便你叫它什么，这种爱首先是作为男女之爱而出现的，这也就是宗教中的神圣启示，是宗教中的至善。我说过，宗教主要是依靠这一点才使得人们，使广大民众遵循行为的道德准则或道德律，这种道德律构成了宇宙的神圣秩序的一部分。孔子说：“君子之道始于对夫妇的认识，它最终支配着天地，支配着整个宇宙。”（原文是：“君子之道造端乎夫妇，及其至也，察乎天地。”见《中庸》第十二章。——译者）。

我们已经找到了宗教中的神圣启示，找到了宗教中活泼的情绪。宗教中的这种神圣启示或活泼的情绪不仅存在于宗教中（我指的是教会宗教）。凡是感到有一种冲动使他遵循凌驾于所有私心或恐惧之上的行为的道德准则的人都可以了解这种神圣的启示或活泼的情绪。事实上，凡不是由自私或恐惧的庸俗动机所推动而是由责任感和廉耻心所推动的每一种行为中，都有这种神圣的启示或宗教的活泼的情绪。这种神圣的启示或宗教的活泼的情绪不仅存在于宗教中。宗教的价值在于，世界各大宗教的创始人留传给后人的关于行为的道德准则的教导，具有哲学家或道德学家的道德准则所不具备的东西，具有这种神圣的启示或活泼的情绪。阿尔诺德说，正是这种启示或情绪“显示”那些准则并使之容易为人们所遵循。但是，表述宗教的行为准则的词句所包含的这种神圣启示或活泼的情绪不仅存在于宗教中。真正的文坛巨匠特别是诗人的所有言辞也具有宗教所包含的这种神圣启示或活泼的情绪。比如，歌德的言辞（我刚才引用过）也具有这种神圣的启示或活泼的情感。不幸的是，文坛巨匠的那些言辞难以为广大民众所理解，因为所有文坛巨匠都是使用受过教育者使用的语言，广大民众难以理解它们。世界各大宗教的创始人都具有如下的优点：

他们大部分都没有受过什么教育，由于他们使用文盲使用的简单语言从而可以使广大民众能理解他们。所以宗教的真正价值，世界各大宗教的真正价值在于它们把自身所包含的神圣情感和神圣启示或活泼的情感传达给广大群众。为了了解这种神圣启示或活泼的情感是怎样进入宗教，进入世界各大宗教的，我们来看看这些宗教是如何产生的。

众所周知，世界各大宗教的创始人都是些情感异常强烈的人，这种异常强烈的情感使他们深深感受到爱的情愫或人类的激情。我说过，这种激情是宗教的神圣启示的源泉，是宗教的灵魂。这种强烈的情感，这种爱的情愫或人的慈爱，使人们发现了我所说的是非或正义的难以确定的绝对本质，发现了被他们称为“义”的正义的灵魂。这种对正义的绝对本质的生动知觉使他们能够发现是非准则或道德律的统一体。由于他们都是些情感异常强烈的人，他们有着丰富的想象力，这种想象力无意识地将这种道德律的统一体加以人格化，把它变成至高无上的超自然的存在。他们给想象的道德律的这种人格化的统一性，给这种至高无上的超自然的存在，冠以上帝的名称。他们同样相信，这种强烈的爱的情感或人的激情正是来源于上帝。于是，现在存在于宗教中的这种神圣的启示或活泼的情绪就进入了宗教，这种神圣的启示显示着宗教中的行为的道德准则，并且提供了热情和动力，推动着人们沿着道德行为的狭窄的笔直道路前进。或活泼的热情，正是这种启示或热情显示了行为的道德准则并使人们易于遵守这些准则。宗教的价值，世界各大宗教的价值在于，它们具有一种机构能唤醒、激发和燃起人心中的这种神圣的启示或活泼的热情，从而使人们遵循这些行为的道德准则。世界各大宗教中的这种组织机构被称为教会。

许多人相信，建立教会是为了教导人们信仰上帝，但这是极大的错误。正是现代社会中的基督教会所犯的这种极大的错误使得已故的弗劳德(J. A. Froude)先生[①]这类诚实的人对现代基督教会非常憎

---

① 弗劳德(J. A. Froude 1818—1894)，英国著名历史学家，著有《卡莱尔传》(4 卷)等书。——译者

恶。弗劳德先生说，我在英国听过数百次讲道，它们涉及信仰的神秘，涉及教士的神圣使命，涉及使徒的师承关系等等，但尚未听过一次讲道涉及通常的诚实，涉及“不要撒谎”“不可偷盗”这类简单的训命。我完全赞同弗劳德先生的这些话。但我认为，当他说教会、基督教会应该宣扬道德时，他已犯了一个错误。建立教会的目的无疑在于使人们讲道德，使人们遵循“不要撒谎”“不要偷窃”之类的道德准则。但在世界各大宗教中，教会的作用，教会的真正作用并不是宣扬道德而是传教。我已指出，宗教并不等于“不要撒谎”“不要偷盗”这类死板的规则，而是使人们遵循规则的神圣启示，是一种活泼的情绪。因此，教会的真正作用并不是宣扬道德而是唤起道德，启迪人们成为有道德的人，事实上，是激发和燃起使人们讲道德的活泼的热情。换言之，在世界各大宗教中，教会是一种组织机构。我说过，这种组织机构旨在唤起和激发人心中的神圣启示或活泼的热情，从而使他们遵循行为的道德准则。那么，教会如何唤起和激发人心中的这种神圣的启示呢？

众所周知，世界各大宗教的创立者不仅给他们所宣扬的行为的道德准则赋予神圣的启示或活泼的情绪，而且唤起他们的嫡传弟子对他们的人格和品德的无限钦佩、敬爱和热忱。大教主死后，他们的嫡传弟子为了维护他们对教主的无限钦佩之情，为保持他们对教主的敬爱和热忱，他们便建立了教会。众所周知，这就是世界各大宗教的教会的起源，而教会则通过维持、唤起和激发嫡传弟子们对首任教主和宗教创始人的人格和品质的无限钦佩、爱戴和热忱而唤起和激发人心中的神圣的启示或活泼的情绪，从而使人们遵守行为的道德准则。人们不仅正确地把对上帝的信念称为信仰，称为皈依，而且把对宗教的信念也称为信仰，称为皈依。但皈依谁呢？皈依他们所信奉的宗教的首任教士和创始人，回教中把这种创始人称为先知，基督教则称之为耶稣基督。如果你问一个虔诚的回教徒他为什么要信真主并且遵循行为的道德准则，他会正确地回答说，他之所以这么做是因为他相信先知穆罕默德；如果你问一个虔诚的基督徒他为什么信仰上帝并且遵守行为的道德准则，他会正确地回答说，他之所以这么做是因为他热爱基督。因此，你会发现，对穆罕默德的信仰，对基督的爱——人们对首任教主和宗教创立者的无限钦佩、爱戴和热忱，是神圣启示的源泉，是世界各大宗教的真正力量。教会的作用就在于保持、唤起、激发人心中的这种情感和热忱，各大宗教则是借此来使人们，使广大民众遵守行为的道德准则。①

我扯得太远了吧。现在我可以回答你们刚才提出的问题。有人问，如果没有宗教所宣扬的对上帝的信仰，你怎样使人们，使广大民众遵守孔子在他的国家宗教中所宣扬的道德准则，即忠君？我说过，实际上并不是宗教所宣扬的对上帝的信仰使人们遵守行为的道德准则，我也说过宗教主要是通过被称为教会的组织机构来使人们遵守行为的道德准则，这种组织机构可以唤醒和燃起使人们遵循那些准则所必须的神圣的启示或活泼的情绪。为回答你们的问题，我要告诉你们，被称为儒学的儒家学说的体系，中国的这种国家宗教，就像其他国家的教会宗教一样，也是通过一种组织机构使人们遵守行为的道德准则。中国国家宗教的这种组织机构，相当于其他国家的教会宗教中的教会，中国国家宗教即儒教的这种组织机构就是学校，学校就是中国儒教的教会。众所周知，在中文中表示宗教的"教"字也可以用来表示教育。事实上，就像中国的教会就是学校一样，对中国人来说，宗教有教育的意思。中国学校的目的与目标与今天欧美学校的目的和目标不同，它并不是要教人们如何谋生，如何赚钱，而是像教会宗教中的目标一样，是教人们理解弗劳德先生所说的"不要撒谎""不要偷盗"这类简单的训命，事实上，是教人们成为好人。约翰逊博士指出："无论我们是准备行动还是准备交谈，无论是出于实用的目的，还是出于愉悦的目的，在宗教和道德上辨别是非始终是首要条件。其次，我们要熟悉人类历史以及体现了真理并且能通过事实证明意见的合理性的那些事例。"

---

① 孟子在谈到中国历史上两个很纯朴的基督式人物时指出："当人们听说了伯夷和柳下惠的精神与性情时，浪荡的流氓会变得无私，懦夫会有勇气。"（"圣人百世之师也，伯夷，柳下惠是也，故闻伯夷之风者，玩夫廉，懦夫有立志。"见《孟子·万章下》。——译者）

但是，我们发现教会宗教中的教会能使人们遵循行为的道德准则是借助于唤醒和激发人心中的神圣的启示或活泼的情绪，而它唤起和激发这种神圣的启示或活泼的情绪主要是依靠激发和唤起人们对第一个教主和宗教创始人的品质与人格所表现出来的无限的钦佩、爱戴和热忱。学校，即中国儒家的国家宗教的教会，与其他国家的教会宗教中的教会仍有区别。的确，学校，这个中国国家宗教的教会，就像教会宗教中的教会一样，也是通过唤起和激发人心中的神圣启示或活泼的情绪来使人们遵守行为的道德准则。中国的学校用来唤起和激发人心中的这种神圣启示或活泼的情绪的手段，不同于教会宗教中的教会所使用的那些手段。中国的学校、儒教的教会，并不是通过激发和唤起人们对孔子的无限钦佩、爱戴和热忱，来唤醒和激发人心中的这种神圣启示或活泼的情绪。孔子生前的确激起了他的亲密门徒对他的无限爱戴和热忱，他死后也在所有学习和理解其学说的伟人心中激起过这样的感情与情绪。但孔子生前和死后都没有在广大民众中激起世界各大宗教的创始人所激起的那种钦佩、爱戴和热情。伊斯兰国家的平民百姓崇拜和钦敬穆罕默德，欧洲国家的平民百姓崇拜耶稣基督，中国的平民百姓崇拜和敬慕孔子。从这一点看，孔子并不属于宗教创立者之列。一个人要成为欧洲意义上的宗教的创立者，他就必须有异常强烈的感情。孔子的确是王族的后裔，是商王室的后裔（在孔子所生活的那个朝代之前是商王朝统治中国），这个王族具有希伯来人所具有的那种强烈的感情。孔子本人生活在周朝——这个氏族的人具有希腊人所具有的那种优秀的文化素养。周公，孔子之前的宗教的创立者，或者说中国的旧教规宗教的创立者，就是这一氏族的代表。如果我可以作个比较的话，孔子是个天生的希伯来人，他有着希伯来人的那种强烈的感情，有着良好的文化素养，有着希腊文明的最优秀的文化素养赋予人的一切。我认为，孔子像伟大的歌德一样，文化修养太深以致不能归于宗教创立者之列。总有一天欧洲人会承认伟大的歌德是人类的最完满典型，是欧洲文明所塑造的真正的欧洲人。中国人已经承认孔子是人类的最完满典型，是中国文明所塑造的真正的中国人。但在生前，只有那些最亲密、最接近的弟子才了解孔子。

我认为，中国的学校，儒家的中国国家宗教的教会并不是通过激发和唤起人们对孔子的钦佩、爱戴和热忱来唤醒和燃起人心中的神圣的启示或活泼的情绪，从而使人们遵循行为的道德准则。那么，中国的学校如何唤起和激发神圣的启示或活泼的情绪从而使人遵循行为的道德准则呢？孔子说："在教育中，可以通过学诗来唤起人们的这种情感与热忱，可以通过学习高尚的情趣和礼貌来形成判断，可以通过学习音乐来陶冶性情。"（原文为："兴于诗，立于礼，成于乐"。见《论语·泰伯第八》。——译者）依靠教人们学诗，事实上，是靠教人们学习所有文学巨匠的作品，学校，即中国国家宗教的教会，唤醒和激发了人心中的神圣启示或活泼的情绪，从而使人们遵循行为的道德准则。如前所述，那些文学巨匠的作品具有宗教的道德行为准则所具有的那种神圣启示或活泼的情绪。阿尔诺德在谈到荷马以及他的史诗所表现出来的高雅品质时指出："荷马史诗和少数文坛巨匠的高雅品质可以使粗俗和无知的人变得文雅起来，可以使他们的性情得到陶冶。"事实上，一切真实的东西、一切正义的东西、一切纯洁的东西、一切优美的东西、一切有声誉的东西，只要有价值，有值得赞美之处，中国的学校，即中国国教的教会，都会使人们加以考虑，并且在使人们考虑这些东西时唤醒和激发出他们的神圣启示或活泼的情绪，从而使他们遵循行为的道德准则。

请记住，我之所以说真正的文坛巨匠的作品，如荷马的史诗，之所以难以为广大民众所理解，是因为所有文坛巨匠都使用了广大民众无法理解的文人的语言。既如此，孔子的学说体系，儒家学说，中国的国家宗教，如何唤醒和激发中国的广大民众、中国的平民百姓心中的神圣启示或活泼的情绪，从而使他们得以遵守行为的道德准则呢？我说过，在中国儒家的国家宗教中，与其他国家的教会宗教的教会相应的组织机构是学校。但是，在中国儒家的国家宗教中，与其他国家的宗教教会完全对应的真正的组织机构是家族。在中国，儒家的国家宗教的真正教会是家族，学校不过是其附属物，在家族中，每家每户都有宗谱和堂屋，每村每镇都有祠堂或宇庙。我早就说过，世界各大宗教是使人们，使广大民众遵守行为的道德准则所依靠的神圣启示的源泉，它的真正动力，在于对那些宗教的首任教士和创始人的无限钦佩、爱戴和热忱。教会的作用就在于激发和唤起人心中的情感和热忱。中国儒家的国家宗教使人们，使中国平民百姓遵守行为的道德准则所依靠的灵感的源泉，它的真正动力，在于"对父母的爱"。教会宗教——基督教的教会说："爱基督"；中国儒家的国家宗教的教会在每家每户的宗谱上说："爱你们的父母"。圣保罗说："让每一个提到基督名字的人摆脱罪恶。"写于汉代的《孝经》——《基督的形象》(*Imitatio Christi*)在中国的翻版——的作者说："让每个爱父母的人都摆脱罪恶。"简言之，正如教会宗教——基督教的本质、动力或真正的神圣启示的源泉是对基督的爱一样，中国的国教即儒教的本质、动力、真正灵感的源泉是对父母之爱，是孝顺，而这种孝顺带有祖先崇拜的迷信色彩。孔子说："集聚在我们的祖先集聚的地方，举行我们祖先举行过的仪式，演奏我们祖先演奏过的音乐，尊敬我们祖先尊敬过的人，热爱与我们祖先亲近过的人。事实上，要事死如事生，事亡如事存，这是孝之大成。"("践其位，行其礼，奏其乐，敬其所尊，爱其所系。事死如事生，事亡如事存。孝之至也。"《中庸》第十九章。——译者)孔子进一步指出："通过培养对死者的尊敬，追思既往，人的善性就会向深处发展。"(原文为"慎终追远，民德归矣。"见《论语·学而第一》。——译者) Cogitavi dies antipuos, et annos eternos in menti habui.(此句中的"menti"疑误，应为"mente"。全句意思是，"我追思往昔，默念我心中永恒的岁月"。——译者)中国的国教，儒教，就是这样唤醒和激发人心中的神圣启示和活泼的情绪，从而使人们得以遵守行为的道德准则，在这些行为准则中，最高的、最为重要的准则就是尽忠，正如世界各大宗教的最高的行为准则是敬畏上帝一样。换言之，教会宗教——基督教说："要敬畏上帝，服从圣命。"孔子的国教或儒教则说："要尊敬皇帝、忠于皇帝。"教会宗教基督教说：'如果你想敬畏上帝，服从圣命，你首先得爱基督。"孔子的国教或儒教则说："如果你想尊敬皇帝，忠于皇帝，你首先要爱父母。”

我说过，自孔子时代以来的两千五百年的时间里，中国文明中为什么不存在心灵和头脑的冲突。之所以不存在这种冲突，是因为，中国人，甚至包括中国的平民百姓，并不感到需要宗教——这里所说的宗教是欧洲意义上的宗教，是因为中国的儒教中有某种东西可以代替宗教。我说过，这种东西就是尽忠原则，就是被称为民分大义的荣誉法典，孔子在他给中华民族所创立的国教中制定了这种荣誉法典。因此，我认为，孔子对中国人民所作的最大贡献在于，他给中国人提供了他借以宣扬尽忠思想的国家宗教。

我之所以认为很有必要谈谈孔子以及他对中华民族的贡献，是因为这与我们现在讨论的题目，即“中国人的精神”很有关系。我想告诉你们的是（你们根据我在上面的讲演也可以明白），一个中国人，特别是一个受过教育的中国人，如果有意忘却、背弃或抛弃这种荣誉法典，即中国儒家国教中的“民分大义”（这种民分大义宣扬绝对神圣的忠君义务，即对他效忠过的皇帝或统治者忠心耿耿），那么，这个中国人就是一个丧失中国人的精神，丧失他的民族精神，丧失他的种族精神的中国人——他就不再是一个真正的中国人。

最后，我要简略地概括我对现在讨论的题目，即中国人的精神或何为真正的中国人的看法。我早就说过，真正的中国人是这样一种人，他过着成人的理性生活同时又童心不泯。中国人的精神是心灵与理智的美满婚姻。如果你考察一下通过优秀的文学作品表现出来的中国人的精神产品，你就会发现，正是心灵和理智的这种美满婚姻使这些精神产品令人陶醉、令人愉悦。马太·阿尔诺德对荷马史诗的看法也适用于所有中国的优秀作品：“它不仅具有伏尔泰难以达到的那种撼人心魄的力量，而且以伏尔泰的那种令人钦佩的纯朴和理性与理智款款交谈。”

阿尔诺德把优秀希腊诗人的洋洋诗情称为女巫师的富于想象力的理性。我们可以在优秀的文艺作品中看到的那种中国人的精神实际上就是阿尔诺德所说的富于想象力的理性。阿尔诺德指出：“近代异教的诗歌有赖于感觉和理智，中世纪基督教的诗歌则有赖于情感和想象。但现代精神生活的主要因素，现代欧洲人的精神的主要因素，既不是感觉和理智，也不是情感和想象，而是富于想象力的理性。”

今日欧洲人的现代精神要依靠——它必须依靠——的主要因素是富有想象力的理性。假如阿尔诺德的这种说法是正确的，那么，你就可以发现中国人的这种精神对欧洲人有多大的价值。这种精神也就是阿尔诺德所说的富有想象力的理性。我认为，很有价值和至关重要的是，你们应该研究它，千方百计理解它，热爱它，而不是忽视它、轻蔑它并千方百计毁灭它。

在我结束本文之前，我要给你们提个醒。我要提醒你们：当你们想到我已向你们解释的这种中国人的精神时，你们应该记住，中国人的精神并不像布拉瓦茨基夫人（Blavatsky）[①]和贝赞特（Besant）[②]夫人的神智论（theosophy）或“主义”那样是一种科学、哲学、神智论或者“主义”，中国人的精神甚至不是你们所说的思想，不是头脑或心灵的活动。我想告诉你们，中国人的精神是一种心态，是一种灵性，你们无法像学习速记或世界语那样学会它——简言之，中国人的精神是一种心境，用诗人的话说，是一种宁静而神圣的心境 。

最后，请允许我吟几句最有中国味的英国诗人华兹华斯的诗句，这些诗句胜过我所说的一切，它描述了那宁静而神圣的心境，这心境就是中国人的精神。这位英国人的诗句以我无法做到的方式向你们展现了在典型的中国人身上的心灵和理智的完满婚姻，展现了那宁静而神圣的心境。正是这种心境使得真正的中国人具有难以言表的温文尔雅。华兹华斯在描写丁登寺（Tintem Abbey）的诗句中这样唱道：

... nor less, I trust:

---

① 布拉瓦茨基夫人（Helena Petrovma Blavatsky 1831—1891），俄国著作家，女通神学家。——译者

② 贝赞特夫人（Annie Besant 1847—1933）英国社会改革家，神智学者，费边社会主义者。——译者

To them I may have owed another gift
Of aspect more sublime; that blessed mood
In which the burthen of the mystery,
In which the heavy and the weary weight
Of all this unintelligible world,
Is lightened:— that serene and blessed mood
In which the affections gently lead us on, —
Until, the breath of this corporeal frame
And even motion of our human blood
Almost suspended, we are laid asleep
In body, and be come a living soul:
While with an eye made quiet by the power
Of harmony, and the deep poner of joy,
We see into the life of things.
……我相信,
这感情也许给我另一种
更崇高的礼物,那就是神圣的心境:
它减轻了宇宙之谜的驱迫,
释去了在这难以捉摸的世界上
那不堪承受的重压:
那就是宁静而神圣的心境,
在这里,似水柔情带我们飘然远隐——
趁躯体尚在呼吸,
趁热血尚在沸腾,
让我们在身体里酣然沉睡,
变成一个活泼泼的精灵:
等和谐的力量和内心的欢愉
生就宁静的眼睛,

我们就可以洞见那万物的生命。[①]

这宁静而神圣的心境使我们能洞见万物的生命：这就是富有想象力的理性，这就是中国人的精神。

① 此处只是我的试译，兹将原文附上，读者可参考王佐良、杨德豫、孙梁等先生的译文。——译者

中国妇女

在英国下议院，有人引证《圣经》支持允许男人续娶亡妻的姐妹的法案。阿尔诺德在谈到这个论据时指出，认真考虑这件事的人谁会相信，“当女性的品质、女性的理想以及我们与她们的关系受到怀疑时，印欧民族——创造缪斯、骑士制度和圣母的民族——的优雅而机敏的天才们，却到闪族人的风俗习惯中去寻找这一问题的定论，而英明的闪族君主却嫔妃如云？”

我想从这一大段引文中借用两个词，即“女性的理想”。中国人的女性理想是什么呢？中国人的女性理想以及他们与那种理想的关系如何呢？我尊重阿尔诺德的意见并且尊敬他的印欧民族。但在进一步讨论之前我要指出，闪族人的女性理想，古希伯来人的女性理想，并不像阿尔诺德让我们从他们的英明君主有成群妻妾这一事实中推论出来的理想那么可怕。我们可以在古希伯来人的文献中找到他们的女性理想：“谁可以找到一个贞洁的女子呢？因为她的价值远远高于红宝石，她的丈夫对她完全放心，她天未亮便起床，为其家人准备早餐并给她的女仆也准备一份，她纺纱织布，她不必为家人担心风雪严寒，因为她的家人都穿得严严实实。她巧舌如簧而又柔声细语，她对家人的饮食起居照料得无微不至而不是游手好闲，孩子们起床就向她祝福，她的丈夫也是如此并对她赞不绝口。”

我想，闪族人的这种女性理想还不至于那么可怕，也不至于那么糟糕。这种理所当然不像印欧民族的女性理想，不像圣母和缪斯那样虚无飘渺，但我认为必须承认，圣母和缪斯很适合于作为画像挂在房间里。但如果你让缪斯拿起扫帚，或让你的圣母走进厨房，你的房间肯定乱七八糟，你的早餐也许无法到口。孔子说："理想并不脱离人的现实生活。作为理想的东西一旦脱离人的现实生活就不是真正的理想。"（"失诸正鹄，反求诸其身。"见《中庸》十三章。——译者）如果不能把希伯来人的女性理想与圣母和缪斯作比较，那么，我认为，完全可以把它与现代欧洲人的女性理想，与当今欧美、印欧民族的女性理想作比较。我不想谈英国的妇女参政鼓吹者。但我们不妨将古希伯来人的女性理想与人们在现代小说中所看到的现代女性理想相比较，比如与小仲马的《茶花女》(Dame aux Camelias)中的女主人翁作比较。了解已被译成中文的所有欧洲文学作品中的女性理想也许是一件趣事。譬如，小仲马的小说就把茶花女作为最高的女性理想。这本小说在追求时髦的现代中国非常畅销并大获成功。在中文中被称为《茶花女》的这本法国小说已被编成戏剧并被搬上所有新式的中国大剧院的舞台。如果你把闪族人的古老的女性理想与今天欧洲的印欧民族的女性理想作比较，你就会明白孰真孰假，就会明白什么是虚假的文明。闪族人的古老的女性理想就是不需为她的家人担忧风雪严寒的女子，因为她已让家人穿得严严实实，而今日欧洲的印欧民族的女性理想就是这位茶花女，她没有家室，自然谈不上给家人提供衣服，但她本人却穿得严严实实，并且与胸前栩栩如生的茶花为伴。

不仅如此，即使你把古希伯来人的女性理想与现代中国的新式女子作比较，你就会知道现代中国离开真正的文明有多快、有多远：古代的希伯来妇女纺纱织布，细心周到地照顾家人的饮食起居并且不游手好闲，而现代中国的新式女子只知道弹弹钢琴，怀抱花束，身着紧身黄裙，头上戴金缀银，并在基督教青年会礼堂里，在混杂的观众面前一展自己的妖艳与歌喉。一个民族的女性是文明之花，是表明那个民族的文明程度的花朵。

现在来回答我提出的问题，即，中国人的女性理想是什么。我的回答是，中国人的女性理想与古代希伯来人的女性理想本质上是一致的，但两者有一个重要区别。关于这种区别我以后再谈。中国的女性理想与古希伯来人的女性理想的相同之处在于，它不仅仅是作为画像挂在房间里的理想，也不是一个男人终生抚爱和崇拜的理想，中国人的女性理想是手拿扫帚打扫房间的理想，事实上，中文的“妇”字由两个边旁构成，即由“女”和“帚”（指扫帚）构成。在古汉语中，妻子被称为“主中馈”。真正的女性理想——所有具有真正的而不是虚假的文明的民族（比如古希伯来人、古希腊人和罗马人）的女性理想——与中国人的女性理想本质上是相同的，这种真正的女性理想始终是家庭主妇（Haus frau, the house wife, la dame de menage 或 chatelaine，这几个词分别是德、英、法文中的“家庭主妇”。——译者）。

让我们讲得更详细点。中国人的女性理想是从遥远的古代流传下来的，可以用“三从四德”来概括。何为四德呢？第一是女德、二是女言、三是女容、四是女工。女德并不是指超常的才智，而是指谦逊、柔顺、纯洁、坚贞、自律、检点和高雅；女言并不是指雄辩滔滔和妙语连珠，而是指慎于言词，绝不使用粗俗的语言，知道何时该讲何时不该讲；女容并不是指漂亮和美貌，而是指个人穿戴整洁，打扮得体；女工并不是指有特殊技艺或才能，而是指勤于纺织，绝不把时间浪费在嬉戏和调笑上，并在厨房里准备清洁卫生的饭食，家里有客人时尤其如此。《女诫》提出了女子行为的这四种原则，《女诫》出自汉朝大史学家班固的妹妹，即曹大家或曹夫人之手。

那么，中国理想女性的“三从”是指什么呢？它们实际上是指三种自我牺牲方式和“顺从”方式，也就是，“在家从父”“出嫁从夫”“夫死从子”。事实上，中国女子的主要目的不是为自己或为社会而活着，也不是要当一个改革者，或者担任“女子不缠足协会”的会长，甚至不是当圣徒或行善。中国女子的主要目的是做个好女儿，做个贤妻良母。

有位外国女士是我的朋友，她写信问我，中国人是否真的像穆斯林那样相信女人没有灵魂。我回信告诉她，我们中国人并不认为女人没有灵魂，但我认为真正的中国女人都没有自我。谈到中国女子没有自我，我不禁想对一个十分复杂的问题讲上几句。这个问题不仅复杂。而且，我担心几乎所有受过现代欧洲教育的人都不能理解，这就是，中国的纳妾习俗。我担心，纳妾问题不仅十分复杂，而且不宜公开讨论。正如英国诗人所说："傻瓜在天使不敢涉足的地方横冲直撞。"

在此，我要极力说明为何中国的纳妾并不像人们通常想象的那样伤风败俗。

关于纳妾问题，我想说的第一点是，正是中国女子的忘我精神使中国的纳妾不仅成为可能，而且不会伤风败俗。在进一步讨论之前，我要告诉你们，纳妾在中国并不意味着娶许多妻子。中国的法律只允许一夫一妻，但男人可以随意拥有许多小妾。在日语里，丫环或小妾被称为 te-kaki(扶手)或 me-kaki(靠架)，即男人疲倦时歇息或打盹的靠垫。我说过，中国的理想女性并不是男人终生抚爱或崇拜的对象。中国的理想女性是无私地绝对地为丈夫而活着的妻子。因此，当因过分操心劳神而身感不适的丈夫，需要丫环、扶手或靠垫以便能放松一下并使他能适应生活的劳碌时，具有忘我精神的中国妻子就会给他拿来扶手或靠垫，就像欧美的贤妻在丈夫生病或需要时，给他拿来扶手椅或羊奶一样。事实上，正是中国妻子的忘我精神，正是她的责任感，正是她的自我牺牲的责任感，使中国的男人能养丫环或纳妾。

有人会问："为什么只要求女人具有忘我精神和牺牲精神呢？怎么不要求男人也这样呢？"我的回答是，男人——丈夫为养家糊口而辛勤操劳，如果他是个谦谦君子，他不仅要对家庭尽责，而且要对君王和国家尽责，有时甚至要为此而献身，这样，男人不也在作出牺牲吗？康熙皇帝在他驾崩前发布的告别诏书中说：他临死才知道中国皇帝的生活是作出了何等牺牲的生活。在此，我要顺便指出，布朗特和柏克豪斯先生在他们的近著中把这位康熙皇帝描绘成魁伟、孤独而又可怕的布里干·扬(Brigham Young)[①]。而他是被成群的妻儿拖进坟墓的。当然，对布朗特和柏克豪斯先生这类现代人来说，纳妾只能是可怕、卑鄙和肮脏的事情，因为这种人的病态想象力只能设想肮脏、卑鄙和可怕的东西。但我不想讨论这一点。在此，我想指出的是，每个真正的

① 布里干·扬(Brigham Young，1801—1877)，美国摩门教领袖，犹他州首任州长。——译者

男人（上自帝王下至车夫）的生活和每个真正的妇女的生活都是牺牲的生活。中国妇女的牺牲就是忘我地为丈夫而生活，中国男人的牺牲就是供养和尽力保护他娶回家中并为他生儿育女的女人。我要告诉那些认为中国的纳妾属于伤风败俗的人，纳妾的中国官员还不像乘坐汽车的欧洲人那样自私和缺德，因为那些乘坐汽车的欧洲人从大街上捡来一个孤苦无依的女人，在一夜欢愉之后又把她抛回街头。纳妾的中国官员也许自私，但他至少要为小妾提供住房并维持她的生计。事实上，如果说中国的官员自私，那么，我可以说开着汽车的欧洲人不仅自私而且怯懦。罗斯金（Ruskin）说过："一个真正的军人的荣耀无疑不在于能够杀人，而在于他随时准备慷慨赴死。"同样，一个女人的荣耀，一个真正的中国女人的荣耀不仅在于对丈夫的爱和忠贞，而且在于绝对地无私地为丈夫而生活。事实上，这种忘我的宗教就是女人的宗教，尤其是中国夫人和淑女的宗教。正如我在其他地方竭力说明的那样，尽忠的宗教是男人的宗教，是中国君子的宗教。外国人只有理解了这两种宗教，即中国人的尽忠的宗教和忘我的宗教，才能理解真正的中国人或中国妇女。[①]

但人们又会问我，这里有爱可言吗？一个真正爱妻子的男人还能有心思在家里养其他女人吗？我的回答是，为什么不能呢？衡量一个丈夫真正爱他的妻子的真正标准并不在于他要终生跪倒在她的脚下抚爱她，衡量一个男人是否真爱他的妻子的标准在于，他是否不仅渴望和尽力保护她，而且尽量不伤害她，不伤害她的感情。把一个陌生的女人带到家里来必定会伤害妻子，伤害她的感情。但我以为，正是我所说的忘我的宗教使妻子免遭伤害，即正是中国女人的这种绝对的忘我精神使她在看到丈夫把另一个女人带进家门时使她不可能感到受到伤害。换言之，正是中国妻子的这种忘我精神使丈夫能够纳妾而不伤害妻子，也正是这种精神容许丈夫这么做。我要指出的是，一个堂堂正正的中国男人绝不会不经其妻子的同意就纳妾，而中国的真正

---

① 罗斯金（John Ruskin，1819—1900），英国艺术评论家，社会改革家，著有《近代画家》《建筑的七盏灯》等。——译者

的贤妻或太太在其丈夫有正当理由纳妾时也绝不会拒绝同意丈夫的做法。我见到过许多这样的事例，丈夫人到中年尚无子女而想纳妾，但因为他的妻子不同意这么做就断了纳妾的念头。我甚至碰到过这样一件事，由于丈夫不想强求多病的妻子背上忘我的称号，他在妻子的敦促下仍然不愿纳妾，而妻子在其丈夫不知道且没经过其丈夫同意的情况下不仅给他买了一个小妾，而且事实上强迫他纳妾。事实上，防止纳妾泛滥以保护妻子的方式就是丈夫对妻子的爱。人们应当说，正是因为中国的丈夫真心地爱他的妻子以致他才有纳妾的特权和自由，而妻子才不害怕他滥用那种特权和自由，相反，人们不应当说中国的丈夫因为纳妾而不可能真正爱他的妻子。诚然，这种自由，这种特权有时被人滥用，甚至在国民的廉耻心像在今天这么一个混乱的中国一样低下的时候就是如此。但我仍然认为，在允许丈夫纳妾的中国，对妻子的保护是她丈夫对她的爱，是她对丈夫的爱。我在此还必须补充的是，丈夫的洁身自好，真正的中国君子的高尚情趣也提供了这样的保护。我想知道的是，在成千上万的普通欧美人中，一个男人在同一家庭养几个女人是否会把家里弄得天翻地覆。简言之，正是这种洁身自好，正是真正的中国君子的这种高尚情趣才使中国的妻子在丈夫让一个个丫环，“扶手”或“靠垫”与她一同生活而不会使她受到伤害。总之，正是这种忘我的宗教，正是女人即夫人或太太的这种绝对的忘我精神和丈夫对他的妻子的爱以及他的洁身自好，即一个真正的中国君子的高尚情趣，才使得纳妾在中国不仅成为可能，而且并不伤风败俗。孔子说：“君子之道起源于夫妇关系。”（“君子之道造端乎夫妇”。——译者）为使人们不会怀疑中国的丈夫会真正地爱他们的妻子，可以深深地爱他们的妻子，我可以从中国历史或文学作品中援引大量的例证。为此，我特地引用和翻译唐朝诗人元稹在他妻子去世时写的挽歌。遗憾的是，这首诗太长，不宜在这篇本已很长的文章中引用。但是，那些懂中文的人，如果想了解中国的丈夫对他妻子的爱有多深，了解这种情感有多深——这是真正的爱，而不是常被现代人误认为爱的性欲——都应该读一读这首挽歌，普通的唐诗集都可找到这首挽歌，它的标题是《遣悲怀》。但由于我不能在这里引用这首诗来证明我的观点，我还是在这里引一首一位现代诗人写的四行短诗，这位诗人曾任张之洞总督的秘书，他携妻随张之洞到武昌并在那里住了多年，他的妻子死后不久，他不得不离开武昌。离开之际他写了这首诗。原文是：

此恨人人有，
百年能有几。
痛哉长江水，
同渡不同归。

这首诗的大意是：

This grief is common to everyone,
One hundred years how many can attain?
But ‘tis heart breaking, O waters of the Yangtze,
Together we came, but together we return not.

这种感情非常深厚，此诗寥寥数语，比丁尼生(Tennyson)的诗句还要简洁：

拍岸，拍岸，
惊涛拍击灰岩，
……
忆昔日纤手轻抚
喁喁絮语杳然！[1]

① 此处采用孙梁先生的译文，谨此致谢。——译者

那么，中国妻子对她丈夫的爱又如何呢？我想不需要任何根据来证明它。的确，中国的新郎、新娘在结婚前从未见过面，但从以下的四行唐诗就可以看出新郎和新娘之间也有爱：

洞房昨夜停红烛，
待晓堂前拜舅姑；
妆罢低声问夫婿，
画眉深浅入时无。

这首诗的英文大意是：

In the bridal chamber last night stood red candles;
Waiting for the morning to salute the father and mother
In the Hall
Toilet finished, in a low voice she asks
Her sweetheart husband,
"Are the shades in my painted eyebrows quite a la mode?"

为理解此诗，我必须给你们讲讲中国的婚嫁。在中国，每一桩合法的婚姻中都有六礼：第一是问名，即正式提婚；第二是纳彩，即定婚；第三是定期，确定结婚的日期；四是亲迎，即迎娶新娘；五是奠雁，即结婚的宣誓，之所以叫奠雁，是因为人们认为大雁在夫妇之爱中最为忠诚；六是庙见，在六礼中最后两礼至关重要，因此我在此要描述得详细点。

第四礼，即现在的亲迎，除了在我们老家福建省还保留这种旧的习俗之外，一般地方几乎都免去了这一礼。因为它给新娘家带来许多麻烦，并要花许多钱。现在是把新娘送到新郎家而不是新郎去迎娶。新娘到达时，新郎在门口相迎并亲自打开门，把新娘领到正厅里，新娘和新郎在那里拜天地。他们要双双跪倒，面朝大厅正门。大厅桌上两支红烛高照，随后丈夫把酒洒在地上——洒在新娘带来的一双大雁前（如果没有大雁就用普通的鹅代替），这种仪式就叫奠雁，这是男女之间的婚誓，男方发誓忠于女方，女方发誓忠于男方，就像他们面前的一对大雁那样彼此忠心不二。从这时起，他们就成了自然的情侣，不过这只受君子之道的约束，他们彼此用名誉担保发誓但并不受世俗法律的约束，因此，这个仪式可称为道德性的婚礼或宗教性的婚礼。

接下来的仪式就是交拜，即新娘新郎互拜，新娘站在大厅的右边，她首先跪在新郎的面前，而新郎同时也向她下跪，然后是互换位置，新郎站在新娘原来的地方，他向新娘跪拜，新娘同时也还礼。我想指出，这种交拜的仪式无可置疑地证明，在中国男女是完全平等的。

如前所述，可以把奠雁仪式称为道德性的婚礼或宗教性的婚礼，可以把它与三天后进行的世俗婚礼相互区别。在这种道德性或宗教性的婚礼上，男女在道德律的面前——在神的面前成为夫妇，至此婚约还只是男女之间的事情。在我所说的这种道德性的婚礼或宗教性的婚礼上，国家并未承担对男女婚约的审理权，在中国，由于家庭在所有社会生活和世俗生活中取代了国家的作用——国家只起一种上诉法院的作用，家族也未承担对男女婚约的最后审理权。事实上，在第一天的婚礼上以及在第三天举行世俗婚礼之前，新娘不仅不被引见而且不允许与新娘的家人见面。

这样，中国的新郎和新娘有两天两夜不是合法夫妻，而是情夫和情妇。第三天要举行中国婚礼的最后仪式，即庙见。这种仪式之所以要在第三天举行，是因为有“三日庙见”（《礼》）的严格规定。为避免麻烦和节省费用，这种仪式通常在以后的日子举行。当附近有宗庙时就要举行这种仪式。对附近没有宗庙的城镇居民来说，这种仪式就只能在祖宗牌位或神龛前举行（每个体面的中国家庭，甚至最贫穷的家庭都有这种神龛）。我早就说过，这种放着祖宗牌位或墙上贴着红纸的祖庙、礼堂或神龛就是中国孔子国教的教会，在基督教国家中它相当于教会宗教中的教会。

庙见开始时，新郎的父亲（如父亲不在就由这家的长者代替）跪在祖宗牌位前，告知先祖的在天之灵，又有个晚辈已成家立业。随后，新郎新娘相继跪在同一个祖宗牌位前。从此，这对男女就成了夫妻——不仅有道德律或老天爷作证，而且有家庭、国家、世俗法律作证。因此，我把庙见这种仪式称为公民婚礼或世俗婚礼。不庙见不成妇。如果新郎碰巧在庙见前死去，那么，按“三日庙见”的规定，新娘不得葬在夫家的坟地里，她的牌位也不设在夫家的祖庙里。

由此可见，在中国具有法律效力的公民婚礼中，婚约并不是男女双方的事情，而是女方与男方家族的事情。她不只是嫁给了他，而是进入了他的家庭。比如，一个中国太太的请柬上不写辜鸿铭夫人，而是写上“归晋安冯氏裣衽”。由于中国的婚约是女方和夫家的事情，夫妇任何一方都不能不经夫家的同意而单方面毁约。我想指出，这就是中国婚约和欧美婚约的根本区别。欧美的婚约是我们中国人所说的情人婚约，这种婚约只受男女个人的爱的约束。我说过，中国婚约是一种公民婚约，这种婚约并不是男女双方的事情，而是女方与男方家庭间的事情。在此，她不仅对男方有义务，而且对他的家庭有义务，并通过他的家庭而对社会有义务，对社会秩序或公共秩序有义务，事实上是对国家有义务。最后，我想指出，这种世俗的婚礼观念带来了家庭的稳固，带来了社会秩序或公共秩序的稳固，带来了国家的稳固。因此，请允许我在这里说，只有当欧美人理解何为真正的公民生活，理解并形成了真正的公民观念时——每个公民不是为自己而活着，而是首先为他的家庭而活着，并通过家庭为公共秩序或国家而活着——才可能有稳固的社会，才可能有真正意义上的公共秩序或国家。我们在当今欧美所看到的那种国家是男男女女都缺乏真正的公民生活观念的国家，如果你愿意的话，你可以把这种议会和政府机构一应俱全的国家叫作大商行，在战争年代，它事实上是一帮土匪和强盗，而不是国家。请允许我进一步指出，这种把国家视为只讲个人物质利益的、只让人考虑如何占有最大份额的大商行——这种带有帮匪习气的错误国家观念，实质上是欧洲目前正在进行的可怕战争的根源。简言之，没有真正的公民生活观念，就不可能有真正的国家；没有真正的国家就不可能有文明。对我们中国人来说，一个终身不娶，没有家庭，没有家产的男人不可能成为爱国者，如果他自称爱国者，我们中国人会称他为土匪式的爱国者。要具有真正的国家观念或公共秩序观念，人们先得有真正的家庭观念；要有真正的家庭观念，家庭生活观念，人们先得有真正的婚姻观念——这种婚姻不是一种情人婚姻，而是我在前面极力描述的公民婚姻。

现在言归正传。你可以想象等待天明的新婚妻子如何拜见公公和公婆。"妆罢低声问夫婿，画眉深浅入时无。"我认为，你们可以在这里看到中国夫妻间的爱情，尽管他们婚前从未见面——甚至在婚礼的第三天还未见面。如果你认为以上的夫妻之爱还不深，那么你可以读一读一个妻子写给不在身边的丈夫的两句诗：

当君怀归日
是妾断肠时

莎士比亚的《皆大欢喜》(*As you like it*)中的罗莎琳达对她的表兄西力亚说："表兄，表兄，我亲爱的小表兄，你可知我的爱有多深！但我无法测知；我的感情深不见底，就像葡萄牙的海湾。"一个女人——一个中国妻子对夫君的爱以及一个男人——一个中国丈夫对娇妻的爱，真有如罗莎琳达的爱深不可测，就像葡萄牙海湾深不见底。

现在，我要谈谈中国的理想女性与古希伯来人的理想女性的区别。在《雅歌》中希伯来新郎这样赞美他的新娘："我的佳偶啊，你美貌如得撒，秀丽如耶路撒冷，威武如展开旌旗的军队。"时至今日，凡见到眼睛乌黑的犹太美女的人都会肯定古代希伯来的新郎对本民族的理想女性的栩栩如生的描绘。但我想指出，在中国理想女性身上，丝毫不存在身体和精神方面的威严之处。中国历史上的海伦——"一顾倾人城，再顾倾人国"的美女也只是被比喻为令人生畏的人。在一篇论"中国人的精神"的论文中，我说过，典型的中国人给你的总体印象可用一个词来概括，这就是英文中的"gentle"(温文尔雅)。如果这个词适用于中国男人，那么，它就更适用于中国女子。真正的中国男人、中国女子所具有的这种“温文尔雅”，事实上成了神圣的温存。中国女子的温存、柔顺可与弥尔顿(Milton)的《失乐园》中的夏娃相媲美。夏娃对她的夫君说：“上帝是你的法律，你就是我的法律。”女人的得体和荣耀莫过于知道这一点。

从其他民族，从其他文明，比如从希腊、希伯来或罗马人的文明中的理想女性身上你无法找到中国人的理想女性的这种完美的温存品质，只有在一种文明，在文艺复兴时期达到完美程度的欧洲基督教文明中你才可以找到中国人的理想女性身上的这种完美的神圣的温存，如果你读一读薄伽丘的《十日谈》中关于对格里塞达(Griselda)的美妙故事并且看至它所展现出来的真正基督徒的理想女性，你就会明白中国人的理想女性身上的这种完美的柔顺，这种神圣的温存，这种达到绝对无私程度的温存究竟是什么。简言之，在这种神圣的温存品质方面，真正的基督徒的理想女性和中国人的理想女性仅有细微的差别，如果你把基督徒的圣母像不是与观音菩萨而是与中国著名艺术家所画的仙女和妖精的画像进行仔细的比较，你就可以发现这种区别——发现基督徒的理想女性与中国人的理想女性之间的区别。基督徒的圣母是温存的，中国人的理想女性同样如此，基督徒的圣母飘飘欲仙，中国人的理想女性也是如此。但中国人的理想女性不仅具有这些特点，中国的理想女性彬彬有礼，要了解彬彬有礼这个词所表达的妩媚和优雅之处，你就应该回到古希腊去——

O ubi campi Sperecheoque
et virginibus bacchata Lacaenis
Taygeta!

（此诗大意是：“啊，那里有无际的原野，有斯皮切的清溪，有特吉塔的山丘，斯巴达的少女们正在那里欢庆酒神节！”“斯皮切”是塞萨利的一条河，“特吉塔”是斯巴达附近的一个地区。——译者）

事实上，你应该去塞萨利（Thessaly）的原野，去斯皮切（Spereheios）的溪流，去拉科尼（Laconian）的少女们翩翩起舞的山丘——去特吉塔（Taygeta）的山丘。

我想指出的是，自宋代以来，在现在的中国，当宋朝哲学家的儒家清教主义使儒教精神，使中国文明的精神变得狭隘、僵化，并在一定程度上变得庸俗时——中国的女性便丧失了 debonair（彬彬有礼）这个词所表达的优雅与妩媚。因此，如果你想看看彬彬有礼这个词所表达的、存在于中国真正的理想女性身上的那种优雅与妩媚，你就应该到日本去，那里迄今还保留着唐朝的纯粹中国文明的遗风。正是彬彬有礼这个词所表达的那种优雅和妩媚与中国理想女性的神圣温存的结合，给日本女人——甚至给今天最贫寒的日本女人以高贵气派。

与彬彬有礼这个词所表达的那种优雅和妩媚的品质相联系，我要给你们引几句阿尔诺德的话，他借此将英国新教的呆板的理想女性与法国天主教高雅的理想女性进行对比。在把法国诗人莫里斯的可爱的妹妹欧也妮与写过诗歌《艾玛小姐》的英国女王比较时，阿尔诺德指出："这个法国女人是朗格多克地区的天主教徒，那个英国女人则是玛格丽特的新教徒。玛格丽特这个英国新教的呆板形象表现了新教的所有单调之处和粗陋之处，也表现了它的一切有益于健康之处。这两种生活方式的外在形式和时尚，在朗格多克地区的圣诞节期间天主教徒 Madlle de Guerin 的 nadalet，她那在复活节时长满苔藓的教堂，她那整天读经的圣徒生活——所有这些与泰坦（Tatham）小姐的英国新教的单调乏味的狭隘环境有着多么的不同，所有这些与"她和玛丽格特的豪利广场的崇拜者们具有相同教籍"的事实有着多么的不同；所有这些与她以轻柔甜美的声音吟出动人的诗句"让我主知道并感受那热血的奔流"有着多么的不同；"这就是不朽的生命"，这就是人间天堂。

所有这些与她的那个属于主日学校的年轻女教师和她的托马斯·罗依先生（Thomas Rowe），一个可敬的领班之间有着多么的不同。这两种生活方式的基础是相似的，但它们所处的环境大相径庭。

有人会说，这里的差别只表现在非本质的方面和无关紧要的方面；说它表现在非本质的方面，这一点不假；说它表现在无关紧要的方面就大错特错。英国新教的宗教生活环境缺乏优雅迷人的外在标志绝不是无关紧要的事情；这是真正的弱点。你应该克服这种弱点，而不应把它留给别人。

最后，我想指出，中国理想女性的最重要品质，这种品质使她与所有其他民族（不问是古代的民族还是现代的民族）的理想女性明确区别开来。中国女子的这种品质的确是每个民族或者任何以文明自命的民族的理想女性所共有，但我想指出的是，你在世界上的其他地方无法找到在中国理想女性身上发展得如此完美的品质，我谈到的这种品质可以用“幽闲”这两个汉字来描述。以前我曾从曹夫人的《女诫》中引用过这两个字，我把它译成 modest 和 cheerfulness。“幽”字字面是指退隐、隐居、神秘，“闲”字字面是指安逸或闲暇。英文的“modesty”“bashfulness”仅仅向你指出了“幽”字的大意。德语词 Sittsamkeit（端庄）与它比较接近。也许法文的 pudeur（娇羞）与它最为接近。我可以说：这种娇羞，这种腼腆，即汉语的“幽”字所表达的这种品质是一切女性的本质，女性越是发展这种娇羞的品质，她就越有女人味——她就越娇柔。事实上，她就越发是一个完美的或理想的女性。相反，当一个女人丧失了汉语的“幽”字所表达的这种品质，丧失了这份腼腆，这份娇柔，她就完全丧失了她的全部女性特征，丧失了她的娇柔，并因此丧失了她的香气、她的芬芳，并成了单纯的肉团或肌腴。因此，正是中国理想女性身上的这份娇羞，这种由“幽”字所表达的品质，使得或应使得每个真正的中国女人本能地感到和知道公开展露自己是错误的。按照中国人的观念，走上舞台，甚至在基督教青年会的大庭广众面前一展歌喉都是下流的做法。事实上，正是这种幽闲，正是这种对含蓄的热爱，正是这种对“花枝招展”的反感，正是中国理想女性身上的这份娇柔赋予了真正的中国女子而不是赋予世界上的其他女子以芬芳，这种芬芳比紫罗兰的芬芳，比兰花的难以言喻的芳香更加温馨、甜美。

我相信，在世界上最古老的爱情诗歌（两年前我曾为《京报》"Peking Daily News"翻译过这部诗）《诗经》的第一部分，中国的理想女性得到了这样的描述：

关关雎鸠，
在河之洲；
窈窕淑女，
君子好逑。

窈窕与幽闲同义，"幽"字面上就是指窈窕，是指文静、温存、腼腆；"窈"是指楚楚动人和彬彬有礼；淑女是指纯真、高雅的女子。在中国这部最古老的爱情诗歌中你可以发现中国理想女性的三种重要品质，即文静、腼腆或娇羞以及彬彬有礼这个词所表达的难以言表的优雅与妩媚。简言之，真正的中国女子是纯朴的，她腼腆、娇羞。她楚楚动人、彬彬有礼，这就是中国的理想女性，这就是真正的"中国女子"。

我把《中庸》译为"Conduct of life"，它包含着孔子对生活法则的谆谆教诲，这本书的第一部分对幸福之家做了这样的描述：

妻子好合，如鼓瑟瑟；
兄弟既翕，和乐且耽；
宜尔室家，乐尔妻孥。

中国的这种家室就是微缩的天堂——作为具有公共秩序的国家，作为中华帝国——对中国人来说它就是真正的天国，是人间天堂。因此，具有廉耻心且信奉尽忠宗教的中国正人君子就是国家的卫士，就是中国的公共秩序的卫士。同样，中国女子，中国的贵妇人或太太由于她的彬彬有礼，优雅动人，由于她的纯洁无瑕，无限娇羞，特别是由于她信奉忘我的宗教而成了这个微缩天国的守护神，成了中国的家室的守护神。

汉　语

所有尝试学汉语的外国人都说，汉语太难学。汉语真的难学吗？要回答这个问题，我们先得了解我们所说的汉语是指什么。众所周知，中国有两种语言（我不是指方言），即口语和书面语。大家都知道中国人为什么坚持使用口语和书面语这两种不同的语言吗？请听我的解释。在欧洲，当拉丁文一度成为受教育者的语言或书面语时，人可分为两类——受教育者和文盲。同样，中国也有两类人，即，受教育者和文盲。口语是文盲使用的语言，书面语是真正受过教育的人使用的语言。因此，在中国并不存在半文盲。我以为，这就是中国人坚持使用两种语言的原因。请想想，一个国家的民众都是些半文盲会产生什么样的后果。让我们看看今天欧美的情况。在欧美，自废弃拉丁文之后，口语和书面语的明显差别就消失了。随之产生了半文盲阶层，他们与真正的受教育者使用相同的语言，他们可以奢谈文明、自由、中立、军国主义和斯拉夫主义，而对这些词的真实涵义一无所知。人们说，普鲁士的军国主义是对文明的威胁。我倒觉得，今日世界的半文盲，由半文盲组成的群氓才是对文明的真正威胁。对这个问题本文不予讨论。

汉语难学吗？我的回答是既难又不难。我们先来看口语。我认为，汉语口语不仅不难学，而且与我所掌握的半打语言相比，简直是除马来语之外世界上最易学的语言。汉语口语之所以易学，是因为它简单得没有时态、语态，没有规则动词和不规则动词，事实上没有任何语法或规则。但有人跟我说，汉语难学恰恰是因为它简单，恰恰是因为它没有语法或规则。事实并非如此。马来语也像汉语一样简单得没有语法或规则,但学马来语的欧洲人并不觉得难。对中国人来说,起码学汉语口语并不难。但对受过教育的欧洲人来说,特别是对那些到中国来的欧洲半文盲来说,汉语口语非常难学。这是为什么呢?因为如上所述,汉语口语是文盲使用的语言,是目不识丁的人使用的语言,事实上是儿童使用的语言。正因如此,欧洲儿童可以轻而易举地学会汉语口语,而学识渊博的语言学家和汉学家都始终认为汉语太难学。我重申,汉语,汉语口语是儿童的语言。因此,我向那些想学汉语的外国朋友的第一个忠告是:"如果你保持小孩的心态,你不仅能进入天国,而且可以学会汉语。"

现在来看看书面语,看看书面汉语。我首先要指出,书面汉语也有不同的种类。传教士们把它们归为两类,并把它们叫作易懂的"文理"和难懂的"文理"。我认为,这是一种并不令人满意的分类。恰当的分类应该是"平民书面语""官方书面语""宫廷书面语"。如果你愿意使用拉丁文,可以把它们称为 Litera communis 或 Litera officinalis(普通汉语或公务汉语);Litera classica minor(初级古汉语)和 Litera classica minor(高级古汉语)。

现在,许多外国人自称汉学学者或被人称为汉学学者。大约三十年前,我给《字林西报》写过一篇论中国学术的文章。哎!那些旧上海的岁月。Tempora mutantur, nos et mutamur in illis.(语出维吉尔《农事诗集》(*Georgica*),意思是,"岁月流迁,我们亦与时俱变"。——译者)文章指出:"在旅居中国的欧洲人中,用某个省的方言(Patois)发表几次谈话或搜罗一百句中国谚语就可以使人有资格自称汉学学者。"我指出:"使用什么名称当然无妨,依据条约享有治外法权的旅居中国的英国佬,如果乐意,甚至可以不受惩罚地以孔子自居。"我想追问的是,有多少自称中国通的外国人会想到,在我称之为高级古汉语的那部分中国文学中,在宫廷汉语文学中,还蕴涵着文明的宝藏呢?我之所以说文明的宝藏,是因为我相信中国文学中的这种古汉语,就像阿尔诺德在谈到荷马的史诗时所说,"使粗俗的人变得文明起来",

因为它们可以改变中国人。我相信，中国文学所使用的这种高级古汉语总有一天会把正在欧洲参战的那些野蛮人变成爱好和平、举止优雅的文明人。这些野蛮人虽是爱国者，但有着野兽般的好斗本能。罗斯金说过，文明的目标就是使人类变成文明人，他们将克服粗俗、狂暴、野蛮和好斗的本性。

让我们言归正传(revenons à nos morton)。书面汉语难学吗？我的回答仍然是，既难又不难。我之所以说书面汉语，甚至包括我所说的宫廷汉语、高级古汉语，并不难学，是因为它像汉语口语一样非常简单。我可以随便举个例子，看看书面汉语经过精雕细琢之后依然多么简单。我所举的例子是唐诗中的一首四行诗，它描写中国人为防止自己的文明受到凶恶残暴的北方匈奴人的践踏而作出的牺牲。这首诗的原文是：

誓扫匈奴不顾身，
五千貂锦丧胡尘；
可怜无定河边骨，
犹是春闺梦里人。[①]

这首诗直译成英语是：

Swear sweep the Huns not care self,
Five thousand embroidery sable perish desert dust;
Alas! Wuting riverside bones,
Still are Spring chambers dream inside men!

这首诗意译成英语是：

① 该诗出自唐朝诗人陈陶的《陇西行》。——译者

They vowed to sweep the heathen hordes
From off their native soil or die:
Five thousand tasselled Knights, sable — clad,
All dead now on the desert lie
Alas! the white bones that bleach cold
Far off along the Wuting stream,
Still come and go as living man
Home somewhere in the loved one's dream.

如果你将那首诗的原文与我的蹩脚英译比较一下,就会发现原文的词句和风格多么质朴,想法多么单纯。虽然这首诗的词句、风格和想法非常质朴和单纯,但思想非常深刻,感情十分深厚。

要了解这类中国作品——了解用浅显的语言所表达的深刻思想和深厚感情,你不妨读读希伯来《圣经》。在世界所有作品中,这是用浅显易懂的语言写成的最深刻的著作之一。兹引一段为例:"这个信仰上帝的城市竟然成了妓院!你的那些身居高位的人都成了不忠实的叛徒和盗贼的同谋。人人都爱贿赂并且追求赃私;他们并不判定生父不明者,寡妇的诉讼理由也不会引起他们的关注。"(《以赛亚书》1:21—23)①。我们再引一段同一个先知的话:"我要让儿童成为他们的高官,婴儿将统治他们。民众将受压迫。儿童将傲视老人,卑鄙者将傲视正直者!"多可怕的画面!这是一个国家或民族的可怕画面。现在,你的眼前出现了这样的画面吗?事实上,如果你想得到可以陶冶人并使人变得文明的作品,你就必须去了解希伯来人的作品,了解古希腊的作品或了解中国的作品,但希伯来语和希腊语现在都成了死语言,而汉语是一门活语言——是今天四万万人使用的语言。

现在总结一下我对汉语的看法。从某种意义上说,汉语口语就像

---

① 据1995年出版的和合本《圣经》,这段话是:"可叹,忠信的城变为妓女!……你的官长居心悖逆,与盗贼作伴,各都喜欢贿赂,追求赃私。他们不为孤儿伸冤;寡妇的案件也不得呈到他们的面前。"(《以赛亚书》1:21—23)——译者

书面汉语一样非常难学。它之所以难学，并不是因为它复杂。许多欧洲语言，如拉丁语和法语，之所以难学，是因为它们复杂并且有许多规则。汉语之所以难学，并不是因为它复杂。而是因为它深奥。它之所以难学，是因为它是一门只用简单的语句就可以表示深厚情感的语言。那就是汉语难学的秘密。我早就说过，汉语是一门情感的语言——诗意的语言。这就可以解释为什么在用古汉语写成的记叙文中简单的语句读起来简直宛如诗篇。要理解书面汉语，特别是理解我所说的宫廷汉语，你就必须发挥你的全部本性——同等地发挥心灵与头脑、灵魂与理智的作用。

正因如此，对受过现代欧洲教育的人来说，汉语之所以特别难学，是因为现代欧洲教育主要发挥人的本性的一部分——人的理智。换言之，受过现代欧洲教育的人之所以觉得汉语难学，是因为汉语是一门深奥的语言，而现代欧洲教育主要着眼于知识的量而不是知识的质，因而容易使人变得肤浅。最后，对半文盲来说，甚至汉语口语也很难学。以前对富人的那些评价也适用于半文盲：让他们理解高级古汉语比让骆驼穿过针眼还难。这是因为书面汉语只是真正的受教育者使用的语言。简言之，书面汉语，古汉语，之所以难学，是因为它是真正的受教育者的语言，而真正的教育总是一件难事。正如希腊格言所说："一切美好的东西都难得到。"

在结束本文之前，我再举一个有关书面汉语的例子，以说明初级古汉语、用官方汉语所写的作品所表达的纯朴而深厚的感情。有个现代诗人在除夕写过一首四行诗，原文是：

示内

莫道家贫卒岁难，
北风会过几番寒；
明年桃柳堂前树，
还汝春光满眼看。

这首诗的直译是：

Don't say home poor pass year hard
North wind has blown many times cold
Next year peach willow hall front trees
Pay back you spring light full eyes see

它的意译是：

TO MY WIFE

Fret not, — though poor we yet can pass the year,
Let the north wild blow ne'er so chill and drear,
Next year when peach and willow are in bloom,
You'll yet see Spring and sunlight in our home。

还有一段篇幅更长，流传更久的诗。它出自中国的华兹华斯——唐朝的杜甫，我首先把它译成英文。标题是

MEETING WITH AN OLD FRIEND

In life, friends seldom are brought near;
Like stars, each one shines in its sphere.
To night, — oh! what a happy night!
We sit beneath the same Lamplight
Our youth and strength last but a day.
You and I — ah! our hairs are grey,
Friends! Half are in a better land,
With tears We grasp each other's hand.
Twenty more years, — short, after all,
I once again ascend your hall.
When we met, you had not a wife;
Now you have children, — such is life!
Beaming, they greet their father's chum;

They ask me from where I have come.
Before our say, We each have said,
The table is already laid.

Fresh salads from the garden near,
Rice mixed with millet, — frugal cheer,
When shall we meet? 'tis hard to know.
And let the wine freely flow.
This wine, I know, will do not harm.
To-morrow I go, — to be whirled.
Again to the wide, wide world.

我承认我的以上翻译近乎蹩脚，它不过是表达了原文的意思而已。原文并非平庸之作，而是诗——近乎口语化的诗，它典雅而不失庄重，哀婉而不失高华，我难以再现它的神韵。也许用如此简单的英语根本无法再现它的神韵。

人生不相见，动如参与商；
今夕复何夕，共此灯烛光；
少壮能几时，鬓发各已苍；
访旧半为鬼，惊呼热中肠。
焉知二十载，重上君子堂；
昔别君未婚，儿女忽成行；
怡然敬父执，问我来何方；
问答未及已，儿女罗酒浆。
夜雨剪春韭，新炊间黄粱；
主称会面难，一举累十觞；
十觞亦不醉，感君故意长；
明日隔山岳，世事两茫茫。

约翰·史密斯在中国

庸人不仅无视所有不属于自己的生活环境，而且要求所有其他人也仿效他的生存方式①

——歌德

斯第德先生曾问道："玛丽·柯莱丽(Marie Corelli)的名望的秘密何在?"他的回答是："既像作者又像读者，因为阅读她的小说的约翰·史密斯生活在柯莱丽的世界上并把她视为他们生活、行动于其中的那个世界的权威解释者。"柯莱丽之于大不列颠的约翰·史密斯，就好比亚瑟·史密斯牧师之于在中国的约翰·史密斯。

真正有文化的人与半文盲的区别在于，真正有文化的人希望从书中了解事情的真相，而半文盲则喜欢从书中了解他希望发生的事情，了解他的虚荣心驱使他希望发生的那类事情。在中国的约翰·史密斯非常想成为优于中国人的上等人。亚瑟·史密斯牧师写了一本书以最终证明他——约翰·史密斯是大大优于中国人的上等人。因此，亚瑟·史密斯牧师是一个非常亲近约翰·史密斯的人。《中国人的特点》成了约翰·史密斯的圣经。

但是，斯第德先生说："现在正是约翰·史密斯和他的邻居们统治着大英帝国。"因此我最近抽空阅读了给约翰·史密斯提供有关中国

① 此处译文据辜氏英译，歌德原文为："Der philister negiert nicht nur andere Zustande als der seininge ist, er will auch dass alle übrigen Menschen auf seine weise existieren sollen, ——Goethe"

和中国人的看法的著作。

这个餐桌旁的独裁者把许多人归入具有算术和代数脑袋的才子的行列。他发现，所有经济的和务实的智慧乃是2+2=4这一简单的算术公式的推广或变种。每个哲学命题都具有A+B=C这一表达式的一般性质。现在约翰·史密斯全家都无疑属于那个独裁者称为算术奇才的智者之列。约翰·史密斯的父亲，老约翰·史密斯别名约翰·波尔，靠2+2=4这个简单的公式而大发其财。约翰·波尔到中国来出售曼彻斯特的商品，并且大赚其钱。他之所以与约翰·中国佬相处融洽，是因为他和约翰·中国佬都理解2+2=4的道理，并且在这一点上两人的意见完全一致。现在统治着大英帝国的小约翰·史密斯来到中国时满脑子都是他不能理解的A+B=C，他并不满足于出售曼彻斯特的商品，他还想使中国人变得文明起来，用他本人的话说，就是来“传播昂格鲁—撒克逊人的理想”。结果导致了约翰·史密斯与约翰·中国佬的不睦。更糟糕的是，由于受到约翰·史密斯的A+B=C这个盎格鲁—撒克逊人的理想的文明化影响，约翰·中国佬并没有成为曼彻斯特商品的好心的和诚实的固定买主，而是抛开他的生意，到张叔和的花园去庆祝君主立宪，事实上成了疯狂的、胡言乱语的改良者。

我最近借助普特南·韦尔(Putnam Weale)先生的《对远东的改造》(*Reshaping of the Far East*)和其他书籍为中国学生编了一本《关于盎格鲁—撒克逊人的理想的问答》。结果如下：

1. 人的主要目的是什么？

   人的主要目的是为大英帝国增光。

2. 你信奉上帝吗？

   我去教堂时信奉上帝。

3. 你不在教堂时信奉什么?

信奉利益——信奉有利可图的东西。

4. 这种信仰根据何在?

人不为己,天诛地灭。

5. 劳动的理由何在?

为了赚钱。

6. 何为天堂?

天堂意味着能住在静安寺路[①](英国人称为 Bubbling well 路,即泉水井路,因上海静安寺前有一口井,故名。——译者)并拥有维多利亚牌汽车。

7. 何为地狱?

地狱意味着一事无成。

8. 人的完满状态是什么?

是罗伯特·赫德先生的中国海关。

9. 何为亵渎?

亵渎就是说罗伯特·赫德先生不是伟大的天才。

10. 何为罪大恶极?

罪大恶极就是妨碍英国贸易。

11. 上帝是出于什么目的创造了四万万中国人?

是为了让英国人跟他们做生意。

12. 你以什么方式做祈告?

主啊,谢谢你,我们不像邪恶的俄罗斯人和残忍的德国人那样想瓜分中国。

13. 谁是昂克鲁—撒克逊人的理想在中国的伟大鼓吹者?

是《泰晤士报》驻京记者马礼逊博士。

说上面的回答是对昂格鲁—撒克逊人的理想的真正表述也许是

① 上海最时髦的住宅区。

一种诽谤，但凡是愿意抽空读读维尔先生的著作的人都不会否认以上就是对昂格鲁—撒克逊人理想的恰当表述。这些理想就是维尔的理想和阅读过维尔著作的约翰·史密斯的理想。

非常奇特的是，约翰·史密斯的昂格鲁—撒克逊人的理想的文明化影响实际上正在中国发挥作用，在这种影响下，约翰·中国佬也正设法为中华帝国增光。写八股文的老一批中国文人曾是没有多大危害的骗子。外国人在付出了代价之后会发现新一代中国文人很可能会变成难以容忍的、危险的无赖。这些文人在约翰·史密斯的盎格鲁—撒克逊人理想的影响下正为立宪之事争吵不休。我只怕约翰·波尔不仅会发现他的曼彻斯特商品贸易已经告吹，而且会发现他要付出这样的代价，即，派戈登将军和基钦纳勋爵杀死他的可怜的老朋友约翰·中国佬。他的这位老朋友在约翰·史密斯的昂格鲁—撒克逊人理想的影响下已经成为白痴。对这个问题本文不予讨论。

我想简要地指出，有头脑的英国人都是如此。到中国时满脑子装着一些著作所散布的有关中国人的彻头彻尾的谬论的英国佬，居然能与中国人和睦相处，我觉得这简直是一个奇迹。兹从一本洋洋巨著中举一个例子，这本著作出自克劳斯(Alexis Krausse)之手，书名是：《远东：它的历史和问题》。

> 对西方列强在远东的势力发生影响的整个问题的症结在于对东方精神的内在本性的认识。一个东方人不仅看问题的角度不同于西方人，而且他的思路与推理方式是不同的。亚洲人的感性认识竟然与我们的感性认识大相径庭！

一个旅居中国的英国佬在读完最后一句话之后，如果听从克劳斯先生的语法不通的忠告，那么，他在想要一张白纸时就会对孩子说，“孩子，给我一张黑纸”。我想，值得赞扬的是，旅居中国的那些有务实精神的外国人在与中国人打交道时完全抛弃了关于东方人的真正本性的这些谬论，实际上，我相信这些外国人能与中国人和睦相处并能在中国大获成功。他们主张 2+2=4，而把关于东方人的本性的 A+B=C 的理论和昂格鲁—撒克逊人的理想留给约翰·史密斯和克劳斯先生。当人们想起在亚瑟·史密斯牧师撰写他的《中国人的特点》之前的漫长岁月里，像夏尔丹[①](Jardine)和马特松[②](Matheson)这类英国大公司的总裁或代办，与中国买办之间的关系始终是代代相传的互惠关系。当人们想起了这一点，他们往往会问，信奉关于中国人的本性的 A+B=C 的理论和昂格鲁—撒克逊人的理想的聪明的约翰·史密斯究竟对中国人或外国人作出了什么贡献？

"东方就是东方，西方就是西方"，这句吉卜林的名言不是包含着真理吗？当然包含着真理。当你处理 2+2=4 这类问题时，东西方之间的区别微不足道，或根本就没有区别。只有当你解决 A+B=C 这类问题时，东西方之间才有重大差别，但要解决东西之间的方程式 A+B=C 时，你就必须有高深的数学知识。当今世界的不幸就在于，解决远东问题中的 A+B=C 这个方程的办法掌握在约翰·史密斯手里。这个约翰·史密斯不仅统治大英帝国而且是日本民族的同盟者。——约翰·史密斯甚至不理解代数问题的基本原理。解东西方的方程式 A+B=C 非常复杂和困难。因为其中不仅有许多未知的量，如孔子的东方，康有为先生和端方总督的东方，而且有莎士比亚和歌德的西方，约翰·史密斯的西方。一旦你解出了 A+B=C 的方程，你就会发现孔子的东方与莎士比亚和歌德的西方没有太大的区别，但你也会发现作为学者的理雅各博士的西方和亚瑟·史密斯牧师的西方大相径庭。让我作个具体说明。

亚瑟·史密斯牧师在讲到中国的史书时指出：

> 中国的历史记载十分古老，这不仅表现在它们试图回溯到作为时间起点的洪荒时代，而且表现在它涉及混浊不堪而又永无止

---

① 夏尔丹(William Jardine 1784—1843)，旧译查顿，在华的英国商人，怡和洋行创办者之一。——译者

② 马特松(James William Matheson 1796—1878)，旧译马地臣，在华英国商人。——译者

境的时间长河,在这时间长河里不仅漂浮着过去各个时代的巨大的植被,而且漂浮着数不清的木头、干草、残梗。除了人类的漫长历程还有谁能谱写和阅读这种历史呢?除了中国人的记忆力,还有谁能够把它们贮存在博大的胸怀中?

现在让我们来听听理雅各博士对同一个问题的看法,在谈到中国的二十三部正规的朝代史时指出:

> 没有一个国家将一部历史如此融会贯通,在整体上看它是可信的。

在谈到另一套规模宏大的中国文献集成时指出:

> 这套著作并不像我原来猜测的那样是由朝廷出版的,而是在两广总督阮元直接监督下并由他出资(其他官员也予以资助)于乾隆九年,即1820年出版的,这类规模宏大的著作的出版表现了中国高级官员的为公精神和对文学的热忱,这一点应使外国人不能庸俗地看待他们。

以上就是我说不仅东西方之间而且理雅各博士的西方和亚瑟·史密斯的西方之间也存在重大差别的意思。理雅各作为学者能够欣赏和钦佩对于文学的热忱,而亚瑟·史密斯牧师则不过是中国的约翰·史密斯所崇拜的人。

一个大汉学家

当你想成为一个大学者时，别忘了成为一个谦谦君子；当你想当一名大学者时，不要成为一个小人。（“女为君子儒，无为小人儒”）

——孔子《论语·雍也第六》

最近我一直在读翟理斯（Giles）的著作《嶍山笔记》（*Adversaria Sinica*）。我想起了另一个英国公使霍普金斯（Hopkins）的名言：“当旅居中国的外国人说一个人是汉学家时，他们通常是把他视为傻瓜。”

翟理斯博士享有大汉学家的美誉，从其著作的数量看他应该得到这种美誉。但我认为，现在应该尝试对翟理斯博士的著作的质量和实际价值作出准确的评估。

从某种程度上讲，翟理斯博士优于过去和现在的所有汉学家，他有文学天赋，他可以写漂亮而地道的英文。但另一方面，翟理斯博士完全缺乏哲学的洞察力，有时候甚至缺乏常识，他可以翻译中文句子，但不能说明和理解中国人的思想。在这方面，翟理斯博士与中国文人有着相同的特点。孔子说：“当人的教育和书面学习能改善其自然品质时他们就可以成为文人。”（“文胜质则史”，《论语·雍也第六》——译者）。

对中国文人来说，书本和文献只是写书的材料，因此他们是就书论书。他们生活、活动并栖身于书本的世界中，而与人的现实生活世界毫不沾边。对中国文人来说，书本和文献也决不只是达到目的的手段；对真正的学者来说，研究书本和文献仅仅是他解释、批判和理解人生的手段。

阿尔诺德说："要么正是通过对所有文献——对整个人类精神史的理解，要么是通过对一部作为相互联系的整体的学术巨著的理解，文献的力量才可以显现出来。"但在翟理斯博士所写的所有著作中没有一句话表明：翟理斯博士已经把中国文献看成一个相互联系的整体，或试图把它看成相互联系的整体。

正是因为翟理斯博士没有哲学的洞察力，他无法在其著作中整理这些材料。以他编的大辞典为例，这简直不是一部辞典，而只是汉语词组和句子的堆砌。翟理斯不加选择和整理地把这些句子翻译出来，既没有条理也无秩序。如供学者使用，翟理斯博士的词典肯定比不上威廉[①]博士的老辞典。

应该承认，翟理斯博士的《古今名人谱》是一部凝聚大量心血的著作。但也正是这部著作表现出他缺乏最起码的判断力，在这部著作中人们只能找到一些名人的介绍：

Hic manus ob patriam pugnando vulnera passi,
Quique sacerdotes casti, dum vita manebat,
Quique pii vates et phoebo digna locuti
Inventas aut qui vitam excoluere per artes,
Quique sui memores aliquos fecere merendo.

（此诗大意是：

这里有战争中为国负伤的英雄，
这里有在世时圣洁的祭司，
这里有无愧于费布的虔敬诗人，

① 威廉（Frederick Wells Williams 1857—1928），旧译卫三畏，美国汉学家，传教士。——译者

这里有通过艺术为生活添彩的创造者，

还有业绩永存令人缅怀的功臣们。——译者）

但是，我们发现他居然将陈季桐[1]将军、辜鸿铭先生、张之洞总督和布哈(Lew Buah)舰长与古代的圣贤和英雄，与神话和神话学中的人物相提并论，而布哈舰长享有的唯一名声是，他过去常常用不定量的香槟酒招待他的外国朋友！

最后，我担心，这些“笔记”——翟理斯博士的近作，会有损于翟理斯博士作为一个有鉴别力和判断力的学者的声誉，因为他选择的题目在很大程度上提不起人的实际兴趣。实质上，翟理斯博士耗费心思撰写这部著作并不是为了向世人介绍有关中国人和中国文学的情况，而是要表明翟理斯博士是一个很有学问的汉学家，表明他比别人更能透彻地理解中国人。而且，不问是在这里还是在其他地方，翟理斯博士都表现出冷峻和咄咄逼人的独断倾向，这是非哲学的作法，是与学者身份不相称的作法，因而使人感到不快。正如霍普金斯先生所说，翟理斯博士这类汉学家的上述特点使汉学家和汉学这种称呼在远东那些具有务实精神的外国居民中间成了笑柄和蔑视的对象。

在此，我要从翟理斯博士的近著中挑出两篇文章以便证明，如果外国学者写的有关中国学术和中国文学的论著引不起人的实际兴趣，其过错不在中国学术和中国文学本身。

第一篇文章的标题是《谈孝》。文章的关键是两个汉字的意思。“子夏问孝，子曰：色难(字面意思是 colour difficult)。”

翟理斯博士问道：“问题在于，这两个字现在是什么意思？在过去的两千年中是什么意思？”在引述和排除中外学者的所有解释和翻译之后，翟理斯博士自然发现了这两个字的原意。为表明翟理斯博士的作法是一种粗浅的，与学者身份不相称的武断做法，兹引他的原话为证，他正是借这些话而宣布他的发现的。翟理斯博士说：“在上述绪论

① 陈季桐，近代学者，《聊斋志异》的第一个法文本译者。——译者

性的文字之后，宣称意义在于公开宣布的字面上的东西似乎有些冒昧。你必须做的一切，正如诗人所说，

> 屈尊去找吧，它就在那里！
> 不要左顾右盼了！"

"子夏问孝"，孔子的回答很简单，"色（定义它）难（很困难）"，这是很容易理解，也很恰当的回答。

我们不必在这里讨论汉语语法的细节以证明翟理斯博士是错误的。我只想指出，如果翟理斯博士认为"色"字作动词用是正确的，那么按照合乎语法的汉语，这个句子就不能读成"色难"，而应当是"色之维难"，即定义它很困难，如果这里的"色"字作动词用，非人称代词"之"字就绝对不可缺少。

除了语法上的细微之处外，翟理斯博士对孔子的回答的翻译，如果从整个上下文考虑也是丝毫不得要领。

子夏问孝，子曰："色难。"[①]"有事，弟子服其劳，有酒食，先生馔，曾是以为孝乎？"

以上原文的关键在于，这里强调的不是你对父母要尽什么样的义务，而是怎样尽义务，以什么方式尽义务，以什么样的态度尽义务。

我想指出的是，孔子的道德教条的伟大之处和真正作用就在于翟理斯博士所没有看到的东西，即，孔子强调的不是尽什么样的道德义务而是怎样尽道德义务。道德与宗教的区别就在这里，单纯的道德行为的准则与伟大的真正的宗教教士的生动教义之间的区别也在这里。道德教育家们只告诉你何种行为是道德的，何种行为是不道德的。而真正的宗教教士不仅仅会告诉你这一点。他们不仅会反复灌输要采取外在的行为，而且强调行为方式的重要性，强调行为的内在本质。真正的宗教教士教导说，我们行为的道德或不道德并不取决于我们做

① 请将它与"巧言令色"作比较。

了什么，而在于我们是怎样做的。

这就是阿尔诺德所说的基督的教导方法。当可怜的寡妇委身于人时，基督叫他的听众注意的并不是她付出了什么而是她怎样付出。道德家说："不要通奸。"基督说："我要告诉你们，谁看到女子就渴望得到她谁就已经犯了通奸罪。"

同样，孔子时代的道德家说，子女在家要为父母劈柴、挑水，要把美酒佳肴给父母，那就是孝。孔子则说那并不是孝，真正的孝并不在于这种侍奉父母的单纯的外在行为，真正的孝在于我们如何侍奉双亲，以什么方式，抱什么态度来侍奉双亲。孔子说，难的是尽孝的方式。我最后想指出的是，通过这种教导方式，通过对道德行为的本质的洞察，孔子并没有像基督教传教士所说的那样成为纯粹的道德家和哲学家，而成了伟大的真正的宗教教士。

为了进一步说明孔子的方法，让我们来看看中国现在的改良运动。那些所谓的崇尚进步的官员们正在外国报纸的欢呼声中争论不休，甚至跑到欧美国家去争论，以千方百计寻求中国的改革方式。不幸的是，拯救中国并不取决于这些崇尚进步的官员要采取什么样的改革方式，而在于怎样进行改革。可惜的是，这些进步的官员们没能在家里，没有在国内研究宪政，研究孔子，而是跑到欧美国家去。如果这些官员不能牢记孔子的教导及其方法，不关注怎样进行改革而不是改革什么，那么，中国现在的改良运动只能导致国家的混乱不堪和生灵涂炭。

我要对翟理斯博士的《嵖山笔记》里的一篇文章进行简单的考察，其标题是：四个阶层。

日本人助松男爵(Baron Suyematzu)在一次会见中说，日本人把他们的国民分为四个阶层，即士兵、农夫、匠人和商人。关于这一点，翟理斯博士指出，把"士"译成"士兵"是不正确的，士兵只是派生的意义。翟理斯博士进一步指出："士这个字最早是指文官。"

事实恰恰相反，在中国古代就像在现在的欧洲一样，"士"这个字最早是指武官，即佩带长剑的贵族，因此，人们将军官和士兵统称士族。

中国古代的文官叫史——clericus。随着中国封建制度的土崩瓦解(公元前二世纪)打仗不再是武官的唯一职业,这样文官的地位就突出起来,这些文官成了法律解释者(lawyers),并且成了穿长袍和佩剑的贵族,以与士相区别。

武昌的张之洞总督曾问我,外国公使本是文职,为何穿军服而佩剑?我回答说,那是因为他们都是士。在中国古代,士并非文职人员而是佩带武器,在军队任职的武官。总督默然。第二天就下令武昌学校里的所有学生都要穿军服。

因此,翟理斯博士提出的问题即中国的士究竟是指文职人员还是指军人,利害攸关,不可轻视,因为将来的中国究竟是谋求独立还是接受外来统治,既取决于中国是否有一支强大的军队,又取决于中国的受教育阶层和统治阶层是否会恢复"士"这个字在古代的本意,即,不把"士"作为文职人员而是作为佩带武器并能使国家免遭侵略的武官。

中国学术之一

不久前，一群传教士因在一些科学论文的封面上署名“宿儒”而闹出了许多笑话，那种念头当然很可笑，在全中国肯定没有一个人敢以“儒”自居。“儒”字囊括了一个学者或文人的所有高尚品质。但是我不时听说，人们常把某个欧洲人叫作汉学学者。在《中国评论》(*China Review*)的广告上我们可以看到这样的话：“要在传教士中间辛勤地培养浓厚的汉学氛围。”随后广告列出了一串固定的撰稿人的名单，“所有名字都可谓如雷贯耳，这些名字标志着高度的学术成就和对其研究领域的透彻把握”。

为了评估中国的各个传教士团体辛苦取得的高度的学术成就，我们不必采用德国的费希特在《论学者的使命》的讲演中和美国的爱默生在他的《文人伦理学》中所提出的那些极高的理想标准。已故美国驻德国公使泰勒(Taylor)先生据说是一位很伟大的德国学术研究者。尽管读过几部席勒(Schiller)的剧本或向一家杂志投几篇海涅诗歌的译文的英国佬在他的茶友中可能被认为是德国学术研究者，但他几乎不会让他的名字出现在出版物或标语牌上。但在旅居中国的欧洲人中，用一些省份的方言发表几篇谈话或搜罗百来句谚语就会使一个人得到汉学学者的称号。取个什么名字当然无伤大雅，住在中国的英国佬由于享有条约中规定的治外法权，如果乐意的话，完全可以不受惩罚地以孔子自居。

我们之所以会思考这个问题，是因为有些人认为汉学已经经过或正在经过早期开拓阶段而即将进入新的阶段，在此阶段汉学研究者不会满足于编辞典或从事诸如此类的搬砖送瓦的工作，而会尝试进行建设性的工作，将中国文学的最优秀的典籍翻译出来，同时不仅要对中国文学的先贤祠中的最令人钦佩的名字作出有根有据的判断而且要作出最终的判断。我们现在建议考察的是：第一，欧洲人的汉语知识正在经历这种变化在多大程度上是真实的；第二，在汉学方面已经取得了哪些成就；第三，汉学的现状如何；最后，要指出我们心目中的汉学应是什么样子。有人说，一个站在巨人肩上的矮子容易把自己想象得比巨人还要高大。但我们必须承认，由于这个矮子占有高度上的优势，他肯定有更加开阔的眼界，因此，我们会站在前人的肩膀上俯瞰汉学的过去、现在和未来。如果我们试图对我们的前人持保留意见，我们希望，人们不要认为这些意见意味着我们在千方百计自夸我们的优势——我们只是表明我们有高度上的优势而已。

首先，我觉得，欧洲人的汉语知识最近已大有改观，掌握语言知识的大部分困难已被克服。翟理斯博士先生指出："一度流行的习见，即认为掌握口语极度困难，甚至掌握一种中国方言也极度困难，长期以来一直属于历史的虚构。"就拿书面语说吧，英国领事馆的研究人员在北京住过两年或在领事馆工作一两年就可以一眼看出普通公文的大意。我们乐于承认旅居中国的外国人的汉语知识已有所改观，但我们非常怀疑除此之外还有什么值得一谈。

在早期的耶稣会传教士之后，马礼逊博士出版的著名辞典被公正地看作在汉学方面所取得的一切成就的起点。这本著作肯定是早期天主教传教士的诚实、热忱和严谨的不朽丰碑。在马礼逊之后又出现了一批学者，约翰·戴维斯(John Davis)[①]先生和古兹拉夫博士(Gutzlaff)[②]就是这批学者的代表。戴维斯先生实际上对汉语一无所知。他本人也十分诚实地承认这一点，但他肯定能讲满语，也许能不太费力地阅读用这种方言写的小说，但他所具有的这点知识在任何领

① 戴维斯(John Davis 1795—1890)，旧译德庇时，英国汉学家，曾任香港总督。——译者

② 古兹拉夫(Charles Gutzlaff 1803—1851)，旧译郭士立，德国汉学家来华传教士。——译者

事馆里几乎都没有资格担任翻译。显而易见的是，直至今天，大多数英国人对于汉语方面的知识是从戴维斯先生所写的有关中国的著作中获得的。与戴维斯相比，古兹拉夫博士对汉语的了解也许稍多一点，但他冒充自己比他实际掌握的汉语知识多得多。已故米德斯先生(Thomas Meadows)[①]后来在揭露古兹拉夫博士和其他人，如胡克(Huc)[②]，杜·哈尔德传教士的虚荣方面帮了大忙。我们可以非常奇怪地发现鲍格勒先生(Boulgel)在他的近著《中国历史》上竟然把那些人的观点作为权威来加以引用。

在法国，雷米扎(Remusat)[③]第一个在欧洲的大学里获得了中文教授席位，我们无法对他的工作发表任何意见。但有一本书引起过他的关注，这是一本小说，即"*The Two Cousins*"(《双堂妹》)的译本。洪特(Leigh Hunt)读过这本书，他又把它推荐给卡莱尔，卡莱尔再把它推荐给斯特林(John Stirling)。斯特林很愉快地读了这本书并说此书肯定出自一个天才之手，但这个天才是"按照龙的模型"塑造出来的。这本中文名为《玉娇梨》的小说，甚至在低档次的书籍里也并不占有很高的地位，它简直就是低档次著作的典型。但是一想到出自中国人的头脑的那些想法和形象实际上也引起卡莱尔和洪特这类人的注意，总不免令人高兴。

雷米扎之后出现了于连(Stanislas Julien)和鲍狄埃(Pauthier)。德国诗人海涅指出，于连有了一个惊人的重大发现：鲍狄埃先生一点也不懂汉语。鲍狄埃则发现于连先生不谙梵文，但这两个作者所作的开拓性工作相当重要。他们的优点是，他们对本国的语言驾轻就熟。我们还可以提及另一名法国著作家哈维的圣·丹尼斯先生(D'Harvey St Denys)[④]。他的唐诗翻译是对中国文学的一个部门的突破，而长期

① 米德斯(Thomas Meadows 1815—1868)，英国驻华领事。——译者

② 胡克(Evariste Huc 1813—1860)，旧译古伯察，法国来华传教士。——译者

③ 雷米扎(Abel Rémusat 1788—1832)，法国汉学学科的奠基者之一，著有《汉语语法基础》。——译者

④ 圣·丹尼斯(D'Harvey st Denys 1823—1918)，旧译德理文，法兰西学院汉学教授。——译者

以来人们在这方面并没有做什么事情。

德国慕尼黑的普拉特博士(Plath)[①]出版了一本论中国的著作，书名为 *Die Manchurei*(《满族》——译者)。像所有德文著作一样，这是一本写得很好的严肃著作，它的明显意图是追溯满清王朝的历史起源，但此书的后半部分也包含与中国相关问题的材料。在用欧洲语言写的其他著作中我们无法找到这样的材料。与该书相比，威廉(william)博士的《中国》(*Middle Kingdom*)简直是一本儿童故事。另一个德国的汉学学者是冯·斯特劳斯(Von Strauss)，曾出任1866年以来一直被普鲁士吞并的一个德国小公国的公使，这位年迈的公使退休后以学汉语来消遣。他出版了老子的译本，最近又出版了《诗经》的译本。广州的法伯(Faber)[②]先生认为，《老子》的一些章节译得很准确。据说，他对《颂》的翻译也很有神韵。不幸的是，我们没能找到这些著作。

我们可以把以上学者看作早期的汉学家，这个时期以马礼逊博士出版字典为开端。第二个时期以两部优秀著作的问世为开端：第一部是威妥玛(Thomas wade)先生的《自迩集》(全称《语言自迩集》。——译者)；第二部是理雅各博士的《中国经典》。

至于第一部著作，那些语言知识不限于会说满语的人往往不把它放在眼里。尽管如此，它仍然是一部了不起的著作——是迄今发表的所有论汉语的英文著作中最为出色的尝试。而且这本书的写作适应了时代的迫切需要。必须写出这样的著作。你瞧，这本著作已经写出来了并且是以空前绝后的方式写出来的。

必须开展翻译中国经典的工作，这也是时代的需要。理雅各博士完成了这项工作，结果是出版了一打冗长的巨著。不管质量如何，其劳动量肯定大得惊人。面对这些巨著我们几乎害怕谈论。但我们必须承认这项工作始终不能令我们满意。贝尔福博士公正地指出，在翻译这些经典时，大量的工作取决于译者所使用的术语，我们感到理雅

① 普拉特(Ptath 1802—1874)，德国著名汉学家，曾任哥廷根大学汉学教授。——译者

② 法伯(Ernst Faber 1839—1899)，中文名花之安，德国著名汉学家，传教士。——译者

各博士所使用的术语很粗浅、拙劣，很不恰当，有些地方简直文理不通。形式方面我们就谈这些。至于内容，我们不会冒然发表自己的意见，而是让广州的法伯牧师先生来给我们谈谈。他说："理雅各博士对孟子的注释表明他对孟子缺乏哲学的理解力。"我们确信，理雅各博士如果不在一定程度上把孔子学说及其学派看作是一个相互联系的整体并且使之符合自己的意图，那么，他几乎不能读懂也不能翻译这些著作。但是，异乎寻常的是，无论是在注解中还是在论文中，理雅各博士都未吐露哪怕一个词组或句子能表明他心目中的孔子学说作为一个哲学的整体究竟是什么样子。因此，理雅各博士对这些著作的价值的评判绝不可能是最终的评判。将来还会有中国经典的译者出现。自以上提到的两部著作出版以来已经有许多论中国问题的著作问世。但真正有学术价值的著作的确很少。我相信还没有一本著作能标志汉学已经达到了重要的转折点。

首先要指出的是怀利(Wylie)[①]先生所写的《中国文学札记》(*Notes on Chinese Literature*)。然而，这是一部纯粹的图书目录而不是一本有任何文学意义的著作。另一部是已故梅耶先生(Mayers)[②]的《中文读者指南》(*Chinese Reader's Manual*)。毫无疑问，这不是一部什么优秀的著作，但是在所有阐述中国问题的著作中它却是一部了不起的著作，是很诚实、很严谨而不矫揉造作的著作，而且它的实用性仅次于威妥玛先生的《自迩集》。另一个著名的汉学家是英国领事馆的翟理斯先生。像早期法国的汉学家一样，他有一种清晰、生动和优美的文风这一令人羡慕的优点。他所触及的每一个对象清晰而有光彩。他在选题方面不太幸运。只有一两个例外，一个是《聊斋志异》。我们可以把它看作中文英译的范本。尽管《聊斋志异》是一本非常著名的优美的文学作品，但仍然算不上中国文学的上乘之作。

---

① 怀利(Alexande Wylie 1815—1887)，英国汉学家，来华传教士，曾与李善兰一道翻译《续几何原本》《谈天》等书。——译者

② 梅耶(William Frederick Mayers 1831—1878)，旧译梅辉立，英国汉学家，驻华外交官。——译者

在理雅各博士的努力之后，贝尔福先生最近译的庄子的《南华经》无疑是一部雄心勃勃的著作。当我们首次听到这本译作即将公之于世时，我们承认我们心中升起过一丝希望和快慰。一个传入翰林院的英国人的(新书)预告本来不太可能在我们心中产生这样的感觉。中国人把《南华经》看作中国文学的上品之一。自它于公元前二世纪问世以来，这本书对中国文学的影响几乎不下于孔子及其学派的著作，而它对以后各个朝代的诗歌和富有想象力的文学作品的语言和精神的影响，几乎与四书五经对中国哲学著作的影响一样独特。但是贝尔福先生的工作简直不是在翻译而是误译。我们承认这是我们对巴尔福先生为之花费多年心血的著作的一种令人心情沉重的冒昧判断。但我们已经冒昧地这么做了，人们自然希望我们证明自己的判断。如果我们提出庄子哲学的真正解释的问题，我们相信贝尔福先生几乎不可能屈尊与我们讨论。用新版《南华经》的编者林锡聪(Lin Hsi-chung)所写的中文序言的话说："但是，在读一本书时首先有必要了解每个词的意义，只有这样我们才可能理解句子，而只有理解了句子我们才能了解段落的安排；也只有这样我们才能把握整章的中心思想。"贝尔福先生的每一页译文都表明他并没有理解许多词的意义，没有正确理解句子，也不了解段落的安排。如果可以证实我们提出的这些看法(由于仅仅涉及语法和句法规则我们可以轻而易举地做到这一点)，那么，显然可以看出贝尔福先生并没有把握整章的意思和中心思想。

在今天的所有汉学学者中，我们倾向于首推广州的牧师法伯先生。我们并不认为法伯先生的作品比其他人的作品更有学术价值或文学价值，但我们发现他写出的几乎每个句子都表明他把握了文学和哲学的基本原理，而当今的其他学者做不到这一点。至于这些原理在我们心目中是什么样子，我们将留待本文的第二部分中予以阐述。到时，我们希望能够阐述汉学的方法、目标和对象。

中国学术之二

法伯先生作过这样的评论，中国人对系统的科学研究方法一无所知。但是在一部被叫作《大学》的中国经典中（大多数外国学者认为这本书是一本“常用手册”，人们可以看到一个学者的系统研究应该遵循的一系列程序。对汉学研究者来说最好的办法也许莫过于遵循这本书所制定的程序，即，从个人开始研究，从个人进展到家庭，从家庭进展到政府。

首先，这位学者必须努力对中国人的个人行为准则有恰当的了解；其次他要考察和看到在复杂的社会关系和人们的家庭生活中如何应用和贯彻这些原则；第三，他能关注和研究这个国家的治理方式和行政机构。当然，人们只能大致地遵循我们指出的这一程序。要进行全面的研究需要一生的努力并且要心无旁骛才行。但是如果一个人不能对上述原则有某种了解，我们肯定不会把他看成汉学学者或认为他有很高的学术才能。德国诗人歌德说过：“在人的作品中就像在自然的作品中一样，真正值得注意的首先是目的。”在对民族品格的研究中，首要的任务不仅是要关注人们的行动和实践，而且要关注他们的观念和理论，要了解他们如何看待善恶，如何看待正义与不义，如何看待美丑，如何区分智愚。我们说汉学研究者应该研究个人行为准则就是这个意思。换言之，我们的意思是，你们必须把握民族的理想。如果有人问如何做到这一点，我们会回答说要通过对民族文学的研究，在这些文学中我们可以看出一个民族品格的最优秀、最高尚的方面，也可以发现民族品格的卑劣方面。因此，应该引起外国汉学研究者注意的一个对象就是了解这个国家的优秀的民族文学作品：他必须进行的所有预备性研究都只能作为实现这一目标的手段。现在让我们看看这类研究者是如何研究中国文学的。

一个德国作家指出："欧洲文明依靠希腊、罗马和巴勒斯坦的文明。印度人和波斯人与欧洲人同祖同宗，他们都是雅利安人的后裔，因此，有血缘关系。中世纪时与阿拉伯的交往对欧洲文化的影响至今尚未完全消失。"至于中国人，他们的文明的起源和发展依赖于与欧洲人的文明始终格格不入的基础，外国的中国文学研究者必须克服因基本思想和观念的不一致而导致的各种不利因素。他不仅要用这些外国的思想与观念武装自己，而且首先要在欧洲语言中找到与这些思想和观念相对应的东西，如果这些对应的东西不存在，那么，就必须对这些思想和观念加以分解，看看这些思想和观念与人类的普遍本性的哪一方面相关联。试举几个在典籍中不断重复出现的汉字，这些汉字通常在英语中被译为 benevolence（仁）、justice（义）、Propriety（礼）。如果我们把这些词放在上下文中加以考虑就会感到它们并不完整，它们并不能表达原来的汉字所包含的所有意思。humanity 这个词也许恰恰相当于"仁"字。但是，对 humanity 的理解必须有别于它在英文中的习惯用法，一个大胆的译者会用《圣经》中的 love 和 righteousness 来表示仁，这种译法也许像其他译法一样既照顾了词的本意又照顾了语言的习惯用法。然而，如果我们把这些词所表达的基本含义加以分解并且以这些含义来表达人的普遍本性，那么，我们就可以把握它们的完整意思，即"真、善、美"。

此外，我们要对一个民族的文学进行全面的研究，我们的研究就必须系统化并且要把它作为一个相互联系的整体，我们不能像多数外国学者所做的那样只抓住它的只言片语，并且没有章法。阿尔诺德先生指出："正是通过对所有文献的把握——通过对整个人类精神史的把握或者通过对一部文学巨著的把握并把它理解为相互联系的整体，文献的真正力量才得以显示出来。"我们看到，外国研究者很少把中国文学作为一个整体，因而他们对其意义的把握就少得可怜。事实上他们对中国文学的了解也少得可怜。中国文学在他们那里很少成为理解民族品格的力量。除了理雅各博士和其他两个学者的努力之外，欧洲人对中国文学的了解主要是通过翻译的小说，甚至不是通过最优秀的小说的译本而是通过最普通不过的小说的译本来了解中国文学的。如果一个外国人是通过布劳顿(Rhoda Broughton)小姐的作品来评判英国文学或通过那类作为学童和保姆的读物的小说来评判英国文学，你们想想会出现什么样的情况！当威妥玛先生愤怒指责中国人“智力贫乏”时，他心目中的中国文学正是这一类的文学。

人们过去常常对中国文学所作的另一个异乎寻常的判断是，它的道德色彩太浓。因此，人们常常责备中国人大讲道德，而大部分外国人又异口同声地说，中国是一个撒谎的民族！现在我们可以通过以下的事实来说明这一点：

除了我们刚才提到的糟糕透顶的小说之外，汉学学者们的翻译工作以前仅限于儒家经典，但是在这些经典中除了道德的内容之外毕竟还有许多其他的内容。我们对贝尔福先生心怀敬意。我们认为，这些著作所包含的“令人钦佩的学说”决不像人们断言的那样带有“功利和庸俗的色彩”。我们会公正地看待这两句话并且要问问贝尔福先生，他是否真的认为它们带有功利和庸俗的色彩。孔子在回答一个诸侯时说：“违反天意的人在他祈祷的地方没有容身之所。”(原文为“获罪于天，无所祷也”。——译者)孟子也说，“生，我所欲也；义，亦我所欲也；二者不可得兼，舍生而取义者也。”

我认为，为了反驳贝尔福先生的判断，值得花点时间讲点题外话，因为我们认为“古人的奴隶”“诡辩能手”这类时髦用语几乎不应该用在讨论哲学的著作中，更不能用在中国最受人尊敬的名人身上。也许贝尔福先生由于推崇南华先知而误入歧途，并且因为急于强调道家对正统学派的优越性，他用了糊涂的语言，我们相信，他头脑清醒时也会反对使用这样的语言。

让我们言归正传。我们说过，必须把中国文学作为一个整体来研究。我们还注意到欧洲人习惯于仅仅根据与孔子名字相关的那些著作提出和形成他们对于中国文学的判断。事实上，中国人的文学活动恰好是从孔子的努力开始的，并且自那时起一直延续了十八个朝代，长达两千多年的时间。在孔子时代，人们对文学的写作方式的理解还很不完善。

在这里我们需要指出的是，在研究文学时必须注意一个很重要的方面，但一些外国的汉学学者完全忽视了这一方面，即文学作品的形式。诗人华兹华斯说过："毫无疑问，作品的形式也就是内容。但你们都知道，内容始终是从风格中产生的。"的确，与孔子名字相关的早期作品就形式而言谈不上完美，它们被视为经典著作或优秀著作与其说是因为它们具有经典的优雅风格和完美的文学形式，还不如说是因为它们所包含的内容的价值。宋朝的苏东坡的父亲指出："在孟子的对话中可以找到某种近似于散文风格的东西，但是中国的文学作品无论是散文还是诗歌从那时以来已经形成各种各样的形式和风格。"比如，西汉时的作品就不同于宋代的散文，就像培根勋爵的随笔不同于艾迪生(Addison)和哥德斯密斯(Goldsmith)的散文。六朝诗歌的那种狂放恣肆也不同于唐诗的那种清新、活泼和辉煌。济慈(Keats)早年的婉约和不成熟的风格不同于丁尼生的那种热烈、明快和华丽的风格。

我们已经指出，研究者只有用中华民族的基本原则和观念武装自己才有资格研究这个民族的社会关系，发现人们如何应用和贯彻这些原则。但是，一个民族的社会制度、风俗习惯并不是像蘑菇一样在一夜之间就能形成，而要经过漫长的时间才能发展成现在这个样子。因此，必须研究这个民族的历史。但是欧洲的学者对中华民族的历史几乎一无所知。布格(Demetrius Boulger)先生最近出版的所谓《中国历史》，也许是论述像中华民族这样的文明民族的最糟糕的历史著作。如果布格先生所写的这类历史只是关于霍屯督人(Hottentots)这类野蛮民族的历史，我们尚可以容忍。这类中国历史得以出版的事实仅仅有助于表明欧洲人的汉学知识还差得太远。如果不了解历史，我们就不可能对一个民族的社会制度作出正确的判断。威廉博士的《中国》(*Middle Kingdom*)和其他论述中国的著作正因为缺乏这样的知识，不仅对学者无用，而且会使许多一般读者误入歧途。试以中华民族的社会礼仪为例。中国无疑是礼仪之邦，这一点的确得归功于孔子学说的影响。贝尔福先生可以随心所欲地谈论谨小慎微的礼仪生活习惯，但甚至连翟理斯先生所说的那种"过分恭敬的外在礼貌"也深深地根植于人的普遍本性中，即根植于我们称之为美感的那部分人性中。孔子的一个弟子说："运用礼仪时重要的是自然，这是古代帝王的行为举止中真正有美感的东西。"（"礼之用，和为贵。先王之道，斯为美。"见《论语·学而第一》。——译者）《中国经典》在某个地方对礼仪作了这样的表述："礼仪仅仅是尊敬的表达"，是歌德的威廉·麦斯特式的尊敬。我们现在看到，对一个民族的风俗习惯的判断显然应该基于对该民族道德准则的了解。此外，对一个国家的政府和政治制度的研究也应该基于对它们的哲学原则的理解和对它们的历史的了解。我早就说过，研究者应把对一个国家的政府和政治制度的研究留到他的工作的最后阶段。我们以《大学》中的一段引文来总结全文，外国人称这本书为"常用手册"："欲治其国者，先齐其家；欲齐其家者，先修其身。"这就是我所说的中国学术的意思。

（这篇论中国艺术的文章 1884 年完稿，并发表于上海的《字林西报》）

第四部

张文襄幕府纪闻

弁　言

余为张文襄属吏，粤鄂相随二十余年，虽未敢云以国士相待，然始终礼遇不少衰。去年文襄作古，不无今昔之慨。今夏多闲，摭拾旧闻，随事纪录，便尔成帙，亦以见雪泥鸿爪之遗云尔。其间系慨当世之务，僭妄之罪固不敢辞。昔人谓漆园《南华》一书为愤世之言。余赋性疏野，动触时讳，处兹时局，犹得苟全，亦自以为万幸，又何愤焉？唯历观近十年来，时事沧桑，人道牛马，其变迁又不知伊于何极，是不能不摧怆于怀。古人云："作《易》者其有忧患乎！"识者亮之。

宣统庚戌中秋汉滨读易者识

卷　上

南京衙门

余同乡李忠毅公之文孙龙田司马，名唯仁，尝诋论曾文正公曰："管仲得君如彼其专也；行乎国政如彼其火也；功烈如彼其卑也。"余谓曾文正功业及大节所在，固不可轻议，然论其学术及其所以筹画天下之大计，亦实有不满人意者。《文正公日记》内自言曰："古人有得名望如予者，未有如予之陋也。"或问于何处可以见曾文正陋处？余曰："看南京制台衙门，规模之笨拙，工料之粗率，大而无当，即可知曾文正公之陋处也。"

不排满

或问余曰："曾文正公所以不可及处，何在？"余曰："在不排满。"当时粤匪既平，兵权在握。天下豪杰之士半属门下，部曲及昆弟辈又皆枭雄，恃功骄恣，朝廷褒赏未能满意，辄出怨言。当日情形，与东汉末季黄巾起事，何大将军领袖群雄，袁绍、董卓辈飞扬跋扈无少异。倘使文正公稍有猜忌，微萌不臣之心，则天下之决裂必将有甚于三国者。天下既决裂，彼眈眈环而伺我者，安肯袖手旁观？有不续兆五胡乱华之祸也哉！孔子曰："微管仲，吾其被发左衽矣！"我今亦曰："微曾文正，吾其剪发短衣矣！"

虎门轶事

前哲有言:“人必有性情而后有气节,有气节而后有功业。”余谓当日中兴人才,其节操风采最足动人景慕者,莫如彭刚直公。犹忆庚申年中法构衅,刚直公以钦差大臣守粤省虎门时,余初入张文襄幕,因识刚直公左右,得闻其轶事。当时孝钦皇太后垂念老臣,不时赏赐参貂食物等品。每逢赏品赍至,刚直公一睹天家物,辄感激涕零,哭失声。庚子年辜鸿铭部郎名汤生撰西文《尊王篇》有曰:“当时匪踪蔓延,十三省大局糜烂,又值文宗龙驭上宾,皇太后以一寡妇辅立幼主,卒能廓清祸乱,盖皇太后之感人心、系人望者,不徒临政之忧勤也。三十年来迭遭变故,伦常之间亦多隐痛,故将相大臣罔不体其艰难,同心爱戴,云云。”据闻辜部郎《尊王篇》之作,盖有感于当日所闻刚直公虎门哭失声一事。

曹参代萧何

梁启超曾比李文忠为汉大将军霍光,谓其不学无术也。余谓文忠可比汉之曹参。当咸同间,中兴人才除湘乡曾文正外,皆无一有大臣之度,即李文忠亦可谓之功臣而不可谓之大臣。盖所谓大臣者,为其能定天下之大计也,孟子所谓“及是时修其政刑者也”。当时粤匪既平,天下之大计待定者有二:一曰办善后,一曰御外侮。办善后姑且不论,至御外侮一节,当时诸贤以为西人所以强盛而狎侮我者,因其有铁舰枪炮耳。至彼邦学术制度文物,皆不过问,一若得铁舰枪炮即可以抵御彼族。此文正公所定御外侮之方略也,亦可谓陋矣。洎文忠继文正为相,一如曹参之代萧何,举事无所变更,一遵萧何约束。如此又何怪甲午一役,大局决裂,乃至于不可收拾哉。

大臣远略

余同乡故友蔡毅若观察,名锡勇,言幼年入广东同文馆肄习英文，嗣经选送京师同文馆肄业。偕同学入都至馆门昔，刚下车卸装，见一长髯老翁，欢喜迎入，慰劳备至。遂带同至馆舍遍导引观，每至一处则告之曰，此斋舍也，此讲堂也，此饭厅也，指示殆遍。其貌温然，其言蔼然。诸生但知为长者，而不知为何人。后询诸生曰："午餐未？"诸生答曰："未餐。"老翁即传呼提调官，旋见一红顶花翎者旁立，貌甚恭。诸生始知适才所见之老翁，乃今日当朝之宰相文中堂也。于此想见我朝前辈温恭恺悌之风度也。余谓文文忠风度固不可及，而其远略亦实有过人者。中国自弛海禁后，欲防外患，每苦无善策。粤匪既平，曾文正诸贤筹划方略，皇皇以倡办制造厂、船政局为急务。而文忠独创设同文馆，欲培洋务人才，以通西洋语言文字、学术制度为销外患之要策。由此观之，文文忠之远略，有非曾文正诸贤所可及也。

上流人物

国朝张缙示张在人书曰："凡人流品之高下，数言可决者，在见己之过，见人之过；夸已己善，服人之善而已。但见己之过，不见世人之过；但服人之善，不知己有一毫之善者，此上流也。见己之过，亦见人之过；知己之善，亦知世人之善，因之取长去短，人我互相为用者，其次焉者也。见己之过，亦见世人之过；知己之善，亦知世人之善，因之以长角短，人我分疆者，又其次焉者也。世人但见人之过，不见己之过；便夸己之善，不服人之善者，此下流也。"余昔年至西洋，见各国都城皆有大戏园，其规模之壮丽，装饰之辉煌，固不必说，但每演一剧，座客几万人，肃然无声。今日中国所创开各文明新舞台，固欲规仿西制也。然每见园中观剧座客，举止嚣张，语言庞杂，虽有佳剧妙音，几为之夺。由此观之，中国比西洋各国之有教无教者即可概见。尝闻昔年郭筠仙侍郎名松涛，出使西洋，见各国风俗之齐整，回国语人曰："孔孟欺我也。"若郭侍郎者，可谓服人之善，而不知己有一毫之善，是之谓上流人物。

书生大言

甲申年，张幼樵在马江弃军而遁，后又入赘合肥相府，为世所诟。余谓，好大言原是书生本色。盖当时清流党群彦之不满意于李文忠，犹如汉贾生之不满意于绛侯辈；夫绛侯辈固俗吏也，贾生固经学儒也。然当时若文帝竟能弃其旧而谋其新，命贾生握兵符为大将，果能系单于之颈，而不为张佩纶马江之败衄者几希！至入赘相府一节，此犹见合肥相国雅量，尚能爱才，若汉之绛侯，陈平辈，试问肯招贾生入赘为婿耶？

五霸罪人

庚子拳匪肇衅，两宫巡狩西安。李文忠电奏有曰："毋听张之洞书生见解。"当时有人将此语传于张文襄。文襄大怒曰："我是书生，他是老奸巨滑。"至今文襄门下论及李文忠，往往痛加诋詈。余曰："昔孟子有言，五霸者，三王之罪人；今之诸侯，五霸之罪人也。余谓，今之李文忠，曾文正之罪人也；今之督抚，又李文忠之罪人也。"

清流党

或问余曰："张文襄比曾文正何如？"余曰，张文襄，儒臣也；曾文正，大臣也，非儒臣也。三公论道，此儒臣事也；计天下之安危，论行政之得失，此大臣事也。国无大臣则无政，国无儒臣则无教。政之有无关国家之兴亡，教之有无关人类之存灭，且无教之政终必至于无政也。当同光间清流党之所以不满意李文忠者，非不满意李文忠，实不满意曾文正所定天下之大计也。盖文忠所行方略悉由文正手所规定，文忠特不过一汉之曹参，事事遵萧何约束耳。至文正所定天下大计之所以不满意于清流党者，何为其仅计及于政，而不计及于教。文忠步趋文正，更不知有所谓教者，故一切行政用人，但论功利而不论气节；但论才能而不认人品。此清流党所以愤懑不平，大声疾呼，亟欲改弦更张以挽回天下之风化也。盖当时济济清流，犹之汉之贾长沙、董江都一流人物，尚知六经大旨，以维持名教为己任。是以文襄在京曹时，精神学术无非注意于此。即初出膺封疆重任其所措施亦犹是欲行此志也。洎甲申马江一败，天下大局一变，而文襄之宗旨亦一变。其意以为非效西法图富强无以保中国，无以保中国即无以保名教。虽然文襄之效西法，非慕欧化也；文襄之图富强，志不在富强也。盖欲借富强以保中国，保中国即所以保名教。吾谓文襄为儒臣者以此。厥后文襄门下如康有为辈，误会宗旨，不知文襄一片不得已之苦心，遂倡言变法行新政，卒酿成戊戌、庚子之祸。东坡所谓"其父杀人报仇，其子必且行劫"，此张文襄《劝学篇》之所由作也。呜呼，文襄之作《劝学篇》，又文襄之不得已也，绝康梁并以谢天下耳。韩子曰："荀子大醇而小疵。"吾于文襄亦云然。

孔子教

一日，余为西友延至其家宴会，华客唯余一人，故众西客推余居首座。及坐定，宴间谈及中西之教，主人问余曰："孔子之教有何好处？君试言之。"余答曰："顷间诸君推让不肯居首座，此即是行孔子之教。若行今日所谓竞争之教，以优胜劣败为主，势必俟优胜劣败决定后，然后举箸，恐今日此餐大家都不能到口。"座客粲然。《传》曰："道也者，不可须臾离也。"孔子"六经"之所谓道者，君子之道也。世必有君子之道，然后人知相让。若世无君子之道，人不知相让，则饮食之间，狱讼兴焉；樽俎之地，戈矛生焉。余谓教之有无，关乎人类之存灭，盖以此也。

新算学

辜鸿铭部郎云，日本故相伊藤侯甲午后解职来游中国，至武昌。

适余所译《论语》英文告成付刊，即持一部赠之。伊藤侯谓余曰："闻君素精西学，尚不知孔子之教能行于数千年前，不能行于今日之二十世纪乎？"余答曰："孔子教人之法，譬如数学家之加减乘除，前数千年其法为三三如九，至如今二十世纪，其法亦仍是三三如九，因不能改如九为如八也。"云云。予闻此言，谓辜部郎曰："君今尚不知目今二十世纪数学之业已改良乎？前数学谓三三如九，今则不然。我借洋款三三如九，则变作三三如七。俟我还洋款三三如九，则变作三三如十一。君尚不知此，无怪乎人谓君不识时务也。"

孟子改良

陶靖节诗云："读书复何罪，一朝成灰尘。区区诸老翁，为事诚殷勤。"此言诗书自遭狂秦之火，至汉代真读书人始稍能伸眉吐气，然亦老矣。检收残篇，亦多失其真。且当时守旧党如董仲舒辈，欲售其顽固之奸，恐亦不免改窜原文。近有客自游日本回，据云在日本曾见有未遭秦火之《孟子》原本，与我今所谓《孟子》七篇多有不同。譬如首章，其原本云："孟子见梁惠王，王曰：'叟不远千里而来，仁义之说，可得闻乎？'孟子对曰："王何必仁义，亦有富强而已矣"，云云。又如，《孟子》道性善，言必称尧舜一章，其原本云："孟子道性恶，言必称洋人"，云云。

践迹

"子张问善人之道。子曰：'不践迹。'"朱子解曰："善人质美而未学。"又引程子言曰："践迹如言遁途守辙，善人虽不必践旧迹，而自不为恶。"余窃以为，"践迹"一解，盖谓行善事不出诸心，而徒行其外面之行迹，即宋儒所谓客气。如"有事，弟子服其劳；有酒食，先生馔。"此皆自以为践迹之孝也。故孔子不谓之孝。曾子论子张曰："堂堂乎张也，难与并为仁矣。"朱子谓堂堂容貌之盛，言其务外自高。务外自高，而欲学为圣人之道，其学必不能化，其弊必至于践迹。故子张问善人之道，子曰："不践迹。"此孔子对症下药也。盖欲学为圣人之道而践迹，即欲求为善人而不可得，况圣人乎？后有荀卿亦学为圣人之道者，其学终至于大醇而小疵，盖亦因务外自高所致。后东坡论荀卿曰："其为人必也刚愎不逊。"自许太过，是亦自高之一证也。今日张文襄亦出自清流党，夙以维持圣人之道自任，而其门下康梁一出，几欲使我中国数千年来声名文物，一旦扫地净尽。东坡论荀卿明王道、述礼乐，而李斯以其学乱天下。噫！学为圣人之道不化而至践迹，其祸之烈一至于斯。然其致病之原，乃由务外自高所致。禹对舜之言曰："无若丹朱傲。"傅说之对高宗曰："唯学逊志，务时敏，厥修乃来。"傲与逊之间，此圣学纯粹与不纯粹之所由判也。

务外

《荀子·儒效篇》云："我欲贱而贵，愚而智，贫而富，可乎？曰：其唯学乎。""乡也，混然涂之人也，俄而并乎尧、禹，岂不贱而贵矣哉！乡也，效门室之辨，混然曾不能决也，俄而原仁义，分是非，图回天下于掌上，而辨白黑，岂不愚而智矣哉！乡也，胥靡之人，俄而治天下之大器举在此，岂不贫而富矣哉！"按荀子劝学，不可谓不勤，然犹不免歆学者以功利。荀子讥墨之言曰："墨子蔽于用而不知文。"余谓荀子亦蔽于用而不知学。何谓学？曰："正其谊不谋其利，明其道不计其功。"夫明道者明理也，理有未明而欲求以明之，此君子所以有事于学焉。当此求理之时，吾心只知有理，虽尧舜之功不暇计，况荣辱贫富贵贱乎！盖凡事无所为而为则诚，有所为而为则不诚，不诚则伪矣。为学而不诚，焉得有学。此荀子之学所以不纯粹也。犹忆昔年张文襄赀遣鄂省学生出洋留学，濒行，诸生来谒文襄，临别赠言慰之曰："生等到西洋宜努力求学，将来学成归国，代国家效力，戴红顶，作大官，可操券而获，生等其勉之。"云云。此与《荀子·儒效篇》勉励学者语又奚以异？余谓文襄之学本乎荀子者，盖为其务外自高，故未脱于功利之念也。昔孔子有言："古之学者为己，今之学者为人。"知此可以言学。

生子

袁简斋言："昔方望溪先生有弟子某，年逾商瞿，戚戚然，以无子为虑。先生曰，汝能学禽兽，则有子矣。先生素方严，忽作谩语，其人愕然问故。先生曰，男女构精，万物化生。此处有人欲而无天理。今人年过四十便有为祖宗绵血气意，将天理搀入人欲中，不特欲心不炽，难以成胎，而且以人夺天，遂为造物所忌。子不见牛羊犬豕乎，其交也，如养由基之射，一发一中，百发百中，是何故哉？盖禽兽无生子之心，为阴阳之所鼓荡，行乎其所不得不行，止乎其所不得不止，遂生乎其所不得不生。"余谓此无关乎天理人欲也，斯即《中庸》所谓"天地之道，可一言而尽，其为物不贰"。不贰则诚，诚则有功。吾人当求学之时，不可存有军事家之念，犹如人欲生子不可存有祖宗之心。董仲舒曰："正其谊不谋其利，明其道不计其功。"余曰："正其谊不谋其利，则可以生子；明其道不计其功，则可以得真学问。"

为人

《牡丹亭》曲本有艳句云："一生儿爱好是天然。"此原本于《大学》"如好好色"之意。余谓今日人心之失真，即于冶游、赌博、嗜欲等事，亦可见一斑。孔子曰："古之学者为己，今之学者为人。"余曰："古之嫖者为己，今之嫖者为人。"

公利私利

余随张文襄幕最久，每与论事辄不能见听。一日晤幕僚汪某，谓余曰："君言皆从是非上著论，故不能耸听。襄帅为人是知利害不知是非，君欲其动听，必从利害上讲，始能入。"后有人将此语传文襄耳，文襄大怒，立召余入，谓余曰："是何人言余知利害不知是非？如谓余知利害，试问余今日有偌大家事否？所谓利者安在？我所讲究者乃公利，并非私利。私利不可讲，而公利却不可不讲。"余对曰："当日孔子罕言利，然则孔子亦讲私利乎？"文襄又多方辩难，执定公利私利之分。谓公利断不可不讲。末后余曰："《大学》言：'长国家而务财用者，必自小人矣。'然则小人为长国家而务财用，岂非亦系言公利乎。"于是文襄默默然让茶，余即退出。今日余闻文襄作古后，竟至囊囊萧然，无以为子孙后辈计。回忆昔年"公利私利"之言，为之怆然者累日。

权

张文襄尝对客论余曰："某也，知经而不知权。"余谓文襄实不知所谓权者。盖凡所以运行天地间之物，唯理与势耳。《易传》曰："形而上者谓之道，形而下者谓之器。"道者，理之全体也；器者，势之总名也。小人重势不重理，君子重理不重势。小人重势，故常以势灭理。君子重理，而能以理制势。欲以理制势，要必知所以用理。权也者，知所以用理之谓也。孔子曰："可与共学，未可与适道；可与适道，未可与立；可与立，未可与权。"所谓可与适道者，明理也。可与立者，明理之全体而有以自信也。可与权者，知所以用理也。盖天下事非明理之为难，知所以用理之为难，公之为义，大矣哉。譬如治水，知土能克水，此理也，然但执此理以治水患，则必徒为堵御之防。如此，水愈积，愈不可防，一旦决堤而溢，其害尤甚于无防也。此治水者之知经而不知权也；知权者必察其地势之高下，水力之大小，或不与水争地而疏通之，或别开沟渠河道而引导之，随时立制，因地制宜，无拘拘一定成见，此之谓知所以用理也。窃谓用理得其正为权，不得其正为术。若张文襄之所谓权，是乃术也，非权也。何言之？夫理之用谓之德，势之用谓之力。忠信、笃敬，德也，此中国之所长也；大舰、巨炮，力也，此西洋各国之所长也。当甲申一役，清流党诸贤但知德足以胜力，以为中国有此德必可以制胜。于是朝廷遂欲以忠信笃敬敌大舰巨炮，而不知忠信笃敬乃无形之物也，大舰巨炮乃有形之物也，以无形之物攻有形之物，而欲以是奏效于疆场也，有是理乎？此知有理而不知用理以制势也。甲申以后，文襄有鉴于此，遂欲舍理而言势。然舍理而言势，则入于小人之道。文襄又患之，于是踌躇满志而得一两全之法，曰：为国则舍理而言势，为人则舍势而言理，故有公利私利之说。吾故曰："文襄不知权，文襄之所谓权者，乃术也，非权也。"

廉吏不可为

有客问余曰："张文襄学之不化，于何处见之？"曰："文襄自甲申后亟力为国图富强，及其身殁后债累累不能偿，一家八十余口几无以为生。《大学》曰：'物有本末，事有终始。知所先后，则近道矣。'又曰：'其本乱而末治者否矣，'身，本也；国，末也。一国之人之身皆穷，而国能富者，未之有也。中国今日不图富强则已，中国欲图富强，则必用袁世凯辈。盖袁世凯辈欲富其国，必先谋富其身。此所谓以身作则。《传》曰：'尧舜帅天下以仁，而民从之。桀纣帅天下以暴，而民从之。'文襄率天下以富强，而富强未见，天下几成饿殍，此盖其知有国而不知有身，知有国而不知有民也。即此可见其学之不化处。昔阳虎有言：'为富不仁，为仁不富。'君子既欲行有教之政，又欲务财用图富强，此其见识之不化，又不如阳虎。"

爱国歌

壬寅年张文襄督鄂时，举行孝钦皇太后万寿。各衙署悬灯结彩，铺张扬厉，费资巨万，邀请各国领事，大开筵宴，并招至军界、学界奏西乐，唱新编《爱国歌》。余时在座陪宴，谓学堂监督梁某曰："满街都是唱《爱国歌》，未闻有人唱《爱民歌》者。"梁某曰："君胡不试编之？"余略一伫思曰："余已得佳句四，君愿闻之否？"曰："愿闻。"余曰："天子万年，百姓花钱；万寿无疆，百姓遭殃。"座客哗然。

半部《论语》

孔子曰："道千乘之国，敬事而信，节用而爱人，使民以时。"朱子解"敬事而信"曰："敬其事而信于民。"余谓"信"当作"有恒"解。如唐诗"早知潮有信，嫁于弄潮儿。"犹忆昔年徐致祥劾张文襄，摺内有参其"起居无节"一款，后经李翰章覆奏曰："张之洞治簿书至深夜，问有是事。"然誉之者曰："夙夜在公。"非之者曰："起居无节。"按夙夜在公，则敬事也；起居无节，则无信也。敬事如无信，则百事俱废，徒劳而无功。西人治国行政，所以能百废俱举者，盖仅得《论语》"敬事而信"一语。昔宋赵普谓："半部《论语》可治天下。"余谓："此半章《论语》亦可以振兴中国。"今日中国官场上下果能敬事而信，则州县官不致于三百六十日中有三百日皆在官厅上过日子矣。又忆刘忠诚薨，张文襄调署两江，当时因节省经费，令在署幕僚皆自备伙食，幕属苦之，有怨言。适是年会试题为"道千乘"一章，余因戏谓同僚曰："我大帅可谓敬事而无信，节用而不爱人，使民无时。人谓我大帅学问贯古今，余谓我大帅学问即一章《论语》，亦仅通得一半耳。"闻者莫不捧腹。

理财

昔年沪上报章纷传盛杏荪宫保补授度支部侍郎。余往贺。及见，始知事出子虚。坐谈间余谓宫保曰："今日度支部为财政关键，除宫保外尚有何人胜任愉快？"宫保欿然自抑曰："理财我不如张宫保。"余曰："不然，张宫保不如宫保。"宫保曰："子何见之？"余曰："张宫保属吏，至今犹是劳人草草，拮据不遑。而宫保僚属，即一小翻译，亦皆身拥厚赀，富雄一方。是以见张宫保之不如宫保多多。"宫保闻之，一笑而解。

王顾左右而言他

辜鸿铭部郎云："昔年余至上海，谒盛杏荪宫保。宫保闻余《中庸》

译英文一书刊成，见索。谓余曰：‘《中庸》一书乃是有大经济之书，乞君检送一本，为子辈读。’余谓曰：‘《中庸》一部要旨，宫保谓当在何句？’宫保曰：‘君意云何？’余曰：‘贱货贵德。’宫保乃顾左右而言他云云。”

官官商商

曾文正复刘印渠制军书云：“自王介甫以言利为正人所诟病，后之君子例避理财之名，以不言有无、不言多寡为高。实则补救时艰，断非贫穷坐困所能为力。”叶水心尝谓：“仁人君子不应置理财于不讲。”良为通论。余谓财固不可不理，然今日中国之所谓理财，非理财也，乃争财也。驯至言理财数十年，其得财者，唯洋场之买办与劝业会之阔绅。昔孔子曰：“君君臣臣，父父子子。”余谓：“今日中国欲得理财之道，则须添一句曰，官官商商。”盖今日中国，大半官而劣则商，商而劣则官。此天下之民所以几成饿殍也。《易传》曰：“损上益下，谓之泰；损下益上，谓之否。”知此则可以言理财。

爱官

近年朝廷整理财政，注意在绝中饱。然此犹治标，非治本也。今日民困固深，而官贫亦迥乎寻常。如刻核太至，其害将甚于中饱。曾文正所谓“爱其赤子，而饿其乳母”则是两毙之道。张殿撰季直曾谓余曰：“中饱固不可，而中饿更不可。”余曰：“中饱则伤廉，中饿则伤仁，两不免皆有所伤，宁可伤廉，而不可伤仁。昔国朝蔡漳浦先生复郑鱼门书曰：‘士子廉隅不饬，欲启其羞恶之心，不若发其恻隐之心。恻隐心一挚，则己私自消。亲亲、仁民、爱物，一以贯之，羞恶、辞让、是非，相因而有。’此谓知本之论。”

亡八蛋

学部侍郎乔君谓余曰：“君所发议论，皆是王道。其如不行于今何?”余曰:“天下之道只有二端,不是王道就是亡八蛋之道。孟子所谓:‘道二,仁与不仁而已矣。’”

禁嫖赌

余尝谓客曰:“周之末季自荀卿以后无儒者,今自张文襄以后亦无儒臣。”客曰:“现在南洋大臣张安圃出示,禁止官界、学界、军界嫖赌,以维持风化自任,岂不峭然一儒臣乎!”余答曰:“孔子言:‘道之以政,齐之以刑,民免而无耻;道之以德,齐之以礼,有耻且格。’出示禁嫖赌,是道之以政,齐之以刑也。此行政也,非行教也。然行政亦须知大体,盖嫖赌是伤风化之事耳。小民嫖赌,易于聚众滋事,扰害专访,此作奸犯科之事,得以弄法治之,故出示禁止犹可说。至出示禁止职官嫖赌,即以行政大体论,亦乖谬已极。古人刑不及大夫,盖欲养其廉耻也。夫以刑政施于小民,孔子犹惧其无耻。小民无耻,尚可以为国,至使职官士大夫而无耻,吾不知其何以能为国邪?今日职官放浪冶游,有失威重,固足以伤风化,若督抚不明大体,乃至将督部堂煌煌告示,粘贴妓馆娼寮,以为维持风化,不知其败坏风化实有千百倍于士大夫之冶游洲浪者。君谓张安圃为儒臣,安圃如此不明大体,是焉得为儒臣?张安圃是幼樵胞侄,当时亦清流一派,幼樵入赘合肥相府,而安圃亦与袁世凯结儿女姻亲,所谓清流者如是如是。昔班孟坚论西汉诸儒如张禹、孔光辈曰,服儒衣冠,传先王语,其酝藉可也。然皆持禄保位,被阿谀之讥。以古人之迹见绳,乌能胜其任乎!”

倒马桶

丁未年,张文襄与袁项城由封疆外任同入军机。项城见驻京德公使曰:“张中堂是讲学问的,我是不讲学问,我是讲办事的。”其幕僚某将此语转述于余,以为项城得意之谈。予答曰:“诚然!然要看所办是何等事,如老妈子倒马桶,固用不着学问,除倒马桶外,我不知天下有何事是无学问的人可以办得好。”

贱种

有西人问余曰:“我西人种族有贵种、贱种之分,君能辨别之否?”余对曰:“不能。”西人曰:“凡我西人到中国虽寄居日久,质体不变,其状貌一如故我,此贵种也。”余询其故。西人答曰:“在中国,凡百食品,其价值皆较我西洋各国低贱数倍,凡我贱种之人以其价廉而得之易,故肉食者流可以放量咀嚼,因此到中国未久,质体大变,肉累累坟起,大腹庞然,非复从前旧观矣。”余谓袁世凯甲午以前,本乡曲一穷措无赖也,未几暴富贵,身至北洋大臣,于是营造洋楼,广置姬妾。乃解职乡居,又复构甲第,置园囿,穷奢极欲,擅生人之乐事,与西人之贱种一至中国,辄放量咀嚼无少异。庄子曰:“其嗜欲深者,其天机必浅。”孟子曰:“养其大体为大人,养其小体为小人。”人谓袁世凯为豪杰,吾以是知袁世凯为贱种也。

贵族

尝考英吉利立国原始宋真宗年间,有北族人据法兰西西北郡,适英国内乱,北族王率大众渡海平之,遂立为英王。于是国内北族为贵人,土族则概为平民,后有平民中俊秀者乃得脱平民籍为士类,故至今英民分三等,曰贵族,曰士类,曰平民。近有英国名下士艾诺尔德氏论其国风俗,谓我英人平民耐劳苦、尚力行;士类好学尚智;贵族本北方之强,好勇尚气节,云云。余谓,今日满人,即我中国之贵族也,满人亦如英之北族,以武功立国,故至今犹以气节称,我汉人实逊焉。即以近年学西文学生观之,亦可略见一斑,其回国旧班学生不得意者不必论,其得意者无不身拥厚赀,以豪侈自雄。唯前外务部侍郎升任荆州将军联春卿留守名芳,前在北洋为李文忠僚属十有余年,历办要差,文忠门下之凡谙西文,如罗丰禄辈,皆腰缠巨万,作富家翁,独联留守至今犹家如寒素，清操习风，真不愧为贵族人。

翩翩佳公子

国朝张履祥论教弟子曰："凡人气傲而心浮，象之不仁，朱之不肖，只坐一傲而已。人不忠信则事皆无实，为恶则易，为善则难。傲则为戾为狠，浮则必薄必轻，论其质，固中人以下者也。傲则不肯屈下，浮则义理不能人，不肯屈下则自以为是，顺之必喜，拂之必怒，所喜必邪佞，所怒必正直。义理不能入，则中无定主，习之即流，诱之即趋，有流必就下，有趋必从邪，此见病之势有然者也。"余谓："学问有余而聪明不足，其病往往犯傲；聪明有余而学问不足，其病往往犯浮。傲则其学不化，浮则其学不固。其学不化则色庄，其学不固则无恒。色庄之至，则必为伪君子；无恒之至，则必为真小人。张文襄学问有余，而聪明不足，故其病在傲。端午桥聪明有余，而学问不足，故其病在浮。文襄傲，故其门下幕僚多伪君子；午桥浮，故其门下幕僚多真小人。"昔曾文正曰："督抚考无良心，沈葆桢当考第一。"余曰："近日督抚考无良心，端午桥应考第一。"或曰："端午桥有情而好士，焉得为无良心？"余答曰："朱子解善人曰：'质美而未学。'端午桥则质美而未闻君子之道者也，聪明之人处浊乱之世，不得闻君子之道，则中无定主，故无恒。无恒之人虽属有情，亦如水性杨花之妇女，最易为无良心事。吾故谓督抚考无良心，端午桥所以当考第一也。至其好士，亦不过如战国四公子、吕不韦之徒，有市于道，借多得士之名以倾动天下耳，岂真好士哉！虽然，既曰质美，端午桥亦可谓今日翩翩浊世之佳公子也。"

庸言庸行

英国名宰相论用人有云："国家用人，宜重德而不宜重非常之才。天下之人既不可无君长，而君长之事有大小轻重，即寻常之识量，亦未尝不可以胜任。盖造物于经理天下之事，未尝秘有玄妙之理——若非一二圣智之人不可求解，唯忠信廉正俭约诸庸德，此固人人之所能行此，且加以阅历虚心，于从政何难之有？若无德行，虽恃绝等高才，焉能有济。故凡有才无德之人，断不可以任用。盖秉性敦厚，而才识不足者固能遗误事机，然其害岂若彼心术邪僻且有大才足以铺张扬厉、粉饰其邪僻者之能败坏国家，至于不可补救耶？”云云。此言庸德也。余尝撰联以自勖曰：“不忮不求，淡泊明志。庸言庸行，平易近人。”即此意云。

不吹牛屄

壬寅年，张文襄在鄂，奉特旨入都陛见，余偕梁崧生尚书随节北上，时梁尚书得文襄特保，以候补道员奉旨召见。退朝告余曰：“今日在朝房，闻锡清帅对客言曰：‘如咱们这种人如何配得作督抚。’君试志之。此君子人也。”后有客谓余曰：“今日欲观各督抚之器识才能，不必看他做事，但看他用人；不必看他所委署差缺之人，但看他左右所用幕僚，即可知其一二。”余答曰：“连他左右幕僚亦不必看，欲观今日督抚之贤否，但看他吹牛屄不吹牛屄。”人谓今日中国将亡于外交之失败，或亡于无实业。余曰：“中国之亡，不亡于实业，不亡于外交，而实亡于中国督抚之好吹牛屄也。”《毛诗》有云：“具曰予圣，谁知乌之雌雄。”今日欲救中国之亡，必从督抚不吹牛屄作起。孔子谓“一言可以兴邦，曰：‘为君难，为臣不易。’”如锡清帅，其人者可谓今日督抚中之佼佼者矣。

颂词

管异之尝谓中国风俗之敝，可一言以蔽之曰：“好谀而嗜利。”嗜利固不必论，而好谀之风亦较昔日为盛。今日凡有大众聚会及宴乐事，必有颂词竭力谄谀，与者受者均恬不知怪。古人有谀墓之文，若今日之颂词，可谓生祭文也。犹忆张文襄督鄂时，自庚子后大为提倡学堂，有好事者创开学堂会，通省当道官员、教员、学生到者数百人。有某学堂监督梁某，特撰长篇颂词，令东洋留学生刘某琅琅高读，兴会淋漓，满座肃然。适傍有一狂士，俟该留学生读毕，接声呼曰："呜呼哀哉，尚飨！"闻者捧腹。

马路

有某省某中丞奉旨办新政，闻西洋有马路，即欲仿照举办。然又闻外洋街道宽阔，中筑马路，两边以石路厢之，以便徒步人行走。今省城民间街道狭隘，碍难开辟。后闻南京、武昌业经举行，民亦称便，遂决意办马路。既成，又在上海定购洋式马车，出门拜客皆乘马车，不用肩舆，亦觉甚适意焉。一日，有某道台之子，在马路上驰马，忽于人丛中冲倒一老媪，几毙命，行路人皆为不平。道台之子停马鞭指而骂曰："抚台筑此路，本要给马走，故不叫作人路，而叫作马路。你们混账百姓敢占了马路，我不送你到警察局惩办已算你们造化，还敢同我理论呢。"有一乡人应曰："哎哟，大少爷！如此说来，如今中国唯有官同马有路走，我们百姓都没有路走了。"后某中丞得闻此事，遂即停办马路，并不坐马车出门拜客，仍乘肩舆。韦苏州诗云："自惭居处崇，未睹斯民康。"某中丞亦可谓难得矣。

大人有三待

孔子曰："君子有三畏。"余曰："今日大人有三待，以匪待百姓，以犯人待学生，以奴才待下属。"或问曰："何谓以匪待百姓耶？"曰："今如各省城镇市以及通衢大道皆设警察巡逻，岂不是以匪待百姓？"曰："何谓以犯人待学生？"余曰："今日官学堂学生之功课，与犯人所作苦功同得一苦字耳。"至于大人待下属一节，今日在官场者当自知之，更不待余解说。袁子才曾上总督书有曰："朝廷设州县官，为民作父母耶，为督抚作奴才耶？"

不问民

“厩焚，子退朝曰：‘伤人乎？’不问马。”今日地方一有事故，内外衮衮诸公，莫不函电交驰，亟问曰：“伤羊乎？”不问民。噫！窃谓今日天下之大局，外人之为患不足畏，可畏者内地思乱之民耳。民之所以思乱者，其故有二，一曰饿，一曰怨。欲一时即使民不饿，谈何容易，故人手办法，当先使民不怨。今民之饿者，新政使之也；民之怨者，非新政使之也。民非怨新政，怨办新政之衮衮诸公之将题目认错耳。我朝廷今日亦知新政累民，然有不得不亟亟兴办者，无非为保民而已，非为保外人以保衮衮诸公之禄位也。上下果能认清题目，凡办新政，事事以保民为心，则虽饥饿以死，民又何怨。孟子所谓：“以生道杀民，虽死不怨杀者。”是也。

卷　下

真御史

昔司马温公论言官当以三事为先，一不爱富贵，二重惜名节，三晓知治体。三者具而始可称谏官，然兼之者难矣。国朝陈黄中与王次山论谏臣书云："御史之职，本无所不当言，而其要在裨主德、肃纪纲、持大体而已。"近日江春霖御史因参权贵褫职，遂恝然去官归乡。由此直声震朝野，人皆曰真御史。余谓江御史不畏强御，此顾名节也，恝然挂冠而去，此不爱富贵也，然今日国事如此之陵夷，岂是如前代朝有大奸大慝，窃政柄以抑扬威福所使然耶？特以上下皆以顽顿无耻为有度，以模棱两可为合宜，不学无术以自是其愚，植党乾没以自神其智，此真患得患失之鄙夫，而皆足以亡人家国也。而今日言官即贤如江春霖者，亦未闻上一言以裨主德，建一议以肃纪纲，能使朝野上下革面洗心，徒亟亟攻讦一二贵人琐屑之阴事，愤愤不平一若与之有深仇积恨而不能自已，是尚得谓之明大体哉。

国会请愿书

余尝谓诸葛武侯之《前出师表》即是一篇真国会请愿书。何言之？武侯谓后主曰："宜开张圣听"云云，此即是请开国会。又曰："宫中府中俱为一体，陟罚臧否不宜异同。若有作奸犯科及为忠善者，宜付有司论其刑赏，以昭陛下平明之治”云云，此即是请立宪。盖西洋各国当日之所以开国会立宪者，其命意所在亦祗欲得平明之治耳。今朝廷果能开张圣听，则治自明。如此，虽无国会，亦有国会；不如此，虽有国会亦如无国会也。朝廷能视官民上下贵贱大小俱为一体，陟罚臧否无有异同，则治自平。如此，虽不立宪，亦是立宪；不如此，虽立宪亦非立宪。吾故曰：“武侯之《前出师表》是一篇真国会请愿书。”若今日各省代表之所请者，乃是发财公司股东会，非真国会也。盖真国会之命意，在得平明之治，得平明之治，则上下自为一体，然后国可以立。股东会之命意，在争利权，一国上下皆争利权，无论权归于上，权归于下，而国已不国，尚何权利之有哉？噫！

马拉马夫

昔年余至上海，见某国领事谓余曰：“今日中国督抚凡办一事，辄畏惧本省绅士，并且有畏惧学生者，尚复成何政体。”余答曰：“此岂不是贵国所谓立宪政体？”领事曰：“是非立宪政体，恐是马拉马夫政体。”《书》曰：“罔违道以干百姓之誉，罔咈百姓以从己之欲。”余谓民情固不可咈，然至违道以干百姓之誉，则乱之阶也。

夷狄之有君

辜鸿铭部郎云，甲午后袁项城为北洋练兵大臣。时守京师者多北洋兵队，适张文襄奉特旨陛见，项城特派兵队守卫邸寓。余随张文襄入都，至天津见项城，谈间，项城问余曰：“西洋练兵其要旨何在？”余答曰：“旨在尊王。”项城曰：“余曾闻，君撰有西文《尊王篇》，尊王之意余固愿闻。”余答曰：“西洋各国凡大臣寓所有派兵队守卫者，乃出自朝廷异数。今张宫保入都，宫保竟派兵守邸寓，是以国家之兵交欢同寅。兵见宫保以国家之兵交欢同寅，则兵将知有宫保而不知有国家，一遇疆场有事，将士各为其领兵统帅，临阵必至彼此不相顾救。如此虽步伐齐整，号令严明，器械娴熟，亦无以制胜。吾故曰，练兵之要，首在尊王。”予闻是语，谓辜部郎曰：“君言今日兵不知有国家，君抑知各省坐官厅之黼黻朝珠者，其心中目中亦皆知有督抚尚知有国家耶？君子行伍中人又何责焉！”辜部郎曰：“信如君言。中国未经外人瓜分，而固已瓜分矣。”

烂报纸

国朝朱竹垞先生《秦始皇论》云：“当周之衰，圣王不作，处士横议，孟子以为邪说诬民，近于禽兽。更数十年历秦，必有甚于孟氏所见者：又从人之徒，素以摈秦为快，不曰嫚秦，则曰暴秦；不曰虎狼秦，则曰无道秦。所以诟詈之者，靡不至。六国既灭，秦方以为伤心之怨，隐忍未发，而诸儒复以事不师古、交讪其非，祸机一动，李斯上言，百家之说燔而诗书亦与之俱烬矣。嗟乎！李斯者，荀卿之徒，亦尝习闻仁义之说，岂必以焚诗书为快哉。彼之所深恶者，百家之邪说，而非圣人之言。彼之所坑者，乱道之儒，而非圣人之徒。”又谓：“邪说之祸，其存也，无父无君，使人隐于禽兽；其发也，至合圣人之书，烬焉然，则非秦焚之，处士横议焚之也。”余以为当日秦始皇所焚之书，即今日之烂报纸；始皇所坑之儒，即今日出烂报纸之主笔也。势有不得不焚，不得不坑者。

读书人

袁简斋《原士论》曰：“士少则天下治，何也？天下先有农工商，后有士。农登谷，工制器，商通有无，此三民者，养士者也。所谓士者不能养三民，兼不能自养也。然则士何事？曰，尚志。志之所存，及物甚缓，而其果志在仁义与否，又不比谷也、器也、货之有无也，可考而知也。然则何以重士？曰，此三民者，非公卿大夫不治，公卿大夫非士莫为，唯其将为公卿大夫以治此三民也，则一人可以治千万人，而士不可少，正不可多。舜有五臣，武王有乱臣十人，岂多乎哉！士既少，故教之易成，禄之易厚，而用之亦易当也。公则不然，才仅任农工商者为士矣，或且不堪农工商者亦为士矣。既为士，则皆四体不勤，五谷不分，而妄冀公卿大夫，冀而得，居之不疑；冀而不得，转生嫉妒造诽谤，而怨之上不我知；上之人见其然也，又以为天下本无士，而视士愈轻，士乃益困。嗟乎！天下非无士也，似士非士者杂之，而有士如无士也。”余谓今日中国不患读书人之不多，而患无真读书人耳。乃近日上下皆倡多开学堂，普及教育，为救时之策，但不知将来何以处如此其多之四体不勤、五谷不分，而妄冀为公卿大夫之人耶？且人人欲施教育，而无人肯求学问，势必至将来遍中国皆是教育之员，而无一有学问之人。何堪设想！

督抚学堂

昔年京师拟创办税务学堂，余适在武昌见端午桥，因谈及是事，午桥谓余曰：“现在中国亟须讲求专门学问，鄙意欲在鄂省亦创设厘金学堂。”余曰：“既有厘金学堂，则州县官亦不可无学堂。”午桥曰：“诚然。”余正襟而对之曰：“如此则督抚亦不可无督抚学堂。”午桥闻之乃大笑。窃谓学问之道，有大人之学，有小人之学，小人之学讲艺也；大人之学明道也。讲艺，则不可无专门学，以精其业；至大人之学，则所以求明天下之理，而不拘拘以一技一艺明也，洎学成理明以应天下事，乃无适而不可，犹如操刀而使之割，锋刃果利，则无所适而不宜，以之割牛肉也可，以之割羊肉也亦可，不得谓切牛肉者一刀，而切羊肉者又须另制一刀耳。

女子改良

西人见中国市招有“童叟无欺”四字，尝讥中国人心欺诈，于此可见一斑。余闻之，几无以置喙。犹忆我乡有一市侩，略识之。无为谋生计，设一村塾，招引乡间子弟，居然拥臯比为冬烘先生矣。为取信乡人计，特书一帖，粘于壁右曰："误人子弟，男盗女娼。"其被误者，盖已不知凡几。内有一乡董子弟，就读数年，胸无点墨，引为终身恨。尝语人曰："我师误我不浅，其得报也，固应不爽。"人谓汝师之报何在？曰："其长子已捐道员，而其女公子现亦人女子改良学堂矣。"至今我乡传为笑柄。

高等人

曾有一身子极胖大之某教官，颇留心新学，讲究改良。闻新到学宪亦极讲新学，初谒见，称学宪为"高等人"。学宪大怒，以为有心侮己。某教官即逡巡谢曰："高等人明见。晚生以为中国几千年来连用字都多欠稳切，极应改良，故如今大学已改为高等学。缘学问之道只有高等阶级，并无所谓阔大者，即如目前宪台身子比晚生身子并不大，不过宪台官阶比晚生官阶高一等耳，故对宪台不称大人，而称高等人。"

费解

袁简斋晚年欲读释典，每苦辞句艰涩，索解无从，因就询彼教明禅学者，及获解，乃叹曰："此等理解，固是我六经意旨，有何奥妙。我士人所喜于彼教书者，不过喜其费解耳。"余谓今日慕欧，讲新学家，好阅洋装新书，亦大率好其费解耳。如严复译《天演论》，言优胜劣败之理，人人以为中国数千年来所未发明之新理，其实即《中庸》所谓"栽者培之，倾者覆之"之义云尔。

不解

昔年陈立秋侍郎兰彬，出使美国，有随员徐某夙不谙西文，一日持西报展览，颇入神。使馆译员见之讶然曰："君何时已谙悉西文乎？"徐曰:“我固不谙。”译员曰:“君既不谙西文,阅此奚为?”徐答曰:“余以为阅西文固不解,阅诸君之翻译文,亦不解。同一不解,固不如阅西文之为愈也。”至今传为笑柄。

狗屁不通

近有西人,名轨放得苟史者,格致学专门名家。因近年中国各处及粤省常多患瘟疫之症,人民死者无算,悯之,故特航海东来,欲考究其症之所由来。曾游历各省,详细察验,今已回国,专为著书。其书大旨谓,中国疫症出于放狗屁,而狗之所以病者,皆因狗食性不相宜之杂物,盖狗本性凉,故凡狗一食杂种凉性之物,则患结滞之病,狗有结滞之病,脏腑中郁结之秽气既不能下通,逍变为毒,不由其粪门而由其口出,此即中国瘟疫之毒气也。总之,此书之大旨,一言可以蔽之曰,中国瘟疫百病,皆由狗屁不通。噫!我中国谓儒者通天地人;又曰,一物不知,儒者之耻,故儒者是无所不通。今昔轨放得苟史者,连放屁之理都通,亦可谓之狗屁普通矣!

看画

昔有人与客谈及近日中国派五大臣出洋考究宪政,客曰:当年新嘉坡有一份所谓土财主者,家资巨万,年老无子,膝下只一及笄女儿,因思求一快婿入赘作半子,聊以自慰,又自恨目不识丁,故必欲得一真读书宋玉其貌之人而后可。适有一闽人,少年美丰姿,因家贫往新嘉坡觅生计,借寓其乡人某行主之行中。土财主时往某行,见美少年终日危坐看书,窃属意焉。问某行主,知是其里从欲谋事者,遂托某行主执柯,事成,某少年即入赘作土财主家娇客。入门后无几何,土财主召美少年曰:“从此若可将我家一切账目管理,我亦无须再用管账先生。”美少年赧然良久,始答曰:“我不识字。”土财主骇问曰:“曩何以见若手不释卷终日看书耶?”少年答曰:“我非看书,我看书中之画耳。”噫!今中国五大臣出洋考察宪政，亦可谓之出洋看洋画耳。

华侨

《史记·越王勾践世家》载范蠡浮海出齐，变姓名，自谓鸱夷子皮，耕于海畔，苦身戮力，父子治产，居无几何，治产数十万，齐人闻其贤，以为相。余谓范蠡者，即当日之华侨也。想当日齐国穷无聊赖之一般官绅大开欢迎会时，必定要请招待员，挂国旗，奏军乐，吃大餐，有一番大热闹。惜太史公记载陶朱公事，未曾将此热闹情形以龙门之笔描写之，至今犹令人费三日思云。

照像

辜鸿铭部郎云："余昔年初到英国，寓学堂教授先生家。一日诣通衢，见道旁驻一高轮马车，乘坐其上者为美男子，衣服丽者，花簇簇缀冠，上衣缘边悉用金缕蟠结，似显者状。旋见一旧服者，自市肆出，升车接缰在手，扬鞭而去。余归告先生曰：'今日见一贵官。'并言其状。先生曰：'汝误矣，彼冠簪花衣金缕衣者，仆也，服旧服者，此仆之主，贵人也。'余曰：'贵人何以不自著金缕衣，而反以施之于仆，胡为邪？'先生曰：'不然，凡贵人欲观人者也，故衣朴素；贱者欲取观于人者也，故衣华丽。汝谨志之。'此与吾《中庸》所谓'衣锦尚絅恶其文之著也'同义。我中国风俗，向贱优伶，固谓其欲取观于人也。不谓今日中国号称士大夫者，事事欲取观于人，即如摄影小照，亦辄印入报纸，以夸眩于人，是亦不知贵贱之分也。"噫，陋矣！

发财票

国朝张尔岐先生《蒿庵闲话》云："荀子曰：'国法禁拾遗，恶民之惯以无分得也。'此语有味。人偶有所得于分外，必不能复力于分之内，其得失常相敌，而用之也必侈，侈于用而不力，则立尽之术也。原其始，则无分之得为之祸也。”余谓无分之得，足以祸民。本国法所宜禁此，乃言礼教之常耳。如近今禁售彩票，盖亦恶民之惯以无分得也。然亦须观时局如何，若今日天下多穷无聊赖之人有时购买一约彩票，得者无论矣，即不得者，亦尚可作旦暮希望，聊以博生人之趣。今并此生人之趣而亦绝之，吾不知穷无聊赖者以后更作何聊赖耶。

卖穷

袁简斋《诗话》有句云：“若使桑麻真蔽野，肯行多露夜深来。”此仁人之言也。我中国江浙两省，素号繁华富庶之区，倚门卖笑者固有其人。然昔年所谓苏班妓女，其声价甲于天下，未闻肯跋涉他省作卖笑生涯者。今则不然，凡行省商埠，无不有苏班妓女展转营业，托足其间。观于此，今日中国尚谓有教养之道耶，可慨也。有西人曾谓余曰：“今日上海卖娼者何如此其多？”余曰：“此非卖娼也，卖穷也。”

不枉受穷

国朝张尔岐《蒿庵闲话》云：“邹吉水曰：‘世人相见诉穷，便是贪欲影子。这穷字断送多少豪杰，试看先辈赫赫者大段穷人，如何他便耐的，今人便不耐，此处不可不思。’先生此言，真我辈药石。又念耐穷，如何得赫赫出来。此中大有事不得所事，只知耐穷，一赖惰无能之人而已。要之，知所从事遇穷，便自增长气骨，开通识见，不然，富贵枉受富贵，穷亦枉受穷也。勿求增财，但求减用，减欲斯减用矣。”余谓吾人居今之世，当以“增长气骨，开通识见”八字书诸绅以自儆。

叶君传

辜鸿铭部郎曾撰《叶澄衷传》，其文曰：“太史公作《游侠传》曰：‘余悲世俗不察其意，而猥以朱家、郭解等令与暴豪之徒同类而共笑之也。'云云。近世自称中国弛海禁，沿海编氓因与外人通市而暴起致赀财者不一而足，然或攻剽椎埋，或弄法买奸，宗强比周，侵凌孤弱，类皆鄙琐龌龊不足道也。我独见沪上富人叶氏，当初赤手，自掉扁舟以治生而卒起，富至巨万，又慷慨好义，清刻矜已诺，此犹是古之任侠而隐于商且隐于富者也。叶氏名成忠，字澄衷，先世居浙东之慈谿县，后迁镇海沈郎桥，遂家居焉。父名志禹，世为甿之邱氓，后因成忠三世皆邀追赠荣禄大夫。成忠生六岁而孤，母洪氏抚诸幼弱，居一椽蓬屋，刻苦仅以自给。成忠九岁始就学，未几仍以家贫故从母兄耕，年十一就佣邻里，居三年，主妇遇之无状，成忠慨然曰：'我以母故忍受此辱，然丈夫宁饿死沟壑耶！遂辞去，欲从乡人往上海，临行无资斧，母乃指田中秋禾为抵，始得成行。至上海，时海禁大开，帆船、轮舶麇集于沪渎。成忠自黎明至暮，掉一扁舟，往来江中，就番舶以贸有无，外人见其诚笃敦谨，亦乐与交易，故常获利独厚。同治元年始肆于虹口，乃迎母就养。初肆规甚微，然节饮食、忍嗜欲，与佣妇同苦乐，又能择人而任事，故数年间肆业日益远大，乃推广分肆，殆遍通商各埠。又在沪北汉镇创设缫丝、火柴诸厂，以兴工业，且以养无数无业游民。既饶于赀财，自奉一若平素，绝无豪富气象，若构洋楼、集珍物之类。遇人固肫肫，言必信，信必果，交友必诚；见显贵士大夫，言犹訚訚也，毫无谄谀意。又好引重后辈，善体人情，各如其意之所欲，故人乐为用。性好施予，无倦容，无德色，客外虽久，戚鄙有缓急厄困者，苟有请，罔不佽助。待族人尤笃，捐金置祠田，又建忠孝堂义庄，以赡族之贫苦无告者，附以义塾、牛痘局，蒇事则曰，是我母之志也。凡里中之善举，必力任其成。在沪北购大地，立蒙学堂，以教贫穷子弟，拨十万金充经费，又特倡捐二万金，建怀德堂，凡肆业中执事身后，或有孤苦无告者，岁时存问，俾免饥寒。至各省遇有水旱之灾，则必出巨资以助赈济。封疆大吏高其义，尝请于朝，屡邀宠锡，并传旨嘉奖。光绪己亥年十月，在沪病笃，召其子七人曰：'叶昔日受惠者、各号友竭诚助吾任事者，汝曹皆当厚待勿替，以继吾志。'卒年六十。先是由国子监生加捐候选同知，赏戴花翎，荐升候选道，随带二级赏加二品顶戴。余谓王者驭贵驭富之权，操之自上，日渐陵夷则不驯，至一商贾之天下而不已也，悲乎！然世之贤豪，不能立功名、布德泽于苍生，若富而好行其德者，此犹其次耳。故司马迁曰：'无岩处奇士之行而长贫贱，好语仁义，亦足羞也。'云云。"余谓辜部郎此作，乃讥世语，非谀墓之文，故录之。

赠日本国海军少佐松枝新一氏序

光绪二十三年岁次丁酉，日本国海军少佐松枝氏新一领其国战舰，来游长江。时余差次武昌省垣，蒙松枝君屈驾来访，余亦诣战舰答。礼遂即在汉臯邀集东客六七人，借西人酒市命酒，叙谈主客。萍水相逢，欢若平生，余心感焉。余少游西洋各国，习其语言文字，因略识其沿革立国缘由。夫西洋近百年来风气盛开，讲智术，精造器，唯生齿日繁，故航海东来，于是东洋诸国因亦多事。我中国自古圣人教民，重道不尚器，故制造器械，皆远逊西人。兼以近来中国民欲苟安，士气不振，故折冲御侮，常苦无策。唯日本与我华义属同族，书亦同文，且文物衣冠犹存汉唐古制，民间礼俗亦多古遗风，故其士知好义，能尚气节。当西人之东来，皆慷慨奋起，致身家国，不顾性命。当时又有豪杰如西乡诸人辈出，皆通古今，能因时制宜，建策修国，制定国本。噫！日本今日之能振国威，不受外人狎侮，其亦有以夫。然尝闻日本国人，近日既习西人技艺，往往重西学而轻汉文经书，余私心窃疑焉。今得识松枝君咨询底蕴，乃知其不然也。松枝原日本士族，幼年习西人兵略航海之术，然尤好中国文学，故能荷其国家重任。余于是益信日本之所以致今日之盛，固非徒恃西洋区区之智术技艺，实由其国存有我汉唐古风，故其士知好义，能尚气节故也。余不能操东语，前日与松枝晤谈，用英语以酬对，未尽欲言，今聊书数语，以志景仰云尔。

士说

张文襄曾问余曰："外国各领事本文职，而佩刀何故？"余答曰："此士服也。”西洋本以封建立国，一国之中有贵族，有平民。平民脱民籍后，武者为士，文者为史。其服制，史则宽衣博带，如今在中国牧师神父所服者是，士则短衣佩刀。领事虽文职，亦属士类，故遇大典礼，则短衣佩刀，服士服也。窃谓今日我中国有史而无士，考古制、通六书者为史，在行伍者为士，故有甲士士卒之称。两汉、三国时，宰相犹以剑履上殿，为当时朝廷特赐异数，然于此见士制尚存，是时为士者亦尚知士之本义。自唐以后，古制渐泯，乃以能文章应科第者为士，于是名则士，实则为史，士之本义全失矣。吾故曰：“今日中国有史而无士。”

在德不在辫

近有英人名濮兰德者，曾充上海工部局书记官后至北京为银公司代表，著一书曰《江湖浪游》，所载皆琐屑，专用讥词以揶揄我华人。内有一则日《黼黻为厉》，大致谓五十年来，我西洋各国因与中国通商，耗费许多兵饷，损失无数。将士每战辄胜，及战胜以后，一与交涉，无不一败涂地，是岂中国官员之才智胜我欧入耶？抑其品行胜我欧人耶？是又不然。若论其才智，大概即使为我欧人看门家丁，恐亦不能胜任；论其品行，亦大半穿窬之不如。如此等无才无品之人物，何我欧罗巴之钦使领事遇之便觳觫畏惧若不能自主，步步退让莫之奈何，其故安在？余于此事每以为怪，研究多年，始得其中奥妙，盖中国官之能使我西人一见而觳觫恐惧者，无他谬巧，乃其所服之黼黻之为厉也。鄙人之意，以为今日我西洋各国欲图救交涉之大小官员，不准挂朝珠，穿黼黻，逼令改用窄袖短衣，耸领高帽如我欧制。如此黼黻即不能为厉于我，则我西人之交涉庶不至于失败矣。中国果能遵此新约，我西人即将庚子赔款全数退还中国。犹觉尚操胜算也，云云。按如濮兰德以上所言，其藐视我中国已极。然君子不以人废言，其言我中国黼黻衣冠能使西人畏惧，虽系戏言，然亦未尝无至理寓乎其中。孔子不云乎：“君子正其衣冠，尊其瞻视。”俨然人望而畏之。且尝揆之人情，凡遇人之异于己者，我不能窥其深浅，则有所猜忌，故敬心生焉；遇人之同于己者，我一望而悉其底蕴，则无所顾畏，故狎心生焉。今人有以除辫变服为当今救国急务者，余谓中国之存亡，在德不在辫。辫之除与不除，原无大出入焉。独是将来外务部衮衮诸公及外省交涉使，除辫后窄袖短衣，耸领高帽，其步履瞻视，不知能使外人生畏敬心乎，抑生狎侮心乎？

自大

光绪十年，日本名下士冈千仞振衣氏来游中国，曾撰《观光纪游》一书，内载其友人樱泉氏论中国弊风一则，谓樱泉氏游学中土，其论弊风极为的切。曰："所贵于中土士大夫，重名教，尚礼让，志趣高雅，气象温和；农工力食者，忍劳苦，安菲素，汲汲营生，孜孜沼产，非我邦所能及也。而士人讲经艺，耗百年有限之力于白首无得之举业，及其一博科第致身显贵，耽财贿肥身家，喜得忧失，廉耻荡然，不复知国家之为何物；而名儒大家，负泰斗盛名者，日夜穿凿经疏，讲究谬异，金石、说文二学宋明以前之所无，顾炎武、钱大昕诸家以考证为学以来，竞出新意，务压宋明，纷乱拉杂，其为无用百倍宋儒；其少有才气者，以诗文书画为钓名誉、博货贿之具，玩物丧志，无补身心，风云月露不益当世，此亦与晋时老庄相距几何；吏胥奴颜婢膝，奉迎为风，望门拜尘，欺己卖人，自为得计；商贾工匠，眼无一丁，妆貌衒价，滥造粗制，骗取人财，此犹可以人理论者；其最下者狗盗鼠窃，不知刑宪为何物，立门乞伶，不知秽污为何事；其人轻躁扰杂，喧呼笑骂，此皆由风俗颓废、教化不行者。呜呼！政教扫地，一至此极，而侮蔑外人，主张顽见，傲然以礼义大邦自居。欧米人之以未开国目之，抑亦有故也。"云云。此日人樱泉二十年前语也。犹忆道光末年，徐松龛中丞名继畬，撰《瀛环志略》，当时见者哗然，谓其张大外夷，横被訾议，因此落职。自来我中国士大夫夜郎自大，其贻讥外人固不足怪，唯今日慕欧化者，又何前倨而后恭也。孔子曰："古之矜也廉，今之矜也忿戾。"所谓廉者无他，但知责己，而不责人；但求诸己，不求诸人而已。

依样葫芦

子曰："学而时习之。"朱子注谓："学之为言效也。"余窃谓，学之义甚广，不当作效字解，使后之为学者只求其当然，而不求其所以然，所谓依样画葫芦者是也。犹忆中国乾嘉间，初弛海禁，有一西人身服之衣敝，当时又无西人为衣匠者。无已，招华成衣至，问："汝能制西式衣否？"成衣曰："有样式即可以代办。"西人检旧衣付之，成衣领去。越数日，将新制衣送来，西人展视，剪制一切均无差，唯衣背后剪去一块，复又补缀一块。西人骇然问故，成衣答曰："我是照你的样式做耳。"今中国锐意图新，事事效法西人，不求其所以然，而但行其所当然，与此西人所剪之成衣又何以异与，噫！

学术

宋陆象山云："为学有讲明，有践履，《大学》'致知格物'；《中庸》'博学审问，慎思明辨'；《孟子》'始条理者，智之事'，此讲明也。《大学》'修身正心'；《中庸》'笃行之'；《孟子》'终条理者，圣之事'，此践履也。物有本末，事有终始，知所先后，则近道矣。欲修其身者先正其心，欲正其心者先诚其意，欲诚其意者先政其知，致知在格物，自《大学》言之，固先乎讲明矣。自《中庸》言之，学之弗能，问之弗知，叫之弗得，辨之弗明，则亦何所行哉？未尝学问思辨，而曰吾唯笃行之而已矣，是冥行者也。自《孟子》言之，则事盖未有无始而有终者，讲明之未至，而徒恃其能力行，是犹射者不习于教法之巧，而徒恃其有力，谓吾能至于百步之外，而不计其未尝中也，故曰其至尔力也，其中非尔力也。讲明有所未至，财材质之卓异，践行之纯笃，如伊尹之任，伯夷之清，柳下惠之和，不思不勉，从容而然，可以谓之圣矣。而孟子顾有所不愿学拘儒瞽生又安可以硁硁之必为而傲知学之士哉！然必一意笃实学，不事空言，然后可以谓之讲明，若谓口耳之学为讲明，则又非圣人之徒矣。"云云。余谓宋代学者,偏在践履而不知讲明,故当日象山乃有此论。今之学者,不特不知讲明,而亦并不知士之所业何事,不以国无学术、无人材、无风俗为忧,而断断以国无实业为急务,遂至经生学士负赫赫山斗之名者亦莫不将毕生精神注意于此。顾名思义,尚得谓读书人邪! 昔樊迟请学稼,子曰:"吾不如老农。"请学圃,曰:"吾不如老圃。"樊迟出,子曰:"小人哉,樊须也!"

风俗

管异之拟言风俗书云:"臣闻之,天下之风俗代有所敝。夏人尚忠,其敝为野;殷人尚敬,其敝为鬼;周人尚文,其敝也文胜而人逐末。三代已然,况后世乎? 虽然承其敝而善矫之,此三代两汉俗之所以日美也;承其敝而不善矫之,此秦人魏晋梁俗之所以日颓也。而欲美则世治且安,俗颓则世危且乱。天下之安危,系乎风俗,而正风俗者必兴教化,居今日而言兴教化,则人以为迂矣。彼以为教化之兴,岂旦暮可致者耶? 而臣谓不然。教化之事有实有文,用其文则迂而甚难,用其实则不迂而易,夏商成周之事远不可言,臣请以汉论之。昔者汉承秦敝,其为俗也,贪利而冒耻,贾谊所云,孳孳嗜利,同于禽兽者也。自高帝孝文困辱贾人,重禁赃吏,遂不久而西汉之治成。其后中更莽祸,其为俗也,又重死而轻节。逮光武重敬大臣,礼貌高士,以万乘而亲为布衣屈,亦遂不久而成为东汉之治。由是言之,移风易俗,所行不过一二端,而其势遂可以化天下不为难也。"云云。我朝咸同以前,科场弊窦百出,买枪手,通关节,明目张胆,习为故常。及咸丰初年,某案出,朝廷震怒,将当朝宰相柏葰治以重典,天下悚然,由此科场舞弊之风少减。可见风俗之转移,操之自上,朝廷能肃纲纪,实行不过一二端,即足以使上下悚然,洗心革面耳。

政体

国朝潘来上某学士书云:"某闻善为治者,不务为求治之名,而贵有致治之实。孔子曰：‘其人存，则其政举。’后儒亦言‘有治人无治法’。衰弊之世，法制禁令与盛世无殊，而不能治者，法意不相孚，名实不相副，上下相蒙苟且成俗也。若徒恃科条以防奸，藉律令以止慝，有立法之名，无行法之实，窃恐弥缝掩护之弊，更有甚于前也。假如今制督抚地方官与在京大臣交通者革职，此其所得而禁者，辇下拜往之仪文耳，使在数千里外私人往来，潜通货贿，能知之乎？官吏坐赃满十金者即论死，审能如法，则人人皆杨震、邓攸矣。度今之作吏者能如是乎？夫立法远于人情，则必有所不行，而法故在，则必巧为相遁，掩覆之术愈工，交通之迹愈密，而议者且以为令行禁止、中外肃清也。夫天下未尝无才，其才未尝不能办事，特患不以驱策以激励之，于是以其才智专用于身家，以其聪明专用之于弥缝掩护。设也，一变其习，以其为身家者为朝廷，以其弥缝掩护为拊循保障，则何事不可为、何功不可立？所赖二三大臣为皇上陈其纲领，辨其本末，以实心实意振起天下之人材，以大机大权转移天下之积习，开诚布公，信赏必罚，正朝廷以正百官，以正万民，纪纲肃而民生安矣。”云云。窃谓中国自咸同以来，经粤匪扰乱，内虚外感，纷至迭乘，如一丛病之躯，几难著手。当时得一时髦郎中湘乡曾姓者，拟方名曰“洋务清火汤”，服若干剂未效。至甲午，症大变，有儒医南皮张姓者，另拟方曰“新政补元汤”，性燥烈，服之恐中变，因就原方略删减，名曰“宪政和平调胃汤”。自服此剂后，非特未见转机，而病乃益将加剧焉。势至今日，恐殆非别拟良方不可。昔宋苏轼当哲宗初年，乞校正陆贽奏议进御札子云：“药虽进于医手，方多传于古人，兹姑撮录前篇为正本清源之论，倘有医国手出，或有取于此，庶不无小补”云尔。

看招牌

昔有一洋行主人作军装生意者，尝与中国官场酬应，不时宴请各省委员以为招徕。每宴会饭罢，出雪茄烟供客，概用上品，价值不赀。而华客每每食未半辄轻掷之。行主人性素吝且黠，以后宴客即暗易以最劣品之烟，而袭以最上品之烟盒。一日有某省办军装之道员，素自名为熟悉洋务者，至该洋行主人家晚膳。食罢主人出烟供客，道员睊其所装之盒，讶然曰："咦，我知此品一盒当值拾洋。"即抽取一枝，含嚼之，喷其烟，扬扬自夸曰："吾说拾洋味道，果不错，果不错。"主人掩口胡卢。噫！西商在中国售洋货，最重招牌，凡有仿冒招牌者，必请官惩办。盖知中国人不论货之优劣，而但看招牌耳。孔子曰："人莫不饮食也，鲜能知味也。"盖有以夫！

爱才

国朝沈归愚尚书有曰："昔欧阳义忠公之好士也，士有一言之合于道，不惮数千里求之，甚至过于士之求。公良以国家得一人则转相汲引，至于数世犹享其利，故好之如此其笃。"犹忆昔年张文襄督鄂时，督署电报房有留学生梁姓者，领袖电报房诸生专司译电报事。向例朔望行礼，署中文案委员与电报学士分班行礼，梁学生固与电报房诸生同立一处，文案委员无一与交语者。一日文襄出堂受礼，见梁学生与电报诸生同立，则亲携出班外置诸文案委员班曰："汝在此班内行礼。"大众愕然。此后文案委员见梁学生则格外殷勤，迥非昔日白眼相待可比。昔日之梁学生，即今日之外务部梁崧生尚书也。余记此非特借以著官场炎凉之世态，亦以志文襄之知人爱才，真有大臣风度也！

不自贵重

国朝张尔岐先生《蒿庵闲话》云："赵宣子囚叔向，乐王鲋欲为之请，叔向弗应。室老咎之，曰，祁大夫必能免我，祁大夫卒免之。其知人之明、处变之度不待言，至一段守身经国远识更不可及。鲋，小人也，小人不可与作缘久矣，况受其脱囚之惠乎？受其惠而与之为异，彼必有辞；徇其所欲，又将失己。君子之受制小人，身名坐隳者，皆自一事苟且阶之。叔向宁不免其身，必不肯受小人之惠，而为所制，大臣之识也。”余谓“小人不可与作缘”一语，最有关系。昔柳子厚因附和王叔文党，身名坐隳，遗恨千古。韩文公谓子厚少年时不自贵重，顾谓功业可立就，故坐废退。夫以子厚之品之学，一不自贵重，卒不能自展其才，以裨世用。至如今日以夤缘奔竞为能，不知人间有羞耻事者，尚望其挽回大局，宏济时艰，得乎？

不拜客

唐李习之荐所知于徐州张仆射书云：“凡贤人奇士，皆自所负不苟合于世，是以虽见之难得而知也，见而不能知其贤，如勿见而已矣！知其贤而不能用，如勿知其贤而已矣！用而不能尽其才，如勿用而已矣。故见贤而能知，知而能用，用而能尽其才而不容谗人之所间者，天下一人而已矣。兹有二人焉皆来，其一贤士也，其一常常人也，待之礼貌不加隆焉，则贤者行，而常常人日来矣。况其待常常人加厚，则善人何求而来哉！”丁未年，余随张文襄入都，得识瑞仲兰京卿，彼此契合，恨相见之晚。京卿问余曰：“君公入都，已拜客乎？”余曰：“我不拜客。”京卿曰：“久闻君才学之名冠侪辈，余意君当久经腾达，乃至今犹屈抑在下，令人不解，今闻君言，余乃恍然悟矣！君竟不拜客，正无怪其然也。”彼此相视而笑。

自强不息

“唐棣之华，偏其反而，岂不尔思？室是远而。子曰：‘未之思也，夫何远之有？’”余谓此章，即道不远人之义。辜鸿铭部郎曾译德国名哲俄特《自强不息箴》，其文曰：“不趋不停，譬如星辰，进德修业，力行近仁。”卓彼西哲，其名俄特，异途同归，中西一辙，勖哉训辞，自强不息。可见道不远人，中西固无二道也。

犹龙

孔子适周,将问于老子。老子曰:“子所言者,其人与骨皆已朽矣,独其言在耳。且君子得其时则驾,不得其时则蓬累而行。吾闻之,良贾深藏若虚,君子盛德容貌若愚,去子之骄气与多欲态色与淫志,是皆无益于子之身。吾所以告子,若是而已。”余谓,虞舜,圣人也,而大禹犹戒之曰:“无若丹朱傲。”孔子,圣人也,而老聃亦戒之若此。谁谓孔子之所以成为万世纯粹之圣学者,非受老子此一番之告诫也耶?

第五部

读易草堂文集

内　篇

上德宗景皇帝条陈时事书

具呈外务部员外郎辜汤生，为应诏陈言呈请代奏事。窃谓内政宜申成宪，以存纲纪而固邦本；外事宜定规制，以责功实而振国势。近日献荣陈事者，皆以为中国处今日之时势，若不变通旧制则无以立国。然草野之愚以为，国之所以不立者，或由外患之所迫，或由内政之不修。独是外患之忧犹可以为计，若内政不修，则未有能立国者也。唯修内政在存纲纪。夫制度者，所以辅立纲纪也。盖凡所以经邦治国，定之者谓之制；行之者谓之政。行政若无定制，则人人可以行其私意。若既有定制，则虽人君亦未便专行己意。故制度者，非特以条理庶事，亦所以杜绝人欲。杜绝人欲即所以存纲纪也。今制度若屡行更易，则纲纪必损；纲纪既损，邦本必坏；邦本既坏，又何以能立国耶？

昔唐太宗指殿屋谓侍臣曰："治天下如建此屋。营构既成，勿数更易。若易一榱、正一瓦，践履动摇，必有所损。若慕奇功，变法度，不恒其德，劳扰实多。"盖言法度之不可轻改也。然法度亦有时不可不变也。昔汉承秦统，制度多用秦法。夫秦立国于群雄相争之际，而创制于海内未定之时，法固多简陋偏刻，致以病民害治。故当是时贤如董仲舒，亦有改弦易辙之请。此乃立法不善，故有不可不变也。逮有宋之世，欧阳修对仁宗言，谓："今日朝廷有三大弊：一曰不谨号令，二曰不明赏罚，三曰不责功实。三弊因循于上，则万事废坏于下也。"及后王安石用事，不务去此三弊，而徒事变法，而致纲纪紊乱。宋祚以亡，此则行法不实，而非立法不善。故徒改法度，适足以滋扰乱耳。若今日我国家之制度，其规模虽取法于前明，而体制实证验于往代，历今已千百余年矣。分目细条或须随时删定，而大纲要领岂有不足为治者哉！

职幼年游学西洋，历英、德、法三国十有一年，习其语言文字，因得观其经邦治国之大略。窃谓西洋列邦本以封建立国，逮至百年以来风气始开，封建渐废，列邦无所统属，互相争强，民俗奢靡，纲纪浸乱，犹似我中国春秋战国之时势也。故凡经邦治国尚无定制，即其设官规模，亦犹简陋不备。如德、法近年始立刑、礼二部，而英至今犹未置也。至其所以行法施政，犹多偏驳繁扰。如商入议院，则政归富人；民立报馆，则处士横议；官设警察，则以匪待；民讼请律师，则吏弄刀笔。诸如此类，皆其一时习俗之流弊，而实非治体之正大也。每见彼都有学识之士谈及立法之流弊，无不以为殷忧。

唯独怪今日我中国士大夫不知西洋乱政所由来，徒慕其奢靡，遂致朝野皆倡言行西法，兴新政，一国若狂。在朝诸臣又不知清静无扰为经国之大体。或随声附和，或虽心知其不便，又不明辨其所以不便，遂致近日各省督抚多有借西法、新政名目，以任其意之所欲为，而置民苦民怨于不问也。诗曰："民亦劳止，汔可小康。"又曰："无从诡随，以谨无良。"盖今日民实不欲新法、新政，而彼好大喜功之督抚、遇事揽权之劣绅，欲藉此以徼名利耳。至若西洋所创制器之法，如电报、轮船、铁路等事，此虽未尝无利于民生日用之事，且势至今日我中国又不能不渐次仿行举办。然天下事利之所在，害亦将随之耳。故凡兴办此等事，又不可不严定限制也。

盖自中古以降，生民风气日开，其子日用生计之谋，固非若上古屯晦纯朴，必待上之人纤悉教诏之也。彼其智巧溢而贪竞滋，苟利之所在，虽立法禁限之犹且不能，若其熟视而莫肯趋者，则必俗之所不便与其力之所不赡焉。上之人且嗷嗷焉，朝下一令曰，为尔开学堂；暮下一令曰，为尔兴商务。彼民者，未见丝发加益于吾事，而徒见符檄之惊但,征敛之无已。房捐、米捐、酒捐、糖捐日加月增,而民已无聊生矣。孔子曰:“惠而不费。”又曰:“因民之所利而利之。”夫今之民之所欲者,欲得政之平耳。政苟得其平,则百利自兴矣。然政之所以不得其平者,非患无新法,而患不守法耳。盖近日凡百庶政之所以不得其理者,其病由乎行内政则不守旧法,而办外事又无定章可守。所谓外事者,非仅指交涉一事,即近日凡谓洋务,如制造、电报、铁路、矿务等事,皆为外事也。然内政旧法之所以废弛不守者,亦皆因办理外事之漫无定章也。擢原其所由来,固非一朝一夕之故耳。请为我皇太后、皇上略陈之。

伏维我中国自弛海禁以来,天下多故。咸丰五年,发匪起于粤西,前督臣曾国藩奉命督兵平寇。当是时匪踪蔓延,十三省大局糜烂。故朝廷不得不畀以重权,命为钦差大臣。凡军国大事,虽具文关白,而实皆得以便宜行事。自是而后,天下遂成为内轻外重之势。然该督臣曾国藩秉性忠贞,学术纯粹,能明大体,故天下大小臣工听其号召,犹能各矢忠诚,同心翊戴,尽瘁驰驱。是以卒成大功,河山重奠。及前督臣李鸿章为北洋大臣,适值中外交讧,外患孔亟,故凡办理外事,朝廷仍不得不畀以重权,一若前督臣曾国藩督军之时。由此以来,北洋权势愈重,几与日本幕府专政之时不相上下。故当时言及洋务,中外几知有李鸿章,而不知有朝廷也。且该督臣李鸿章品学行谊不如曾国藩之纯粹,故德望不能感服人心、号召天下。是以甲午之役,天下解心,一败几不可收拾。北洋既败,而各省督抚亦遂争言办理洋务,则虽动支百万金而度支不敢过问,虽招致私人声势震一省,而吏部或有不知其谁何者矣。此皆办理外事漫无定章之所由来也。人见办理外事既无定章可守,遂渐视内政之旧法亦可不必守也。如此故,人人各得徇其私意。此上下纲纪所以废弛,以致庶事不理,民生日苦,而国势日蹙以至于今日也。

窃谓今日如欲振兴国势,则必自整理庶政始;欲整理庶政,则必自分别内政、外事始。内政宜申明成宪,外事应通筹全局而定立规制也。今为分别内政、外事,拟请先降明诏,特谕各省督抚,凡关吾民内政之事，不准轻改旧章，创行西法新政。当此民生凋敝之时，凡百设施当以与民无扰为主务，去其害人者而已。至今日时势所不得不办之事，如练兵、设专门学堂、兴制造及各种凡用西法之事，必俟朝廷通筹熟议，定立规制，特降谕旨指省饬办，始准恪遵所定规制举行办理。如未奉此旨以前业已举办能停止者，即行停止。若势实未便即行停止者，则不准扩充，并将现办情形奏明，请旨定夺。似此，省事安民，即有职牧民之官，亦可以专心地方民事也。

至于申明成宪，拟请特谕军机大臣会同各部院大臣，并酌选久于外任有学识之大小人员随同办理，将该部现行事例彻底推究，据实厘定，务使简明易行。其法涉于苛细者，熟议而酌除之。其事迹相同、轻重迥异、多设条目致使胥吏得借法为奸者，一切删去，然后奏明定为令甲，分别纲目刊成简明善本，颁行天下。似此，成宪申明则纲纪立，而庶事可以得其理矣。臣所谓内政宜申成宪以存纲纪而固邦本者，此也。

至若办理外务，先应统筹全局。窃谓中外之所以多龃龉致启衅端者，皆因我内政之不修，或号令之不谨，或用人之不慎，以致内地民情不安，外人亦以为口实也。然我中国内政不修之所由来，又因自弛海禁以后国家唯日汲汲于防外患，而无余力顾及内政也。故欲治内政，又不能不先使国家无外患之扰也。唯近日国家愈汲汲于防外患而外患日益孔亟者，此其故无他，皆因所以防外患者未得其肯要耳。夫治外患犹治水然，若徒为堵御之防而不设疏通之法，愈积愈不可防，一旦决堤而溢，其害尤甚于无防也。即如庚子之祸，亦多因中外情太膈膜，以致彼此猜忌，积嫌久而不能通，遂如两电相激，一发而不可收拾。庚子之祸，诚有如当时谕旨所云，“彼此办理不善也。”夫今日中国所以不得不仿行西法者，皆欲以防外患耳。而所以防御外患者，唯在修邦交与讲武备两事最为紧要。然职之愚以为，今日国家之安危关系全在乎朝廷庙算熟计。修邦交与讲武备孰为轻重，孰为缓急，孰应先后，而早定国是，以辑天下之民志，而安中外之人心也。昔我朝睿亲王致故明史可法书有曰：“挽近士大夫好高树名义，而不顾国家之急，每有大事，辄同筑舍。昔宋人议论未定，兵已渡河，可为殷鉴。”窃维今日我中国自甲午、庚子以来，士大夫皆多忿激，每言为国雪耻，遂致朝廷近日亦以筹饷练兵为急务，然臣之愚诚恐此犹非计之得者也。昔韩安国对汉武帝曰：“高皇帝尝困于平城，七日不食，及解围反位，而无忿怒之心。圣人以天下为度者也，不以己私怒伤天下之功也。”盖彼卧薪尝胆之论，犹是当时战国列邦之陋习，而非我帝王治天下之大度也。且我中国今日民生凋敝，士气不振，若不体量民力，一意汲汲于筹饷练兵，慕奇功，求速效，职之愚诚恐此非特不足以御外患，而且必重伤民生，适足以致内乱耳。古人有言：“兵犹火，不戢将自焚也。”即使我今日所练之兵固有奇效，若我不修邦交之道，则彼联我孤，彼众我寡，我或犹可以敌其一国，试问能敌其众国耶？故臣之愚以为，今日与其积力以防外患而外患未去，内患已可虞，不如节兵费以裕民生，以治内政，以修邦交，而外患要无不可以销也。国固不可以忘戎，唯今日国家于戎政当以作士教礼为先，而不可以练兵集师为重。合无仰恳我皇太后、皇上特降明诏，通谕中外，谓我国家设戎政为诛暴安良，原以保民为主，今日重修戎政，亦为久远之计，而非因欲与外人为仇也。且当此民生凋敝之日，所应办者，亦唯在定军制、振士气而已。至营伍兵额，除京卫重地之外，各直省应设之兵当严立限制，使仅足以存军制之规模、备地方之不虞而已。内外各督兵大员，应仰体国家设戎政之意，先以保民为重，不可存好大喜功之念，不可有佳兵黩武之心。兵士固宜体恤，尤以军礼纪律为先。至如营伍、兵房、服色、器械凡百设施，必事事求撙节之法度，念念思民生之艰难。应如何可节省兵费而不废戎政之处，拟请特谕陆军部会同南北洋大臣熟议统筹办法，奏明施行。如此，则兵省民裕。内患既消，外患亦可以治矣。此职所谓办理外事宜先统筹全局者也。

至于办理外事，应定规制，其关键在乎用人、用款两端，而两端之中尤以用人为最要。夫用小人以办内政，固足以偾事；用小人以办外事，其祸为更烈。是尤不可不愈加慎重也，明矣。臣观今日内外大臣所用一般办理外事之员，率皆树立私党，非其旧属故吏，即系采听虚声，罗致门下，彼此藉以自固。故奔竞夤缘者易以幸进，而贤能廉退之士反无自而升。此外事所以日形荆棘，几几乎无从下手者，职是故也。所有办理外事用人、用款应如何严定规制之处，应请特谕军机大臣会同外务部统筹熟议。俾办理外事之大臣人人知有限制之当守，然后筹一办理外事之款，则款皆实销，用一办理外事之人，而人收实效矣。职所谓外事宜定规制以责功实而振国势者，此也。

职又有请者。昔宋臣欧阳修对仁宗言："陛下之所忧者，忧无财用也，忧无将帅也，忧无人材也。"臣以为陛下今日皆有之。而所以不得其用者，盖有故焉。细按当日宋臣奏对之意，盖谓国家之大弊不去则大利不兴。所谓大弊者何，即上端所陈，不谨号令，不明赏罚，不责功实是也。宋有此三大弊而不去，此宋室之天下所以终积弱而不复振也。职愚以为今日之弊毋乃类是。合无仰恳我皇太后、皇上特谕军机大臣激发天良，旰夕图治。有类此三大弊者，亟宜振刷精神，删除净尽，以副朝廷汲汲救时之意，以慰四海喁喁望治之心。职本海滨下士，游学欧西，于彼邦国政民风曾经考察，略识端倪。回国后，凡中国经史诸子百家之言，亦尝稍稍涉猎。参观中外，利弊显然。现值圣明广开言路之时，目击时艰，忠义奋发，故敢就梼昧所及，披露沥陈，上渎天听，不胜屏营悚惶之至。伏乞代奏。谨呈。

上湖广总督张书

按西洋当初各部落皆封建立国，世族为君长，故有事即集族众。开国会后，风气渐开，各部落分为列邦，其君长遂招国之贤士，分国会为上下议院，盖欲集众思、广忠益，达上下之情。此即我中国置台署、设言官之意也。近百年来，风气大开，封建渐废，政体未定，列邦无所统属，互相争强。各国君长欲济其贪忿之志，乃利商贾富人之捐输，故使入议院列为朝士，议政事。由是权遂下移，国多秕政，于是其士人又忿激时事，开报馆，诋议政事，其要路朝臣亦各结党，互相标榜，以争权势。此西洋各国近日政治之所以外强而实弥乱也。

昔人有言："乱国若盛，治国若虚。"虚者，非无人也，各守其职也；盛者，非多人也，徼于末也。汤生尝阅历中国史籍。至东周季世，当时风气始一大变。封建渐乱，纲纪浸乱，犹今日西洋之时势也。按《史记·越王世家》载，范蠡去越，耕于海畔，致产数千万，齐人遂举以为相。此犹西洋今日公举富人入议院、秉国政之事也。至于战国游说之士创立权谋之说，争论时事，此则犹今日西洋士人开报馆、论时事之风也。当时孔子忧民心之无所系，故作《春秋》明尊王之旨。汤生学识浅陋，不敢妄解经义。然愚意谓《春秋》尊王之旨，要在明义利之分，而本乎忠恕之教。义利之分明，故中国之士知君臣之相属以义也，非以利也；忠恕之教行，故中国士人知责己而不责人。责人犹不可，况家国有艰难而敢以责其君父乎？自是中国尊王之义存。故自春秋至今日两千余年，虽有治乱，然政体未闻有立民主之国，而士习亦未闻有开报馆之事。此殆中国之民所赖以存至于今日也。乃近日中国士人不知西洋乱政所由来，好论时事，开报馆，倡立议院，汤生窃谓此实非盛事。至于《时务报》载有君权太重之论，尤骇人听闻。前日汤生辱蒙垂问译西报事，造次未能尽言，今反复熟思，窃谓西人报馆之议论多属彼国党人之言，与中国无甚关系。偶有议论及中国政事民情，皆夸诈膈膜，支离可笑，实不足为轻重。在中国办理交涉事，当局偶尔采译之，以观西人动静，或亦未尝无补益。然若使常译之刊于民间，诚恐徒以乱人心志。在宪意不过欲借此以激励中国士人之心，而振其苟安之习耳。然窃恐中国士人开报馆、论时势之风渐盛，其势必至无知好事之辈创立异说，以惑乱民心，甚至奸民藉此非谤朝廷，要胁官长。种种辩言乱政，流弊将不可以收拾。谚有云："其父杀人报仇，其子且行劫。"伏愿大人留意。幸甚幸甚。

《尊王篇》释疑解祸论

当此北方事变，中外交讧其间，事故纷乱已极，无从排解。故各国议论，咸谓非以兵力从事断难理喻。虽然，自来两国相争衅端，多由彼此猜忌，不能深原其本意，以致兵连祸结。或问于余曰，“然则今日之事果尚可解乎?”余曰：“可解。”盖两江刘制军偕两湖张制军深知各国并无仇视中国之意，故仍联合长江及各省疆臣力任保护外人之责。俾各国亦知中国并无拒绝外人之心，以待转圜。唯以目下情形而论，则全局要著在乎先定民心。其道有二。一，各国亟宜及早宣布，此次联军进兵除救护使馆外，无有他意，并将待中国宗旨共同议定，宣布中国人民咸使明白无疑。一，各国如无贪取中国土地之心，且不任管辖中国人民之责，则急须布告中国人民，此次联军入京必保两宫，必尊必敬，毫无他意。此中原由有须辩明者四。一因近年乱萌悉由康党布散谣言，诬谤皇太后“煽惑人心”，各报馆从而附和之，故各西报亦有不满意于皇太后之词。因此，各国使臣有猜疑朝廷袒匪，不保外人之意，以致中国政府办事处处掣肘，遂有此变。此须辨明者一。各西报惑于康党之说，至谓大小官员有与康党相通之意，然各督抚及绅衿实无不以康党为乱。民仇之不暇，岂有信之之理。此须辨明者二。各西报因康党之言，以为皇太后训政不合中国向来国制，其实此事无所窒碍。中国本以孝治天下。皇上自请训政乃名正言顺之举。此须辨明者三。康党所播种种谣言全无影响。此须辨明者四。以上各说皆谨述两制军之意也。

此外，鄙人意见亦当表著于后。中国自甲午一役，人人皆奋发有为，每思参用西法，此等人心亦分两种：一种身历重任，明于治理，关心民瘼，凡西法之有益于国计民生者，莫不欲次第仿行，至其事有所不便者，则屏之不用。一种少年浮躁好事之辈，徒慕西人奢靡，不知其政治之原，逢朝廷急思改弦易辙之秋，谬袭西人唾余，纷陈条议，冀缘捷径以干荣利。乃西人不分此两种人，徒信康党之说，以为欲用西法必与西人相亲，由是袒护康党。殊不知近日《字林报》刻有康有为之论一篇，訾议皇太后及朝臣委靡不振，遇西人唯知一味阿谀逢迎而已。此篇文字，西人谅皆见之。其人之反复无常已可概见。此人得志，不但为害于中国，并大有碍于西人，中外交涉之事更无从措手。向来西人之疑皇太后，皆以为不喜西人，不用西法，莫不由康党播散谣言而起也。乃康有为反有《字林报》所刻之议论，则其前后自相矛盾不辨自明。

至皇太后不仇视西人，不固执旧法，确有可据。前宁波英国领事留心中国掌故，名泽理斯者，曾著《古今名人谱》一书，内载皇太后历来政迹。其言曰："一千八百六十一年，英法与中国失和，兵抵京畿，恭亲王奉旨与英法议和。值文宗在热河宾天，有仇视西人之党，端华、肃顺等八人不满意于恭王所议之条约，矫为遗诏，谬欲摄政。皇太后审察时势，力主和议，遂一面命恭王定约，一面诛戮反侧。"云云。观于此，当时若非皇太后之圣明远虑以定大计，则数十年来中外尚得相安耶？此皇太后不仇视西人之一证也。一，自各国派使驻京以来，中朝大官皆不甚与之往来，事多膈膜驯至今日之变。唯近年来皇太后两次召公使夫人入宫进见，待以优礼，以示中外一家之意。此又皇太后不仇视西人之一证也。一，近来办理交涉，事繁且重，闻皇太后欲朝廷知外国情形，曾谕皇上学习英文。此皇太后不仇视西人之一证也。一，目下北方肇事，长江一带得两江两湖制军保护，中外商民咸得安堵，无人不感颂两制军之能顾全大局。鄙人为张制军属吏，其功业未便敷陈。若刘制军老成硕望，坐镇东南，虽屡次请退，皇太后知时艰难，再四慰留，仍升以两江重寄，可见圣明远虑，委任得人。中外皆归功于刘制军，而追溯其源实深受皇太后之赐。此又皇太后不仇视西人之一证也。以上四端，可为皇太后通权达变、注重外交之确据也。

至皇太后听政以来三十余年，盛德崇功不可殚述。即如削平发捻一节，当时匪踪蔓延，十三省大局糜烂，几难收拾。又值文宗龙驭上宾，皇太后以一寡妇辅立幼主，卒能廓清祸乱，复致太平，唯其德足以感人，其明足以知人。故当时将相大臣同心翊戴，尽瘁驰驱。曾文正遂以湘军奋起，重奠河山。是以中外臣民无不服皇太后之庙算也。至于兵燹之后，收人心，办善后，尤费一片苦心。逮今日皇太后复出训政，亦出于万不得已耳。

盖甲午以后，泥古图新各有偏执，门户之见于是大分尔。时翁同龢最为泥古。及受甲午之创，忽又轻率图新，误认辩言乱政之康有为为奇才，力荐于朝而用之，遂致有戊戌之变。唯皇太后不偏不倚，允执厥中，即黜翁同龢诸臣，以去祸魁，定康有为罪案而戮其死党，以谢天下。此后训政用人悉本执中之宗旨。善整吏治者，委以内政；善办交涉者，任以外交。中外大臣如李傅相、刘制军、张制军、荣中堂、徐中堂、赵尚书、李鉴帅诸公，莫不因材器，使一秉大公，臣下亦莫不仰体皇太后执中之旨，共矢公忠，各尽其职。中国所以系赖者，唯皇太后耳。且皇太后之所以系人望者，不徒临政之忧勤也。三十年来，迭遭变故，伦常之间亦多隐痛，朝野士庶罔不体其艰难，倍深爱戴。由此观之，康有为之胆敢诬蔑皇太后，诗所谓豺虎不食者，殆其人矣。

至现在拳匪之事有难言者，一则西人心怀忿怒，虽欲进持平之论，恐亦难以动听。一则究竟因何起衅，亦所未悉，无可论断。唯鄙意悬揣情势断断不能归咎于皇太后。若以从前不肯剿匪咎皇太后，皇太后实非不肯剿匪也。匪之起由于团练，皇太后以为匪可剿，团练不可剿，团练以保乡里，不能玉石不分，概行剿杀。此皇太后不肯剿匪之说所由来也。皇太后以近来民生艰苦，盗贼不免，又以外侮日逼，故不得不有办团练之谕。此犹慈母爱子之心，处处防护外人。不知遂有处心积虑藉匪驱逐洋人之说，此言尤属荒谬无稽。总而言之，团民之所以变为匪类者，一则由教士不能约束教民，致多龃龉；一则曲铁路创开，洋工麕集，致内地民情不安。又各国公使误信浮言，疑皇太后袒匪，干预一切，随处掣肘，遂致愈张匪焰。其中情实，鄙人不能指定，将来自有公论也。迨拳匪扰及京城，传来一信忽然决裂者，因有西人请皇太后归政之说也。自王公以下一闻此信，始各抱义愤，同时皆起欲与西人为难。此朝廷所以不能抑制也。由此观之，中国人民之所以与西人为难，其中至重大之事，盖因西人欲干预内政，有请皇太后归政之说。

至西人所以征兵来中国者，则因公使被困京城，急来救护也。苟欲开议，释兵定和，必须从此两事人手。西人使馆之困，中国已竭力保护，并苦心设法救济。是中国已尽其在我之责，西人可以无虑矣。至中国之所虑者，务望西人将尊敬两宫，并无请归政之说，宣布中外以安戢民心，则兵戈息矣。假使各国不尊敬两宫，四海人民必为不服，以后事机不可逆料。鄙人在此已久，颇知刘、张两制军之意。故先略述两制军之意旨，并参管见编成此篇，名曰《释疑解祸论》。

义利辨

近者，中国对于德国潜水艇无限制攻击之通告有所抗议，使专为尊重人道起见，出于忠告之诚心，诚不失为义举。而北京《京报》新闻记者辛博森氏辄欲中国加入协约国战团，侈陈种种利害，以相劝诱。辛博森氏为英人，其用意自别有在。而我国策士者流，乃亦深信其说，亟图利用此谋。为冒险投机之事业，则蒙窃有惑焉。

昔戈登将军有言曰："吾西人对于远东之事，如冥行索途，茫然莫识其趋向，一切交涉，唯当以义为断，无诈无虞，自然信孚而交固。"谅哉斯言！易地以观，我国之对于西方何以异是。戈登者，英之诚笃君子也。其论国交自必胜于一寻常之新闻记者。今日我国对欧政策与其从辛博森氏唯利是图之说，无宁从戈登将军以义为断之言乎。夫欧战以来，美国商人输送军实接济英法者获利无算，一旦为德潜艇所阻，坐失莫大之利，因出而与之力争，固未尝计及于义也。今辛博森氏之言曰："美人所为之雄举，华人义当从之。"斯言诚娓娓动听，然何举而得称为雄，何举而方合于义，吾侪正不可不察。同盟国之是非曲直姑置勿论，今全球强国几已群起而环攻之矣。英法海军又封锁其海口，以断其接济，彼既以寡敌众，又内顾接济之将穷，不得已出此报复之举。图战事之速了，盖穷无复之，之后舍此别无良策。其为情亦可伤矣。

我与德邦交素睦，初无深仇夙怨，又无航行西方之商船足以受德潜艇之攻击，顾动于战后之利，受协约国之劝告，遽加入战团，与之为敌，使战祸益延长而不可遏，证以君子之道得为武乎？今人动言国际法，不复知有君子之道。然在英国游戏规则中，其义尚有存焉者。忆昔在苏格兰公学时，其校中游戏规则，凡合众力而搏一童者，虽是童在校中为至顽劣，胜之亦不武。英童所视为不武者，辛博森氏转称为雄举，不已左乎？西人动欲教我以国际法，不知我国自孔子以来自有真实切用之国际法在。其言曰："以礼让为国。"又曰："远人不服，则修文德以来之。"又曰："师出必以名。"今我出师抗德，其名安在？规利以崇仇，附众以敌寡，揆诸礼让之道，修文德之义，当乎不当？若徒徇西人之所谓国际法，则我国固无力足以判德之是非而加之罚，徒为协约国所牵率投入漩涡。此后无厌之要求，应担之责任，皆无可逃免。稍或不慎，越俎代庖者立至，恐欧战未毕而我已不国矣。

辛博森氏之徒所持以劝我者，谓加入协约可获利于战后，且可免不虞之侵犯。其所谓可免侵犯者，谓协约国胜后可以保弱国也。谓协约国胜后，凡非其援者即其敌，祸将不测，故不得不加入也。有人于此，其友方与六七人斗，彼因可以得赂，或止斗后可免彼六七人殴己之故，无义与其友反目，甚且击之。此即辛博森氏之所谓义也，亦异乎吾之所闻矣。孔子曰："君子喻于义，小人喻于利。"窃谓以小人之道谋国，虽强不久；以君子之道治国，虽弱不亡。我国此时欲决大计，定大猷，必先自审将为君子之国乎，抑将为小人之国乎。诚欲为君子之国，唯当勤修内政，加意人才，登用俊良，廓清积弊，使一切施措厘然当于人心，在朝在野，人人知礼让而重道德。对于外交，一衷于义之至当而无所偏袒，则忠信以为甲胄，礼义以为干橹。干城之固，莫善于此。不此之务而溺惑于贪利小人之言，冒耻诡随，妄希战后权不我操之利，斯益去亡不远矣。

今夫新学也、自由也、进步也，西人所欲输入吾国者，皆战争之原也。我国之文明与欧洲之文明异；欧洲之文明及其学说在使人先利而后义，中国之文明及其学说在使人先义而后利。孟子曰："苟为后义而先利，不夺不餍。"今者欧洲列国倾竭人民之脂膏，糜烂人民之血肉，以争胜于疆场者，只此竞利之心相摩相荡，遂酿成千古未有之战祸。迨至筋疲力尽，两败俱伤，饱受夫创钜痛深之苦，而追溯其恃强逞忿之私，必有大悔其初心之误用者。我国兵备不充，军气不振，无可讳言。即使厉精图强，极意整顿，俾陆海皆有用武之实力，必非旦夕所能期。然则目前所恃以御侮而救亡者，独有以德服人之一理而已。我诚采用戈登将军之言，事事蹈义而行，不为利诱，不为威怵，确守其中立不倚之道。对于列强无所左右于其间，则可谓君子之国矣。

列强以竞利之故，互相吞噬，穷极其残暴不仁之武力。而环顾世界中犹有一国焉，其人口四百兆，独能以君子之道自处，而并欲以君子之道待人，未有不内愧于心而敬之重之者。夫至敬之重之而又从而侮之，此为事理之所必无可断言也。我国御侮救亡之道，舍此岂有他哉！美人阿姆逊之言曰："尚武者，吾见其必败。以仁义为械者，足令世界相观相感而迁于善。今日黩武穷兵之祸，欧人亲受之痛苦，不啻自涂其脑，自剥其肤，盖已有废之不及者。"吾诚善用阿姆逊之良械，仁以爱人，义以断事，发挥而光大之，庸讵不足使世界改恶迁善，而息争解纷耶？吾故曰：当兹有史以来最危乱之世，中国能修明君子之道，见利而思义，非特足以自救，且足以救世界之文明。

广学解

余师逍遥游先生，聪敏好学，自少出游泰西诸邦，遍历其名山大川，博览其古今书籍，十年始返中土。时欲从乡党士人求通经史而不得，士人不与之游，谓其习夷学也。先生始乃独自奋志，讽诵诗书百家之言，虽不能尽解，亦得观其大略。数年间，于道亦不无所见，然不敢自是。

先生尝谓余曰："学，闻见也，非道也。然非学无以见道。昔颜子有言曰：'夫子博我以文，约我以礼。'其文词之谓与？其闻见之谓与？若夫今西人之学，其道固有不足法，而其学又不可不知也。"余闻此言，起而对曰："敢问何谓不足法？"

曰："西人礼教之书，多言敬天而不言敬人。夫人固知敬天，亦不为不善矣。《记》曰：'郊社之礼，所以事上帝也；宗庙之礼，所以祀乎其先也。此二礼之所以分者，盖商人知重敬天而不知重敬人也。'太史公曰：'商人俗多信鬼，其弊原有由来尔。'今欲详考商人之所以为天下者，不可复得矣。尝试求之诗书。苏子由曰：'商人之书，骏发而丽厉，其诗简洁而明肃。'以为商人之风俗盖在乎此矣。夫斯盖言其美而盛者也，及其衰而乱也，则强戾凶暴无所不至。《商书·微子篇》有曰：

‘我用沈酗于酒。’又曰：‘好草窃奸宄。’又曰：‘小民方兴，相为敌仇。’呜呼！此与今西人之乱俗岂有小异哉。故周之兴，周公定礼乐，必分郊社与宗庙之礼。分之者，所以并重之也；并重之者，所以重敬人之礼也。夫敬天之礼岂有不重哉！唯知重敬天而不知重敬人，此凡所谓为夷狄之教者，皆是也。而吾圣人周孔所为恶夫夷狄之教者，谓其必至于伪也，谓其必至于凶也，谓其易于为天下乱也。盖人徒知敬天，其用于事，则必尚力重势，而不崇德。不知敬人，则必不重人伦；不重人伦，则上下无以分；上下不分，则天下之乱其能已哉？彼耶稣曰‘爱人’，释氏曰‘爱物’，夫爱人爱物而不知爱亲，此岂非率天下之人以为伪乎？故《礼经》曰：‘不亲亲之德之谓凶德也。’此则西人礼教之不足也。”

余曰：“然其政刑则何如？”

曰：“西人政刑之病亦本乎其礼教之弊。其书多言智术而不言道德，专重势利而不言义理。尝见西人《万国公法》一书，其首篇曰：‘粤自造物降衷，人之秉性，莫不自具应享之权利。’夫其所谓权利者，势也。荀子曰：‘人生皆有可也，知愚同，所可异也。知愚分可者，遂其意之谓也。’此即西人之所谓权利也。然荀子斯言君子犹病之，何也？夫既曰人生智愚皆有可，而其所可异也。试问，定其同异而分其所可者谁与？必曰贤者，必曰君子。然此即所谓智者也。智者自定其所可，其所谓愚者岂能安之？不能安，则必争矣。由是天下之人必以权利相衡以定其名分也。权利之所在，则曰贤者，则曰君子。权利之所不在，则曰愚者，则曰不肖。夫如此而为天下，其亦危矣。故苏子瞻曰：‘荀卿之言，愚人之所惊，小人之所喜也。’今西人之论治天下，其言皆多类此。故曰西人之政刑有不足法也。”

余曰：“然则其所谓考物制器之术尚可取乎？”

曰：“此难言。西人之谓考物，即吾儒之谓格物也。夫言之于天则曰物，言之于人则曰事。物也者，阴阳五行是也；事也者，天下家国是也。然吾儒格物必言天下国家，而不言阴阳五行者，其亦有深意存焉。《易传》言圣人制器以前民利用，此则谓教之以相生相养之道也。然吾圣人有忧天下之深，故其于阴阳五行之学，言之略而不详，其于制器利民之术亦言其然，而不言其所以然。盖恐后世之人有窃其术以为不义，而不善学其学以为天下乱者矣。故《传》曰：‘作《易》者，其有忧患乎？’今西人考物制器皆本乎其智术之学。其智术之学皆出乎其礼教之不正。呜呼！其不正之为祸，岂有极哉！其始曰敬天，其终也势必至于不畏天。盖今西人之所以用其制器之术者，皆可谓之小人之无忌惮也已。而其所以得布此术于天下者，固言欲济民利用，然其实则智者欲得之以行其权利之术，愚者欲得之以肆其纵欲之心。是皆得以暴物为用。孔子曰：‘始作俑者，其无后乎？’而吾子乃尚忍言西人制器之学乎？”

余曰：“今先生言西人之学，其礼教则以凶德为正，其行政则以权利为率，其制器则以暴物为用，是其学之为害亦甚矣。而先生又言其学不可不知，敢问何谓也？”

曰：“呜呼！我不知西人之学，亦无以知吾周孔之道之大且极矣。故曰：学，闻见也，非道也。然非学无以见道，其学愈广，其见道愈大。愿吾子善广其学而不失其为正，则可矣。”

余闻先生斯言，退笔其词而记之，以质诸好学之君子。今吾人习西人之学者，多竖子小人。若吾先生其可谓善学者哉。

《蒙养弦歌》序

袁简斋谓诗论体裁，不论纲常伦理，殊非笃论。诗固必论体裁，然岂无关纲常伦理乎？唯诗贵有理趣，而忌作理语耳。近日士人教弟子读文读诗，唯期子弟能文能诗。此于诗教一道，已乖孔子“迩之事父，远之事君”之意，又奚怪世教之不兴，人心风俗之不厚。

前平江李次青先生有鉴于兹，曾编小学弦歌一集，原为缙绅家子弟诵本，至为民间小学用，卷帙未免繁夥。所选品格词义过于文藻，未易为民间童稚领会。溯自汉以来，诗集存者皆出文人学士之构思，非所谓里巷歌谣之作也。唯古诗、古乐府，质而不鄙，尚有国风之遗意存焉。今就古诗、古乐府暨小学弦歌集中，专择文义浅近、易于成诵者，共得一百首录成一篇。次青先生谓：“凡以诗之为教，温柔敦厚，其善者足以感发人之善心；其辞气音节抑扬抗坠，使人涵泳优游而自得之，故其感人尤易。在小学时，天性未漓，凡事以先入之言为主，尤当使渐摩于诗教，培养其生机，庶能鼓舞奋兴而不自已云。”此皆阅历甘苦之语也。此编庶几其于先生诗教之义或不甚背戾乎！

《正气集》序

或问于余曰：“世变剧矣，关怀时局能无抱莫大之殷忧乎？欧西各国智术日益巧，制造日益精。水、火、木、金、土、石、声、光、化、电之学，枪炮、战舰、飞机神幻不可测之器，上薄九天，下徂九渊，剥剔造化，震骇神鬼，可谓极古今未有之奇变矣。苟一旦协以谋，吾何恃而不恐？”余曰：“恃天地不变之正气而已。”何谓天地不变之正气？西哲坎特有言曰：“天地间有两事焉，亘古不变而最足以发人深省，愈思而愈令人生畏敬之心者，日月星辰流行，绝无舛错，此不变之在天者；芸芸万众莫不知义之所在，宁死而不敢犯，此不变之在人者。”是即所谓天地不变之正气也，是即所谓道也。何谓道？曰：君臣、父子、夫妇、昆弟、朋友而已。何以行此道？曰：忠与义而已。呜呼！是即芸芸万众宁死而不敢犯之忠义也，是即所谓道也。尧、舜、禹、汤、文、武之所以治，周、孔、颜、曾、思、孟之所以教，胥是道焉。我中国即有此道，即有此天地不变之正气，吾何为而恐乎？

余友王君叔用，刚明士也，性颖敏好学，信道尤笃，悯世衰道微，人心益馁，谓非以中国固有之正气，不足以振发我人人固有之正气，以维系于不敝。乃荟萃古今，阐扬忠烈，自三代以迄国朝咸、同间志士仁人湛身殉难之事迹，旁搜博采，得五百余人，颜之曰《正气集》。余读其书，知其信道之笃，而尤服其能以吾之不变，济人之万变，使我中国五千年固有之正气，亘万世而不可变。其用心亦良苦矣。故乐为之叙，并以告海内忧时之君子，其恃此以勿恐。

宣统辛亥仲秋

外　篇

西洋礼教考略

西洋之有礼教，始于古希腊国。及后有罗马国，即《后汉书》之所谓大秦，尤究治人之法，罗马既盛，治法略备焉。至晋梁之季，罗马衰，东方匈奴之种及北方蛮貊之类群至，遂蹂躏其城池都邑，而罗马法制至此无存矣。罗马后，西人号曰中古。中古之制皆封建也，即柳柳州所谓生人之初其明而智能断曲直者，各为君长是也。初君长之称不一，后乃定为五等，仿佛中华古时五等诸侯之制，皆各君其土而长其众，不相统属。及至唐代贞元间，法兰西土酋名嘉罗蛮起，强兵拓土，遂霸西域，而君酋始归统属焉。初罗马都城被寇，国王迁都于东罗马，遂分东西京（其东京即今土耳其都城是也）。后罗马王奉犹太教（即天主教，犹太国人耶稣所创）尊。能明其经书者为师长，官之曰师父，曰监督及法酋。嘉罗蛮既霸西域，罗马又被寇，官吏皆遇害。唯教监督率百姓守危城，急乞援于嘉罗蛮。嘉罗蛮统兵至，遂得罗马西京，奉罗马新教尊教监督为巴巴（巴巴，父称），即今之所谓教皇。嘉罗蛮自称为恩巴拉（帅也）。至是西洋封建之制始备，盖亦仿佛我国西周之制。教皇则居然为西洋之师。西域之王者，置朝官，掌礼教，其所异于周制者，教皇不婚，位非世守，王临终传衣钵于属下有道行及众望所属者耳。恩巴拉则为方伯，率诸酋以奉教皇。各世其土而长其民，唯君酋皆习武事不讲文学。故由教皇派文士为师长，在邑曰师父，在郡曰监督，在都曰总监督。初亦以助理风化而已，后遂为诸侯、相，治理民事，国君唯掌兵权而已。此教科官之所由来也。后至有明之季，德国诸侯及英国王叛教皇，创立耶稣教，亦仍设教官之制，唯教官国主自置，非由教皇派也。

西洋官制考略

考西洋自嘉罗蛮卒，其子孙分其疆域，后群酋之强者又起而争之。至是西洋遂分为列邦，一邦之主曰君主，邦内群酋属焉。然犹守封建之制，推邦君或群酋之强且长者为恩巴拉，率列邦以奉教皇。当时，列邦之民皆各由其部落酋长统辖，酋长皆世守，总称曰主，曰君侯，故无所谓官也。唯邦君设幕府，置家臣。家臣有主幕、管事、掌印、记室、司马、护卫、掌库等职。初此犹邦君之私人，非国之官也（其制与我华春秋时卿大夫有家宰同），后乃为朝官，与一国之君侯等。主幕则为首相，称曰主幕君侯；司马掌兵，称曰司马君侯；掌库司度支，称曰掌库君侯，其他官职皆如此。此西洋朝官之所来也。然当教皇盛时，列邦非独论道、辅佐之臣皆教士为之，即民间词讼之事亦皆由教士主之。后西人索得罗马古书，复讲罗马旧制。各国学校乃开博士之科。博士者，精于罗马旧制者也。至是教士之权始寝衰焉。及有明之季，德国列邦之主及英国王叛教皇，遂以博士为法科之官，专主民间讼诉之事，名曰主讼，曰判官，曰巡察，曰总巡察（汉制白事教令称曰君侯，西人凡巡察、总巡察通称买罗，而得解云君侯）。此西洋法科官所由来也。迨至国朝乾隆间，法兰西人弑其主，废封建。国乱，拿破仑由布衣立为国主，乃分朝官为各部大臣，外官置郡守亭尉，其后各国渐效之。至是西洋始讲吏治也。

西洋议院考略

西洋自古罗马后皆胡俗。胡人有事，其酋长则集群胡以决可否。

后西洋分列邦犹循旧俗。国有大造疑，国主集群酋议决之，群酋之会曰国会，此西洋中古列邦通例也。宋季嘉定间，英吉利主约翰好构兵，征赋无厌，英群酋怨之。逼与盟曰，后欲征赋，必集国会议可而后行，遂立册书，永为国典。英人谓此盟书为大盟册。初西洋俗皆以战猎为事，强有力者为酋长。故民分曰世族平民。世族者，酋长族也。当英吉利之立国会也，唯集世族，平民不与焉，久之郡邑平民之有贤望者，或由群酋主，或由国主君，亦入国会，于是国会乃分为上下议院。上院世族居之，下院平民望士居之。及有明中季，英俗战猎，民间皆以耕织懋迁为事，于是国饷皆赖商贾富户捐输。乃许钜镇大埠有捐输者，各公举素封之家一人入下议院，至是议院势渐盛焉。国朝初，英吉利主嘉罗斯第一，朝用佥人，国用空乏。英主集团会令下议院派捐，议院不允。英主兴兵将诛梗命者，议院亦募民兵，与主战，胜遂弑之。国大乱，议院望士之绕兵者名格朗乞，废议院，国乃定，遂秉国政，称曰护国。主卒，子庸弱，国人复故主嗣嘉罗斯第二与盟，复立议院，每年一集，议政事不复关白。盖前国欲征饷，始集国会，至是议院之势弥张焉。嘉罗斯第二卒，弟嗣，又失民望，国人逐之。议院召其女与婿。婿，荷兰国至也。议院复与盟，至是议院之势愈炽盛矣。此西洋议院之所由来也。乾隆四十一年，英吉利属地在亚美利加洲各部落叛英官会盟，遂立为亚美利加合众邦。法亦多仿英制，设上下议院，且国主由民举，所谓民主国是也。乾隆五十四年，法兰西人弑其主，亦仿英制设议院，国大乱。那士皮仑起，执兵柄，闭议院，乱乃定。后西洋各国皆设议院，唯俄罗斯不置。夫西洋自议院盛，国主遂比诸饩羊，皆由国人也。孔子曰："天下有道，庶人不议。"信哉！（近年俄罗斯亦创开国会矣。噫！西洋之乱于斯已极。近有著名学士笃斯堆氏，新著一书，名曰《世界末境》，盖亦有所见而慨乎言之也。）

英将戈登事略

戈登，英国名将，名查里斯若耳治，道光十二年春生于乌利剌城。

父为御军炮队大将，取妇宴德庇氏，名以利撒毕，生四子，戈登为季。戈登之先，出于巴克邑之名族，即今英国侯爵亨特利氏之支派也。戈登初在塘墩就学，年十四岁进乌利剌武备馆，十九岁授御军工营校。

咸丰五年，英人伐俄罗斯，始从征至俄国，围西拨斯拖浦海口，在此昼夜守城濠督战，自咸丰五年春至城陷始罢，尝受微伤。先城南既陷，戈登调赴梗盘，寻仍回西拨斯拖浦。城陷，令毁城中炮台船厂。英俄战事平，从勘定俄突新界。

咸丰十年，中外构衅，英人犯我顺天，戈登从英军陷京师，焚圆明园。事平，适中国粤匪乱。

同治二年，江浙两省上游在沪设洋枪队，将校悉用欧美人，乃向英官商使戈登领之。戈登遂与贼转战于江浙两省。两年间。凡三十三战，克复城邑无算。江浙为中土最富繁之地，数年经贼蹂躏，至是两省强寇始悉歼平。是役经时一十八月，仅费军需一百万金，人皆以为奇功，称戈登为当时名将。戈登谦逊曰："平此乌合之贼岂足称耶。但缓以时日，中国官兵亦可以平贼也。然中国上官，急奏功，遂在上海招募外洋无业亡命之徒，欲借以平贼，不知此辈既以利应，反复无常，几将贻害中国，较土匪之祸尤烈耳。鄙人得统此辈，严加约束，事后设法遣散，不使为患，此则鄙人所以有微功于中国也。"当时苏州克复，江苏巡抚今相国李公杀降贼，戈登不义之。中国赐戈登万金，戈登辞之曰："鄙人效力中国，实因悯中国百姓之涂炭，鄙人非卖剑客也。"

同治三年，自中土回国，游橐索然如故，寻擢补格利弗斯思恩海口军领工程队，居此六年。每于公余之暇，筹给贫乏，遇有疾病者施医药。民间流离无依小儿，皆为收养，教之读书或荐至各船佣工，不使失所。先英俄诸国议开漯扭河，准各国商船出入，各派使守河口。同治十三年，戈登解任，简赴渤波勒卡利西国，为漯扭河河口使。

光绪元年，戈登应埃及王之聘至苏丹。先是埃及国沿尼罗河南边近赤道之境，总名曰苏丹，皆沙漠荒野之地。然此域土地宽阔，极南境又寻得大湖数处。埃及王曾令英人伯客沙谬往开辟，两年未竣事，辞职去。王聘戈登仍令往接办其事，戈登在此烟瘴绝域三年，竭力任其事，凡地理之险阻，天时之恶劣，以及土人之悍梗，皆以坚心毅志胜之。沿尼罗河一带，皆设汛兵，又自埃及定造轮船，使上驶尼罗河，遇滩水浅，即将船折为数段，过滩后，仍再合拢。于是，苏丹南境大湖曰亚勒伯坭恩舍，始有轮船行走。戈登在此苦心竭力任事，其意不在徒得土地之利，盖此域土人之强者，向劫掠人口贩鬻为奴。戈登至此，即欲化其俗，禁贩奴事。然苏丹西境有二省，曰哥尔多番，曰达尔夫，此皆为贩奴者泽薮。两省不归戈登一人统辖，则贩奴之事实不能禁绝。埃及王乃不授此两省，故于光绪二年，戈登遂辞职回国。

光绪三年春，经埃及王再三重请，戈登乃复至埃及，授苏丹全境总督。凡北自尼罗河之第二滩至南境之大湖，东自江海至西境，又特湖诸水发源之处，皆归戈登统辖。三年之间，遍巡诸地，居无定所。时或至东境，与哑比西尼亚国诸部勘定疆界；时或轻骑减从，骤至西境达尔夫省，捕拿贩奴暴客，并以慑服部酋之倔强者，常竟月在骆驼背上，未曾解鞍。政令一出，志在必行。境内强暴虽多，沙漠烈日虽酷，皆不能稍抑其坚力锐志。又四出无常，土人视之犹鬼神出没无所不至。故诸部蛮夷皆为震服，而苏丹境至此始有五法政令行焉。当时外人在埃及献说干预政事，王及大臣不能镇定，遂听外人游说，纷纷更改法制，以致政朝出而暮改。于是戈登在苏丹觉事事掣肘，故于光绪六年遂又解职回国。

此年，英国简命子爵黎本为印度经略大臣，黎本辟戈登为参军记室，同至印度。无几，戈登觉经略幕僚意见与己不能合，即请解任。适中国与俄国为伊犁事牴牾。中国洋关总税司赫德径电请戈登至中国商量事件。戈登许之，英国政府因戈登系英国职官，干预中国俄事恐贻俄人口实，故电止戈登，令即时回国。戈登复电曰：“我至中国为排难而已，如朝廷因我系职官恐贻人口实，请悉除衔职，则万无误事。”戈登至北京，见总理各国事务大臣，力陈中国武备不修，战无策，不如迁就护大局。大臣问曰：“如事决裂，肯相商否？”对曰：“事如决裂，皇帝肯迁驾内地，鄙人当为中国效力任疆埸事。”后事遂解。当时，戈登行至天津，中国北洋大臣李文忠公。文忠怨北京诸大臣主战误国事。有某国公使劝李文忠借戈登力，拥兵至京师，黜诸大臣，废皇帝自立。戈登闻之，叹曰："鄙人虽一武夫，作事何肯鲁莽至此耶?"

戈登回国。是时英国阿尔兰岛富豪世族，兼并贫户，私敛重于公税，氓庶困贫，乱人充斥。戈登因往遍历阿尔兰诸郡，目睹田畴荒芜，农人冻馁，遂条陈变田租法，朝议不可，然所建白皆切时弊。后数年，英廷竟改阿尔兰田租法，本戈登意也。戈登条陈多忤朝臣，自知在朝必不得大用。适英属地毛里西亚岛统兵大将出缺，毛里西亚在印度洋大海中一孤岛也，英人置戍兵。英人畏远戍，皆不愿往。戈登遂自请往署焉。戈登官此岛一年，军民称颂之。

会阿非利加洲极南有英属地曰岌朴(或曰好望角)，英人建埠头，辟地利，英民与邻境番部时有争斗。官吏不善处置，各部遂叛英国。驻岌朴大臣因请英廷特派戈登往，调停其事。戈登即由毛里西亚航海至岌朴，检察情由，即上书大臣曰："番部之叛，皆由官吏不能约束本国人，使侵害番人。今拟先简严正之员，令其加意约束本国人，然后可以服番众而保无虞也"。乃条陈处置法，然所议皆为大臣幕僚，梗阻不行。戈登遂请解任回国。

戈登既在闲散之列，请假往游犹太国。犹太昔西人教主耶稣生育行教之地，多古名胜。戈登至此，感古今兴衰沧桑之迹，遍历流览一年乃回国。是时埃及国南境之地，自戈登去后，官吏贪酷虞民，各属回部皆叛起，杀官吏，攻官兵。有大酋自称救世主，奉天命，复回教，诛无道，埃及官兵竟被困在嘎墩城，于是埃及王乃请于英廷，借一大将使救出困兵。英廷仍派戈登，随带将校两员。至嘎墩城时，城围尚未迫，戈登即欲率被围官兵出城，然城中避难官吏及家属老弱妇女万余人，戈登不忍弃之，故留守先将妇女两千余人护送出城。逮及城围既重，英廷有电促戈登率部曲弃城，戈登复电曰："军民为我抗贼守城，今事迫乃弃之，此岂丈夫之所为耶?"戈登在围已五阅月，外援已绝，粮食将尽，然犹从容督率军民拒守，于是英廷乃拨兵合埃及官兵溯尼罗河赴救，两月后救兵始至，而城已陷，戈登卒被害，时年五十三岁。丧耗至英国，官民皆哀伤之，英廷赐其家属十万金，并为铸铜像于都城，以志其忠烈云。

附　　录

一、辜鸿铭小传

赵凤昌

辜汤生，字鸿铭，别号“汉滨读易者”，福建厦门人。幼游学英、法、德、奥，以文学冠彼邦，兼自然科学，皆获最高学位。遇有所用，辄出所学以折西人。学成归里，闻塾师讲《论语》《孟子》，有所入。最耽古圣贤经训，玩索之。笃信孔孟之学，谓理非西方哲人所及。四部书、骚赋、诗文，无所不览。

光绪十一年，张文襄督两广，法越告警，文襄命知府杨玉书赴闽侦事，回抵香港，汤生适同舟。玉书与谈，回粤与赵凤昌言，谓舟中遇一人，与德人讲伦理学，中文甚佳，问姓名为辜汤生云。凤昌言于文襄，邀之来粤，任以邦交诸务。文襄练新军，用德操法，雇德教练官。德皇威廉选上材来，令用中国顶戴，军服，行半跪拜礼。德军官以未习对，汤生开导，德人帖然。

十七年，文襄移督两湖，俄皇储来鄂，俄储内戚希腊世子徒。俄兵舰泊汉口，总督以地主礼先访。未几送客，俄随员十人，立舱口左右。汤生语俄储，令向客唱名自通，以尊张督，礼也。旋宴晴川阁，先生以法语通译。席间，俄储、希世子改用俄语问答，谓晚有他约，宜节量。汤生言此餐甚卫生。文襄吸鼻烟，希世子问俄储，“主人所吸何物?”汤生达文襄，以鼻烟递世子，两储大骇。俄储临行，执汤生手，曰当敬待于彼国，以皇冠表赠焉，重宿学也。告文襄曰："各国无此异才。"

庚子之乱，汤生谓教案激民变，各国当自返，著《尊王篇》。辛丑和议定，汤生领开浚黄浦局事，欲惩西工程师浮冒挖泥费十六万余两者。领事袒之，谓我辈皆不习工程，宜断由专门。汤生出曾得奥国工程师文凭，卒办此案。其他忤西人事甚多，然为各国所重。生平长于西学，而服膺古训，言理财必先爱民，言图功必先律己。严操守，尚气节，诋物质享用者为贱种，醉心西籍者为喜其费解以自欺。严幼陵译《天演论》，汤生曰："'栽者培之，倾者覆之'，古圣八字可了，徒费唇舌。"屡得罪权要，唯文襄爱护之。后人外部，陈奏谓"用小人办外事，其祸更烈"，为项城所忌，而鹿定兴极推崇。文襄告："何必尔！"汤生答言："此时非袁氏天下，且待后日。"文襄默然。所著有《读易草堂文集》《幕府纪闻》，辑《蒙养弦歌》，译《痴汉骑马歌》，英文著《尊王篇》，译《论语》《中庸》《孟子》《孝经》；《春秋大义》，阐发微言，光大名教，欧美几人手一篇。

凤昌论交最久，相知最深，言其行叙述于后。予问："俄储声势赫然，君与周旋，其气顿下，何故？"汤生曰："此辈贵介，未尝学问；吾以西方之学人意态对之，挟贵之气自沮。未有不学之人，而能折冲樽俎者。"予谈人力车夫吸纸烟宜节约，汤生曰："终日劳苦，见坐者吸而生羡，效以自乐，宁非人情？"鄂中万寿节，编《爱国歌》，汤生曰："更宜有《爱民歌》。"梁节庵曰："盍编之？"汤生曰："前四句得之矣：'天子万年，百姓花钱。万寿无疆，百姓遭殃。'"座客哗然。嘉言甚多，宜分类成书。唐少川告予曰："世竞言国葬，功在一国，国人共崇之。若鸿铭者，岂非一国之学人乎？吾辈之责也。"可知鸿铭学行，有独到之处矣。（下略）

二、《读易草堂文集》序

罗振玉

我国有醇儒曰辜鸿铭外郎，其早岁游学欧洲列邦，博通别国方言及其政学，其声誉已藉甚。及返国，则反而求之我六经子史，爽然曰：

"道固在是，无待旁求。"于是沉酣寝馈其中，积有岁年，学以大成。然世之称君者，顾在彼而不在此，群然颂之曰："是固精于别国方言，邃于西学西政者也。"南皮张文襄公总制两湖，能养士，天下之士归之如壑，亟招君置左右。亦第称之曰："是精于制国方言，邃于西学西政者也。"故客幕下久，温温无所试。及庚子都门乱作，乘舆播迁，国事危急，君乃以欧文撰《尊王篇》。欧人争传诵，当时为之纸贵，外患以纾。于是世乃稍稍知君儒术，各省大吏争相罗致。然其所以重君者，则仍在彼而不在此，第以备外交缓急已耳。

予以光绪己亥始识君，值甲午战后，海内士夫愤于积弱，竞谋变法以致强，相见辄抵掌论天下事，汲汲如饮狂药。而君则独静谧，言必则古昔，称先王，或为谐语以讽世。予洒然异之。庚子客鄂中，则君方设义塾，日以儒先言训童稚，益重君不同流俗，然尚未深知君也。及光宣间备官京师，再相见于春明。君忧世乱之日岐，乃条陈时政得失，请执政代奏，文累五千言，探索根元，洞见症结。予受而读之，窃以为贾长沙复生，不能过是。盖天下之至文，沉疴之药石，曩者，知君固未尽也。而当道顾不之省，第以君为精于别国方言，邃于西政西学，其茫昧如初。君言既不用，遂坐致陆沉。予避地海东，与君睽者垂十年，及返国重相见，则当欧战后矣。世乱乃愈急，君则年愈高，遇愈穷，而气逾壮，日以欧文倡导纲常名教，以发蒙振愚；每一文出，各国争相迻译。于时欧人鉴于战祸，又习闻君之言，始恍然于富强之不足以图治，而三千年之东方文化，乃駸駸有西被之势。君之学，曩不得申于宗邦者，今且将行之于世界列国。乃知天之生君，将以为卫道之干城，警世之木铎，其否泰通塞，固不仅系于一人一国已也。

今年春，君以所著《读易草堂文集》征序于予，予既为选其尤醇雅者十四篇为内外篇，爰弁语于简端，俾世之读此编者，知君为当世醇儒，君之文乃天下之至文，沉疴之药石，非寻常学者可等类齐观者也。至君论事于二十年以前，而一一验于二十年后，有如蓍龟，此孔子所谓"百世可知"，益以见其学其识，洞明无爽。予称之为醇儒之非诬也。

壬戌十一月上虞罗振玉书。